FRANÇAIS
CM1

W0225427

PROGRAMMES 2008

# Mille-feuilles


Sous la direction de **Christian DEMONGIN**
Professeur agrégé de lettres modernes

**Alain BONDOT**
Professeur des écoles
Maître formateur

**Yolande GONNET**
Professeur des écoles
Maître formateur

**Michel GONNET**
Inspecteur de l'Éducation nationale

**Gisèle HOSTEAU**
Conseillère pédagogique

**Françoise PICOT**
Inspectrice de l'Éducation nationale

**Marie-Louise PIGNON**
Professeur des écoles



Le papier de cet ouvrage est composé de fibres naturelles, renouvelables, recyclables et fabriquées à partir de bois provenant de forêts gérées de manière responsable et durable.

Nathan

# SOMMAIRE

# Vocabulaire

Des activités et des listes de mots pour acquérir le vocabulaire thématique utile au travail d'écriture proposé dans l'unité.

- Des activités pour chercher des mots correspondant à la thématique des textes lus.

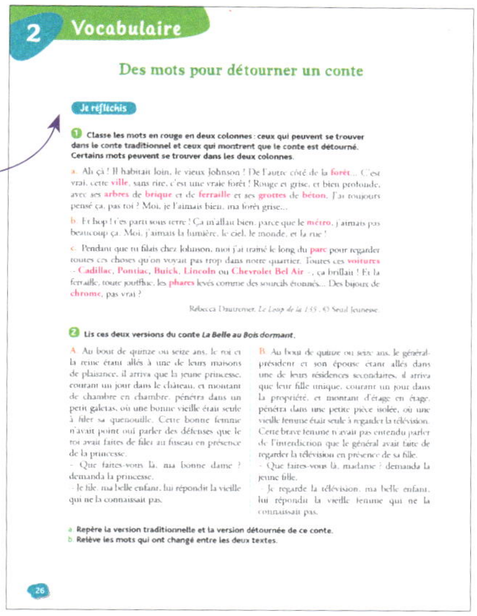
2 Vocabulaire
Des mots pour détourner un conte
Je réfléchis

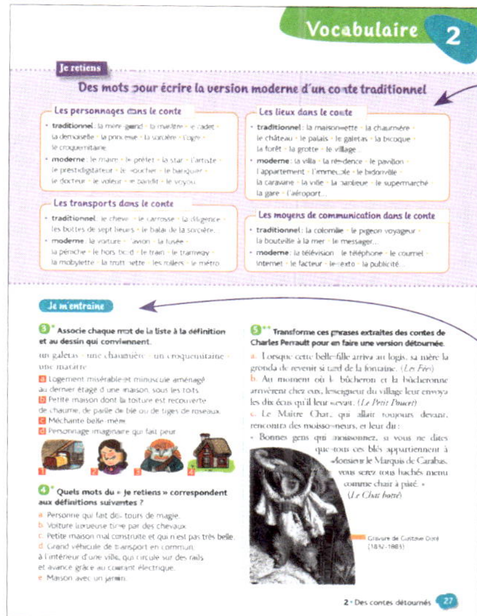
Vocabulaire 2
Je retiens
Des mots pour écrire la version moderne d'un conte traditionnel
Je m'entraîne

- Les mots sont regroupés en rubriques ; tu pourras t'y référer lorsque tu écriras des textes.
- Des exercices classés en 3 niveaux de difficulté pour manipuler les mots des listes.

# Écrire et parler

Des situations d'écriture et d'oral pour apprendre à bien t'exprimer.

- Un guide d'écriture qui rappelle ce que tu as appris dans l'unité.

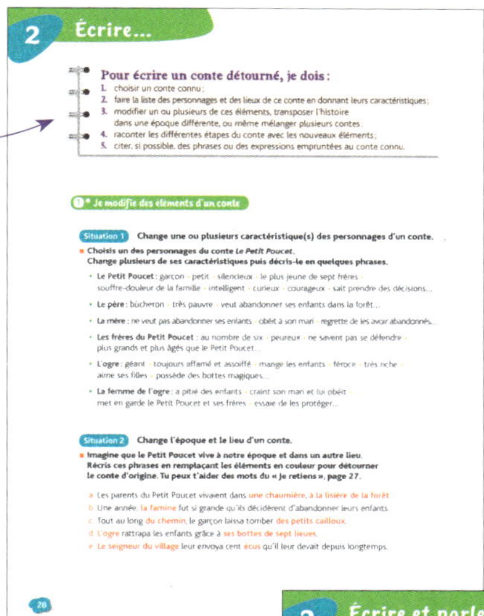
2 Écrire...
Pour écrire un conte détourné, je dois :

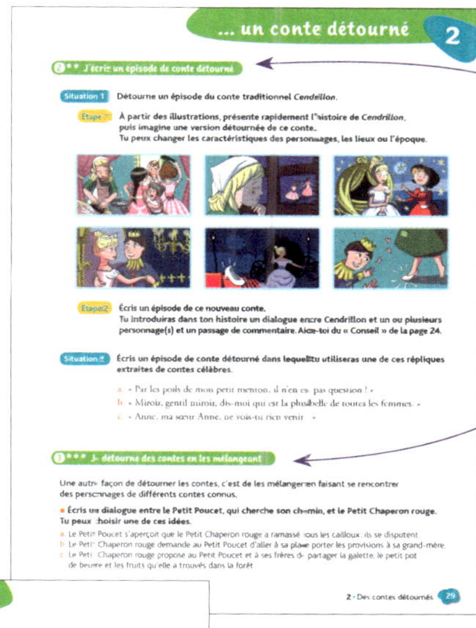
... un conte détourné 2

- Plusieurs situations d'écriture, de difficulté croissante.

2 Écrire et parler
J'améliore mon texte
Je vérifie mon histoire
Je vérifie comment j'ai écrit
Je prends la parole
Pour te préparer
Pour bien raconter
D'autres contes détournés à découvrir

- Une grille de réécriture pour améliorer tes productions écrites.
- Une situation d'oral pour t'entraîner à parler devant tes camarades.
- Des propositions de lecture pour découvrir d'autres ouvrages sur le thème de l'unité.
- Des passerelles vers la partie ÉTUDE DE LA LANGUE pour vérifier certains points de grammaire, d'orthographe, de conjugaison ou de vocabulaire.

## Dans la partie ÉTUDE DE LA LANGUE, tu trouveras des unités de grammaire, de conjugaison, d'orthographe et de vocabulaire.

### GRAMMAIRE

- Un texte à lire ou des documents à observer pour aborder la notion.
- « Je me souviens » pour réviser et vérifier tes connaissances.
- « Je découvre » pour découvrir des points nouveaux.
- Des questions d'observation portant sur le texte ou les documents et des activités de manipulation.

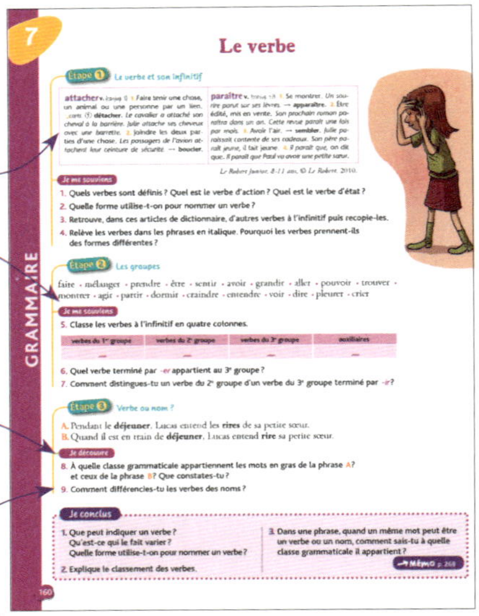

- Des exercices d'entraînement classés en 3 niveaux de difficultés.
- Une courte situation d'écriture pour utiliser ce que tu viens d'apprendre.

### ORTHOGRAPHE

- À la fin de chaque leçon, des questions pour faire le point sur les notions que tu viens d'étudier et t'aider à formuler la règle.
- Un renvoi vers la règle à apprendre.

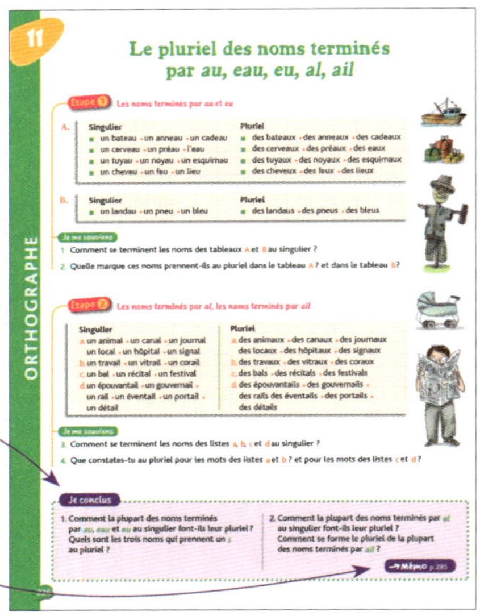


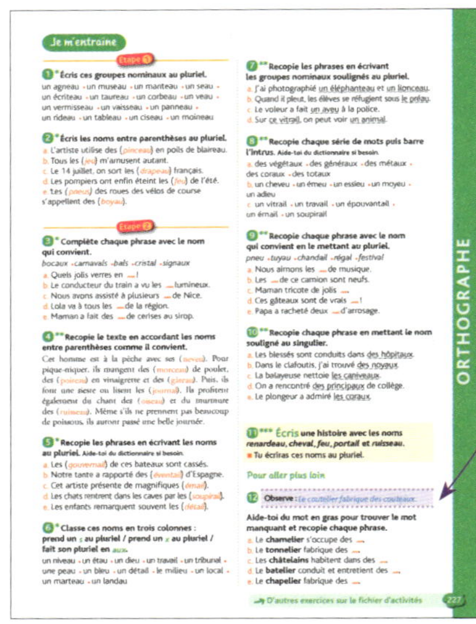


- Et en plus, en orthographe, des astuces et des exercices pour t'aider à retenir l'orthographe de certains mots.

## En fin d'ouvrage, tu trouveras le « Mémo ».

- L'ensemble des règles à apprendre avec des exemples.

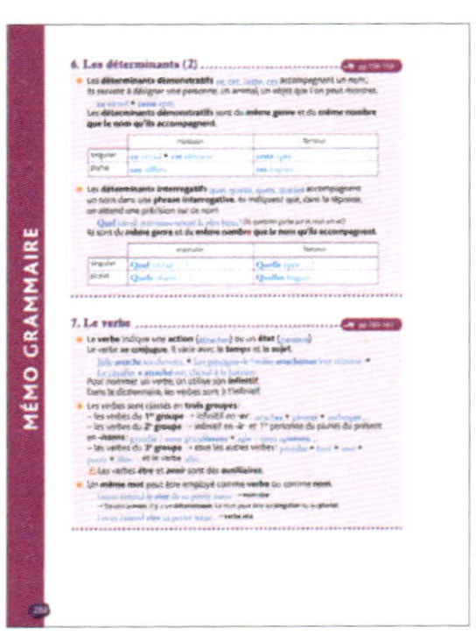


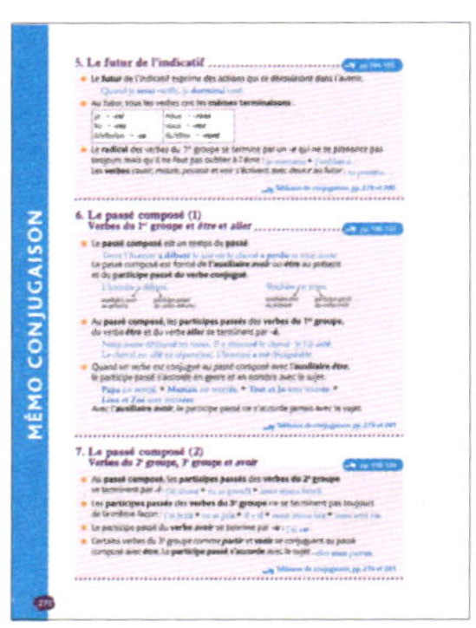


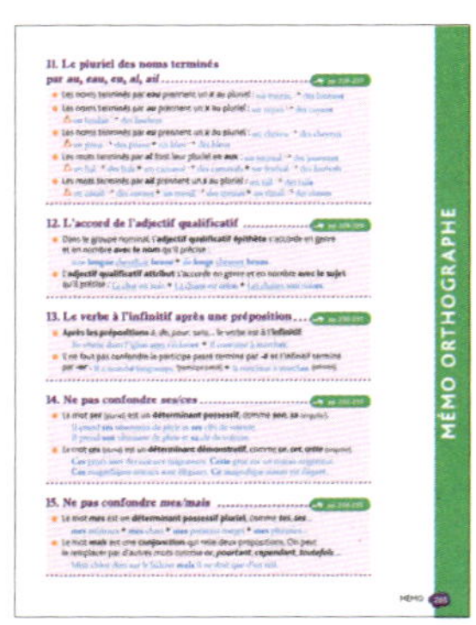


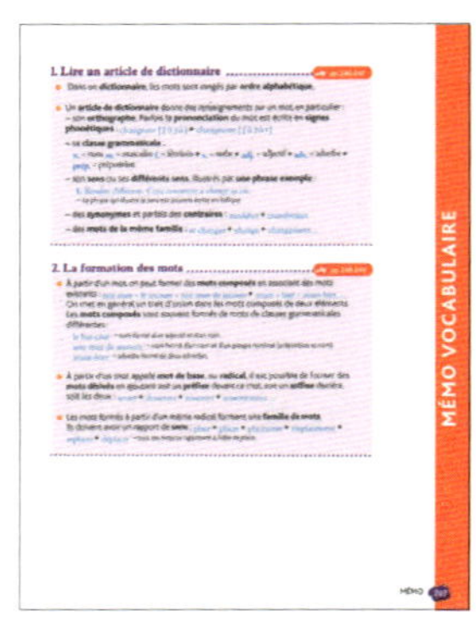

| ÉCRIRE et PARLER | | |
|---|---|---|
| **Vocabulaire** (des mots pour écrire) | **Écrire** | **Parler** |
| Des mots pour décrire des sensations | Écrire un texte sur un petit bonheur (raconter un moment heureux, décrire des choses qu'on aime) | Raconter une première fois |
| Des mots pour détourner un conte | Écrire un conte détourné | Raconter, à la manière d'un conteur, un conte détourné |
| Des mots pour exagérer | Écrire un récit mythologique | Raconter un des travaux d'Hercule |
| Des mots pour construire un dialogue | Écrire un dialogue à partir d'une BD<br>Réaliser une BD à partir d'un dialogue | Exprimer les éléments sonores des vignettes |
| Des mots pour exprimer les actions des personnages | Écrire l'épisode d'un récit d'aventures | Décrire la couverture d'un roman d'aventures |
| Des mots pour décrire un univers de science-fiction | Décrire un paysage de science-fiction | Présenter des objets insolites du futur |
| Des mots liés à une époque | Écrire un texte documentaire historique | Décrire une machine du Moyen Âge à partir d'une illustration |
| Des mots et des expressions pour parler des animaux | Écrire une fable | Jouer une fable devant ses camarades |
| Des mots pour raconter des scènes de conflit | Écrire une scène de conflit entre deux personnages | Jouer un personnage de différentes façons |
| Des mots pour poser des questions | Rédiger une interview | Mener un entretien |
| Des mots pour dire ce que l'on pense, pour donner son opinion | Écrire des raisons *pour* et des raisons *contre*<br>Écrire un texte pour réfléchir | Donner son opinion et débattre |

* Histoire complète

# SOMMAIRE Étude de la langue

## GRAMMAIRE



## CONJUGAISON



## ORTHOGRAPHE



## VOCABULAIRE




ISBN 978-2-09-122517-3

# Des textes pour raconter des petits bonheurs

1 Qu'est-ce qui rend ces enfants heureux ? As-tu connu toi aussi ces mêmes moments de bonheur ?

2 Te souviens-tu de la première fois où tu as réussi à faire du vélo sans les petites roues ? Qu'as-tu ressenti ?

**Dans ce chapitre, tu vas :**

**Lire** des textes qui racontent des bonheurs simples.

**Écrire** un moment heureux dont tu te souviens et décrire des choses que tu aimes.

**Parler** pour raconter une première fois.

# 1 Lire…

*À partir de ces photos, imagine ce dont parle ce texte.*

## La première fois…

La première fois que j'ai ouvert les yeux, je les ai fermés aussitôt. J'ai pleuré. Des mains m'ont soulevée dans le ciel et m'ont posée entre deux montagnes de lait. J'ai arrêté de pleurer. Et j'ai ouvert les yeux pour la deuxième fois de ma vie. J'ai vu la lumière la plus douce du monde : c'étaient les yeux de maman.

La première fois que j'ai vu papa, il pleurait. Mais il avait aussi un immense sourire. Il me regardait comme s'il me voyait pour la première fois. D'ailleurs, il me voyait pour la première fois.

La première fois que j'ai entendu mon nom, je ne savais pas encore que c'était mon nom. Papa disait plein de mots, et au milieu de ces mots se cachait mon prénom.

[…]

La première fois que j'ai marché, je suis tombée. La première fois que je suis tombée, je me suis relevée. La première fois que je me suis relevée, j'ai marché.

[…]

La première fois que j'ai mangé des petits pois, j'en ai avalé 127, j'en ai fait tomber 18. 11 par terre, 7 sur la table. J'en ai jeté 3 sur Quentin Pommier. La maîtresse m'a dit que j'en avais un. Un petit pois dans la tête.

### Je comprends

1. Est-ce un garçon ou une fille qui raconte l'histoire ? Justifie ta réponse.
2. À ton avis, que sont les « deux montagnes de lait » (lignes 2-3) ?
3. Relis le septième paragraphe : pourquoi l'enfant n'ouvre-t-il pas les yeux quand la famille arrive à la maison ?
4. Que signifie avoir « un petit pois dans la tête » (lignes 19-20) ?
5. Pourquoi papa appelle-t-il sa fille « ma petite marmotte » (lignes 30-31) ?
6. Qui est Candide Muriaccelli ?
7. D'après toi, quels sont les paragraphes plutôt émouvants ? Quels sont ceux qui sont plutôt humoristiques ?
8. La narratrice a-t-elle toujours le même âge au fil du récit ? Justifie ta réponse.
9. Comment appelle-t-on un écrit dans lequel l'auteur raconte sa vie ?

La première fois que j'ai lâché la main de maman, c'était au supermarché. Elle m'a retrouvée au rayon charcuterie. Je parlais à une tranche de jambon.

La première fois que... oh je l'aime bien, cette première fois-là, c'était un dimanche soir, on rentrait de la mer. Je m'étais enroulée dans une couverture, à l'arrière de la voiture. Papa s'est retourné à un feu rouge et a dit : « La petite dort. » Quand on est arrivés devant la maison, j'ai gardé les yeux fermés, juste pour entendre papa dire « chut » et le sentir me prendre dans ses bras. J'ai souri. Papa a approché sa bouche de mon oreille et c'est la première fois que je l'ai entendu dire : « Ma petite marmotte... ma petite marmotte. »

La première fois que je suis montée dans le bus, j'ai poinçonné mon ticket trois fois. Pour être sûre. Puis je suis montée sur les genoux de papa et je l'ai embrassé trois fois. Pour être sûre.

[...]

La première fois que j'ai joué au foot, c'était toute seule. J'ai gagné.

La première fois que j'ai vu Candide Muriaccelli, je lui ai tiré les cheveux parce qu'elle avait pris le cerceau alors que la maîtresse avait dit que c'était moi, alors elle m'a donné un coup de pied et je lui ai donné un grand coup de cerceau et la maîtresse nous a punies et on est devenues copines.

[...]

La première fois que j'ai vu une mouette, j'ai trouvé ça chouette. La première fois que j'ai vu une chouette, j'ai trouvé ça chouette aussi.

La première fois que j'ai joué de la trompette devant tout le monde, les oreilles de mon père n'en croyaient pas leurs yeux et les mains de ma mère tapaient du pied.

Texte de Vincent Cuvellier et illustrations de Charles Dutertre, *La Première Fois que je suis née*, © Gallimard Jeunesse, coll. « Giboulées ».

## Je lis à haute voix

**Choisis** une « première fois » du texte que tu liras ensuite à toute la classe.
Pour en souligner le caractère émouvant ou drôle, marque un temps d'arrêt avant les derniers mots.

## Je donne mon avis

Quelle « première fois » du texte préfères-tu ? Explique pourquoi.

## J'ajoute des phrases à l'histoire

**Écris** une « première fois » qui t'est arrivée.

# 1 Lire…

As-tu déjà eu des billes ?
Qu'aimes-tu faire avec tes billes ?

Récit complet

## Regarder ses billes

Bien sûr, les billes, c'est fait pour jouer. Au pot, au triangle, au Tour de France, ou simplement en les exposant ; trois pas pour trois billes, à la tiquette (à la roulette, en les faisant courir sur le sol, c'est trop facile). À l'école, on vient d'inventer une nouvelle façon de tirer : le pied de biquette ! Il faut poser la bille à l'extérieur du pied gauche, contre sa chaussure. Avec le pied droit, on se donne un grand coup de pied dans le pied gauche, et la bille part comme ça. Ça fait un peu mal et ce n'est pas facile à diriger, mais c'est la grosse mode, en ce moment. Sous le préau ou dans la cour, on se précipite pour jouer, à la récréation. Parfois on revient en classe très riche, les poches pleines. Parfois, au contraire, on s'est fait complètement plumer, et on n'est pas mécontent de penser à la dictée pour se changer les idées. Les billes, à l'école, on n'a pas le temps d'en profiter vraiment. Il y en a qui valent plus que les autres : des der quarante, des der cinquante – il y a même des calots der cent ! C'est comme si c'était de l'argent. À l'école, c'est juste la valeur qui compte, et le jeu.

Mais dans sa chambre, c'est très différent. On a un grand bocal – celui du poisson rouge qu'on avait gagné à la kermesse, il y a longtemps. Maintenant, on y met toutes ses billes, et il est déjà à moitié rempli. Quelquefois, le soir, on vide le bocal sur son lit, et on regarde son trésor,

### Je comprends

1. Quels sont les jeux de billes cités par le narrateur ? Les connais-tu ?
2. En connais-tu d'autres ? Lesquels ?
3. Que signifie l'expression « se faire plumer » (ligne 11) ?
4. D'après l'auteur, quel plaisir peut-on éprouver avec les billes à l'école ? et dans sa chambre ?
5. Retrouve le nom de chaque bille citée dans le texte. Qu'est-ce qu'un « calot » ?
6. Quel pronom personnel le narrateur utilise-t-il beaucoup dans ce texte ? Pourquoi ?

juste dans la lumière de la lampe de chevet. On est un peu comme Picsou quand il plonge dans son or. On enfonce les mains dans les billes, et toutes ces petites boules dures sont très douces, quand on y fait nager ses doigts.

Puis on commence à les prendre une par une. Les calots Galaxy sont très beaux : chacun est une planète sombre avec de minuscules mouches de couleur, comme des étoiles – chaque calot Galaxy est aussi un univers avec son ciel, sa Voie lactée. On aime bien les billes Schtroumpf. On les appelle comme ça parce qu'elles sont d'un bleu de Schtroumpf, avec souvent une tache blanche qui peut faire penser à un bonnet. Les gouttes d'eau sont très pures, transparentes, avec plein de petites bulles prisonnières. Elles sont souvent d'un vert un peu plus pâle que celui des bouteilles, et quand on regarde à travers, on se sent à la fois dans le ciel et dans la mer. On a une petite faiblesse aussi pour les américaines. Celles-là, ça ne sert à rien de les mettre dans la lumière de la lampe : on ne peut pas voir à travers. Mais elles ont un beau fond blanc, comme une neige avec un reflet bleu, et des plages rousses, des forêts douces. À côté, les billes de métal pourraient paraître banales. Mais elles font comme des miroirs, et les murs de la chambre s'arrondissent et partent dans un pays très froid, éblouissant.

Enfin, il y a celle qu'on préfère, et qui n'a pas de nom. C'est un calot étrange qui semble argenté dans l'ombre et, si on le rapproche de l'ampoule, il devient goutte d'eau, de la couleur exacte d'un diabolo menthe. Le mieux, c'est quand on le fait bouger vers la lampe : il y a juste une seconde où il semble à la fois ouvert et fermé, menthe et argent. C'est le plus beau, le calot sans nom.

Philippe Delerm, *C'est toujours bien*,
© Milan Jeunesse, coll. « Tranche de vie », 2007.

## Je lis à haute voix

**Lis** le dernier paragraphe. Après avoir marqué un temps d'arrêt, dis la dernière phrase en regardant l'auditoire et en faisant ressortir l'émerveillement du narrateur.

## Je donne mon avis

Quels sont les jeux que tu préfères pendant la récréation ? Pourquoi ?

## J'ajoute une phrase à l'histoire

Choisis une bille ou une photo de billes qui te plaît.
**Écris** une phrase sur ta bille préférée.

# Bien comprendre les comparaisons

## Je réfléchis

**1 Lis les premières parties de phrases puis complète-les avec les comparaisons qui conviennent. Justifie ensuite tes choix.**

*comme des miroirs • pareilles à des étoiles • semblable à de la neige • tel oncle Picsou devant son tas d'or*

a. On voyait de minuscules mouches de couleur ….
b. Les billes de métal font ….
c. Je reste devant toutes mes billes ….
d. Elles ont un beau fond blanc ….

• **Relève les mots qui introduisent les comparaisons. En connais-tu d'autres ? Lesquels ?**

**2 Lis les phrases ci-dessous. À quoi sont comparés : *les yeux de maman ? mon cerveau ? le calot Galaxy ?* le *mouvement des doigts dans le bocal ?***

a. J'ai vu la lumière la plus douce du monde, c'étaient les yeux de maman.
b. La maîtresse m'a dit que j'avais un petit pois dans la tête.
c. Le calot Galaxy est une planète sombre.
d. Dans le bocal, on y fait nager ses doigts.

**Conseil**

■ **Une comparaison sert à montrer une ressemblance entre deux éléments.**
• Pour bien **comprendre une comparaison**, je dois identifier les deux éléments que l'auteur a voulu rapprocher. La comparaison est introduite par un mot : *comme, pareil à, semblable à, tel…*
• Une comparaison sans mot pour l'introduire est une **métaphore**.
*Chaque calot est une planète sombre.*

## Je m'entraîne

**3 * Recopie et classe ces phrases en deux colonnes : les comparaisons / les métaphores.**

a. Le canal glisse sous terre comme un caramel au fond d'une poche.
b. Elle secoue sa tignasse d'ébène.
c. La nuit traîne comme un grand chat noir.
d. La pluie coule sur mon cou comme la vinaigrette sur un artichaut.
e. La route déploie son long ruban.

**4 ** Parmi ces phrases, quelles sont celles qui correspondent aux métaphores que tu as trouvées dans l'exercice 3 ?**

a. Elle secoue ses cheveux noirs.
b. Elle secoue ses tresses rousses.
c. La route comporte de nombreux virages.
d. La route s'étend devant nous.

**5 *** Certaines métaphores sont devenues des expressions du langage courant. Trouve leur signification.**

a. un **violon d'Ingres** : *un passe-temps • un violoncelle • du papier*
b. un **talon d'Achille** : *l'entame d'un jambon • un point faible • une chaussure*
c. **tomber des nues** : *pleuvoir • se déshabiller • être étonné(e)*

**6 *** Complète ces phrases à l'aide des expressions en gras de l'exercice 5.**

a. Quand il a découvert la vérité, il est ….
b. Collectionner les voitures miniatures, c'est son ….
c. Ma sœur passe des heures à lire des mangas ; c'est son ….
d. Max est bon au tennis, mais le revers est son ….

## Méli mélo

■ **Les comparaisons ont été mélangées. Récris-les avec le nom de l'animal qui convient.**

fort comme une pie — muet comme un agneau — nu comme un bœuf
têtu comme un pinson — bavard comme un paon — fier comme un singe
malin comme une mule — gai comme une carpe — doux comme un ver

# Des textes pour raconter des petits bonheurs

## Je me souviens

- **Relis les textes de l'unité :** ***La première fois…* et *Regarder ses billes*.**
  - Que racontent ces deux textes ?
  - Qui est le narrateur dans chaque texte ?
  - Quels pronoms personnels les narrateurs utilisent-ils ?
  - Que ressentent-ils ?

## Je retiens

1 Ces récits parlent de **moments de la vie** de tous les jours et parfois des objets qui s'y rattachent.

2 Ces moments ou ces objets sont souvent **associés à de petits plaisirs**.

3 Le narrateur décrit précisément **ce qu'il ressent**.

4 Le narrateur utilise le pronom personnel ***je*** pour décrire une expérience personnelle. Il utilise le pronom personnel ***on*** pour décrire une expérience partagée par beaucoup d'autres personnes.

## Je m'entraîne

**1 * Lis ces deux textes. Relève tous les mots qui indiquent que le moment décrit est un petit bonheur.**

**A.** Je suis allongé, sur le dos, dans l'herbe grasse. La tête reposant dans mes mains, les bras écartés, je ferme les yeux. Je sens sur ma peau l'air tiède de cette belle journée. J'entends les oiseaux chanter dans les branches du cerisier. Ils se répondent par de joyeuses mélodies, comme s'ils s'amusaient à qui inventerait la plus ornée et la plus longue. Je suis bercé par le murmure de la rivière proche. Je respire à pleins poumons. Je souris. Quel agréable moment de paix, de calme, de bonheur !

**B.** On sent une odeur délicieuse qui provient de l'appartement. On ouvre la porte avec entrain et on file vers la cuisine. Une douce chaleur y règne. On inspire largement, pour savourer le parfum d'une pâte bien cuite, et on se plaît à imaginer le plat succulent que l'on va bientôt déguster. Clafoutis ? Tarte aux pommes ? Brioche ? On en a l'eau à la bouche !

**2 * Lis le texte puis réponds aux questions.**

On s'achète une barbe à papa, et on a vite les doigts tout collants, et des petits filaments au coin de la bouche. La barbe à papa, c'est comme la fête : de loin, c'est fabuleux, et au bout d'un moment on en a assez. Et puis c'est triste de voir son argent filer si vite – on a juste gagné un porte-clés raquette de ping-pong au tir aux fléchettes.

Philippe Delerm, *C'est bien*, © Milan Jeunesse, coll. « Tranche de vie », 2007.

**a.** **Que ressent le narrateur quand il mange une barbe à papa ?**
**b.** **Et toi, ressens-tu la même chose ? Écris une phrase pour dire ce que tu ressens.**

**3 ** Transforme le texte B de l'exercice 1 en utilisant *je* à la place de *on*.**

- **Quelle version préfères-tu : celle avec *on* ou celle avec *je* ? Pourquoi ?**

# Des mots pour décrire des sensations

## Je réfléchis

**1 Dans cet extrait, observe comment l'auteur décrit ses sensations. À quel sens chaque mot en gras renvoie-t-il : le toucher, le goût, l'odorat, la vue ou l'ouïe ?**

C'est très **bon**, un canard*. Pourtant, on n'aime pas du tout le goût du café – c'est tellement **amer** et **noir**. Mais les adultes aiment bien ce qui est amer, ce qui est bizarre. Les huîtres, par exemple, ces espèces de bestioles **molles** et **gluantes** trempant dans leur eau **salée**, dans leur coquille **coupante**. Ou bien les champignons, tout **mous**, tout **verdâtres** : presque des pourritures. Pourquoi aime-t-on ce genre de choses, en grandissant ?

Philippe Delerm, *C'est toujours bien*, © Milan Jeunesse, coll. « Tranche de vie ».

*canard : morceau de sucre trempé dans le café.

- **Parmi ces mots en gras, quels sont ceux que l'on pourrait associer aux plaisirs ? aux déplaisirs ?**

**2 Quelles sont les sensations évoquées dans ces phrases : visuelle, auditive, gustative, tactile ou olfactive ?**

a. D'habitude, on trouve que le café est un peu amer et que la vanille est un peu fade.
b. La couleur de la pistache est très douce, un vert pâle reposant.
c. On enfonce ses mains dans les billes, et toutes ces petites boules dures sont très lisses.
d. On entend d'abord la mèche pétiller puis le pétard détonner.
e. Quand on rentre chez quelqu'un qui a mangé des clémentines, on le sent tout de suite.

**3 Ces actions te procureraient-elles une sensation agréable ou désagréable ? Explique pourquoi.**

a. Goûter un plat épicé.
b. Toucher la peau d'une pêche.
c. Manger un plat sucré.
d. Sentir un fromage fort.
e. Nager dans l'eau chaude.
f. Sentir l'herbe qui vient d'être coupée.
g. Nager dans l'eau froide.
h. Regarder des couleurs très vives.
i. Écouter de la musique à plein volume.
j. Plonger les mains dans un bol de farine.

**4 Pour chacun des cinq sens, cite des plaisirs et des déplaisirs, un souvenir agréable et un souvenir désagréable. Tu peux t'aider des illustrations.**

Je retiens

## Des mots pour évoquer les cinq sens

### Vue (sensation visuelle)

- admirer • contempler • scruter • entrevoir • découvrir • observer • guetter • distinguer • apercevoir • dévorer des yeux…
- agréable • beau • magnifique • splendide • admirable • laid • horrible • obscur • noir • brillant…
- un éblouissement • une splendeur • un coup d'œil…

### Odorat (sensation olfactive)

- flairer • humer • respirer • renifler • parfumer • exhaler • empester • infecter • empuantir…
- suave • délicat • envahissant • parfumé • entêtant • âcre • nauséabond • pestilentiel…
- un parfum • un arôme • un relent…

### Toucher (sensation tactile)

- caresser • palper • effleurer • tâter…
- lisse • rugueux • doux • moelleux • gluant • visqueux • piquant • coupant • dur • tiède • brûlant • glacé…
- une caresse • un frôlement…

### Ouïe (sensation auditive)

- entendre • écouter • percevoir • bercer • agresser • charmer • réjouir • déchirer les tympans…
- strident • fort • déchirant • mélodieux • harmonieux • pur • caressant • envoûtant…
- une mélodie • une berceuse • un brouhaha…

### Goût (sensation gustative)

- savourer • déguster • se délecter • siroter • avaler • cracher…
- fade • relevé • épicé • salé • sucré • amer • acide…
- une dégustation • un régal • un délice • un dégoût • un écœurement…

Je m'entraîne

**5* Dans quelles rubriques du « Je retiens » rangerais-tu ces mots ?**

goûter • examiner • senteur • regarder • sentir • cajoler • pétrir • câliner • frôler • mélodieux • embaumer • vacarme • pétillant • sombre • pâle • lumineux • terne • gémissement • hurlement • dévisager • cacophonie

**6** Remplace les verbes *sentir*, *regarder* ou *entendre* par un mot synonyme plus précis.**

1. Le renard **a senti** la trace d'une souris.
2. Au musée, les visiteurs **regardent** longuement les tableaux.
3. On pouvait **entendre** au loin le brame du cerf.
4. La petite fille **mange** une glace à la fraise, les yeux brillants de plaisir.
5. Les doigts de papi **touchent** les joues du bébé pour le faire sourire.

**7*** Récris le texte en remplaçant les mots en gras par des mots synonymes.**

### La pêche aux coquillages

Lentement, on avançait sur la plage en **regardant** le sable mouillé. Quand on **voyait** de petites bulles, on les recouvrait de sel. Les coquillages sortaient alors du sable. On voulait les **manger** le soir. Mais on les oubliait toujours dans le sac de plage et, quelques jours plus tard, une odeur **désagréable** nous alertait. Le sac **sentait mauvais** même après plusieurs lavages.

# 1 Écrire...

**Pour écrire un texte sur un petit bonheur, je dois :**

1. penser à une **situation agréable** que j'ai vécue et m'en souvenir avec précision ;
2. communiquer mes **sensations** au lecteur en donnant des détails précis (en particulier grâce aux adjectifs) et en utilisant des **comparaisons** ou des **métaphores** ;
3. écrire en employant le pronom personnel ***je*** si je décris ce que je ressens personnellement ou le pronom personnel ***on*** si je crois que la sensation est la même chez tout le monde.

## 1 * Je complète des phrases

■ **Complète ces phrases pour décrire ce que tu as ressenti.**

a. La première fois que je suis entré(e) dans une salle de classe, ~
b. La première fois que j'ai bu une boisson gazeuse, ~
c. La première fois que j'ai entendu la mer, ~
d. La première fois que je suis monté(e) sur un manège, ~

## 2 ** J'écris des listes de petits bonheurs

■ **Fais des listes de petits bonheurs que tu pourrais associer aux verbes suivants.**

regarder • goûter • entendre • toucher • sentir

*Exemple :* regarder la neige tomber, bien au chaud et à l'abri derrière sa fenêtre...

- **Le premier mot de chaque liste sera un verbe à l'infinitif comme le titre du texte de Philippe Delerm : *Regarder ses billes*.**
- **Pense à enrichir les listes avec des mots du « Je retiens », page 13.**

## 3 *** J'écris un texte sur un petit bonheur

**Situation 1** **Je décris un objet que j'aime.**

- Choisis un objet auquel tu tiens.
  *Exemple :* un jouet que tu as depuis que tu es petit(e).
- Comment est-il ? Que ressens-tu quand tu le regardes ? Que ressens-tu quand tu le touches ?
- Utilise des adjectifs pour préciser son aspect visuel, tactile, voire sonore ou olfactif.
- Pense à utiliser des comparaisons ou des métaphores en t'aidant du conseil page 10.

## Situation 2 Je parle de ma collection.

**Que collectionnes-tu ?** Décris les éléments de ta collection, en faisant apparaître les particularités de chaque objet, et dis celui que tu préfères. Pourquoi le préfères-tu ?

## Situation 3 Je décris un aliment que j'aime.

**Voici des aliments. Lesquels préfères-tu ? Aide-toi des indications ci-dessous pour expliquer ce que tu ressens quand tu les vois, quand tu les manges, quand tu les touches ou quand tu les sens.**

a. **Des bonbons :** un mélange de couleurs • certains mous • d'autres durs au début, puis fondants ou un peu collants • très sucrés, acides...

b. **Des fruits :** différentes formes ou couleurs • acidité de l'orange ou de la pomme • mollesse ou dureté du fruit plus ou moins mûr • douceur de la pêche...

c. **Des légumes :** formes allongées ou rondes et couleurs vives • craquement sous la dent et bruit agréable • douceur ou amertume...

d. **Le pain :** nuances de couleur selon la cuisson • bruit quand on le coupe • différence de texture entre la croûte et la mie • odeur du pain frais...

e. **Des pâtes :** en forme de papillons, longues et fines ou plates • plus ou moins molles selon la cuisson • couleur de la sauce tomate • impression différente si l'on goûte les pâtes seules ou si l'on prend de la sauce • les pâtes qui collent...

f. **Des fromages :** les formes rondes ou carrées • les teintes • l'odeur • à pâte molle ou dure • le goût plus ou moins fort • la croûte...

g. **Un poulet rôti :** les différentes parties (les ailes, les cuisses) • la couleur • l'odeur qui dure longtemps • plaisir de rogner autour des os, de lécher ses doigts...

a

b

c

d

e

f

g

## Situation 4 Je raconte un moment agréable.

- **Pense au moment de la journée ou de la semaine que tu préfères.**
Raconte ce moment : que ressens-tu ?

- **Écris ton texte en utilisant le pronom personnel *on* comme dans le texte de Philippe Delerm.**

# 1 Écrire et parler

## J'améliore mon texte → pages 14-15

### Je vérifie mon récit

**❶ * Je complète des phrases**

- Pour chaque situation, j'ai écrit une ou plusieurs phrases en utilisant des mots qui décrivent des sensations.

**❷ ** J'écris des listes de petits bonheurs**

- Pour chaque verbe, j'ai trouvé plusieurs moments qui me sont agréables ou plusieurs objets que j'aime bien.

**❸ *** J'écris un texte sur un petit bonheur**

- Pour chacune des situations, j'ai utilisé des **mots précis** pour décrire mes sensations et j'ai fait des **comparaisons** ou des **métaphores** pour les préciser.

### Je vérifie comment j'ai écrit

**❶ * Je complète des phrases**

- J'ai écrit à la première personne du singulier et au passé composé.

→ Grammaire, pages 148-149
→ Conjugaison, pages 196 à 199

**❷ ** J'écris des listes de petits bonheurs**

- Chaque élément de ma liste commence par un verbe à l'infinitif.

→ Grammaire, pages 160-161

**❸ *** J'écris un texte sur un petit bonheur**

- J'ai écrit mon texte soit en employant ***je***, soit en employant ***on***.

→ Grammaire, pages 162-163

## Je prends la parole

■ **Rappelle-toi une première fois qui t'est réellement arrivée et raconte-la à tes camarades.**

### Pour te préparer

- Souviens-toi précisément de la situation et donne des détails.
- Essaie de trouver une chute drôle ou émouvante.

### Pour bien raconter

- Commence ton histoire par : *La première fois que…*

### D'autres récits sur les petits bonheurs et sur les « premières fois » à découvrir

* *Le Petit Livre des 100 premières fois*, Stéphane Daniel, Ronan Badel, éd. Sarbacane.

** *Cinq, six bonheurs*, Jean-Marc Mathis, éd. Thierry Magnier.

*** *C'est bien*, Philippe Delerm, éd. Milan Jeunesse.

Unité 2

# Des contes détournés

1 Quels personnages de contes reconnais-tu ?
2 Quel personnage retrouves-tu dans les trois images ? Que penses-tu de la façon dont il est représenté ?
3 Ces trois images correspondent-elles à des passages de contes que tu connais ?

**Dans ce chapitre, tu vas :**

**Lire** des contes détournés.

**Écrire** des contes détournés à partir de contes connus.

**Raconter** un conte détourné en faisant ressortir son caractère humoristique.

# 2 Lire…

*À quel conte ces images te font-elles penser ? Peux-tu le raconter ?*

## Le Petit Napperon rouge

*La narratrice, dont on ignore le nom, se rend chez sa grand-mère. En chemin, elle rencontre un grand loup amateur de fraises des bois, végétarien, malade et blessé. Elle décide de l'emmener chez sa grand-mère pour le soigner.*

Clopin-clopant, on a quand même fini par arriver chez ma grand-mère. J'ai appelée : « Grand-mère ». Elle a répondu : « Tire la chevillette et la bobinette cherra » (ça, c'est une autre blague de ma grand-mère, sa maison est vieille, mais elle n'a pas de chevillette, elle a une sonnette comme tout le monde ; mais grand-mère aime bien dire ça, à cause de l'histoire du Petit Chaperon rouge). Elle a ouvert la porte, s'est avancée pour m'embrasser, s'est immobilisée. Sa main s'est serrée sur son gros bâton. Sans presque desserrer les lèvres, elle m'a murmuré :

– Fillette, ne bouge pas. Il y a un loup derrière toi. Je vais l'assommer d'un seul coup, tu vas voir.

– Non, non, grand-mère. Je vais t'expliquer.

Je lui ai raconté toute l'histoire de mon loup végétarien, amateur de fraises des bois, douillet, dépourvu du sens de l'orientation, peureux, fumeur et grippé, avec une entorse à une patte arrière.

– Le jour de distribution des tickets de chance, vous deviez être absent ! a dit grand-mère avec sa grosse voix.

### Je comprends

1 Quel conte célèbre reconnais-tu dans ce texte ?

2 Quelle expression du texte est reprise du conte célèbre ? Que signifie-t-elle ?

3 Quel est le caractère de la grand-mère dans ce conte ? Te semble-t-il être le même que dans le conte connu ?

4 Que pense la grand-mère du loup ? Relève les mots qui te l'indiquent.

5 Comment la grand-mère aide-t-elle le loup ?

6 Le loup a-t-il totalement changé grâce au traitement de la grand-mère ? Justifie ta réponse.

7 Pourquoi la narratrice dit-elle « mon loup » pour désigner l'animal (ligne 12) ?

8 Relève les points communs et les différences entre le conte connu et cette histoire.

9 On appelle ce type de conte un « conte détourné ». Pourquoi, à ton avis ?

– Ça, c'est bien vrai, madame.

– Appelez-moi grand-mère comme tout le monde, espèce de cornichon. Allez, entrez, je vais m'occuper de vous. Mais attention, on ne fume pas dans la maison.

– Bien, mad… euh, grand-mère. C'est compris.

Et grand-mère a entrepris de s'occuper du loup. C'est que le pauvre animal n'avait pas eu une existence très heureuse jusque-là, plutôt une vie de chien. Comme il était maladroit, peureux et trop gentil, tous les autres se moquaient de lui. Il était la risée de la meute. Même les lapins venaient le narguer, juste pour le rendre ridicule. Et son histoire de s'être perdu en allant chercher des cigarettes, ce n'était même pas vrai. En fait, il était tellement désespéré qu'il avait décidé de s'enfuir, de faire une fugue, de partir loin une fois pour toutes.

– Je vois, a dit grand-mère, j'ai ce qu'il vous faut. Quelques semaines de vie à la campagne, dans la nature, avec de l'exercice physique, et vous allez m'en dire des nouvelles. Vos amis ne vont pas vous reconnaître. Vous allez revenir costaud, débrouillard et en pleine forme.

– Oh que vous êtes gentille, a dit le loup, ému jusqu'aux larmes, en passant une grande langue râpeuse sur la joue de grand-mère.

– Dites donc, espèce de dégoûtant, c'est pas bientôt fini ? Commencez donc par aller fendre le tas de bois qui est là-bas.

Et c'est vrai qu'au fil des jours, à force de suivre le rythme de grand-mère, mon loup allait de mieux en mieux. Il avait pris des biceps, il avait arrêté de fumer. Il avait même mis en fuite le renard qui essayait à nouveau de s'en prendre au poulailler. Il aimait toujours autant les fraises des bois, mais ça je ne pouvais pas vraiment le lui reprocher.

Hector Hugo, *Le Petit Napperon rouge*, © Syros, coll. « Les Mini Syros ».

## Je lis à haute voix

**Lis** le dernier paragraphe (lignes 40 à 45).
Avant de lire :
– repère les virgules et les points qui t'indiquent les pauses que tu dois faire en lisant ;
– choisis les mots qui te semblent importants et que tu mettras en valeur ;
– réfléchis à l'intonation que tu prendras pour lire la dernière phrase.

## Je donne mon avis

Zoé, une élève de CM1, a lu ce conte et ne le trouve pas amusant. Et toi, qu'en penses-tu ?

## J'ajoute une phrase à l'histoire

« Clopin-clopant, on a quand même fini par arriver chez ma grand-mère. » (ligne 1)

**Écris** une phrase pour décrire certaines caractéristiques de cette étonnante grand-mère.

# 2 Lire...

*À ton avis, où se passe l'histoire ?*

135ᵉ rue

la statue de la Liberté

un gratte-ciel

Manhattan

le pont de Brooklyn

**Histoire complète**

## Le Loup de la 135ᵉ

Hé ! Chili Vince, mon vieil ami ! Encore là ! Mon Prince, tu vas t'user les yeux à regarder les passants comme ça ! Allez, fais-moi une petite place…

Y a bien du monde à se promener aujourd'hui. C'est dimanche, tu m' diras…

Oh ! Regarde celui-là comme il est beau !

Le petit rouge, là, tu vois ? Il me rappelle quelqu'un…

Moi, à son âge, j'allais tout comme lui, en rouge, aussi beau et tout pareil !

Rouge des pieds à la tête et de la tête aux pieds ! Tu te souviens ?

Pantalon rouge, chemise rouge, maillot rouge, chaussettes et souliers rouges.

C'était du temps où j'habitais là-haut, pas loin de chez toi, dans ce quartier pas trop rupin*. Des dollars, y en avait pas trop, mais pas moins que chez vous autres. Moi, j'étais pas malheureux pour autant : rien dans les poches, mais rien dans la cervelle non plus ! J'avais pas de soucis, quoi. Je passais mes journées à rêver...

***rupin :** riche

Ma mère, la pauvre, du temps pour rêver, elle en avait pas...

Souviens-toi le jour où on s'est croisés pour la première fois, toi et moi : c'était dans une rue où j'aurais jamais dû être. Ma mère m'avait envoyé chez le vieux Johnson, le grand-père. Tu dois te rappeler de celui-là ! Y avait deux ou trois choses à lui porter, mais ma mère, elle avait trop à faire... Alors elle m'a collé le paquet sous le bras. Y avait pourtant un sacré bout de chemin jusque chez le grand-père !

Ah çà ! Il habitait loin, le vieux Johnson ! De l'autre côté de la forêt... C'est vrai, cette ville, sans rire, c'est une vraie forêt ! Rouge et grise, et bien profonde, avec ses arbres de brique et de ferraille et ses grottes de béton. J'ai toujours pensé ça, pas toi ? Moi, je l'aimais bien, ma forêt grise...

Ma mère, elle s'inquiétait : « Fais bien attention. Ne traîne pas, le chemin est long. Ne t'arrête pas en route. Et surtout ne parle à PERSONNE ! » De quoi elle avait peur, ma mère ? Que je rencontre le loup peut-être ! Moi, avec ma tête vide, tout ce que je voyais c'était que j'avais une journée de balade devant moi, à flâner et à fouiner. À ramasser des trésors...

Finalement, ce jour-là, je l'ai rencontré, le LOUP !
Je veux dire... Oui Chili, c'était toi : Chili Vince, le loup du quartier ! T'étais de la grande classe, et plus vieux, et plus grand, et plus costaud que moi. Ça m'impressionnait, alors y avait pas à discuter !

Ah ! Mais je le regrette pas, tu sais ! Parce que si j'avais pas croisé ton chemin, peut-être bien que tu serais pas ici à m'écouter radoter aujourd'hui ! Enfin... à l'époque, tu avais su m'embrouiller avec tes belles paroles !

Rappelle-toi comme tu m'avais filouté ce jour-là !
Je sais plus trop ce que tu m'avais promis, mais moi, je t'ai donné l'adresse du vieux Johnson. Alors, tu m'as proposé de faire la course avec toi.

# 2 Lire...

Faire la course avec Chili Vince, le loup de la 135e : ça, ça valait la peine d'être vécu !

J'ai fait tout ce que tu m'as dit : « Passe par en haut, moi je passe par là-dessous... Le dernier chez Johnson est un peigne-cul ! » Et hop ! t'es parti sous terre ! Ça m'allait bien, parce que le métro, j'aimais pas beaucoup ça. Moi, j'aimais la lumière, le ciel, le monde, et la rue !

Oh ! Dis donc ! j'en avais mis du temps pour retrouver le vieux ! Au début, je pensais bien gagner la course, et puis après, les lumières et le beau monde, ça m'a tourné la tête ! Pendant que tu filais chez Johnson, moi j'ai traîné le long du parc pour regarder toutes ces choses qu'on voyait pas trop dans notre quartier. Toutes ces voitures – Cadillac, Pontiac, Buick, Lincoln ou Chevrolet Bel Air –, ça brillait ! Et la ferraille, toute joufflue, les phares levés comme des sourcils étonnés... Des bijoux de chrome, pas vrai ? Je pouvais pas laisser passer ça, fallait que je caresse la tôle. J'ai tourné autour des engins pendant un moment. Y avait à voir, tu sais. Bien assez pour oublier le grand-père cinq minutes, et même bien assez pour t'oublier, toi, Chili Vince ! Après, j'ai filé en biais sur Broadway... Broadway ! BROADWAY ! Et là, on pouvait s'étourdir un moment encore, pas vrai ? Ah !... Broadway !...

Mais toi, Chili, Broadway, ça t'étonnait plus trop, pas vrai ? T'avais bondi de ton trou, et t'avais couru sonner chez le vieux Johnson...

Tu m'as jamais trop raconté ce qui s'était passé chez le grand-père... Je crois que le vieux, il n'a fait qu'une bouchée de toi ! Dis-moi, t'avais quoi dans l'idée ?

## Je comprends

1. Qui raconte l'histoire ? À qui ? Où se trouvent les personnages ?
2. Relève les mots indiquant que le texte raconte un souvenir. Pourquoi le narrateur se souvient-il tout à coup de sa jeunesse ?
3. À quel conte cette histoire te fait-elle penser ? Cite les points communs et les différences entre les deux histoires.
4. Le narrateur parle d'un personnage habillé en rouge, d'un loup et d'une forêt. À qui ou à quoi ces mots renvoient-ils dans ce texte ?
5. Pourquoi, selon le narrateur, Chili Vince voulait-il arriver le premier chez le vieux Johnson ?
6. Pourquoi le narrateur traîne-t-il en se rendant chez le vieux Johnson ?
7. Le narrateur ne s'exprime pas dans un langage correct. Qu'est-ce que cela nous apprend sur lui ?
8. Comment s'est terminée l'aventure ?
9. Maintenant que tu as lu le conte, explique le titre.

Tu comptais bien lui barboter quelques billets verts, pas vrai ?
Moi, j'avais pas passé le pont qu'il t'avait déjà remis droit dans tes bottes !
Tu en ris maintenant, mais à l'époque, t'étais pas aussi fier : Chili Vince, le caïd de la 135e, s'était fait tirer les oreilles par un grand-père ! Il s'en était pas laissé compter le vieux Johnson ! Tes chaussures à bout pointu et ton joli chapeau en poil de chameau, ça n'a pas dû l'impressionner beaucoup !

Quand je suis arrivé, il faisait nuit et j'avais les mains vides. Le paquet de ma mère, avec la galette et la crème, j'avais dû le laisser sur le capot d'une Cadillac de la 5e Avenue ! Moi aussi j'y avais eu droit à la leçon !

Alors, on est repartis la tête basse et les oreilles rouges.
Vite, le pont de Brooklyn ! Vite, Broadway ! Vite, le long du parc ! Vite, retrouver la maison ! Il faisait nuit noire et c'était loin, nom de nom ! Moi puni, toi penaud, cent quarante blocs à monter, toute la forêt de Manhattan. Et plus de métro. Ah ! On a eu le temps de faire connaissance. Ça oui, on a eu quatre fois le temps de devenir les compères qu'on est !

Enfin, je parle, je parle, mais il fait presque nuit… On va encore se retrouver tous les deux à sillonner les rues dans le noir !

Texte de Rébecca Dautremer, illustrations d'Arthur Lebœuf, *Le Loup de la 135e*, © Seuil Jeunesse.

## Je lis à haute voix

**Lis** un de ces passages de l'histoire :
- le souvenir de la première rencontre, de la ligne 19 à la ligne 23 ;
- les recommandations de la mère, de la ligne 28 à la ligne 32 ;
- le départ de la course, de la ligne 40 à la ligne 49 ;
- l'échec de Chili Vince, de la ligne 72 à la ligne 81.

Ta façon de lire doit correspondre à la façon de parler du narrateur.

## Je donne mon avis

À ton avis, que s'est-il passé chez le vieux Johnson ?

## J'ajoute des phrases à l'histoire

« Moi, aussi j'y avais eu droit à la leçon ! »

**Raconte** en deux ou trois phrases cette leçon qu'a donnée le grand-père au narrateur.

# 2 Pour mieux lire

## Distinguer récit, dialogue et commentaire

### Je réfléchis

**1 Dans quels passages la narratrice raconte-t-elle l'histoire ? Dans lequel les personnages parlent-ils ?**

Je lui ai raconté toute l'histoire de mon loup végétarien, amateur de fraises des bois, douillet, dépourvu du sens de l'orientation, peureux, fumeur et grippé, avec une entorse à une patte arrière.
– Le jour de distribution des tickets de chance, vous deviez être absent ! a dit grand-mère avec sa grosse voix.
– Ça, c'est bien vrai, madame.

H. Hugo, *Le Petit Napperon rouge*, © Syros.

**2 À quoi correspond le passage entre guillemets ? et le passage entre parenthèses ?**

On a fini par arriver chez ma grand-mère. Elle a répondu : « Tire la chevillette et la bobinette cherra » (ça, c'est une autre blague de ma grand-mère, sa maison est vieille, mais elle n'a pas de chevillette, elle a une sonnette comme tout le monde ; mais grand-mère aime bien dire ça, à cause de l'histoire du Petit Chaperon rouge).

H. Hugo, *Le Petit Napperon rouge*, © Syros.

**Conseil**

■ Dans un récit, on trouve des passages qu'il ne faut pas confondre :
- le **récit** proprement dit, raconté par un narrateur ;
- les **dialogues** qui reproduisent les paroles des personnages (encadrées par des guillemets ou indiquées par un tiret) ;
- les **commentaires** du narrateur sur l'histoire qu'il raconte (souvent entre parenthèses).

### Je m'entraîne

**3* Repère les passages du récit et les paroles prononcées par les personnages.**

Le prince Oscar voudrait tant retrouver la jeune fille à la chevelure de feu qui lui a donné de l'eau il y a quelques jours. Persuadé qu'il ne la reverra jamais, il est très malheureux. Son vieux maître s'approche doucement et lui dit :
– Monseigneur, vous devriez retourner dans le village où vous avez rencontré la demoiselle.
– À quoi bon ? répond le prince.
Pendant ce temps, au village, la jeune Madelon pense à ce chevalier qui lui a si poliment demandé de l'eau alors qu'elle revenait du puits.

**4** Repère les passages où le narrateur raconte l'histoire, ceux où il fait un commentaire et ceux où un personnage parle.**

Quand le loup est arrivé à la maison des petits chevreaux, il a pris une voix douce (je sais, c'est difficile pour un loup) pour dire ce qu'il avait préparé : « Petits chevreaux, ouvrez-moi, je suis une pauvre chevrette perdue. » Mais les cabris se sont mis à rire (comme seuls les cabris savent rire) et ont répondu : « Pauvre loup, si tu crois que nous ne te reconnaissons pas, tu te trompes ! » Alors, le loup est reparti furieux.

### Méli mélo

■ Une **anagramme** est un mot que l'on obtient en changeant l'ordre des lettres d'un autre mot.
*Exemple :* AIMER → MAIRE ou MARIE.
**Trouve les anagrammes des mots suivants.**
AUBE • POIGNE • ARBRE • MERCI • CARTE • SIGNE • TUILE

# Le conte détourné

## Je me souviens

- **Dans les textes *Le Petit Napperon rouge* et *Le Loup de la 135*[e] :**
  - Quel conte connu reconnais-tu ?
  - Les personnages sont-ils exactement les mêmes que ceux du conte d'origine ? et les lieux ? et l'époque ?
  - Dans *Le Loup de la 135*[e], qu'est devenue la forêt du conte d'origine ?
  - Les loups veulent-ils manger quelqu'un ?
  - Quelle phrase ou quelle expression du conte d'origine retrouve-t-on ?
  - Quel effet ces textes produisent-ils sur le lecteur ?

## Je retiens

- **Les histoires que tu as lues sont des contes détournés.**

**1** Les contes détournés reprennent des éléments de contes connus.

**2** Certains éléments ont changé : les personnages, leur identité, leur caractère, le lieu ou l'époque de l'histoire et même sa fin. On peut aussi modifier certaines actions ou en ajouter.

**3** On retrouve parfois des phrases ou des expressions venant des contes connus.

**4** Les contes détournés cherchent à surprendre le lecteur et à le faire sourire.

## Je m'entraîne

**1 * À quels contes connus ces histoires te font-elles penser ? Identifie les personnages et repère les modifications apportées par rapport au conte d'origine.**

A. Mademoiselle Sauve-qui-peut est une fillette espiègle et maligne. Partout où elle passe, tout le monde la fuit. Sa mère, excédée, l'envoie chez sa grand-mère porter un petit pot de beurre. Mais sa grand-mère n'est pas chez elle. Seul le loup est là à l'attendre. La fillette le jette aussitôt dehors. La grand-mère, qui hébergeait le loup pour la nuit, demande à sa petite-fille d'arrêter d'embêter cet animal très gentil.

D'après Philippe Corentin, *Mademoiselle Sauve-qui-peut*, © L'École des loisirs.

B. Une nuit, Yann réveille ses six frères aînés, tous jumeaux. Il faut fuir : leur père a menacé de les tuer. Irrésistiblement attirés par l'Océan, les sept enfants marchent vers l'ouest.

D'après Jean-Claude Mourlevat, *L'enfant Océan*, © Pocket Jeunesse.

**2 ** Lis cette version détournée du conte *Boucle d'or et les trois ours* puis réponds aux questions.**

Cheveux-Bleus rêvait d'explorer l'immeuble et, un jour que sa maman n'avait pas refermé la porte, il sortit, bien décidé à faire la connaissance des voisins. Au 4e étage, la porte de l'appartement 412 était entrouverte et une musique se faisait entendre. S'approchant sur la pointe des pieds, il jeta un coup d'œil. Il vit une cuisine et distingua trois bols fumants devant le micro-ondes : un très grand, un moyen et un tout petit.

**a. Quelles sont les modifications apportées par rapport au conte d'origine ?**
**b. Certains éléments ont-ils été conservés ?**

**3 *** Quel(s) élément(s) des contes connus cités ci-dessous transformerais-tu pour en faire une version détournée ? Aide-toi des propositions de modification.**

a. **Le Petit Chaperon rouge :** donne-lui une nouvelle apparence, une autre identité…
b. **Cendrillon :** donne-lui un autre caractère…
c. **La Belle au Bois dormant :** elle ne s'endort pas…
d. **Blanche-Neige :** situe son histoire à l'époque actuelle…

# Des mots pour détourner un conte

## Je réfléchis

**1 Classe les mots en rouge en deux colonnes : ceux qui peuvent se trouver dans le conte traditionnel et ceux qui montrent que le conte est détourné. Certains mots peuvent se trouver dans les deux colonnes.**

a. Ah çà ! Il habitait loin, le vieux Johnson ! De l'autre côté de la **forêt**... C'est vrai, cette **ville**, sans rire, c'est une vraie forêt ! Rouge et grise, et bien profonde, avec ses **arbres** de **brique** et de **ferraille** et ses **grottes** de **béton**. J'ai toujours pensé ça, pas toi ? Moi, je l'aimais bien, ma forêt grise...

b. Et hop ! t'es parti sous terre ! Ça m'allait bien, parce que le **métro**, j'aimais pas beaucoup ça. Moi, j'aimais la lumière, le ciel, le monde, et la rue !

c. Pendant que tu filais chez Johnson, moi j'ai traîné le long du **parc** pour regarder toutes ces choses qu'on voyait pas trop dans notre quartier. Toutes ces **voitures** – **Cadillac**, **Pontiac**, **Buick**, **Lincoln** ou **Chevrolet Bel Air** –, ça brillait ! Et la ferraille, toute joufflue, les **phares** levés comme des sourcils étonnés... Des bijoux de **chrome**, pas vrai ?

Rébecca Dautremer, *Le Loup de la 135*[e], © Seuil Jeunesse.

**2 Lis ces deux versions du conte *La Belle au Bois dormant*.**

A. Au bout de quinze ou seize ans, le roi et la reine étant allés à une de leurs maisons de plaisance, il arriva que la jeune princesse, courant un jour dans le château, et montant de chambre en chambre, pénétra dans un petit galetas, où une bonne vieille était seule à filer sa quenouille. Cette bonne femme n'avait point ouï parler des défenses que le roi avait faites de filer au fuseau en présence de la princesse.
– Que faites-vous là, ma bonne dame ? demanda la princesse.
– Je file, ma belle enfant, lui répondit la vieille qui ne la connaissait pas.

B. Au bout de quinze ou seize ans, le général-président et son épouse étant allés dans une de leurs résidences secondaires, il arriva que leur fille unique, courant un jour dans la propriété, et montant d'étage en étage, pénétra dans une petite pièce isolée, où une vieille femme était seule à regarder la télévision. Cette brave femme n'avait pas entendu parler de l'interdiction que le général avait faite de regarder la télévision en présence de sa fille.
– Que faites-vous là, madame ? demanda la jeune fille.
– Je regarde la télévision, ma belle enfant, lui répondit la vieille femme qui ne la connaissait pas.

**a. Repère la version traditionnelle et la version détournée de ce conte.**
**b. Relève les mots qui ont changé entre les deux textes.**

## Je retiens

# Des mots pour écrire la version moderne d'un conte traditionnel

### Les personnages dans le conte

- **traditionnel :** la mère-grand • la marâtre • le cadet • la demoiselle • la princesse • la sorcière • l'ogre • le croquemitaine…
- **moderne :** le maire • le préfet • la star • l'artiste • le prestidigitateur • le boucher • le banquier • le docteur • le voleur • le bandit • le voyou…

### Les lieux dans le conte

- **traditionnel :** la maisonnette • la chaumière • le château • le palais • le galetas • la bicoque • la forêt • la grotte • le village…
- **moderne :** la villa • la résidence • le pavillon • l'appartement • l'immeuble • le bidonville • la caravane • la ville • la banlieue • le supermarché • la gare • l'aéroport…

### Les transports dans le conte

- **traditionnel :** le cheval • le carrosse • la diligence • les bottes de sept lieues • le balai de la sorcière…
- **moderne :** la voiture • l'avion • la fusée • la péniche • le hors-bord • le train • le tramway • la mobylette • la trottinette • les rollers • le métro…

### Les moyens de communication dans le conte

- **traditionnel :** la colombe • le pigeon voyageur • la bouteille à la mer • le messager…
- **moderne :** la télévision • le téléphone • le courriel • Internet • le facteur • le texto • la publicité…

## Je m'entraîne

**3 * Associe chaque mot de la liste à la définition et au dessin qui conviennent.**

un galetas • une chaumière • un croquemitaine • une marâtre

a Logement misérable et minuscule aménagé au dernier étage d'une maison, sous les toits.
b Petite maison dont la toiture est recouverte de chaume, de paille de blé ou de tiges de roseaux.
c Méchante belle-mère.
d Personnage imaginaire qui fait peur.

1

2

3

4

**4 * Quels mots du « Je retiens » correspondent aux définitions suivantes ?**

a. Personne qui fait des tours de magie.
b. Voiture luxueuse tirée par des chevaux.
c. Petite maison mal construite et qui n'est pas très belle.
d. Grand véhicule de transport en commun, à l'intérieur d'une ville, qui circule sur des rails et avance grâce au courant électrique.
e. Maison avec un jardin.

**5 ** Transforme ces phrases extraites des contes de Charles Perrault pour en faire une version détournée.**

a. Lorsque cette belle fille arriva au logis, sa mère la gronda de revenir si tard de la fontaine. (*Les Fées*)
b. Au moment où le bûcheron et la bûcheronne arrivèrent chez eux, le seigneur du village leur envoya les dix écus qu'il leur devait. (*Le Petit Poucet*)
c. Le Maître Chat, qui allait toujours devant, rencontra des moissonneurs, et leur dit : « Bonnes gens qui moissonnez, si vous ne dites que tous ces blés appartiennent à Monsieur le Marquis de Carabas, vous serez tous hachés menu comme chair à pâté. » (*Le Chat botté*)

Gravure de Gustave Doré (1832-1883).

# 2 Écrire…

## Pour écrire un conte détourné, je dois :

1. choisir un conte connu ;
2. faire la liste des personnages et des lieux de ce conte en donnant leurs caractéristiques ;
3. modifier un ou plusieurs de ces éléments, transposer l'histoire dans une époque différente, ou même mélanger plusieurs contes ;
4. raconter les différentes étapes du conte avec les nouveaux éléments ;
5. citer, si possible, des phrases ou des expressions empruntées au conte connu.

## 1 * Je modifie des éléments d'un conte

**Situation 1** **Change une ou plusieurs caractéristique(s) des personnages d'un conte.**

■ **Choisis un des personnages du conte *Le Petit Poucet*.
Change plusieurs de ses caractéristiques puis décris-le en quelques phrases.**

- **Le Petit Poucet :** garçon • petit • silencieux • le plus jeune de sept frères • souffre-douleur de la famille • intelligent • curieux • courageux • sait prendre des décisions…
- **Le père :** bûcheron • très pauvre • veut abandonner ses enfants dans la forêt…
- **La mère :** ne veut pas abandonner ses enfants • obéit à son mari • regrette de les avoir abandonnés…
- **Les frères du Petit Poucet :** au nombre de six • peureux • ne savent pas se défendre • plus grands et plus âgés que le Petit Poucet…
- **L'ogre :** géant • toujours affamé et assoiffé • mange les enfants • féroce • très riche • aime ses filles • possède des bottes magiques…
- **La femme de l'ogre :** a pitié des enfants • craint son mari et lui obéit • met en garde le Petit Poucet et ses frères • essaie de les protéger…

**Situation 2** **Change l'époque et le lieu d'un conte.**

■ **Imagine que le Petit Poucet vive à notre époque et dans un autre lieu.
Récris ces phrases en remplaçant les éléments en couleur pour détourner le conte d'origine. Tu peux t'aider des mots du « Je retiens », page 27.**

a. Les parents du Petit Poucet vivaient dans une chaumière, à la lisière de la forêt.
b. Une année, la famine fut si grande qu'ils décidèrent d'abandonner leurs enfants.
c. Tout au long du chemin, le garçon laissa tomber des petits cailloux.
d. L'ogre rattrapa les enfants grâce à ses bottes de sept lieues.
e. Le seigneur du village leur envoya cent écus qu'il leur devait depuis longtemps.

## 2 ** J'écris un épisode de conte détourné

**Situation 1** **Détourne un épisode du conte traditionnel *Cendrillon*.**

**Étape 1** **À partir des illustrations, présente rapidement l'histoire de *Cendrillon*, puis imagine une version détournée de ce conte.**
**Tu peux changer les caractéristiques des personnages, les lieux ou l'époque.**

**Étape 2** **Écris un épisode de ce nouveau conte.**
**Tu introduiras dans ton histoire un dialogue entre Cendrillon et un ou plusieurs personnage(s) et un passage de commentaire. Aide-toi du « Conseil » de la page 24.**

**Situation 2** **Écris un épisode de conte détourné dans lequel tu utiliseras une de ces répliques extraites de contes célèbres.**

a. « Par les poils de mon petit menton, il n'en est pas question ! »
b. « Miroir, gentil miroir, dis-moi qui est la plus belle de toutes les femmes. »
c. « Anne, ma sœur Anne, ne vois-tu rien venir ? »

## 3 *** Je détourne des contes en les mélangeant

Une autre façon de détourner les contes, c'est de les mélanger en faisant se rencontrer des personnages de différents contes connus.

■ **Écris un dialogue entre le Petit Poucet, qui cherche son chemin, et le Petit Chaperon rouge. Tu peux choisir une de ces idées.**

a. Le Petit Poucet s'aperçoit que le Petit Chaperon rouge a ramassé tous les cailloux : ils se disputent.
b. Le Petit Chaperon rouge demande au Petit Poucet d'aller à sa place porter les provisions à sa grand-mère.
c. Le Petit Chaperon rouge propose au Petit Poucet et à ses frères de partager la galette, le petit pot de beurre et les fruits qu'elle a trouvés dans la forêt.

# 2 Écrire et parler

## J'améliore mon texte → pages 28-29

### Je vérifie mon histoire

**❶ * Je modifie les éléments d'un conte**

**Situations 1 et 2:** J'ai tenu compte, dans mon écrit, des modifications apportées.

**❷ ** J'écris un épisode de conte détourné**

**Situation 1:**

- J'ai présenté le conte détourné, en modifiant le conte traditionnel.
- J'ai fait parler les personnages et j'ai introduit un commentaire.

**Situation 2:** J'ai cité des répliques célèbres du conte d'origine dans le conte détourné. Elles correspondent bien à la situation.

**❸ *** Je détourne les contes en les mélangeant**

- J'ai respecté la situation donnée.
- J'ai écrit un dialogue entre le Petit Poucet et le Petit Chaperon rouge.

### Je vérifie comment j'ai écrit

**❶ * Je modifie les éléments d'un conte**

**Situations 1 et 2:** J'ai employé des mots du « Je retiens », page 27.

**❷ ** J'écris un épisode de conte détourné**

**Situation 1:**

- J'ai respecté les règles d'écriture du dialogue: j'ai utilisé des guillemets ou des tirets.
- J'ai écrit les commentaires entre parenthèses.

**Situation 2:** J'ai introduit la réplique célèbre par un verbe comme *dire, s'écrier, supplier*…

→ Grammaire, pages 160-161

**❸ *** Je détourne les contes en les mélangeant**

- J'ai utilisé les pronoms ***je*** et ***tu*** pour faire parler les personnages. → Grammaire, pages 162-163
- J'ai utilisé le dialogue et le récit.
- J'ai respecté les règles d'écriture du dialogue.

## Je prends la parole

■ **Raconte, à la manière d'un conteur, l'extrait de l'histoire du *Petit Napperon rouge* (pages 18-19).**

### Pour te préparer

- Relis le conte et retiens bien l'enchaînement des actions.
- Relève les modifications apportées au conte connu et sur lesquelles tu insisteras en racontant.
- Apprends par cœur quelques dialogues qui donneront du rythme à ton histoire.

### Pour bien raconter

- Commence le conte par *Il était une fois*.
- Prends une intonation douce pour parler du loup et énergique pour la grand-mère. Change d'intonation si tu fais des commentaires.
- Présente la fin du texte comme si c'était la fin de l'histoire.

## D'autres contes détournés à découvrir

* Un album : *Journal secret du Petit Poucet*, Philippe Lechermeier et Rébecca Dautremer, éd. Gautier-Languereau.

** Une pièce de théâtre : *Belle des eaux*, d'après *La Belle et la Bête* de Madame Leprince de Beaumont, Bruno Castan, éd. Théâtrales.

*** Un roman : *L'enfant Océan*, Jean-Claude Mourlevat, éd. Pocket Jeunesse.

# Unité 3

# Des récits mythologiques de l'Antiquité

Détails d'une mosaïque de la maison des douze travaux d'Hercule, Volubilis (Maroc), IIe - IIIe siècle.

1. Le personnage représenté ici s'appelle Hercule. Le connais-tu ?
2. Que sais-tu de lui ? Quels travaux doit-il accomplir ?
3. Où se passe son histoire ?

**Dans ce chapitre, tu vas :**

**Lire** des textes qui racontent les travaux d'Hercule.

**Écrire** un épisode d'un récit mythologique.

**Présenter** à l'oral un des travaux d'Hercule.

# 3 Lire...

Compare ces deux images.
Que fait Hercule dans la première ?
Que porte-t-il dans la deuxième ?
Imagine ce qui a bien pu se passer.

Épisode complet

## Le Lion de Némée

*Condamné par la Pythie[1], Hercule, fils du dieu Jupiter, doit accomplir douze travaux. Mais son chemin est semé d'embûches et le valeureux Hercule doit faire face à des épreuves aussi dangereuses qu'extraodinaires.*

Hercule se rendit à Tirynthe et s'agenouilla devant son cousin.

– Qu'attends-tu de moi, Eurysthée[2] ? Je suis à ton service.

Eurysthée redoutait la force d'Hercule ; mais il jubila[3] en secret quand il comprit que la Pythie en faisait son esclave. Ainsi, il allait pouvoir se débarrasser de lui.

– Écoute, lui dit-il, un lion féroce rôde dans la campagne autour de la ville de Némée ; il dévore troupeaux et bergers. Ta première tâche sera de le tuer et de m'en rapporter la peau.

Eurysthée se garda bien de préciser que le fauve avait le cuir si coriace que toute arme glissait sur lui.

– Je le tuerai, répondit Hercule.

Il avait reçu la solide éducation d'un guerrier. Il connaissait le maniement de la lance et de l'épée, excellait à la lutte comme au tir à l'arc, et ses flèches ne rataient jamais leur cible ; mais son arme préférée, c'était la massue qu'il avait fabriquée lui-même dans un tronc d'olivier.

Hercule se mit donc en route à la recherche des empreintes du lion. Elles le conduisirent jusqu'à une grotte, qui servait de tanière au fauve. Bientôt, il aperçut la bête, qui, la gueule encore rougie du sang de ses victimes, se dirigeait vers la grotte. Hercule lui décocha une pluie de flèches : elles rebondirent toutes sur la peau du lion. L'animal se secoua comme s'il avait affaire à des mouches et pénétra dans sa tanière.

### Je comprends

1. Quel exploit Hercule doit-il réaliser ?
2. Pourquoi cet exploit semble-t-il difficile à réaliser ? Quelle est la principale caractéristique du lion ?
3. Quels sont les atouts d'Hercule ?
4. Ses armes sont-elles efficaces ? Pourquoi ?
5. Comment Hercule finit-il par vaincre ce lion ?
6. Quelle est la qualité du bois d'olivier (ligne 12) ? Qu'est-ce que du « fer-blanc » (ligne 19) ?
7. Pourquoi la peau du lion rend-elle Hercule invulnérable ?
8. Pourquoi Eurysthée se met-il à trembler (lignes 35-36) ?
9. Quel sera le prochain travail d'Hercule ?

Hercule le suivit, l'épée à la main, et lui asséna un coup formidable : l'épée se plia en deux, tel un vulgaire morceau de fer-blanc. Le monstre se détourna et bâilla. Alors, Hercule saisit sa massue et, de toutes ses forces, frappa la bête : ce fut la massue qui éclata. Quant au lion, il lui tourna le dos.

Hercule comprit qu'aucune arme ne conviendrait ; il devrait combattre corps à corps. Il se rapprocha du lion, le dépassa et se retourna pour lui faire face. L'homme et la bête s'affrontèrent un instant du regard ; puis Hercule se jeta sur elle.

La lutte fut terrible. Enfin Hercule réussit à acculer l'animal contre la paroi de la grotte ; en lui faisant une prise habile, il coinça la tête monstrueuse entre ses bras et l'étouffa. Le lion tomba mort sur le sol.

Pour le dépouiller, Hercule utilisa les propres griffes de l'animal, effilées et tranchantes. Puis il s'enveloppa dans la peau qui le rendait invulnérable. La tête du lion le coiffait comme un casque. À la main, il tenait une nouvelle massue qu'il venait de confectionner. Ainsi accoutré, mi-homme, mi-bête, il se rendit au palais d'Eurysthée.

Quand il se présenta devant le roi de Tirynthe, celui-ci se mit à trembler.

– C'est toi, Hercule ? Va-t'en…

– Mais, Eurysthée, j'ai obéi à tes ordres ! J'ai tué le lion de Némée, je te rapporte sa dépouille.

– Garde-la... je te la donne ! Et désormais, pour prendre mes ordres, tu attendras à l'extérieur de la ville, devant les portes de Tirynthe.

– Très bien, j'obéirai. Et mon prochain travail ?

– Ton prochain travail ? Eh bien ! Tuer l'hydre de Lerne...

Texte de Françoise Rachmuhl et illustration de Charlotte Gastaut,
*Les Douze Travaux d'Hercule*, © Père Castor-Flammarion.

**1. la Pythie :** devineresse, femme qui peut prédire l'avenir.
**2. Eurysthée :** roi qui règne à Tirynthe. Il est l'ennemi d'Hercule, qui est son esclave pendant ses douze travaux.
**3. jubiler :** éprouver une joie intense.

## Je lis à haute voix

**Lis** le premier paragraphe (lignes 1 à 9).
Prends un ton assuré quand tu lis les paroles d'Eurysthée.
À la fin du texte, Eurysthée change de ton.
Lis le dernier paragraphe (lignes 35 à 43) avec le ton qui convient.

## Je donne mon avis

D'après toi, quelles sont les qualités morales d'Hercule ?

## J'ajoute une phrase à l'histoire

**Écris** ce que pourrait répondre Hercule à Eurysthée à la fin de cette histoire.

## 3 Lire…

À partir de ces images, peux-tu dire quelles épreuves va affronter Hercule ?

Épisode complet

# Les Pommes des Hespérides

Le sacrifice des bœufs rouges n'avait pas apaisé Junon*. C'est elle qui souffla à Eurysthée l'idée du onzième des travaux d'Hercule.

– Je possède un jardin merveilleux, dit-elle avec orgueil à Eurysthée. Son plus bel arbre est un pommier d'or que j'ai reçu en cadeau de mariage. Les Hespérides, filles d'Atlas, le cultivent, un mur l'entoure, un serpent aux cent yeux le garde… C'est dire s'il est bien protégé ! De plus, il se trouve très loin à l'ouest, au-delà des montagnes d'Afrique, au bord de l'Océan, dans une région inconnue des hommes. Demande donc à Hercule de te rapporter trois pommes d'or du jardin des Hespérides. Mais, surtout, ne lui dis pas où il se trouve.

Hercule se dirigea d'abord vers l'est, parcourut de nombreux pays et parvint au pied du Caucase. Là, il vit, enchaîné à un rocher, un grand homme à demi nu, qu'un aigle attaquait. L'oiseau lui faisait au côté une affreuse blessure, lui dévorait le foie et s'envolait.

Dès que le foie repoussait et que la plaie se refermait, l'aigle revenait et recommençait.

Hercule s'approcha.

– Qui es-tu ? demanda-t-il à l'inconnu. Qu'as-tu fait pour mériter un tel supplice ?

– Je suis Prométhée, un des géants qui se sont révoltés contre les dieux et que les dieux ont vaincus. Mais j'ai fait plus : j'ai volé une étincelle au Soleil et j'ai donné le feu aux hommes. Jupiter m'a puni. Peut-être, un jour, me pardonnera-t-il…

– Je le lui demanderai. Jupiter est mon père.

– Et toi, tu es Hercule ! Je peux lire dans les pensées des hommes : tu cherches le jardin des Hespérides.

## Je comprends

1 D'après les indications de Junon et de Prométhée, où se trouve le jardin des Hespérides ?

2 Par qui ce jardin est-il gardé ?

3 Qui sont les Hespérides ?

4 Quelles peines les dieux ont-ils infligées à Prométhée ? et à Atlas ?

5 Pourquoi ces deux personnages ont-ils été punis ?

6 Pourquoi les dieux considèrent-ils que « donner le feu aux hommes » est grave ?

7 Quels sont les liens de parenté entre Jupiter, Minerve et Hercule ?

8 Qu'est-ce qui montre l'extraordinaire force d'Hercule ?

– Sais-tu où il se trouve ?

– Bien sûr. Tout à l'ouest, au bord de l'Océan. Les Hespérides sont mes nièces, les filles de mon frère Atlas. Lui aussi a été condamné par les dieux : il porte sur ses épaules le globe terrestre. Va le trouver, propose-lui de prendre sa place un instant ; il ira pour toi chercher les fruits d'or.

– Merci, Prométhée. Dès que j'aurai ces pommes, je reviendrai te délivrer.

Hercule fila aussitôt vers l'ouest, traversa le nord de l'Afrique, gravit les pentes du mont Atlas et, de là-haut, découvrit le merveilleux jardin.

Suivant les recommandations de Prométhée, Hercule alla saluer Atlas et lui proposa de porter la Terre à sa place, à condition d'avoir trois pommes du jardin. Atlas accepta, trop heureux de se libérer de son fardeau. Ses filles, les Hespérides, lui donneraient sans hésiter les fruits d'or, mais comment se débarrasser de l'énorme serpent, dont les cent yeux guettaient sans cesse ?

Une fois de plus, Hercule banda son arc, visa la bête par-dessus le mur du jardin, la toucha en plein cœur, et les cent yeux se fermèrent pour toujours.

Atlas, sans se presser, revenait avec les trois pommes. Il réfléchissait : « Et si je laissais Hercule porter le globe à ma place ? C'est si agréable de se sentir léger et libre ! »

– Hercule ! J'ai une proposition à te faire : garde la Terre encore un moment, et moi, j'irai porter les fruits à Eurysthée.

Cela ne faisait pas l'affaire d'Hercule. Il lui fallait ruser.

– Entendu, dit-il à Atlas. Mais ce serait plus confortable si je posais un coussin sur mes épaules. Je vais en chercher un, reprends le globe une minute.

Sans se méfier, Atlas obéit. Aussitôt Hercule s'empara des pommes, cria : « Merci, Atlas ! À la prochaine fois » et partit vers la Grèce.

Cependant, il n'oublia pas sa promesse à Prométhée et passa par le Caucase, où il tua d'une flèche l'aigle féroce. Jupiter ayant pardonné, Prométhée fut délivré.

Enfin, Hercule revint à Tirynthe remettre les pommes d'or à Eurysthée, qui les lui avait demandées.

Texte de Françoise Rachmuhl et illustrations de Charlotte Gastaut,
*Les Douze Travaux d'Hercule*, © Père Castor-Flammarion.

* **Junon :** épouse de Jupiter, déteste Hercule dont elle n'est pas la mère.
Dans l'épreuve précédente, Hercule a dû affronter les terribles « bœufs de Géryon ».

## Je lis à haute voix

**Lis** le dialogue entre Hercule et Prométhée (lignes 17 à 30) ou le dialogue entre Atlas et Hercule (lignes 42 à 46).
En lisant, prends le ton qui convient pour chacun des personnages.

## Je donne mon avis

Que penses-tu de la ruse d'Hercule vis-à-vis d'Atlas ?

## J'ajoute une phrase à l'histoire

**Écris** une phrase qu'aurait pu dire Prométhée à Hercule pour le remercier d'avoir tué l'aigle.

# 3 Pour mieux lire

## Bien comprendre *à qui* ou *à quoi* renvoient les pronoms

### Je réfléchis

**1 Lis ce texte puis indique qui ou ce qui est désigné par les pronoms en gras : Junon, Eurysthée, Hercule ou le pommier d'or.**

Le sacrifice des bœufs rouges n'avait pas apaisé Junon. C'est **elle** qui souffla à Eurysthée l'idée du onzième des travaux d'Hercule.

– **Je** possède un jardin merveilleux, dit-**elle** avec orgueil à Eurysthée. Son plus bel arbre est un pommier d'or que **j**'ai reçu en cadeau de mariage. Les Hespérides, filles d'Atlas, **le** cultivent, un mur **l'**entoure, un serpent aux cent yeux **le** garde... C'est dire s'**il** est bien protégé. De plus, **il** se trouve très loin à l'ouest, au-delà des montagnes d'Afrique, au bord de l'Océan, dans une région inconnue des hommes. Demande donc à Hercule de **te** rapporter trois pommes d'or du jardin des Hespérides. Mais, surtout, ne **lui** dis pas où **il** se trouve.

F. Rachmuhl, *Les Douze Travaux d'Hercule*,
© Père Castor-Flammarion.

**Conseil**

- **Pour bien comprendre une histoire**, je dois savoir **de qui** ou **de quoi** on parle.
- Quand je rencontre un **pronom sujet** ou un **pronom complément d'objet**, je dois chercher **à qui** ou **à quoi** il correspond.

**je** possède un jardin
→ Le pronom sujet ***je*** correspond à ***Junon***.

les Hespérides **le** cultivent
→ Le pronom complément ***le*** correspond au ***jardin***.

### Je m'entraîne

**2* Recopie les pronoms écrits en gras puis indique *à qui* ou *à quoi* ils correspondent.**

Les biches avaient deviné la présence de Diane et s'enfuirent en bondissant. La déesse de la chasse était rapide, **elle** aussi. Elle réussit à en attraper quatre et **les** attela à son char, mais la cinquième **lui** échappa. C'était **celle-là** que devait capturer Hercule. Pendant une année entière, Hercule tenta de **l'**approcher. Il voulait **la** prendre vivante, et surtout ne pas **la** blesser.

**3** Complète le texte avec les pronoms : elle, il, lui, la, elle.**

Hercule déposa la peau du lion devant la Reine. ... eut envie de ... revêtir. ... déposa sur ses épaules l'énorme pelage qu' ... ... avait donné.

**4*** Recopie le texte en remplaçant les noms ou les GN soulignés par les pronoms : il, lui, le, elle.**

Hercule épousa Omphale, la reine de Lydie. Mais après plusieurs années, <u>Hercule</u> dut repartir. <u>Hercule</u> parvint à oublier Omphale. Pour cela, <u>Hercule</u> obtint sans doute l'aide des dieux qui veillaient sur <u>Hercule</u>.
Désormais seule dans son palais, la reine de Lydie restait inconsolable. Voir partir <u>Hercule</u> était pour <u>la reine de Lydie</u> pire que de savoir <u>Hercule</u> mort. Car <u>Hercule</u> vivrait, <u>Hercule</u> aimerait d'autres femmes que <u>la reine de Lydie</u>.

### Méli mélo

- Avec ces lettres CEIHN tu peux écrire des mots différents → *CHIEN, NICHE, CHINE*.
- **Écris des mots avec les lettres de chaque étiquette ci-dessous, puis recopie et complète les phrases. L'étiquette et le mot à trouver sont de la même couleur.**

IOLN EEEMN AEEINRT

Dans la ______, la bataille qu'Hercule avait ______ avec sa massue contre le ______ de ______ avait été insuffisante. Il engagea ensuite un corps-à-corps qui l'______. Il était ______ de se douter que d'autres épreuves l'attendaient à nouveau.

# Le récit mythologique

## Je me souviens

- **Dans les textes *Le Lion de Némée* et *Les Pommes des Hespérides* :**
  - Qui est le personnage principal ?
  - Que doit-il faire ?
  - Quelles créatures doit-il affronter ?
  - Qui l'aide ?
  - Qui cherche à lui nuire ?

Hercule et le triple Géryon. Vase à figures noires, VIe siècle av. J.-C.

## Je retiens

- **Dans un récit mythologique :**

1 un **héros** – un dieu, un demi-dieu (mi-homme, mi-dieu) ou un homme extraordinaire – doit accomplir un **exploit** qui semble impossible ;

2 des créatures aux **pouvoirs surnaturels** peuvent l'aider ou, au contraire, l'empêcher de réussir ;

3 le héros trouve le moyen de réussir l'exploit en utilisant la **ruse** ou la **force** ;

4 les **descriptions** des actions ou des personnages sont souvent **exagérées**.

## Je m'entraîne

**1 * Lis le texte. Identifie les personnages qui aident le héros et ceux qui tentent de l'empêcher de réussir.**

*Hercule doit débarrasser la population de l'hydre de Lerne, un monstre à plusieurs têtes et au corps de dragon. Son repaire se trouve dans un marais dans lequel disparaissent ceux qui s'y aventurent.*

Guidé par son neveu Iolas, Hercule contraint le monstre à sortir de son antre en décochant des flèches enflammées sur les roseaux avoisinants. Effrayée par les flammes, la bête surgit de sous un platane. Hercule se lance vers l'hydre, sa massue en main. Mais notre héros s'aperçoit avec horreur que pour chaque tête qu'il écrase, deux ou trois repoussent. Enragé par ce phénomène et pincé au pied par un énorme crabe venu porter secours à l'hydre, Hercule demande le renfort de Iolas. Ce dernier trouve rapidement une solution pour empêcher que les têtes ne repoussent : il suffit de brûler les blessures au fur et à mesure qu'on les coupe.

À partir de ce moment, les deux hommes joignent leurs forces : Hercule s'arme d'une serpe d'or et tranche de sa force légendaire les innombrables têtes tandis que son neveu cautérise de ses tisons les chairs ensanglantées, évitant ainsi qu'elles se régénèrent…

**2 ** Remets ces phrases dans l'ordre du récit puis réponds aux questions.**

a. Hercule lui fracasse la tête d'un coup de massue, et peut ainsi ramener une partie du troupeau à Eurysthée.
b. Quand il arrive près des bœufs, il voit que le troupeau est gardé par un terrible chien à deux têtes.
c. Hercule doit d'abord traverser l'Océan.
d. Eurysthée exige d'Hercule qu'il lui ramène les bœufs de Géryon, un terrifiant berger.
e. Après de longues et pénibles discussions, le dieu Hélios accepte de lui prêter sa coupe d'or afin de le faire traverser.
f. En souvenir de son passage entre la Méditerranée et l'Océan, Hercule érigea deux monts, de part et d'autre de l'actuel détroit de Gibraltar. Ils portent le nom de « colonnes d'Hercule ».
g. Hercule s'embarque donc dans la coupe et parvient au terme de ce voyage.

**a. Quelle est la mission d'Hercule ?**
**b. Quelle créature doit-il affronter ?**
**c. Qui aide Hercule ? Qui tente de l'empêcher de réussir sa mission ?**
**d. Que fait-il à la fin pour prouver le succès de sa mission ?**

# Des mots pour exagérer

## Je réfléchis

**1 Compare ces deux textes. En quoi sont-ils différents ? Relève les mots et les expressions ajoutés dans le deuxième texte.**

**A.** – Je possède un jardin, dit Junon à Eurysthée. Il y a un arbre, un pommier d'or que j'ai reçu en cadeau de mariage. Les Hespérides, filles d'Atlas, le cultivent, un mur l'entoure, un serpent le garde… C'est dire s'il est protégé. De plus, il se trouve à l'ouest, au bord de l'Océan.

**B.** – Je possède un jardin merveilleux, dit Junon avec orgueil à Eurysthée. Il y a un très bel arbre, un pommier d'or que j'ai reçu en cadeau de mariage. Les Hespérides, filles d'Atlas, le cultivent, un mur l'entoure, un serpent aux cent yeux le garde… C'est dire s'il est bien protégé. De plus, il se trouve très loin à l'ouest, au-delà des montagnes d'Afrique, au bord de l'Océan, dans une région inconnue des hommes.

D'après F. Rachmul, illustration de C. Gastaut, *Les Douze Travaux d'Hercule*, © Père Castor-Flammarion.

**2 Lis le texte puis réponds aux questions.**

Le sixième travail sollicite les qualités d'Hercule que sont sa force colossale, sa vigueur physique et sa grande habileté dans le maniement de l'arc.
Eurysthée ordonne au héros d'exterminer l'horrible nuée d'oiseaux qui terrifient la cité de Stymphale. Tout au long de son voyage, il constate les terribles dommages que provoquent les attaques incessantes de ces rapaces : les victimes dévorées par les carnassiers se comptent par centaines lors de chaque assaut.
Le héros mesure alors le désespoir grandissant des populations et, bien décidé, il part en quête de ces maudits oiseaux. Les paysans qu'il rencontre le guident sur les traces des volatiles car tout le monde sait que le fils de Jupiter est le seul à pouvoir supprimer le sinistre fléau* qui les frappe. D'atroces cris perçants guident Hercule jusqu'à leur refuge, aux bords du lac Stymphale.

* **fléau :** grand malheur qui s'abat sur un peuple.

a. **Relève les mots ou les expressions qui indiquent les qualités morales et les qualités physiques d'Hercule. Quels adjectifs et quels adverbes permettent de rendre ses qualités encore plus extraordinaires ?**
b. **Quelles épreuves et quels dangers Hercule doit-il affronter ? À l'aide de quels mots ces épreuves et ces dangers sont-ils présentés comme extraordinaires ?**

Je retiens

# Des mots pour exagérer

## Les qualités morales

- **courageux**: audacieux • hardi • téméraire • intrépide • héroïque • valeureux…
- **persévérant**: ferme • tenace • résolu • déterminé • décidé…
- **bon**: généreux • compatissant • bienveillant • clément • noble…
- **malin**: rusé • habile • astucieux • doué • malicieux • subtil • futé…

## Les qualités physiques

- **fort**: vigoureux • robuste • inébranlable • imbattable • invulnérable…
- **beau**: magnifique • éblouissant • féerique • splendide • sublime • divin • merveilleux…
- **grand**: immense • gigantesque • colossal • titanesque • imposant…

## Les épreuves et les dangers

- impossible • insurmontable • inimaginable • incroyable • admirable • terrible • atroce • terrifiant • sanglant • violent • sanguinaire • abominable • imprévisible…
- engloutir • dévorer • déchiqueter • déchirer • massacrer • anéantir • raser • combattre • écraser…
- un enlèvement • une destruction • une transformation • un déluge • un monstre • un maléfice…

## Des adverbes pour exagérer encore plus

- infiniment • extrêmement • divinement • superbement • supérieurement…
- plus • très • aussi • encore • fort • si • tant • tellement…

## Je m'entraîne

**3** * **Dans quelle rubrique du « Je retiens » ajouterais-tu les mots suivants ?**

charitable • leste • souple • un désastre • une calamité • démesuré • exceptionnellement • beaucoup • brave

**4** ** **Complète ce texte avec des mots du « Je retiens » qui conviennent.**

La force d'Hercule est 1 supérieure à celle des hommes ordinaires et peu de choses lui sont 2. Sa résistance est telle qu'il faut un 3 niveau de puissance pour le blesser. Il est 4 5 pour combattre à mains nues et pour manier l'arc et la massue.

**5** *** **Complète la phrase à l'aide des adjectifs de la liste.**

*honnête • habile • grand • rusé • loyal*

Le centaure Chiron était un 1 sage, un chirurgien 2, un chasseur 3, un ami 4 et 5 des dieux et des hommes.

**6** *** **Relève, dans les rubriques du « Je retiens », l'adjectif qui te semble le moins fort et celui qui te semble le plus fort pour évoquer :**
***la persévérance, la force, la beauté, la grandeur.***

| | l'adjectif le moins fort | l'adjectif le plus fort |
|---|---|---|
| *le courage* | valeureux | héroïque |
| *la persévérance* | ~ | ~ |

# 3 Écrire…

**Pour écrire un récit mythologique, je dois :**
1. préciser l'exploit que devra réaliser le héros, cet exploit doit être démesuré ;
2. introduire un ou plusieurs personnages aux pouvoirs extraordinaires ou surnaturels qui s'opposent au héros ou qui l'aident ;
3. indiquer le moyen utilisé par le héros pour réussir l'exploit ;
4. employer des adjectifs, des adverbes, des noms ou des verbes pour exagérer certains aspects du récit.

## 1 * Je récris un récit

■ **Lis ce début de récit puis récris-le en l'enrichissant avec des expressions de la liste ci-dessous.**

*mille années terrestres • hauts comme des montagnes • haut comme un volcan • une armée redoutable • un immense fracas • une lumière éblouissante • fous de terreur • se sauver en tous sens*

Une longue guerre oppose Jupiter, dieu du Ciel et de la Terre, à son père Cronos. Cronos est aidé par les Titans ; Jupiter est soutenu par les autres membres de sa famille. Le combat est terrible, mais Jupiter fait fuir les Titans en utilisant la foudre et le tonnerre.

## 2 ** J'écris une partie d'un récit

**Situation 1** **Raconte comment Hercule parvient à capturer vivant ce taureau pour le ramener à Eurysthée. Il doit employer à la fois la ruse et la force. Utilise des mots du « Je retiens », page 39 pour exagérer le récit.**

Le septième travail d'Hercule consiste à capturer un taureau effrayant sur l'île de Crète. Emporté par une folie dévastatrice, celui-ci ravage les vignobles et les campagnes, fonce à travers les forêts, déboule au cœur des cités, encorne les murs des maisons et attaque les habitants de l'île depuis déjà plusieurs années.

Quand Héraclès débarque sur l'île après quelques jours de navigation, il part seul à la recherche du taureau…

Hercule et le taureau de Crète.
Dessin de Charles Lameire, vers 1872.

**Situation 2** **À l'aide de l'illustration ci-dessous, décris l'adversaire que doit affronter Hercule et raconte le combat qu'il doit livrer. Pense à utiliser des mots du « Je retiens », page 39, pour donner une image très impressionnante du chien.**

Pour l'ultime épreuve, Eurysthée demanda à Hercule de lui ramener vivant Cerbère, le chien d'Hadès, dieu des Enfers. Seul Hercule pouvait s'aventurer vivant dans le monde des ténèbres qu'il rejoignit par un passage secret au terme d'un long voyage. Hadès autorisa le héros à emmener Cerbère, à la condition qu'il parvienne à maîtriser l'animal. Celui-ci était…

Hercule amenant Cerbère à Eurysthée.
Vase à figures noires, vers 525 av. J.-C.

## 3 * * * J'écris un récit complet

■ **Raconte le quatrième travail d'Hercule à partir des éléments suivants.**

1. **L'épreuve :** ramener vivant un sanglier géant.
2. **Le lieu :** sur les pentes accidentées d'une montagne nommée Érymanthe.
3. **Les obstacles :** Hercule doit affronter une bande de centaures, des monstres mi-hommes, mi-chevaux. • C'est l'hiver et il neige quand il arrive près du lieu où se trouve le sanglier.
4. **L'aide :** grâce aux empreintes du sanglier laissées dans la neige, Hercule parvient à le suivre puis à lui tendre un piège.
5. **La fin :** Hercule affronte le sanglier et le ramène à Eurysthée.

Hercule et le sanglier d'Érymanthe.
Relief, Ier siècle av. J.-C.

## J'améliore mon texte

→ pages 40-41

### Je vérifie mon histoire

**1 * Je récris un récit**
- J'ai employé la plupart des mots ou des expressions proposés.

**2 ** J'écris une partie d'un récit**
- J'ai décrit le chien Cerbère et le taureau en utilisant des mots pour exagérer.
- J'ai expliqué comment Hercule arrive à vaincre ces animaux.

**3 *** J'écris un récit complet**
- J'ai inclus les cinq éléments qui constituent le récit.
- J'ai décrit les deux personnages principaux et leurs actions en utilisant des mots ou des expressions pour exagérer.

### Je vérifie comment j'ai écrit

- J'ai utilisé des pronoms pour éviter les répétitions.
  → Grammaire, pages 162-163
- J'ai utilisé des adverbes, des adjectifs, des verbes et des noms pour rendre les personnages extraordinaires et exagérer les actions.
  → Grammaire, pages 166-167
  → Vocabulaire, pages 254-255
- J'ai choisi d'écrire mon récit soit au présent, soit au passé, en respectant l'enchaînement des actions.
  → Conjugaison, pages 188 à 191
  → Conjugaison, pages 200 à 203

## Je prends la parole

■ **Parmi les travaux d'Hercule que tu connais, présente à tes camarades l'épreuve qui te semble la plus difficile. Explique pourquoi elle te semble difficile.**

### Pour te préparer

- Relis les textes qui évoquent les épreuves. Choisis-en une.
- Relis les étapes de l'épreuve que tu as choisi de présenter.
- Essaie de retenir les adjectifs ou les comparaisons qui montrent l'aspect extraordinaire des personnages ou des situations.

### Pour bien raconter

- Tu dois montrer l'aspect extraordinaire. Pour cela, repère les descriptions importantes pour les dire avec une intonation qui attirera l'attention des auditeurs.

### D'autres récits mythologiques à découvrir

* *Les Douze Travaux d'Hercule*, Christian Grenier, éd. Nathan.

** *La Mythologie grecque*, Claude Pouzadoux, éd. Nathan.

*** *Les Mythes racontés par les peintres*, Marie Bertherat, éd. Bayard Jeunesse.

# Unité 4

# L'enfance en BD

1 Connais-tu ces personnages de bandes dessinées ?

2 Quelles sont les paroles prononcées dans ces vignettes ?

3 À quoi correspondent les signes ou les lettres qui ne sont pas des paroles ?

**Dans ce chapitre, tu vas :**

**Lire** des histoires d'enfants en bandes dessinées (BD).

**Écrire** un dialogue à partir d'une BD et réaliser une BD à partir d'un dialogue.

**Parler** pour imiter les éléments sonores des vignettes.

## 4 Lire...

Qui sont « les P'tits Diables » sur cette couverture ?
À ton avis, qui peut les appeler ainsi ? Pourquoi ?

**Histoire complète**

# Les P'tits Diables

Dutto, *Les P'tits Diables, C'est pas nous !* (T. 2), © MC PRODUCTIONS/Dutto.

## Je comprends

1 Où se passe l'histoire ?

2 Dans quel état d'esprit est la mère au début de l'histoire ? Comment le sais-tu ?

3 Qui s'adresse aux enfants, une fois les parents partis ?

4 Que dit-il ? Selon toi, dit-il la vérité ? Justifie ta réponse.

5 Que se passe-t-il dans la vignette 8 ? Quels éléments te l'indiquent ?

6 Quel est le sentiment de chaque personnage dans la dernière vignette ? Justifie ta réponse en t'aidant du texte et du dessin.

7 Relève les titres des bandes dessinées présentes dans le rayon. Lesquelles connais-tu ?

8 Que signifie habituellement le sigle B.D. ? Comment est-il utilisé dans cette histoire ?

## Je lis à haute voix

**Lis**, avec deux camarades, le dialogue entre le lecteur du supermarché et les deux enfants (vignettes 2 à 7). Marque bien l'intonation des mots écrits en gras et en gros caractères qui indiquent que les personnages parlent fort.

## Je donne mon avis

Si quelqu'un t'avait raconté la même histoire que le garçon des vignettes 4, 5 et 6, comment aurais-tu réagi ?

## J'ajoute une vignette à l'histoire

Imagine une vignette supplémentaire placée entre la 6^e^ et la 7^e^ : les P'tits Diables sont allés voir le vieil homme.
**Écris** ce qu'ils ont pu lui dire.

# Henriette

Histoire complète

Regarde les deux vignettes ci-dessous.
À ton avis, qui est ce personnage de BD ?

## Je comprends

1 D'où viennent les phrases dans les cartouches (encadrés en haut de certaines vignettes) ?

2 Combien de temps la grand-mère reste-t-elle avec Henriette ? Quels moments ont été illustrés ?

3 Où vont les parents d'Henriette ? Est-elle triste de ne pas partir avec eux ?

4 Pourquoi la semaine d'Henriette a-t-elle été exceptionnelle ?

5 Quelles sont les vignettes qui montrent :
a. des moments de la semaine qu'Henriette passe avec sa mamie ?
b. les moments qui se déroulent avant cette semaine ?
c. le rêve d'Henriette ?

6 Relis le texte de la vignette 12. Pourquoi Henriette dit-elle que sa mamie voit le monde d'une façon différente ? Donne des exemples.

P. Dupuy, C. Berberian, Henriette, *Une envie de trop* (T. 1), 1998,


**7** Que signifie le petit mot laissé par la grand-mère à Henriette ?

**8** Où se trouve la Martinique ? Quelle langue y parle-t-on ?

## Je lis à haute voix

**Lis** les bulles des vignettes du rêve d'Henriette (vignettes 19 à 21). Modifie ta voix quand tu changes de personnage.

## Je donne mon avis

À quoi sert un journal intime ? Aimerais-tu en écrire un ?

## J'ajoute une phrase à l'histoire

**Écris**, dans une bulle qui indique qu'Henriette se parle à elle-même, ce qu'elle pense du cadeau rapporté par sa mère. Observe bien son expression quand elle reçoit le cadeau.

# Comprendre l'enchaînement des vignettes

## Je réfléchis

**1 Quel est l'élément commun à ces vignettes ? Quelle impression a-t-on quand on observe ces trois vignettes ?**

Vignettes 6, 7 et 8 page 44

**2 Dans chaque couple de vignettes, relève tous les éléments qui indiquent le changement de lieu : couleurs, cadrages et décors.**

Vignettes 10 et 11 page 47 Vignettes 8 et 9 page 44

- **Chaque fois, il existe un élément commun aux deux vignettes qui se suivent. Trouve-le.**

**3 Qui parle dans la bulle de la vignette 10 de la BD *Henriette* (p. 46) ? Comment le sais-tu ?**

### Conseil

Pour **bien lire une BD**, je dois faire attention à **la manière dont s'enchaînent les vignettes.** D'une vignette à l'autre,
- un élément semble se rapprocher (effet de zoom) ;
- un détail est repris (un signe graphique, un élément du décor...) ;
- un dialogue se poursuit.

## Je m'entraîne

**4 * Sur quel élément zoomerais-tu pour dessiner ce début d'histoire en deux ou trois vignettes ?**

C'est l'anniversaire de Théo. Toute la famille est réunie autour de la table, sa petite sœur apporte le gâteau plein de crème avec les bougies. La petite fille trébuche et sa tête plonge dans le gâteau.

**5 * Quel(s) élément(s) graphique(s) reprendrais-tu dans la seconde vignette pour marquer la continuité entre les deux images ?**

**6 ** Recopie ce dialogue comme il convient dans l'ordre de l'histoire.**

a. T'as cru à quoi ?
b. Comment tu sais ?
c. Je vous conseille de vous asseoir confortablement...
d. ... Ça peut durer longtemps !...
e. Ah ! Ah ! Ah ! Petits naïfs ! Moi aussi j'y ai cru !
f. ... Ça fait cinq ans que j'attends !
g. Oh, une petite demi-heure !
h. ... Que ma mère allait revenir !... Je parie qu'ils vous ont dit d'attendre ici et surtout de ne pas bouger !

## Méli mélo

**Dom, Fred et Lulu : qui est un garçon, qui est une fille ?**

Salut Dom,

Fred et moi viendrons te voir ce soir. J'espère que tu ne seras pas partie. Fred sera sûrement épuisé après sa promenade en VTT, mais nous serons heureux de te retrouver.

Je suis content de te voir tout à l'heure.

Lulu

# Les procédés de la bande dessinée

## Je me souviens

- **Dans la BD *Les P'tits Diables* (page 44) :**
  - Comment sais-tu que les « P'tits Diables » ont eu très peur ?
  - Comment sais-tu que les enfants crient lorsqu'ils retrouvent leurs parents ?
- **Dans la BD *Henriette* (pages 46-47) :**
  - Quel élément de la vignette 3 t'indique que Mamy est venue garder Henriette ?

## Je retiens

- **Dans une bande dessinée,**

**1** certaines informations sont données par des **onomatopées** ou des **signes graphiques** :
– les **onomatopées** signalent le bruit d'un objet (DRIIIIIIINN), les mouvements ou les actions des personnages (VOOOOO, Hi ! Hi ! Hi ! Hi ! Hi !) ;
– les **signes graphiques** précisent les sentiments et les actions des personnages ; ils indiquent aussi les mouvements. 

**2** la **forme des bulles** ou des **lettres** correspond à la façon de dire ou de penser des personnages.

**3** des précisions sont parfois apportées par un **cartouche**, petit encadré avec du texte placé en haut ou en bas de la vignette.

## Je m'entraîne

**1*** **Quelle bulle placerais-tu dans la vignette ?**

a. b. c. d.

**2**** **Une maman demande trois fois à ses enfants de venir à table.**
**Propose trois écritures de « À table ! » pour montrer l'énervement progressif de la maman.**

- **Trouve également des onomatopées adaptées à la situation.**

**3***** **Choisis le cartouche qui convient pour la deuxième vignette.**

| |
|---|
| Il était une fois… |
| Au même moment… |
| Et soudain… |

# 4 Vocabulaire

## Des mots pour construire un dialogue

### Je réfléchis

**1** **Quel dialogue ci-dessous correspond le mieux à la vignette 1 de la BD *Les P'tits Diables* (page 44) ? Justifie ta réponse.**

A. – Comme vous êtes insupportables, vous allez nous attendre ici ! **dit** maman.
– Et surtout ne bougez pas ! **ajoute**-t-elle.

B. – Comme vous êtes insupportables, vous allez nous attendre ici ! **suggère** maman.
– Et surtout ne bougez pas ! **chuchote**-t-elle.

C. – Comme vous êtes insupportables, vous allez nous attendre ici ! **décide** maman.
– Et surtout ne bougez pas ! **crie**-t-elle.

**2** **Associe chaque verbe de la liste à la forme de la bulle qui lui correspond le mieux.**

crier • chuchoter • penser • dire • hurler • rêver • répondre • murmurer • réfléchir

- **Trouve d'autres verbes pour chaque forme de bulle.**

## Je retiens

### Des verbes pour construire un dialogue

**Dire**

• demander • annoncer • remarquer • s'inquiéter • lâcher • proposer • insinuer • confirmer • déclarer • expliquer • raconter • exprimer • prononcer • articuler • suggérer...

**Répondre**

• ajouter • répéter • compléter • intervenir • surenchérir • riposter • objecter...

**Penser**

• se demander • rêver • songer • réfléchir...

**Dire à voix basse**

• souffler • grommeler • chuchoter • gémir • glisser...

**Dire à voix haute**

• grogner • hurler • s'écrier • crier • s'exclamer • s'indigner...

## Je m'entraîne

**3 * Range ces verbes dans la rubrique du « Je retiens » qui convient.**

soupirer • murmurer • clamer • imaginer • constater • se plaindre • s'étonner • s'affoler • répliquer • tonner • exposer • marmonner • rectifier • avouer • susurrer

**4 ** Retrouve, pour chaque verbe, la définition qui convient.**

s'écrier • grommeler • rétorquer • gémir • s'inquiéter • chuchoter • protester

a. Avoir du souci, se préoccuper de quelque chose ou de quelqu'un.
b. Exprimer sa souffrance ou sa peine par des plaintes faibles.
c. Parler à voix basse en articulant à peine pour ne pas être entendu.
d. Parler entre ses dents, sans articuler, en signe de mécontentement.
e. S'exclamer, dire subitement en criant.
f. Répondre vivement.
g. Déclarer avec force que l'on n'est pas d'accord.

© MC PRODUCTIONS/Dutto.

**5 *** Recopie ce dialogue en remplaçant le verbe *dire* par un verbe de sens plus précis.**

– Bonjour, **dit** l'homme à la barbe blanche, qui êtes-vous ?
– Et vous ? **dit** Hélène, agressive.
– Je me nomme Socrate.
– Socrate ? **dit** Paul. Votre nom me dit quelque chose.
– Vous avez déjà certainement entendu parler de moi, je suis un philosophe grec.
– Un pholi quoi ? **dit** Hélène.
– Pas un pholi, un philosophe, **dit** Socrate.

**6 *** Complète ce texte avec des verbes du « Je retiens » qui conviennent. Tu ne dois pas utiliser *dire*, *demander* et *répondre*.**

Perdus dans la forêt, Christopher et Capucine se cherchent.
– Où es-tu, Capucine ? ... Christopher.
– Ici ! ... Capucine.
Christopher rejoint son amie devant un grand chêne sur lequel est accrochée une étrange forme ovale de couleur beige.
– C'est curieux comme nid ! ... Christopher.
– Évidemment, c'est un nid de guêpes, ... Capucine, vite fuyons !
– Aïe, ... Christopher, je me suis fait piquer.

# 4 Écrire...

## Pour écrire un dialogue à partir d'une BD, je dois :

1. repérer qui parle et respecter l'ordre de la prise de parole ;
2. reprendre le texte des bulles en ajoutant les verbes du dialogue ;
3. choisir les verbes du dialogue en tenant compte des indices donnés dans la vignette (forme des bulles et des lettres...) ;
4. respecter les règles de présentation d'un dialogue : aller à la ligne chaque fois que quelqu'un parle ; utiliser des tirets ou des guillemets ; placer une virgule avant le verbe de dialogue.

## Pour écrire une BD à partir d'un dialogue, je dois :

1. identifier les personnages ;
2. repérer les paroles prononcées par les personnages ;
3. m'appuyer sur les verbes du dialogue pour choisir la forme des bulles, et les onomatopées ou les signes graphiques ;
4. rédiger éventuellement des cartouches pour apporter des informations complémentaires.

### 1 * Je complète une BD à partir d'un dialogue

■ **Réalise, pour chaque vignette, les bulles de dialogue.**
**Utilise des formes de bulles et de lettres adaptées à la situation.**

*Dans la cour de récréation, Alexandre, blessé à la jambe, est assis par terre. Amandine, est à côté de lui.*

– Tu sais, Alexandre, confirme Amandine, même sans lunettes, j'ai bien vu que c'était toi qui avais gagné.
– Pourquoi tu ne mets pas tes lunettes si tu es myope ? grogne Alexandre.
– Parce que ça ne me va pas.
– Moi, je te trouve très jolie avec, déclare Alexandre, ça te donne l'air intelligente.
Amandine devient toute rouge et se fâche.
– Parce que, sinon, j'ai l'air idiote ? s'écrie-t-elle.

## 2 ** J'écris un dialogue à partir d'une BD

**Situation 1** **Écris cette histoire sous la forme d'un dialogue.**
**Tu peux utiliser les verbes du « Je retiens », page 51.**

Bill Watterson, *Calvin et Hobbes,* tome 4 : *Debout, tas de nouilles !*, © Bill Watterson, 1990 et éd. Hors collection 1992 pour l'édition française.

**Situation 2** **Écris un dialogue entre les deux personnages de la BD.**
**Aide-toi des onomatopées et des signes graphiques pour choisir les verbes qui indiqueront comment les personnages parlent.**

## 3 *** Je transforme un dialogue en BD

*Une famille est à table, le papa, la maman et leur petit garçon. Ce petit garçon, un peu espiègle, refuse toujours de manger sa soupe.*
– Hé, mais qu'est-ce que c'est que ce truc qui flotte dans ma soupe ? se plaint le petit garçon.
– Montre-le moi, demande la maman.
– Regarde, crie le garçon, on dirait des pâtes et je déteste les pâtes dans la soupe !
– Mais non, affirme la maman. Ce ne sont pas des pâtes mais des larves de mouches, il en restait un paquet dans le sac de pêche de ton père.
– OUAAH ! hurle le garçon. Trop cool ! C'est super bon !
– Bon appétit, soupire le père.
– Et voilà comment réussir à lui faire manger sa soupe, chuchote la maman.

**Étape 1** **Imagine le scénario de cette bande dessinée en quatre vignettes.**
Écris ce que tu mettrais dans chaque vignette : les personnages, le cadre, le décor...

**Étape 2** **Rédige les textes de chaque vignette : les paroles du petit garçon, celles de la mère et celles du père.**
Pense à utiliser des formes de bulles et de lettres adaptées à chaque situation.

**Étape 3** **Réalise ta BD. Dessine d'abord le cadre et le décor puis les personnages. Ajoute les bulles et écris les textes.**
Pense à l'enchaînement des vignettes en relisant le « Conseil », page 48.

**Étape 4** **Tu peux ajouter des informations complémentaires dans des cartouches et ajouter des onomatopées pour rendre ta BD plus vivante.**

# 4 Écrire et parler

## J'améliore mon texte pages 52-53

### Je vérifie mon dialogue et ma bande dessinée

**De la BD au dialogue**

- J'ai écrit tous les textes des bulles sous forme de dialogue.
- J'ai tenu compte des cartouches.
- J'ai traduit les onomatopées pour apporter des précisions à mon récit.

**Du dialogue à la BD**

- J'ai écrit les paroles dans les bulles.
- Les onomatopées et les signes graphiques sont en relation avec l'image.
- J'ai dessiné ce que je ne pouvais pas écrire.
- J'ai ajouté des cartouches pour préciser certains éléments de l'histoire.

### Je vérifie comment j'ai écrit

**De la BD au dialogue**

- Les verbes utilisés sont variés et ils sont cohérents avec la façon de parler des personnages.
  Orthographe, pages 222-223
- J'ai présenté correctement le dialogue : je suis allé(e) à la ligne chaque fois que quelqu'un parle et j'ai utilisé des tirets ou des guillemets.

**Du dialogue à la BD**

- Je n'ai pas mis de verbe pour introduire le dialogue dans les bulles.
- La forme des bulles et des lettres renforce le sens des paroles.
- Je n'ai pas écrit ce qui est dessiné.
- J'ai placé le(s) cartouche(s) dans un encadré en haut ou en bas de la vignette.

## Je prends la parole

■ **Avec plusieurs camarades, réalise la « bande son » des vignettes 1 à 8 de la BD *Henriette*, page 46.**

### Pour te préparer

- Répartissez-vous les différents rôles sans oublier les bruitages.
- Repère les vignettes dans lesquelles tu interviens.
- Entraîne-toi à dire les textes ou les onomatopées en mettant l'intonation qu'il convient et à faire les bruitages de manière réaliste.

### Pour bien dire ton texte

- Sois attentif au moment où tu dois intervenir.
- Cherche à bien marquer le passage d'une vignette à l'autre.

## D'autres BD à découvrir

* *Cédric* (volume 5), *Quelle mouche le pique ?*, Laudec et Cauvin, éd. Dupuis (Belgique).

** *Calvin et Hobbes* (volume 5), *Fini de rire !*, Bill Watterson, éd. Hors collection.

*** *Le meilleur de Tom-Tom et Nana* (volume 1), *Méga-farces et mini-gaffes*, éd. Bayard Jeunesse.

Unité 5

# Des récits d'aventures

1 À quoi te fait penser ce paysage ?
2 Que ressens-tu en l'observant ?
3 Qu'est-ce qui peut donner envie d'aller dans ce genre d'endroit ?

**Dans ce chapitre, tu vas :**

**Lire** des récits d'aventures.

**Écrire** un épisode d'un récit d'aventures.

**Parler** pour décrire la couverture d'un livre d'aventures.

# 5 Lire…

Connais-tu ce personnage ?
Où l'as-tu déjà vu ?

## Un enfant dans la Jungle

*Un couple de loups a découvert un petit d'homme errant dans la forêt. En leur offrant un taureau, la panthère Bagheera les a convaincus d'adopter l'enfant. Ils l'ont appelé Mowgli.*

Mowgli grandit avec les louveteaux, quoique, naturellement, ils fussent devenus loups quand lui-même comptait pour un enfant à peine ; et Père Loup lui enseigna sa besogne[1], et le sens de toutes choses dans la Jungle, jusqu'à ce que chaque frisson de l'herbe, chaque souffle de l'air chaud dans la nuit, chaque ululement des hiboux au-dessus de sa tête, chaque bruit d'écorce égratignée par la chauve-souris au repos un instant dans l'arbre, chaque saut du plus petit poisson dans la mare prissent juste autant d'importance pour lui que pour un homme d'affaires son travail de bureau. Lorsqu'il n'apprenait pas, il se couchait au soleil et dormait, puis il mangeait, se rendormait ; lorsqu'il se sentait sale ou qu'il avait trop chaud, il se baignait dans les mares de la forêt, et lorsqu'il manquait de miel (Baloo lui avait dit que le miel et les noix étaient aussi bons à manger que la viande crue), il grimpait aux arbres pour en chercher, et Bagheera lui avait montré comment s'y prendre. S'allongeant sur une branche, la panthère appelait : « Viens ici, Petit Frère » et Mowgli commença par grimper à la façon du paresseux[2] ; mais par la suite, il osa se lancer à travers les branches presque aussi hardiment que le Singe Gris.

### Je comprends

1. Qui a appris à Mowgli à grandir dans la Jungle ?
2. Redis avec tes mots ce que Père Loup a enseigné à Mowgli.
3. Que fait Mowgli lorsqu'il n'apprend pas ?
4. De quoi Mowgli se nourrit-il ?
5. Qui est Baloo ? Qu'a-t-il appris à Mowgli ?
6. Quelles relations Mowgli a-t-il avec les loups ?
7. Mowgli grandit-il à la même vitesse que les louveteaux ? Justifie ta réponse.
8. Qui est Bagheera ? Explique ce qu'elle dit à Mowgli à la fin du texte.
9. Pourquoi l'auteur écrit-il que Mowgli grandit comme « un garçon qui ne va pas à l'école » (lignes 39-40) ?
10. Qu'est-ce qui a pu donner l'idée à l'auteur, Rudyard Kipling, d'écrire *Le Livre de la Jungle* ?

Il prit sa place au Rocher du Conseil, lorsque le Clan s'y assemblait, et, là, il découvrit qu'en regardant fixement un loup quelconque, il pouvait le forcer à baisser les yeux; ainsi faisait-il pour s'amuser. À d'autres moments, il arrachait les longues épines du poil de ses amis, car les loups souffrent terriblement des épines et de tous les aiguillons qui se logent dans leur fourrure. Il descendait, la nuit, le versant de la montagne, vers les terres cultivées, et regardait avec une grande curiosité les villageois dans leurs huttes; mais il se méfiait des hommes, parce que Bagheera lui avait montré une boîte carrée, avec une trappe, si habilement dissimulée dans la Jungle qu'il marcha presque dessus, et lui avait dit que c'était un piège. Ce qu'il aimait par-dessus tout, c'était de s'enfoncer avec Bagheera au chaud cœur noir de la forêt, pour dormir tout le long de la lourde journée, et voir, quand venait la nuit, comment Bagheera s'y prenait pour tuer: de droite, de gauche, au caprice de sa faim, et de même faisait Mowgli. [...]

– La Jungle t'appartient, dit Bagheera, et tu peux y tuer tout ce que tu es assez fort pour atteindre; mais, en souvenir du taureau qui t'a racheté, tu ne dois jamais tuer ni manger de bétail jeune ou vieux. C'est la Loi de la Jungle.

Mowgli s'y conforma fidèlement.

Il grandit ainsi et devint fort comme fait à l'accoutumée[3] un garçon qui ne va pas à l'école et n'a dans la vie à s'occuper de rien que de choses à manger.

Rudyard Kipling, *Le Livre de la Jungle*, traduction de Louis Fabulet et Robert d'Humières © Mercure de France.

Illustrations de Paul Durand (1925-1977).

**1. besogne:** son travail, ce qu'il avait à faire.
**2. paresseux:** animal qui vit dans les arbres et qui se déplace très lentement.
**3. à l'accoutumée:** d'habitude.

## Je lis à haute voix

**Lis** la première phrase du texte, lignes 1 à 9.
Attention, cette phrase est longue!
Pour que tes camarades comprennent bien, marque l'arrêt au point-virgule et aux virgules.

## Je donne mon avis

D'après toi, les événements décrits dans ce texte sont-ils vraisemblables ? As-tu déjà entendu parler d'enfants qui auraient grandi loin des hommes ?

## J'ajoute une phrase à l'histoire

**Écris** ce que Bagheera aurait pu dire à Mowgli à propos des hommes.

Quelles difficultés rencontrerais-tu si tu te retrouvais seul(e) sur une île déserte ?

# Robinson s'installe

*Seul survivant du naufrage du navire* La Virginie, *Robinson échoue sur une île déserte.*

Durant les semaines qui suivirent, Robinson explora l'île méthodiquement et tâcha de repérer les sources et les abris naturels, les meilleurs emplacements pour la pêche, les coins à noix de coco, à ananas et à choux palmistes. Il établit son dépôt général dans la grotte qui s'ouvrait dans le massif rocheux du centre de l'île. Il y transporta tout ce qu'il put arracher à l'épave qui avait résisté par chance aux tempêtes [...].

Après avoir entreposé les quarante tonneaux de poudre noire au plus profond de la grotte, il y rangea trois coffres de vêtements, cinq sacs de céréales, deux corbeilles de vaisselle et d'argenterie, plusieurs caisses d'objets hétéroclites* – chandeliers, éperons, bijoux, loupes, lunettes, canifs, cartes marines, miroirs, dés à jouer – une malle de matériel de navigation, câbles, poulies, fanaux, lignes, flotteurs, etc., enfin un coffret de pièces d'or et de monnaies d'argent et de cuivre. Les livres qu'il trouva dans les cabines de l'épave avaient tellement été lavés par l'eau de mer et la pluie que le texte imprimé en était effacé, mais Robinson pensa qu'en faisant sécher ces pages blanches au soleil, il pourrait les utiliser pour écrire son journal, à condition de trouver un liquide pouvant tenir lieu d'encre.

## Je comprends

1 Quel endroit de l'île Robinson choisit-il pour s'installer ? Pourquoi ?

2 Quelles activités occupent Robinson peu après son arrivée sur l'île ?

3 À quoi pourront servir les objets que Robinson a retrouvés ?

4 Qu'utilise Robinson pour écrire son journal ?

5 Quel nom donne-t-il à l'île ? Pourquoi ?

6 Le bateau *La Virginie* a-t-il coulé en pleine mer ? Justifie ta réponse.

7 Robinson est-il le seul être vivant sur l'île ? Justifie ta réponse.

8 À ton avis, qu'est-ce que « la falaise du Levant » (ligne 20) ? Pourquoi Robinson la nomme-t-il ainsi ?

Ce liquide lui fut fourni par un poisson qui pullulait alors près de la falaise du Levant, le diodon, ou poisson-hérisson. C'est un animal redoutable avec sa mâchoire puissante et les piquants venimeux qui hérissent son corps. En cas de danger, il se gonfle d'air et devient rond comme une boule, et, comme tout cet air est accumulé dans son ventre, il flotte alors sur le dos, sans paraître gêné par cette posture. En remuant avec un bâton l'un de ces poissons échoués sur le sable, Robinson avait remarqué que tout ce qui entrait en contact avec son ventre prenait une couleur rouge tenace et voyante qui pourrait lui tenir lieu d'encre. Il se hâta de tailler une plume de vautour, et il put sans attendre tracer ses premiers mots sur une feuille de papier. Il décida alors d'écrire chaque jour dans le livre le plus gros les faits principaux qui lui seraient arrivés. Sur la première page du livre, il dressa la carte géographique de l'île et il inscrivit au-dessous le nom qu'il venait de lui donner : Speranza, ce qui veut dire l'espérance, car il était décidé à ne plus jamais se laisser aller au désespoir.

Parmi les animaux de l'île, les plus utiles seraient à coup sûr les chèvres et les chevreaux qui s'y trouvaient en grand nombre, pourvu qu'il parvienne à les domestiquer. Or, si les chevrettes se laissaient assez facilement approcher, elles se défendaient farouchement dès qu'il tentait de les traire. Il construisit donc un enclos en liant horizontalement des perches sur des piquets qu'il habilla ensuite de lianes entrelacées. Il y enferma des chevreaux très jeunes qui y attirèrent leurs mères par leurs cris. Robinson libéra ensuite les petits et attendit plusieurs jours. Alors les pis gonflés de lait commencèrent à faire souffrir les chèvres qui se laissèrent traire avec empressement.

Michel Tournier, *Vendredi ou la vie sauvage*,

* **hétéroclite :** fait d'un mélange de choses qui ne vont pas ensemble.

## Je lis à haute voix

**Lis** la phrase qui commence par « Après avoir... », (lignes 7 à 13), comme si tu lisais une liste ou un inventaire. Prends bien le temps d'énumérer les objets.

## Je donne mon avis

Qu'est-ce qui, selon toi, manquera le plus à Robinson sur son île déserte ?

## J'ajoute des phrases à l'histoire

« Sur la première page du livre, il dressa la carte géographique de l'île et il inscrivit au-dessous le nom qu'il venait de lui donner : Speranza. »

**Écris** ce que Robinson pourrait noter sur la deuxième page de son journal.

# 5 Pour mieux lire

## Savoir répondre à des questions sur un texte

### Je réfléchis

**1 Reporte-toi aux questions 4, 5 et 7 posées sur le texte *Un enfant dans la Jungle*, page 56. Reporte-toi aussi aux questions 4 et 5 posées sur le texte *Robinson s'installe*, page 58. Comment as-tu fait pour répondre à chacune de ces questions ?**

**Conseil**

- **Pour répondre à une question** sur un texte, je peux :
  - citer un mot ou un passage du texte ;
  - utiliser plusieurs informations qui se complètent ;
  - interpréter une information pour comprendre ce qui n'est pas dit.

### Je m'entraîne

**2* Qui a donné une correction à Mowgli ? À ton avis, pourquoi ?**

Mowgli avait appris le cri de chasse de l'Étranger qu'un habitant de la Jungle, toutes les fois qu'il chasse hors de son terrain, doit répéter à voix haute jusqu'à ce qu'il ait reçu une réponse. [...] Il lui fallait beaucoup apprendre par cœur : et il se fatiguait beaucoup d'avoir à répéter cent fois la même chose. Mais comme Baloo le disait à Bagheera, un jour que Mowgli avait reçu une correction d'un coup de patte et s'en était allé bouder :

– Un petit d'homme est un petit d'homme, et il doit apprendre toute la Loi de la Jungle.

R. Kipling, *Le Livre de la Jungle*, trad. Louis Fabulet et Robert d'Humières © Mercure de France.

**3* Lis maintenant la suite du texte de l'exercice 2 et vérifie si tes premières réponses étaient justes. Quelles informations t'ont aidé(e) ?**

– Oui, mais pense combien il est petit, dit la Panthère Noire, qui aurait gâté Mowgli si elle en avait fait à sa guise. Comment sa petite tête peut-elle garder tous tes longs discours ?

**4** Lis ce texte puis réponds aux questions. Explique comment tu as fait pour répondre.**

*À la suite d'un tsunami, le narrateur se retrouve perdu dans la jungle indonésienne.*

Au moment même où je ruminais ces pensées, au moment même où je regardais Oona agiter sa trompe vers moi là-bas dans le fleuve, [...] je compris que je n'avais rien fait de mal, que papa et maman ne m'en voudraient pas. Il y avait un oiseau-mouche qui voletait au-dessus d'une fleur. Il était minuscule, si minuscule que c'en était presque un miracle, et si beau ! [...] Je sentis alors ma tristesse et ma culpabilité s'envoler. Je ne pensai plus au passé, à mes parents. Je pensai que la seule famille que j'avais aujourd'hui, c'était Oona. L'idée était étrange, je le savais. Mais plus j'y réfléchissais, plus je m'apercevais que c'était vrai. [...] La seule chose dont j'étais certain, c'était que, sans elle, je serais complètement perdu.

M. Morpurgo, *Enfant de la jungle*, © Gallimard Jeunesse.

**a. Comment s'appelle l'oiseau qu'observe le narrateur ?**
**b. Qui est Oona ?**
**c. Où se passe cette histoire ?**
**d. Le narrateur est-il un enfant ou un adulte ? De quel sexe ?**

**Méli mélo**

- **Retrouve le nom d'un animal utile à Robinson. Aide-toi de ce rébus.**

# Le récit d'aventures

## Je me souviens

- **Dans les textes *Un enfant dans la Jungle* et *Robinson s'installe* :**
  - Qui est le personnage principal dans chaque texte ?
  - Pourquoi se retrouve-t-il dans un endroit inconnu ?
  - Un même problème se pose à Mowgli et à Robinson : lequel ?
  - Quelles réponses trouvent-ils à ce problème ?

## Je retiens

- **Dans un récit d'aventures :**

1 le personnage principal est souvent un enfant ou un jeune adulte ;

2 suite à un événement inattendu, le héros se retrouve dans un endroit inconnu, loin de son lieu de vie habituel ;

3 il doit alors apprendre à vivre dans cet environnement hostile ;

4 il rencontre des succès et des échecs dans ses diverses tentatives pour s'adapter à son nouvel environnement.

## Je m'entraîne

**1 * Dans ce résumé d'un récit d'aventures, identifie le personnage principal, l'événement inattendu, l'endroit où il se retrouve et ce qu'il doit faire.**

Paola va passer ses vacances avec son père, en mission au Kenya, dans un parc national. Mais, pendant le voyage, l'avion atterrit en catastrophe. Elle se retrouve seule, perdue dans la savane, et doit rejoindre son père par ses propres moyens.

**2 ** Voici des résumés de livres. Lequel présente les caractéristiques d'un récit d'aventures ? Justifie ta réponse.**

a. Safiatou arrive un beau matin de printemps à l'aéroport de Roissy où sa tante l'attend. Elle doit passer quelques jours à Paris avant de retrouver ses parents. Sa tante lui fait visiter les grands monuments de la capitale.

b. En 1580, Peter, un jeune Anglais, décide de fuir sa famille adoptive pour embarquer sur le bateau du célèbre navigateur John Davis. Il part ainsi à la recherche d'un nouveau passage pour se rendre aux Indes orientales. Ce voyage lui fera découvrir des terres inconnues.

c. En vacances chez son grand-père dans les Alpes, Charles se lie d'amitié avec le vieux berger taciturne du village qui lui apprend les secrets de la montagne.

**3 *** Relève, dans chaque extrait, les éléments qui te permettent de comprendre qu'il s'agit d'un récit d'aventures : situation, lieu, action...**

a. J'avais passé la journée à marcher dans la forêt. Après m'être baigné et avoir mangé, je sentis la fatigue me gagner. Je montai dans un arbre pour y construire un lit de branchages et de feuilles qui me mettrait à l'abri des dangers de la nuit.

b. Cela faisait trois jours que nous suivions de loin un groupe de braconniers sans oser nous approcher. Ma faim devenait de plus en plus insistante et, tandis que le temps passait, je me sentais faiblir. Sam, lui, pouvait se nourrir de petits animaux qu'il chassait. J'aperçus alors un buisson couvert de baies noires que les oiseaux semblaient ne pas dédaigner.

c. La plage s'étendait à perte de vue. Ma chienne, excitée, courait, s'arrêtait, grattait. Soudain, elle aboya en me regardant avec insistance. Quand j'arrivai près d'elle, je reconnus le morceau de bois que j'étais en train de sculpter sur le bateau avant la tempête.

# Des mots pour exprimer les actions des personnages

## Je réfléchis

**1 Dans ce passage du texte *Un enfant dans la Jungle*, relève les verbes qui indiquent ce que fait Mowgli.**

Lorsqu'il n'apprenait pas, il se couchait au soleil et dormait, puis il mangeait, se rendormait ; lorsqu'il se sentait sale ou qu'il avait trop chaud, il se baignait dans les mares de la forêt, et lorsqu'il manquait de miel [...], il grimpait aux arbres pour en chercher, et Bagheera lui avait montré comment s'y prendre.

R. Kipling, *Le Livre de la Jungle*, trad. Louis Fabulet et Robert d'Humières © Mercure de France.

**2 Dans cet extrait du texte *Robinson s'installe*, relève les verbes qui indiquent ce que fait Robinson.**

Durant les semaines qui suivirent, Robinson explora l'île méthodiquement et tâcha de repérer les sources et les abris naturels, les meilleurs emplacements pour la pêche, les coins à noix de coco, à ananas et à choux palmistes. Il établit son dépôt général dans la grotte [...]. Il y transporta tout ce qu'il put arracher à l'épave qui avait résisté par chance aux tempêtes des mois précédents. Après avoir entreposé les quarante tonneaux de poudre noire au plus profond de la grotte, il y rangea trois coffres de vêtements, cinq sacs de céréales, deux corbeilles de vaisselle et d'argenterie, plusieurs caisses d'objets hétéroclites [...], enfin un coffret de pièces d'or et de monnaies d'argent et de cuivre.

Les livres qu'il trouva dans les cabines de l'épave avaient tellement été lavés par l'eau de mer et la pluie que le texte imprimé en était effacé, mais Robinson pensa qu'en faisant sécher ces pages blanches au soleil, il pourrait les utiliser pour écrire son journal, à condition de trouver un liquide pouvant tenir lieu d'encre.

M. Tournier, *Vendredi ou la vie sauvage*, © Gallimard Jeunesse.

**3 Classe les verbes relevés dans les exercices 1 et 2 en trois colonnes : les verbes qui indiquent que le personnage apprend / les verbes qui indiquent qu'il s'organise / les verbes qui indiquent qu'il agit pour vivre.**

| apprendre | s'organiser / s'installer | vivre au quotidien |
|---|---|---|
| ~~~ | ~~~ | ~~~ |

**4 Si tu te retrouvais seul(e) sur une île déserte, que ferais-tu pour survivre ? Fais une liste de tes actions.**

**Je retiens**

## Des verbes pour dire ce que font les personnages

**S'organiser / s'installer**

transporter • récupérer • arracher • ranger • construire • tailler • lier • couper • planter • accrocher • rapporter • charger • fabriquer • préparer • creuser • recouvrir • réparer • classer • cloisonner…

**Apprendre**

explorer • observer • repérer • guetter • surveiller • épier • essayer • imaginer • retenir • percevoir • comparer…

**Vivre au quotidien**

manger • boire • dormir • pêcher • chasser • piéger • cueillir • planter • semer • se laver • se soigner • faire du feu • marcher • grimper • courir • escalader…

**Je m'entraîne**

**5** * **Dans quelle rubrique du « Je retiens » ajouterais-tu les verbes suivants ?**

s'entraîner • se nourrir • créer • dessiner • se désaltérer • aménager • inventer • réaliser • avaler • capturer • chauffer • s'abriter

**6** * **Complète ce texte avec des verbes du « Je retiens » que tu conjugueras comme il convient.**

Après s'être …1… dans le torrent, Robinson …2… des remous à la surface. Il devina la présence d'un poisson. Le lendemain, il …3… une longue branche de bambou à l'extrémité de laquelle il …4… un fil de lin et un hameçon qu'il avait …5… avec un épingle.

**7** * **Choisis deux verbes dans chaque rubrique du « Je retiens », puis rédige une phrase avec chacun de ces verbes.**

**8** * **Écris quels verbes du « Je retiens » tu pourrais utiliser pour décrire ce que Robinson doit faire pour réaliser son projet. Tu peux aussi en trouver d'autres.**

Robinson vient de terminer sa cabane. Il veut maintenant aménager un jardin à côté.

**9** ** **Trouve, pour chaque vignette, les verbes d'action qui indiquent ce que fait le personnage.**

**10** ** **Retrouve, dans les rubriques du « Je retiens », les verbes d'action qui correspondent aux définitions.**

a. Visiter un lieu en l'observant avec soin.
b. Prendre ou chercher à prendre du poisson.
c. Monter en s'aidant des pieds et des mains.
d. Garder dans sa mémoire.
e. Enlever de terre.
f. Diviser avec un instrument tranchant.
g. Remettre en état fonctionnement.

# 5 Écrire...

**Pour écrire un épisode d'un récit d'aventures, je dois :**

1. présenter le **personnage** principal ;
2. évoquer l'**événement** qui a changé sa vie ;
3. décrire l'**endroit** où il se retrouve ;
4. expliquer **comment** il parvient à vivre dans son nouvel environnement.

## 1 * Je complète des phrases

**Complète chaque phrase en ajoutant un ou plusieurs verbe(s) d'action. Tu peux utiliser des verbes du « Je retiens », page 63.**

*Attiré par un curieux bruit, Louis s'est éloigné du groupe de randonneurs dont il fait partie. Lorsqu'il retourne sur ses pas, il s'aperçoit qu'il a perdu la trace de ses camarades. Il erre seul pendant plusieurs jours avant de retrouver le camp de base.*

**Situation 1** La nuit va tomber, Louis aménage un endroit pour dormir ...
**Que va-t-il faire pour aménager cet endroit avant la tombée de la nuit ?**

**Situation 2** Depuis deux jours, Louis n'a rien mangé. Il observe les fruits d'un grand arbre dont les singes semblent se régaler, ...
**Comment va-t-il pouvoir se procurer quelques fruits ?**

**Situation 3** Louis avait l'impression qu'il refaisait toujours le même chemin, comme s'il tournait en rond. Soudain, il eut une idée : ...
**Qu'a-t-il imaginé pour parvenir à se repérer ?**

## 2 ** Je prolonge un épisode

**Situation 1**

Pendant les vacances, Liz participe à une randonnée en montagne. Dans son sac à dos, elle emporte un goûter, une gourde à moitié remplie d'eau, un couteau, un peu de ficelle, une couverture de survie et une lampe de poche. En chemin, la jeune fille s'arrête pour observer un curieux scarabée. Alors que Liz décide de rejoindre le groupe, elle ne sait plus où elle est. Un brouillard épais l'isole des autres randonneurs. Elle se retrouve seule, complètement perdue au milieu de la montagne.

**Explique comment Liz peut s'organiser en attendant que le brouillard se dissipe et qu'elle retrouve ses amis. Écris la suite de l'histoire.**

Situation 2

Un jeune homme nommé Éliot a décidé de vivre seul pendant une année complète dans le Grand Nord. Il emporte le minimum pour vivre en ayant pour projet de s'organiser une fois arrivé. Il s'arrête, à la fin du printemps, dans un endroit propice. Il a tout l'été pour se préparer à passer l'hiver, qui sera très rigoureux.

**Écris la suite en racontant les premières choses qu'il lui faut réaliser.**

## 3 *** J'écris un épisode complet

**Étape 1** **Choisis, dans chaque rubrique ci-dessous, un élément pour écrire le début d'un récit d'aventures.**

- **Le personnage principal :** un enfant (garçon ou fille) • un adulte (homme ou femme) • un groupe d'amis...
- **L'événement pendant lequel se produit le changement :** une partie de pêche en bateau • un voyage en montgolfière • un voyage organisé • une expédition scientifique • une randonnée en canoë • un rallye automobile...
- **Le lieu inhabituel :** une île • une réserve naturelle • une immense forêt • un désert • une montagne...

**Étape 2** **Donne des précisions supplémentaires sur le personnage, sur l'événement qui va l'entraîner dans une aventure et sur le lieu qu'il découvre.**

**Étape 3** **Explique ensuite comment il (ou elle) s'organise pour vivre. Tu peux t'aider des verbes du « Je retiens », page 63.**

# 5 Écrire et parler

## J'améliore mon texte → pages 64-65

### Je vérifie mon histoire

**1 * Je complète des phrases**

- Pour chaque situation, j'ai complété les phrases en utilisant au moins un verbe d'action.

**2 ** Je prolonge un épisode**

- J'ai pris en compte les éléments donnés.
- J'ai expliqué les différentes actions que le personnage doit faire.

**3 *** J'écris un épisode complet**

- J'ai choisi un élément proposé dans chaque rubrique.
- J'ai ajouté des précisions qui montrent qu'il s'agit d'une aventure pour le personnage principal.
- J'ai respecté les étapes du récit d'aventures de l'encadré p. 64.

### Je vérifie comment j'ai écrit

- J'ai écrit à la 3e personne du singulier.
  → Grammaire, pages 162-163
- J'ai utilisé des verbes d'action précis et variés.
- J'ai utilisé des adverbes de temps.
  → Grammaire, pages 166-167

## Je prends la parole

■ **Choisis l'une de ces couvertures de romans d'aventures. Décris-la à tes camarades, sans donner le titre, pour leur faire trouver de quel livre il s'agit.**

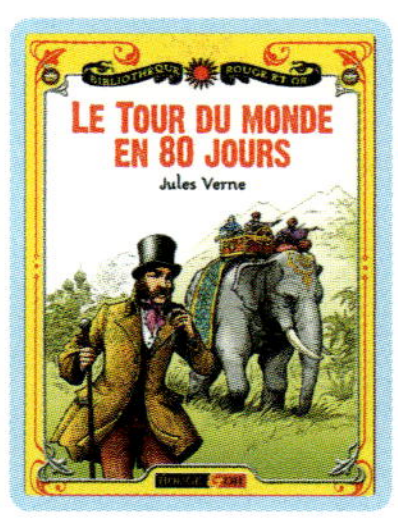

### Pour te préparer

- Observe bien tous les éléments de la couverture : personnages, lieu, objets, couleurs...
- Prépare les phrases pour décrire l'illustration.

### Pour garder le suspens

- Donne des détails au début, puis termine par les informations importantes.

## D'autres récits d'aventures à découvrir

** *Le Royaume de Kensuké*, Michaël Morpugo, éd. Gallimard Jeunesse.

*** *Les Derniers Géants*, François Place, éd. Casterman.

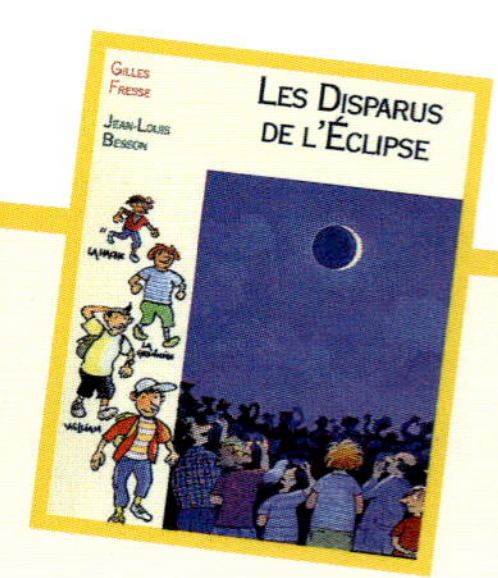


*** *Les Disparus de l'Éclipse*, Gilles Fresse, éd. Nathan.

# Unité 6

# Des récits de science-fiction

1 Connais-tu ces personnages ?
2 Existent-ils dans la réalité ?
3 Où pourrais-tu les voir ?

**Dans ce chapitre, tu vas :**

**Lire** des récits de science-fiction.

**Décrire** un univers de science-fiction.

**Présenter** des objets insolites du futur.

# 6 Lire…

*Lis cette phrase. Que signifie-t-elle ?*
*Qui pourrait la prononcer ?*

## Match de foot sur la Lune

*Un étrange vaisseau vient de se poser sur la face cachée de la Lune. Qui sont ses occupants ? Que veulent-ils ? Sur la Terre, on s'inquiète. Afin d'identifier les arrivants et de connaître leurs intentions, le général-commandant envoie des cosmonautes en mission sur la Lune.*

Le général avait raison ! À soixante-dix kilomètres à l'intérieur, il y avait bien un curieux vaisseau spatial, très grand, ayant une bonne cinquantaine de mètres de haut, en forme de poire posée sur la partie renflée, une antenne en guise de queue. À côté du vaisseau, un gigantesque dôme[1] de matière transparente, éclairé par de nombreux projecteurs. Ils s'approchèrent, descendirent de leur voiture, et vinrent se coller contre la paroi. Charles avait un peu peur. Il entendait Bertrand, le chef de l'expédition, parler lentement dans son scaphandre pour expliquer ce qu'il voyait. Ses paroles étaient enregistrées pour les archives[2], le service le mieux organisé de toutes les administrations françaises. Bertrand parlait posément, avec le calme traditionnel des hardis cosmonautes, mais Charles savait que Bertrand était comme lui et que son inquiétude était bien proche de la peur. […]

Et que voyaient-ils sous la coupole[1] ? Un spectacle banal : deux équipes menaient une intense partie de football sur une impeccable pelouse au gazon d'un beau vert artificiel. Une bonne vingtaine de joueurs se livraient aux joies du sport et c'était un spectacle plaisant à voir. La partie était très rapide, et cela n'avait rien d'étonnant, puisque ces sportifs avaient trois jambes et deux pieds à chaque jambe, un tourné vers l'avant, un autre tourné vers l'arrière.

### Je comprends

1. D'après l'introduction, où se déroule l'histoire ?
2. Combien de cosmonautes font partie de l'expédition ? Indique leur nom. D'où viennent-ils ?
3. Quelle est la mission des cosmonautes ? Comment se déplacent-ils sur la Lune ?
4. Pourquoi le match est-il rapide ? Pourquoi est-il « plaisant à voir » (ligne 16) ?
5. Pourquoi le stade est-il sous un dôme fermé ?
6. Que ressentent les cosmonautes en voyant le dôme ? Justifie ta réponse avec une phrase du texte.
7. Pourquoi Bertrand est-il le premier à enlever son casque ?
8. Pourquoi l'auteur précise-t-il qu'il est quinze heures douze « **heure locale** » (ligne 31) ?
9. Quelle est la réaction des footballeurs en voyant arriver les cosmonautes ?

Les passes étaient magnifiques et les trois paires de pieds faisaient merveille. Pour le reste, ces joueurs avaient deux bras, une tête avec un nez, deux oreilles, deux yeux, une bouche, comme tous les Terriens.
Les trois cosmonautes longèrent la coupole et, en regard du vaisseau, ils trouvèrent un sas[3], avec une porte et un bouton rouge. Ils sonnèrent, la porte s'ouvrit, ils entrèrent, la porte se referma. Puis une lampe s'alluma. Et Bertrand, le chef de l'expédition, constata que la pastille-témoin de leur scaphandre virait au blanc. Un regard sur le petit écran fixé sur son bras gauche : la température était bonne ; sur un autre cadran à droite la pression atmosphérique normale ; un autre sur le pied gauche : l'humidité satisfaisante ; un autre sur le pied droit : il était quinze heures douze, heure locale. Sans hésitation, Bertrand enleva son casque. Les autres en firent autant. Ils respirèrent à pleins poumons ; c'était bien de l'air. Alors, les événements se précipitèrent. La porte intérieure s'ouvrit, ils pénétrèrent sur le stade.

On les vit. Un arbitre siffla, la partie s'arrêta, les autres s'approchèrent et les trois cosmonautes levèrent vers le ciel leurs mains vides en signe de paix. Un footballeur ramassa le ballon et tous s'approchèrent, très vite, sur leurs trois jambes. Ils s'arrêtèrent, immobiles, ils avaient l'air de se reposer comme des consoles[4]. L'un d'eux se mit à parler :

– Açem moc suo vzene vuods iam ?

– Il pose sans doute une question, remarqua Éric. Mais pour savoir laquelle…


dans : Isabelle Jean, *Dix Histoires*, Nathan.

**1. dôme / coupole :** construction en forme de demi-cercle.
**2. archives :** endroit où l'on conserve les documents produits au cours des années.
**3. sas :** petite pièce fermée par deux portes étanches et qui permet de passer d'un milieu à un autre (par exemple, de l'eau à l'air).
**4. console :** petite table qui peut avoir un, deux ou trois pieds, jamais quatre.

**10** Fais la liste des choses ou des êtres qui n'existent pas sur Terre.

**11** Qui est l'auteur de ce texte ? Connais-tu d'autres textes de cet auteur ?

## Je donne mon avis

Penses-tu qu'il existe des habitants sur une autre planète que la Terre ?

## Je lis à haute voix

**Lis** la phrase prononcée par l'un des footballeurs. N'oublie pas de marquer l'intonation car c'est une question.

## J'ajoute des phrases à l'histoire

**Écris** une ou plusieurs phrases à la manière de ces footballeurs.

*As-tu déjà vu un endroit semblable ?*

# La créature

*Trois astronautes, Jean, Jacques et Antoine, participent à une mission d'exploration sur la planète Mars. Antoine est resté dans le* Stellarium, *Jean et Jacques sont descendus afin de sillonner l'endroit. Soudain, ils rencontrent un être étrange.*

– Eh ! qu'est-ce qui nous arrive là ?

Ce qui nous arrivait n'était pas très rassurant : une créature apocalyptique, longue d'une douzaine de mètres, qui rappelait à la fois les alligators, les pythons et les rhinocéros. Basse sur pattes, le torse rond, un épais museau en pyramide au bout duquel se projetait une manière de longue corne, une peau nue sur les flancs, écailleuse sur le dos, poilue sur le mufle, cette bête avançait avec un frétillement qui lui donnait l'air de ramper ; des pattes épaisses s'agitaient sous elle.

– Rampe-t-elle ? Marche-t-elle ? m'écriai-je.

– Les deux ! répondit mon compagnon. Le mouvement des pattes est, si j'ose dire, en synchronisme[1] avec le tortillement du corps… Nous n'avons rien de si laid sur la Terre !

À notre vue, la bête s'était arrêtée, et ses yeux – il y en avait une douzaine – dardaient sur nous des regards qui tantôt s'éteignaient, tantôt se rallumaient, comme s'ils étaient commandés par des interrupteurs.

À tout hasard, nous préparâmes nos radiants et nos torpillettes.

– Ça doit bien avoir la masse de plusieurs éléphants ? fit Jean.

– Cinq ou six.

## Je comprends

1. D'après l'introduction, où sont les astronautes ?
2. Qui est le narrateur ? Justifie ta réponse.
3. Relève les différents mots qui désignent la créature.
4. Qu'est-ce qui indique que la bête est crainte des autres animaux ?
5. Que font les astronautes pour arrêter la bête ? Que devient-elle ?
6. Liste puis décris les plantes et les animaux de la planète.
7. Que sont les Aériens ? Aide-toi de la lecture du dernier paragraphe.
8. Fais la liste des choses ou des êtres qui n'existent pas sur Terre.
9. Pourquoi le mot *Stellarium* a-t-il une majuscule ? Pourquoi est-il en italique dans le texte (ligne 32) ? À ton avis, que désigne-t-il ?

Nous remarquâmes que toutes les bêtes visibles avaient fui avec une vélocité de panique : preuve que le monstre était redoutable.

Après une courte halte, il se remit en marche et, d'évidence, il fonçait sur nous…

– Alors, mon vieux ! s'exclama Jean.

Et il envoya une gerbe de rayons Bussault.

Le tortillement de la bête devint convulsif[2], mais elle ne s'arrêta point ; plutôt accéléra-t-elle sa course. À mon tour, je lançai un faisceau, et cette fois l'effet parut décisif : la masse énorme s'arrêta net, les yeux s'éteignirent…

Bientôt, elle se tourna, elle s'éloigna, lourdement, péniblement.

– Elle en tient ! fis-je. Faut-il l'achever ?

– Inutile… et ça coûterait peut-être beaucoup d'énergie. J'estime qu'elle est hors de combat pour un bon temps ! Mais voici Antoine !

Le *Stellarium* était là en effet. Nous échangeâmes quelques signaux avec notre ami, qui, complètement rassuré, reprit de la distance. […]

Après que nous eûmes gravi une colline, une forêt se montra, forêt de pseudo-champignons, à la fois impressionnante et baroque.

– On dirait vraiment, fis-je, de gigantesques girolles et de colossales coulemelles, à part quelques festonnages inédits et quelques appendices en vrille… Un tissu unique… un thalle… rien qui rappelle des feuilles.

Des bêtes sournoises[3] apparaissent et disparaissent, des Aériens s'élèvent sur leurs cinq ailes ; il en est de minuscules, à peine plus gros que des hannetons, d'autres de la taille des mésanges des prés, des ramiers, des corbeaux, même des faucons… Pas de plumes, pas de bec, pas de queue, des museaux le plus souvent en ogive, aplatis latéralement.

Rosny Aîné, *Les Navigateurs de l'infini*, DR.

**1. en synchronisme :** qui se fait en même temps, à la même vitesse.
**2. convulsif :** pris de convulsions, de tremblements forts et rapides.
**3. sournoise :** qui cache ses pensées, dans une intention malveillante.

**10** Sur Internet, certains sites sécurisés demandent un « pseudo » avant de se connecter. Que veut dire ce mot ? Explique ensuite le mot « pseudo-champignon » (ligne 35).

## Je lis à haute voix

**Lis** le premier paragraphe. Emploie le ton qui convient pour que l'on se fasse une image effrayante de la bête.
Entraîne-toi à bien articuler les mots difficiles : *apocalyptique, rhinocéros, écailleuse…*

## Je donne mon avis

Les personnages de l'histoire neutralisent la bête. Pourquoi ne l'ont-ils pas tuée ?

## J'ajoute une phrase à l'histoire

« Nous échangeâmes quelques signaux avec notre ami, qui, complètement rassuré, reprit de la distance. » (lignes 32-33)

**Écris** le message que les astronautes voulaient faire comprendre à Antoine avec leurs signaux.

# 6 Pour mieux lire

## Comprendre un mot inconnu

### Je réfléchis

**1 Lis le texte. Que signifie le mot en gras ?**

Les cloisons du *Stellarium*, en **argine** sublimé, d'une transparence parfaite, ont une résistance et une élasticité qui, naguère, eussent paru irréalisables et qui le rendent pratiquement indestructible.

Rosny Aîné, *Les Navigateurs de l'infini*.

a. **Recopie la définition qui convient.**

1. Une terre imperméable à l'eau.
2. Le nom donné à un vaisseau spatial.
3. Une matière extensible et flexible extrêmement solide.

b. **Quels mots du texte t'ont permis de le comprendre ?**

**2 Définis le mot *prérégler* en t'aidant de la construction du mot. Emploie-le ensuite dans une phrase.**

**Conseil**

■ Quand tu lis un texte, tu rencontres parfois des **mots inconnus**. Pour les comprendre, tu peux :
• t'aider du **contexte**, c'est-à-dire du type de document dans lequel il se trouve ou des autres mots de la phrase ou du texte ;
• observer **comment le mot est formé**.

Tu peux aussi comprendre l'idée principale d'une phrase même si tu ne connais pas le sens de chaque mot.

### Je m'entraîne

**3* Lis chaque texte puis recopie la définition du mot en gras qui convient.**

A. L'équipage ne demandait qu'à rencontrer la baleine, à la **harponner**, à la hisser à bord et à la dépecer.

Définitions
a. Frapper avec une harpe.
b. Attraper à l'aide d'un harpon.
c. Embêter quelqu'un.

B. Le ver de terre a la forme d'un cylindre (un tube), il peut atteindre 30 cm de long et 9 mm de diamètre. **Géophage**, il se nourrit essentiellement de feuilles pourries, de racines et de terre.

Définitions
a. Qui se déplace sans bruit.
b. Qui vit la nuit.
c. Qui mange de la terre.

**4** Trouve un synonyme du mot en gras. Dessine cet objet comme tu l'imagines.**

La peau rugueuse et souple de cet être m'étonne. Avec l'**ultraloupe**, j'ai pu en analyser la matière.

**5*** Tu connais le mot *aéroport*. Imagine ce que peut être un *aérobus*. Invente des mots avec le préfixe *aéro-* et donne leur définition.**

**6*** Dans les mots inventés ci-dessous, on trouve le préfixe *aéro-* qui signifie « air », le préfixe *bio-* qui signifie « vie » et le suffixe *-logie* qui signifie « science ». Retrouve pour chaque mot la définition qui convient.**

1. biomusée • 2. stellogie • 3. biogardien

a. Bâtiment qui présente les différentes formes de la vie.
b. Science des étoiles.
c. Personne chargée de surveiller la qualité de la vie.

### Méli mélo

■ **Associe deux étiquettes pour former des mots scientifiques ou techniques.**

aéro — nucléaire — spéléo — inter — super — logie — thermo — naute — sonique — glisseur

# Le récit de science-fiction

## Je me souviens

- **Dans les textes *Match de foot sur la Lune* et *La créature* :**
  - Où se déroulent les histoires ?
  - Qui est le narrateur ?
  - Qui sont les personnages principaux ? D'où viennent-ils ?
  - Quelles créatures rencontrent-ils ?
  - Quels objets les personnages de l'histoire utilisent-ils ?
  - Décris les paysages (bâtiments, plantes, animaux...) que découvrent les personnages.

## Je retiens

- **Dans un récit de science-fiction :**

1 l'histoire se déroule dans un monde extraterrestre ou sur la Terre mais dans un avenir assez lointain ;

2 les personnages principaux et le narrateur sont souvent des Terriens étrangers à cet univers ;

3 les créatures rencontrées par les Terriens sont des êtres à l'apparence physique étrange, agressifs ou bienveillants ;

4 les personnages utilisent des objets imaginaires ou inconnus, mais souvent inspirés de la réalité ;

5 le narrateur et ses compagnons se déplacent dans un environnement souvent hostile.

## Je m'entraîne

**1 * Lesquels de ces résumés ne présentent pas un récit de science-fiction ?**

a. Alors qu'il se promène dans la forêt, Liam se perd. Un arbre lui indique le chemin d'une chaumière en pâte de fruits.

b. En allant visiter une base spatiale, Jeanne et Valentin sont envoyés par erreur sur la planète Alpha du Centaure. Ils font connaissance avec un étrange personnage.

c. Que se passe-t-il sur la base de Courroux, en Guyane ? Alors que la fusée Ariane 5 est lancée normalement, des scientifiques disparaissent. Heureusement, l'inspecteur Lebon va retrouver le coupable.

d. Quatre amis sont perdus dans une forêt de fleurs géantes. Des êtres malveillants s'approchent alors qu'ils ont laissé leurs armes dans le vaisseau.

**2 ** Recopie les mots ou les phrases qui montrent que ces textes sont extraits de récits de science-fiction.**

a. Je me souviens de ce moment-là. Comme chaque soir, je m'étais assis face à mon ordinateur. Il faisait chaud, très chaud. Qu'attendaient-ils pour déclencher la pluie ? Il leur suffisait de lancer une fusée Poséidon qui déclencherait une averse en lançant quelques rayons Éta. La modification du climat est une chose facile. Ici, sur Tempticor, nous y avons travaillé ardemment. Nos plus grands chercheurs se sont regroupés afin de trouver la solution pour faire baisser la température.

b. À mon réveil, Jean préparait le café matinal. Le pain déjà chaud était sorti du four. Jean nous offrit des tartines savoureuses. Dire que nous prenions notre café sur une autre planète ! Dix minutes plus tard, munis d'armes et d'outils, nous mettions pied à terre. Après avoir marché pendant plusieurs heures, nous arrivâmes devant un lac ; nous nous assurâmes que l'eau était potable. Au loin, des animaux marchaient. Ces bêtes avaient cinq pattes ; la cinquième était différente des autres et semblait remplir un rôle plus compliqué.

- **Dans quels points du « Je retiens » classerais-tu les mots et les phrases que tu as recopiés ?**

# Des mots pour décrire un paysage de science-fiction

## Je réfléchis

**1 Relève, dans le texte, les mots qui désignent l'ascenseur et ses différentes parties.**

L'ascenseur ultrarapide reliait chaque étage de cette immense tour qui flottait comme en apesanteur. Lucien pénétra dans un cylindre d'acier par une étroite trappe placée au bas de la paroi réfléchissante. Ce qu'il vit était incroyable. Une rampe phosphorescente éclairait faiblement l'intérieur. Les murs lisses et froids étaient parsemés de diffuseurs de sons ou d'odeurs. Le sol transparent était pavé d'une mosaïque changeant comme un kaléidoscope.

- **Relève ensuite les adjectifs ou les mots qui décrivent ces différentes parties.**

**2 Recopie uniquement les mots qui caractérisent une grande taille.**

ordinaire • monumental • démesuré • petit • gigantesque • colossal • minuscule • immense • microscopique

**3 Recopie les mots qui pourraient décrire la forme d'un bâtiment.**

souple • hexagonal • transparent • cubique • sphérique • conique • pointu • rigide • cylindrique • pyramidal

**4 Recopie les mots qui pourraient désigner la matière d'un mur ou d'une paroi dans un univers de science-fiction.**

argile • paille • verre • pétale • page • liquide • latex • bois • cristal • acier • fruits

**5 Recopie uniquement les phrases qui décrivent un univers de science-fiction.**

a. La maisonnette était entourée d'immeubles en construction. Ses volets fermés protégeaient la vieille dame du bruit infernal des engins du chantier.
b. Le dôme était au centre d'une plate-forme gardée par des cyborgs.
c. Derrière la porte, dans le hall de l'immeuble se trouvait un escalier en colimaçon.
d. Un cyber-chat vint à leur rencontre et les guida à l'intérieur du premier cube dont les parois transparentes étaient d'une couleur jaune fluorescente.
e. Le sol était tapissé de fleurs exubérantes qui palpitaient au moindre contact, se refermant vivement comme une bouche gourmande.
f. La voûte de la sphère était recouverte de rayons multicolores que des libellules géantes avaient tracés.

**Je retiens**

## Des mots pour évoquer un univers de science-fiction

### Les bâtiments

- un dôme • une coupole • une sphère • un cube • une pyramide • un tunnel • une tour • un habitacle • un cylindre • un sas • une plate-forme…

### La taille

- imposant • immense • impressionnant • colossal • gigantesque • infini • grandiose • minuscule • microscopique…

### La matière

- verre • métal • diamant • cristal • nickel • aluminium • titane • silicone • latex • caoutchouc • plastique • béton • zirconium • kevlar…

### L'aspect

- transparent • flou • voilé • gazeux • opaque • obscur • lumineux • translucide • brillant • phosphorescent • métallique • argenté • coloré…

### L'atmosphère

- accueillant • étonnant • surprenant • stupéfiant • incroyable • apocalyptique • étrange • inquiétant • mystérieux • glacial…

**Je m'entraîne**

**6** * **Dans quelle rubrique du « Je retiens » ranges-tu ces mots ?**

limpide • un ascenseur • une passerelle • abominable • cristallin • un volet • puissant • un kiosque • une cloison • végétal • solide • céramique

**7** ** **Recopie uniquement les mots ou les groupes de mots qui conviennent pour décrire ce paysage de science-fiction.**

un cône • un cube • une tour • un labyrinthe • immense • vertical • élevé • allongé • souterrain • aérien • irisé • transparent • sombre • lumineux • verre • béton • bois • acier • caoutchouc

**8** ** **Retrouve, pour chaque mot, la définition qui convient.**

1. faisceau • 2. scaphandre • 3. apocalyptique • 4. luminescent • 5. artificiel

a. Équipement composé d'une combinaison étanche et d'un casque qui permet de respirer sous l'eau ou dans l'espace.
b. Qui émet de la lumière.
c. Produit par l'homme et non par la nature.
d. Qui est épouvantable et évoque la fin du monde.
e. Particules qui se propagent dans la même direction.

**9** *** **Récris ce texte en remplaçant les mots en rouge par les mots de la liste.**

*cylindres • station • hublots • sphères • projecteurs • sas • ascenseurs • badge*

La **cabine** orbitale ressemblait à l'Atomium avec ses **boules** disposées géométriquement et reliées par des **tubes**. Des **fenêtres** laissaient entrer une lumière éblouissante envoyée par des **lampes** puissantes. Des **escaliers** permettaient de passer rapidement d'une sphère à l'autre. On arrivait dans un **espace de petite taille**. Il fallait placer son **insigne** magnétique devant un détecteur pour actionner l'ouverture des portes.

# 6 Décrire...

## Pour décrire un paysage de science-fiction, je dois :

1. imaginer un **univers inconnu** (une autre planète, la Lune...) ;
2. commencer par une description générale du **paysage** ;
3. présenter ensuite de façon détaillée les **éléments de l'environnement** : les bâtiments (habitations, lieux de loisirs, équipements, services...), les moyens de transport, les appareils divers utilisés par les habitants, les végétaux et les animaux s'il y en a ;
4. attribuer à certains de ces éléments des **caractéristiques techniques** très avancées et qui n'existent pas encore de nos jours.

### 1 * Je complète une description

**Situation 1** **Recopie chaque phrase en ajoutant des précisions aux mots en couleur pour en faire une description d'un paysage de science-fiction. Aide-toi des mots du « Je retiens », page 75.**

a. Soudain, au milieu de la **place**, un **bâtiment** sort de terre, s'ouvre et laisse apparaître un **objet** qui se déplace en tournant sur lui-même.
b. Le **véhicule** nous attendait au fond d'un **hangar** rempli de **machines**.
c. La ville poussait comme un champignon. Des **tours** sortaient du cratère. Des **passerelles** venaient s'accrocher aux **bâtiments**. Des **antennes** se dépliaient.

**Situation 2** **Recopie ce texte en le complétant pour en faire une description d'un paysage de science-fiction. Aide-toi des mots du « Je retiens », page 75.**

Lorsque je parvins enfin tout en haut de la colline, je restai stupéfait ! Semblant sortir de terre, une ville … surgissait. Des immeubles … dominaient la ville. Leur paroi … laissait passer …. Sur leurs toits se trouvaient des …. Plus petits en taille mais beaucoup plus étendus, on pouvait distinguer quelques … transparents. Certainement des ….

**Situation 3** **Recopie ce texte en le complétant pour en faire une description d'un paysage de science-fiction, puis imagine ce que tu peux trouver à l'intérieur.**

Toutes les maisons étaient identiques. Elles étaient suspendues à une sorte de … géant. On y entrait par …. Elles ne possédaient aucune autre ouverture, hormis de nombreux … qui sortaient comme des tentacules. Seules les couleurs variaient. Il y en avait des … avec des … et des … avec des …. On aurait dit de grosses … envahies par des …. À l'intérieur …

## 2 ** Je modifie une description

■ **Modifie chaque texte pour en faire une description d'un paysage de science-fiction.**

**Situation 1**

Je regardais la photographie que j'avais prise quelques heures avant de monter dans le train. La famille était réunie dans la grande pièce centrale autour du vieux canapé. Sur la photo, on distinguait une fenêtre à travers laquelle on voyait le pont qui enjambait le fleuve. On apercevait aussi l'ombre massive des bâtiments qui longeaient le port et les lumières des grues qui dominaient le chantier naval.

**Situation 2**

La voiture roulait dans les rues désertes de Paris. Assis à l'arrière, je pouvais contempler le paysage. On passa sur le pont d'Austerlitz qui enjambait la Seine. On distinguait nettement la cathédrale Notre-Dame, dont l'imposante structure de pierre se détachait du ciel azur. Je voyais ses sculptures et ses magnifiques vitraux. Quelques centaines de mètres plus loin, sur la droite, on pouvait apercevoir le Louvre, le célèbre musée parisien. On longea ses longs murs couleur miel, coupés de petites tours aux toits d'ardoises qui entouraient une cour où s'élevait une petite pyramide de verre. Enfin, on arriva devant la tour Eiffel, imposante dame en dentelle de fer.

## 3 *** Je décris un univers de science-fiction

■ **Imagine que ta classe embarque à bord d'une fusée pour aller explorer une planète... En regardant par le hublot, tu vois ce paysage. Tu envoies immédiatement un message à ta famille ou à tes amis pour le décrire.**

- Où es-tu ?
- Que vois-tu ?
- À quoi cela ressemble-t-il ?
- Quelles impressions ressens-tu ?
- Quelles couleurs vois-tu ?
- Quelle forme et quels aspects ont les bâtiments ? En quoi sont-ils fabriqués ?

**Aide-toi des questions ci-dessus pour rédiger ton message. N'oublie pas d'insérer dans ta description quelques mots inconnus.**

# 6 Écrire et parler

## J'améliore mon texte → pages 76-77

### Je vérifie ma description

**1 * Je complète une description**

- J'ai utilisé des mots pour préciser la forme, l'aspect, la taille ou la matière des différents bâtiments.

**2 ** Je modifie une description**

- J'ai repéré ce que je pouvais changer dans la description.
- J'ai trouvé des mots précis pour désigner les bâtiments.

**3 *** Je décris un paysage de science-fiction**

- J'ai décrit les bâtiments. Ils doivent avoir un aspect différent de ceux d'aujourd'hui.
- J'ai indiqué en quoi ils sont fabriqués.

### Je vérifie comment j'ai écrit

- J'ai utilisé des adjectifs variés.
  → Vocabulaire, pages 254-255
- J'ai bien accordé les adjectifs avec les noms.
  → Grammaire, pages 154-155
  → Orthographe, pages 228-229
- J'ai commencé par une description générale, puis j'ai fait une description plus précise de quelques éléments.
  → Conjugaison, pages 188 à 191
  → Conjugaison, pages 204-205
- J'ai décrit les différents éléments qui composent ce paysage : bâtiments, végétaux…
- J'ai inventé des mots inconnus.
  → Vocabulaire, pages 248 à 253
- J'ai éventuellement utilisé des comparaisons.

## Je prends la parole

- **Choisis un de ces objets pour le présenter à tes camarades.
Décris-le en imaginant à quoi il sert.**

### Pour te préparer

- Observe sa forme, ses différents éléments et sa matière.
- Imagine à quoi il peut servir et comment il fonctionne.
- Trouve-lui un nom.

### Pour bien décrire

- Commence par donner le nom de cet objet.
- Présente-le ensuite en suivant l'ordre de la description : sa forme, les éléments qui le composent, sa matière, son fonctionnement…

## D'autres récits de science-fiction à découvrir

** *Les Dévisse-boulons*, Alain Grousset, éd. Gallimard Jeunesse.

** *Yoko Tsuno* (vol. 1) : *Le Trio de l'étrange*, Roger Leloup, éd. Dupuis.

*** *Kerri et Mégane* (vol. 1) : *Les Mange-forêts*, Kim Aldany, éd. Nathan.

Unité 7

# Les documentaires historiques

Détail de la tapisserie de Bayeux, XIe siècle.

1. Quelle scène est représentée ?
2. Selon toi, à quelle époque se déroule cette scène ?
3. Si tu veux des renseignements sur cette période ou sur cette scène, où peux-tu les trouver ?

**Dans ce chapitre, tu vas :**

**Découvrir** des textes documentaires historiques.

**Écrire** un texte documentaire historique.

**Décrire** une illustration documentaire.

*À quelle époque les châteaux forts te font-ils penser ?*
*À quoi servaient-ils ? Sais-tu si l'on en construit encore aujourd'hui ?*

# Les bâtisseurs

Nous sommes en 1290 sur le chantier d'un château en construction où tout le travail s'effectue à la force des bras. Les charpentiers scient du bois pour monter les échafaudages. Les forgerons fabriquent des outils et les réparent. Les maçons taillent des pierres, les ouvriers transportent des charges énormes, mélangent le mortier pour bâtir les murs et creusent les fossés.

**Monter un mur**
Les échafaudages en bois (1) étaient fixés aux murs dans des trous qu'on appelait des boulins (2). Pour plus de solidité, les murs de soutien étaient composés de moellons et d'un mélange de pierrailles et de mortier (3). Ils pouvaient mesurer de 2 à 5 mètres d'épaisseur.

**Les maçons**
Le plan et la construction du château étaient confiés à un maître maçon (4) qui engageait à son tour des compagnons pour tailler et sculpter la pierre (5), et des manœuvres pour monter les murs (6).

**Poids lourds**
On utilisait des cordes et des poulies pour soulever les poutres et les paniers chargés de matériaux (7). Les grosses pierres, elles, étaient hissées à l'aide de la « cage d'écureuil » (8).

**Une vraie ruche**
En 1295, 30 forgerons, 400 maçons et 2 000 manœuvres, dont des casseurs de pierres et des puisatiers, participèrent à la construction du château de Beaumaris au pays de Galles. Il était fréquent qu'un chantier mobilise autant d'hommes.

**Marque de maçon**
Chaque maçon possédait sa propre marque : il la gravait souvent sur les pierres qu'il taillait, un peu à la manière du peintre qui signe ses toiles. Ces marques servaient aussi à calculer le salaire de chacun.

Philip Steele, *The Best-Ever Book of Castles*, Kingfisher, Macmillan Children's Books, London, UK.
*Les Châteaux forts*, trad. Ariane Bataille, pour l'édition française © Nathan, 1995.

Château-Gaillard (Eure), forteresse du XIIe siècle.

Jusqu'au Xe siècle, on a bâti des châteaux en bois. Puis on a utilisé la pierre, beaucoup plus solide et, surtout, ininflammable. Mais construire un édifice en pierre était plus compliqué. Les matériaux devaient être acheminés par les rivières, la mer ou la terre. Il fallait engager des maçons et des équipes d'ouvriers. Un chantier pouvait durer dix ans, parfois vingt, et coûter l'équivalent de plusieurs millions d'euros.

**Les outils**

Un charpentier utilisait une hache (9), un vilebrequin (10), une scie (11) et une égoïne (12). Un maçon se servait d'une hache de maçon (13), d'un ciseau (14) et d'un maillet (15).

## Je comprends

1. Quels sont les différents éléments qui composent ce document ?
2. Fais la liste de tous les métiers qui interviennent dans la construction d'un château fort. Explique leur rôle.
3. À partir de quel siècle utilise-t-on la pierre pour construire les châteaux ? Quel est l'avantage de ce matériau ?
4. À quoi servent les numéros placés sur le dessin ? Indique à quoi correspond le n° 8.
5. Qui fait tourner la roue de la cage d'écureuil ? Comment s'y prend-il ? Comment as-tu pu répondre à cette question ?
6. À quoi sert un vilebrequin ? Quel outil l'a remplacé aujourd'hui ?
7. Qu'est-ce qu'un manœuvre ? Où se trouve la réponse dans ces pages de documents ?
8. Explique le titre de la légende « Poids lourds ».
9. Dans quel paragraphe chercherais-tu la réponse à une question sur l'épaisseur des murs ?

## Je lis à haute voix

**Lis** un paragraphe de ton choix. Entraîne-toi à prononcer les mots difficiles. Insiste bien sur les informations principales afin de les mettre en valeur.

## Je donne mon avis

Aurais-tu aimé participer à la construction d'un château fort ? Pourquoi ?

## J'ajoute une phrase au document

Au-dessus des sculpteurs de pierres 5, des ouvriers fabriquent du mortier.
**Écris** une phrase pour expliquer d'où venait l'eau nécessaire à la construction du château et comment on l'acheminait. Pour t'aider, regarde bien l'illustration.

# 7 Lire…

*Qu'appelle-t-on le « Nouveau Monde » ? Sais-tu qui l'a découvert ?*

## À LA DÉCOUVERTE DU NOUVEAU MONDE

**Que connaissait-on du monde en 1480 ? On pensait qu'au sud du Sahara s'étendaient des jungles impénétrables, et de l'Afrique on avait seulement exploré les côtes. L'Asie était décrite par quelques voyageurs qui en rapportaient des récits invraisemblables. À l'ouest, nul n'avait atteint les limites de l'immense Océan. Pourtant, cette année-là, le navigateur italien Christophe Colomb (1451-1506) annonça qu'il avait calculé que la Chine se trouvait à 4 500 km à l'ouest, au-delà de l'Atlantique. On ne le crut pas, et avec raison. Mais il se trouva des souverains pour lui faire confiance : Isabelle de Castille et Ferdinand d'Aragon financèrent son expédition. Et c'est ainsi que, parti de Palos, Christophe Colomb découvrit l'Amérique en 1492, persuadé qu'il avait atteint l'Extême-Orient. L'ère des grandes explorations avait commencé.**

### LE RETOUR TRIOMPHAL

Sur ce tableau, Isabelle et Ferdinand accueillent Christophe Colomb qui leur apporte des présents du Nouveau Monde : des esclaves indiens et des richesses de toutes sortes. En remerciement, les souverains le nommèrent amiral et vice-roi des nouveaux territoires.

### D'OÙ VIENT LE NOM D'AMÉRIQUE ?

Le navigateur italien Amerigo Vespucci (1454-1512) fut nommé en 1508 *Piloto Mayor*. Les capitaines des navires espagnols devaient lui fournir toutes les indications concernant leurs périples, que Vespucci reportait au fur et à mesure sur son atlas. Sa cartographie du Nouveau Monde était si claire que les marins appelaient le continent « la terre d'Amerigo », d'où le nom d'Amérique.

### UN NOUVEAU LIT

Aux Indes occidentales (c'est ainsi que Christophe Colomb baptisa le Nouveau Monde), les Espagnols virent des indigènes couchés dans des lits suspendus qu'ils appelaient « hamorcas ». Les marins adoptèrent ce système permettant d'être au sec, à l'abri de la saleté des ponts et des rats.

### À QUOI SERT UN ASTROLABE ?

Cet instrument de navigation sert essentiellement à déterminer la latitude du navire sur le globe terrestre, grâce à la hauteur du Soleil à midi, ou, de nuit, par la hauteur de l'astre polaire.

### LES FRUITS DU NOUVEAU MONDE

Christophe Colomb arriva dans un continent habité, regorgeant de richesses et de cultures différentes de celles de l'Europe. Ainsi, l'ananas et la patate douce y poussaient naturellement.

### L'OR DU NOUVEAU MONDE

Pour les remercier de financer son expédition, Christophe Colomb promit à Isabelle de Castille et Ferdinand d'Aragon de revenir avec d'immenses richesses pour l'Espagne. Et ce fut vrai. Cette pièce, frappée à l'effigie de Ferdinand et Isabelle, est faite du nouvel or.

D'après *Les Grandes Découvertes*, © Gallimard, coll. « Les Yeux de la découverte ».

## LA « SANTA MARÍA »

Le vaisseau amiral de la flottille de Christophe Colomb était la *Santa María*, construite dans le nord de l'Espagne. Comme la *Niña* et la *Pinta* qui faisaient route avec elle, c'était une caraque à trois mâts, courte et massive.
La *Santa María* fit naufrage le 13 novembre 1492 au large des Caraïbes, et Colomb dut rentrer en Espagne sur la *Niña*.

## LES VOYAGES DE CHRISTOPHE COLOMB

Au cours de ses quatre expéditions dans le Nouveau Monde, Colomb explora surtout l'archipel des Caraïbes. Il atteignit Panama lors de son quatrième voyage.

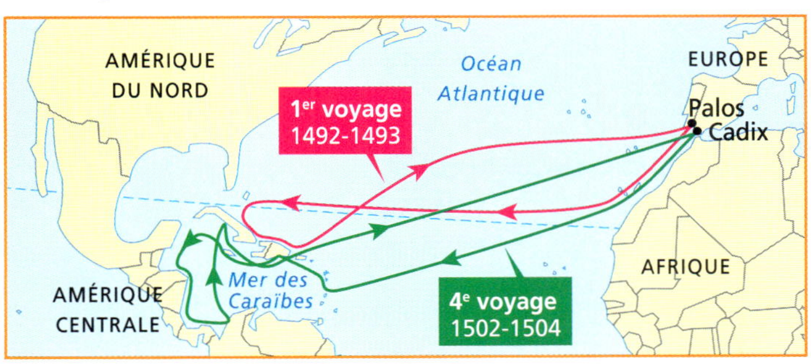


## Je comprends

1. Quel est le but de Christophe Colomb au départ ?
2. Où Christophe Colomb croit-il être lorsqu'il arrive en Amérique ?
3. Avec combien de bateaux Christophe Colomb est-il parti ? Nomme-les. Avec combien est-il revenu ?
4. Comment Christophe Colomb a-t-il été accueilli au retour de son voyage ?
5. Relève les noms de personnages cités dans ce documentaire. Que peux-tu dire d'eux ?
6. Retrouve toutes les dates indiquées dans ce texte documentaire. Classe-les dans l'ordre chronologique, puis précise à quoi elles correspondent.
7. Fais la liste de tous les produits nouveaux apparus en Europe grâce à la découverte du « Nouveau Monde ».
8. Un astrolabe sert-il à donner l'heure, à regarder les étoiles ou à se situer ?
9. Quelles sont les différentes parties de ce document ?

## Je lis à haute voix

**Lis** un paragraphe de ton choix en insistant sur le(s) passage(s) important(s). Cela peut-être un mot, un groupe de mots, une date... Marque un temps d'arrêt juste avant la lecture, regarde ton auditoire, reprends lentement en articulant.

## Je donne mon avis

Aujourd'hui encore, on essaie de découvrir de « nouveaux mondes ». Sais-tu lesquels ? Pourquoi part-on à leur découverte ? Qu'est-ce que cela peut nous apporter ?

## J'ajoute des phrases au document

**Écris** une autre légende pour décrire à ta façon le bateau de Christophe Colomb, la *Santa María*.

# 7 Pour mieux lire

## Repérer de quoi parle un paragraphe (le thème)

### Je réfléchis

**1 Lequel des trois titres correspond le mieux au texte ci-dessous ? Explique ton choix.**

a. Le transport de fruits et légumes en bateau
b. La nourriture des marins
c. Les marins

Que mangeaient les marins autrefois ? Pendant longtemps, les conserves et les réfrigérateurs n'existaient pas. Lorsque les marins partaient en mer, ils ne pouvaient pas emporter de fruits ou de légumes car ceux-ci pourrissaient rapidement. La viande se transportait salée et stockée dans de grands barils. Les marins mangeaient surtout des « biscuits de mer » qu'ils disputaient aux cancrelats et aux vers.

**Conseil**

- Dans un **texte documentaire**, pour trouver **le thème d'un paragraphe**, on cherche de quoi il parle.
  - Le plus souvent, une **phrase** ou un **groupe de mots** l'indique au début du paragraphe.
  - Un **titre** ou un **sous-titre** précisent souvent le thème du paragraphe.

### Je m'entraîne

**2 * Retrouve, pour chaque texte, le titre qui lui correspond. Explique ton choix.**

1. Le combat des gladiateurs • 2. Les explorations des Vikings • 3. Un grand navigateur

**A.** Vasco de Gama navigua le long de la côte ouest de l'Afrique et dépassa le cap de Bonne-Espérance, pour remonter ensuite jusqu'au port de Malindi, ville de l'actuel Kenya. Là, un guide arabe le dirigea jusqu'en Inde. Il fut donc le premier Européen à atteindre l'Inde par la mer. Auparavant, on y arrivait par la terre.

**B.** À l'époque de la Rome antique, les gladiateurs étaient des combattants qui se battaient au milieu d'une arène contre d'autres gladiateurs ou des animaux féroces. Depuis des gradins, les riches Romains observaient le spectacle. Les gladiateurs étaient souvent des esclaves qui ne pouvaient être libres que s'ils gagnaient tous leurs combats.

**C.** On sait qu'au début du Moyen Âge, les Vikings se sont lancés dans des attaques violentes en Europe. Ils pillaient les châteaux, les villages et les monastères. Mais ils se lançaient aussi dans de longues explorations ; ils ont été les premiers Européens à se rendre en Amérique, bien avant Christophe Colomb.

**3 ** Pour chacun de ces paragraphes, précise de quoi il parle, puis écris un titre qui convienne.**

**A.** Au Moyen Âge, pour reproduire des livres, il fallait les copier. Ce travail était long. Les livres étaient donc très rares. Vers 1450, Gutenberg invente l'imprimerie. Pour aller vite, il décide d'assembler sur une plaque des petites lettres sculptées dans du plomb. Il peut ainsi les réutiliser et imprimer une grande quantité de feuilles.

**B.** L'écriture chinoise est formée à partir de signes-images : des idéogrammes. Parfois, un seul signe peut correspondre à un mot, mais le plus souvent, il faut associer plusieurs signes ensemble pour représenter un seul mot. Un Chinois doit apprendre l'équivalent de trois mille cinq cents signes pour lire un journal.

### Méli mélo

**Découvre ces caractères chinois.**

| | | |
|---|---|---|
| 中 (milieu) | 日 (Soleil) | 国 (royaume) |
| 月 (Lune) | 木 (arbre) | 车 (chariot) |

**Associe les mots chinois à leur signification en français.**

| | |
|---|---|
| a. 中国 | 1. brillant |
| b. 森 | 2. Chine (Royaume du Milieu) |
| c. 明 | 3. forêt |

# Le texte documentaire historique

## Je me souviens

- **Dans les textes documentaires de cette unité :**
  - De quoi parlent les auteurs ?
  - De quelles époques datent les faits dont ils parlent ?
  - Quels différents éléments as-tu repérés ?
  - À quelles personnes et à quels temps les verbes sont-ils conjugués ?

## Je retiens

**1** Le **texte documentaire** en histoire regroupe des informations sur un **thème** historique précis :
– une **époque** (*le Moyen Âge…*) ;
– un **fait** ou un **événement** (*la construction des châteaux forts* ou *la découverte de l'Amérique*) ;
– un **personnage** (*Christophe Colomb…*).

**2** Le **titre** et l'**introduction** donnent une indication sur le thème du texte documentaire.

**3** En plus d'un **texte principal**, un documentaire historique comprend des **illustrations** expliquées par des **légendes**.

**4** Le documentaire peut aussi présenter une **chronologie**, une **carte** ou un **lexique**.

## Je m'entraîne

**1* Voici des titres de documentaires historiques. De quoi parlent-ils ? Classe-les en trois colonnes : époque / événement / personnage.**

Les chevaliers • Les Gaulois • Louis XI • le général De Gaulle • Les Grandes Invasions • La Préhistoire • Charlemagne • La Renaissance • La Grande Guerre • La prise de la Bastille

**2** Observe cette gravure. Trouve, parmi les légendes ci-dessous, le titre de ce document, puis recopie-le. Associe ensuite chaque légende au numéro du dessin qui convient.**

a. Un ouvrier vérifie chaque page.
b. Un ouvrier presse une feuille sur une plaque encrée.
c. Un ouvrier prend des caractères mobiles dans des casiers pour composer la plaque à imprimer.
d. Un atelier d'imprimerie au XV$^{e}$ siècle
e. Une presse est une machine qui exerce une forte pression pour imprimer les pages.
f. Les feuilles imprimées sont séchées et empilées.

# Des mots liés à une époque

## Je réfléchis

**1 Dans ce texte, à quelle époque Paul s'est-il retrouvé ?**

Paul a une machine à remonter le temps, il appuie sur un bouton. La machine se met à tourner, vite, de plus en plus vite. Elle virevolte, s'agite puis, plus rien. Paul regarde par le hublot, il aperçoit une forêt très dense. Au loin, près d'un lac, des hommes pêchent avec des harpons en os. Sur la droite, un chaman semble danser au pied d'un menhir. Paul descend, mais la terre se met à trembler. Il se retourne quand, soudain, il voit un mammouth se dresser devant lui.

- **Relève les mots qui t'ont permis de répondre.**

**2 Trouve l'intrus dans chaque série.**

a. une armure • un château fort • un cybercafé • une auberge • un page

b. un propulseur • un mammouth • un silex • un manuscrit • un homme de Cro-Magnon

c. un centre commercial • un téléphone portable • un satellite • une cotte de mailles • un gilet pare-balles

**3 Associe chaque texte à l'époque qui correspond : la Préhistoire, le Moyen Âge ou aujourd'hui.**

1. Les rois établissent leur pouvoir sur tout le royaume de France en tenant compte des seigneurs locaux. Des sénéchaux ou des baillis sont envoyés dans les provinces pour les représenter.

2. En France, les réseaux de transport sont denses. Pour aller d'un point à l'autre du territoire, on peut prendre l'avion, l'automobile ou le TGV.
Dans les grandes villes, le métro, le bus et le tramway permettent aussi de se déplacer sans utiliser sa voiture.

3. Les hommes du Néolithique construisent des mégalithes : les menhirs et les dolmens. Les dolmens sont des tombes en forme de table où étaient enterrés les morts d'un même clan. Les premiers dolmens sont apparus en Bretagne.

Dolmen breton.

Je retiens

## Des mots pour évoquer une époque

### La Préhistoire

- une poterie • des fossiles • un silex • une nasse • un harpon • un percuteur • un os • un pigment...
- une grotte • un menhir • un dolmen • un mégalithe • une cité lacustre • une peinture rupestre...
- des primates • des aurochs • un mammouth • un chaman • des chasseurs-cueilleurs...

### Le Moyen Âge

- un carreau • une armure • une cotte de mailles • une armoirie • une herse • un fléau...
- un château fort • une seigneurie • un monastère • une cathédrale • une abbaye...
- la joute • le tournoi • un manuscrit • une enluminure • un vitrail...
- un serf • un vilain • un seigneur • un page • un chevalier • un écuyer • un bouffon...

### Aujourd'hui

- Internet • un visiophone • du biocarburant • un panneau photovoltaïque • un logiciel • une télévision • une machine à laver • un timbre....
- l'écohabitat • un cybercafé • un immeuble • un centre commercial • une station orbitale...
- la nanotechnologie • la nanoscience • supersonique • le numérique...
- un informaticien • un astronaute • un président • un ministre...

Je m'entraîne

**4 * Classe chaque mot dans la rubrique du « Je retiens » qui convient.**

atomique • un biface • le Paléolithique • un templier • un adoubement • un blason • un troubadour • une automobile • une sagaie

**5 ** Complète les phrases avec les mots de la liste.**

*biface* • *blason* • *cybercafé* • *menhirs* • *enluminures* • *gladiateurs*

a. Dans la collection de BD *Astérix*, Obélix taille des 1 dans la roche. En réalité, ils existaient bien avant l'époque gauloise.
b. Sur le 2 du chevalier, on peut deviner un château.
c. L'homme préhistorique utilisait un 3 pour découper sa viande.
d. Dans les amphithéâtres de la Rome antique, on montrait de terribles combats de 4 .
e. En vacances, je consulte mes méls dans un 5.
f. Les moines décoraient ou illustraient les manuscrits avec des 6.

**6 ** Retrouve, pour chaque mot, la définition qui convient.**

*un nomade* • *un éperon* • *un oppidum*

a. Construction fortifiée généralement située sur une hauteur.
b. Personne ou peuple qui n'a pas d'habitation fixe et qui se déplace souvent.
c. Accessoire fixé sur les chevilles d'un cavalier lui permettant de diriger plus précisément son cheval.

**7 ** Choisis les mots qui correspondent le mieux à chaque illustration. Trouve ensuite d'autres mots auxquels ces deux images te font penser.**

un parchemin • un téléphone • Internet • une enluminure • un clavier • une plume • une imprimante • un moine • un ordinateur

a

b

# 7 Écrire...

**Pour écrire un documentaire historique, je dois :**

1. trouver un **thème lié à une époque** historique et un **titre** ;
2. écrire un **texte de présentation** du thème puis des paragraphes qui développent chacun une information ;
3. utiliser une ou plusieurs **illustrations** ;
4. **légender** ces illustrations ;
5. organiser la page pour la rendre bien lisible.

## 1 * J'écris une légende

■ **Écris une légende de quelques lignes pour expliquer ce que font ces paysans du Moyen Âge. Trouve ensuite un titre. Aide-toi du lexique ci-dessous.**

**Lexique**

- **Battage :** action qui consiste à battre les épis pour en faire sortir les grains de céréales.
- **Céréales :** plantes dont les graines servent à nourrir les hommes ou les animaux (le blé, l'avoine, l'orge...)
- **Faucille :** instrument constitué d'une lame recourbée et d'un manche en bois, qui sert à couper les tiges des herbes et des céréales.
- **Fléau :** instrument qui sert à battre les céréales.
- **Gerbe :** botte de céréales coupées et liées ensemble.
- **Moisson :** récolte des céréales.

## 2 ** J'écris des légendes

**Situation 1** **Écris les légendes correspondant aux numéros 1, 2 et 3 sur l'illustration. Aide-toi de l'image, des questions et des mots de vocabulaire du « Je retiens », page 87.**

1. Lors de la prise d'une ville fortifiée, que font les archers ? Où se positionnent-ils ?
2. Pourquoi les assaillants utilisent-ils des échelles ?
3. Avec quel matériau les assaillants chargent-ils les bombardes ? À quoi peuvent-elles servir ?

**Lexique**

- bombarde : ancêtre du canon, qui tirait des boulets de pierre.

Siège de la ville de Duras en 1377.

**Situation 2** **Écris une légende pour décrire et expliquer ce qu'est un pont-levis 4 et ce que sont les piques 5.**

## 3 *** J'écris un documentaire historique

**À partir de l'image ci-dessous et de recherches complémentaires, écris un texte documentaire.**

**Étape 1** **Trouve le thème et invente un titre.**

**Étape 2** **Écris une introduction en répondant aux questions.**
a. Que représente ce document ?
b. Qui a découvert ces peintures ?
c. Quand ? Où ? Comment ?

**Étape 3** **Ajoute des légendes pour décrire les éléments qui composent cette peinture : les couleurs, les animaux...**
Utilise les mots du « Je retiens », page 87.

**Étape 4** **Quand tu as rédigé tous les textes, présente ton texte documentaire comme il convient.**
Tu peux placer d'autres illustrations mais n'oublie pas de les légender.

Peinture rupestre, vers 15 000 av. J.-C.
Grotte de Lascaux (Dordogne).

# 7 Écrire et parler

## J'améliore mon texte → pages 88-89

### Je vérifie mon document

**1** * *J'écris une légende*
- La légende correspond aux détails de l'illustration.

**2** ** *J'écris des légendes*
- J'ai rédigé une phrase pour chaque légende.
- J'ai utilisé un vocabulaire historique adapté.

**3** *** *J'écris un documentaire historique*
- Dans l'introduction, j'ai répondu aux questions posées.
- Les textes et les illustrations se complètent.

### Je vérifie comment j'ai écrit

- J'ai rédigé mes textes à la 3e personne.
→ Grammaire, pages 162-163
- J'ai vérifié l'orthographe des mots.
- J'ai utilisé le présent ou le passé (passé simple, passé composé ou imparfait).
→ Conjugaison, pages 188 à 191
→ Conjugaison, pages 196 à 205

## Je prends la parole

■ **Observe cette image puis explique à tes camarades le fonctionnement de cette machine du Moyen Âge.**

### Pour te préparer

- Observe tous les détails de cette illustration.
- Aide-toi du titre et de la légende pour présenter le thème de l'illustration.
- Décris ensuite les éléments de l'illustration en les situant.

### Pour bien expliquer

- Chaque fois que tu parles d'un élément de l'illustration, montre-le à tes camarades.
- Présente d'abord les éléments les plus importants.
- Explique ensuite les détails de l'illustration.

**Une grue dans le port de Bruges**
Au Moyen Âge, pour soulever de lourdes charges, on se servait déjà de grues qui fonctionnaient par la force humaine.

## D'autres documentaires historiques à découvrir

* *Les Hommes préhistoriques*, Dominique Joly, éd. Nathan Jeunesse.

** *Vivre au Moyen Âge*, Andrew Langley, éd. Gallimard Jeunesse.

** *Quand les Gaulois deviennent gallo-romains*, G. Moncomble, éd. Nathan Jeunesse.

Unité 8

# Des fables d'hier et d'aujourd'hui

Dessin de Benjamin Rabier (1864-1939).

1 Que représente cette image ?
2 Comment appelle-t-on un texte en vers dans lequel les animaux parlent comme des humains ?
3 Connais-tu un auteur célèbre de ce genre de texte ?

**Dans ce chapitre, tu vas :**

**Lire** des fables d'hier et d'aujourd'hui.

**Écrire** une fable.

**Dire** une fable à tes camarades.

# 8 Lire…

*À quels titres de fable correspondent ces images ? Peux-tu les raconter ?*

Portrait de Jean de La Fontaine (1621-1695).

## Le Loup et l'Agneau

La raison du plus fort est toujours la meilleure :
Nous l'allons montrer[1] tout à l'heure[2].

Un Agneau se désaltérait
Dans le courant d'une onde pure.
Un Loup survint à jeun qui cherchait aventure,
Et que la faim en ces lieux attirait.
« Qui te rend si hardi de troubler mon breuvage ?
Dit cet animal plein de rage :
Tu seras châtié de ta témérité.
– Sire, répond l'Agneau, que votre Majesté
Ne se mette pas en colère ;
Mais plutôt qu'elle considère
Que je me vas désaltérant
Dans le courant,
Plus de vingt pas au-dessous d'Elle,
Et que par conséquent, en aucune façon,
Je ne puis troubler sa boisson.
– Tu la troubles, reprit cette bête cruelle,
Et je sais que de moi tu médis l'an passé.
– Comment l'aurais-je fait si je n'étais pas né ?
Reprit l'Agneau, je tète encor ma mère.
– Si ce n'est toi, c'est donc ton frère.
– Je n'en ai point. – C'est donc quelqu'un des tiens :
Car vous ne m'épargnez guère,
Vous, vos bergers, et vos chiens.
On me l'a dit : il faut que je me venge. »
Là-dessus, au fond des forêts
Le Loup l'emporte, et puis le mange,
Sans autre forme de procès.

Jean de La Fontaine, *Fables*, Livre I, fable 10.

1. **Nous l'allons montrer :** nous allons le montrer.
2. **tout à l'heure :** tout de suite.

### Je comprends

**Le Loup et l'Agneau**

1 Quels sont les personnages de cette fable ?

2 Que veut faire le loup ? Pourquoi ?

3 Quels reproches le loup fait-il à l'agneau ?

4 Comment l'agneau répond-il à chacun de ces reproches ?

5 Quel personnage dit la vérité : le loup ou l'agneau ?

6 Quelle leçon l'auteur donne-t-il par cette fable ? Où est-elle exprimée ? Redis-la avec tes propres mots.

**Le Petit Poisson et le Pêcheur**

7 Qui raconte l'histoire ? Dans quel vers intervient-il ?

8 Combien y a-t-il de personnages ? Par quels mots sont-ils désignés ?

# Le Petit Poisson et le Pêcheur

Petit poisson deviendra grand,
Pourvu que Dieu lui prête vie.
Mais le lâcher en attendant,
Je tiens pour moi que c'est folie ;
Car de le rattraper il n'est pas trop certain.
Un Carpeau, qui n'était encore que fretin[3]
Fut pris par un Pêcheur au bord d'une rivière.
« Tout fait nombre, dit l'homme en voyant son butin ;
Voilà commencement de chère[4] et de festin :
Mettons-le en notre gibecière. »
Le pauvre Carpillon lui dit à sa manière :
« Que ferez-vous de moi ? je ne saurais fournir
Au plus qu'une demi-bouchée ;
Laissez-moi carpe devenir :
Je serai par vous repêchée.
Quelque gros partisan m'achètera bien cher :
Au lieu qu'il vous en faut chercher
Peut-être encor cent de ma taille
Pour faire un plat. Quel plat ? croyez-moi, rien qui vaille.
– Rien qui vaille ? Eh bien soit, repartit le Pêcheur ;
Poisson, mon bel ami, qui faites le prêcheur[5],
Vous irez dans la poêle ; et vous avez beau dire,
Dès ce soir, on vous fera frire. »

Un tiens vaut, ce dit-on, mieux que deux Tu l'auras :
L'un est sûr, l'autre ne l'est pas.

Jean de La Fontaine, *Fables*, Livre V, fable 3.

Gravure de Gustave Doré (1832-1883).

**3. fretin :** petit poisson.
**4. chère :** nourriture.
**5. prêcheur :** qui fait des discours pour donner des leçons de morale.

**9** Quels arguments le petit poisson donne-t-il pour que le pêcheur le relâche ?

**10** Que décide le pêcheur à la fin ? Pourquoi ?

**11** Relève la morale de cette fable. Peux-tu la reformuler avec tes propres mots ?

## Je lis à haute voix

**Lis** une de ces fables avec deux camarades. Répartissez-vous les rôles (narrateur et personnages) et lisez-la devant toute la classe. Cherchez à adopter le ton qui convient pour chacun des rôles.

## Je donne mon avis

D'après toi, à qui Jean de La Fontaine donne-t-il raison : au loup ou à l'agneau ? au poisson ou au pêcheur ?

## Je récris la fable

**Écris** en quelques phrases un résumé de l'histoire racontée dans l'une ou l'autre de ces deux fables.

*Pour toi, quelles qualités doit avoir une pomme ?*
*Connais-tu l'objet de droite ?*

# La Pomme

Une pomme rubiconde
se pavanait, proclamant
qu'elle était le plus beau de tous les fruits du monde,
le plus tendre, le plus charmant,
le plus sucré, le plus suave.
Ni la mangue, ni l'agave[1],
le melon délicieux,
ni l'ananas, ni l'orange,
aucun des fruits que l'on mange
sous l'un ou l'autre des cieux,
ni la rouge sapotille[2],
la fraise, ni la myrtille
n'avait sa chair exquise et sa vive couleur.
On ne pourrait jamais lui trouver une sœur.
La brise répandait alentour son arôme
et sa pourpre éclatait sur le feuillage vert.
« Oui, c'est vrai, c'est bien vrai ! » dit un tout petit ver
blotti dans le creux de la pomme.

Pierre Gamarra, *La Mandarine et le Mandarin* DR.

**1. agave :** plante grasse originaire du Mexique.
**2. sapotille :** fruit sucré d'Amérique centrale.

# L'Éléphanteau et le Caïman

un petit éléphant
qui cherchait sa maman
rencontre un jour un caïman
bonjour monsieur dit-il
bonjour mon bel enfant
que viens-tu faire ici
je cherche ma maman
dit l'enfant sans manière
elle est là et l'affreux
lui montre sa tanière
notre éléphanteau dit merci
avez-vous besoin d'un croquis
l'éléphanteau mignon
suit l'ignoble saurien
au fond du trou affreux
il crie et puis plus rien
ne suivez pas n'importe qui
sapristi

Yak Rivais, *Viens jouer dans le bac à fable !*


## Je comprends

1. Dans ***La Pomme***, de quoi se vante la pomme ?
2. Quels sont les autres fruits cités dans cette fable ?
3. Comment comprends-tu ce que dit le petit ver à la fin (vers 17) ?
4. Dans ***L'Éléphanteau et le Caïman***, quels mots utiliserais-tu pour qualifier le caractère de chaque personnage ?
5. Quelle est la morale de cette fable ?
6. Dans ***Le Poulet et la Soupière***, relève ce qui indique que le poulet ne connaît pas l'objet qu'il voit.
7. Que signifie : « Bien des poules ici finirent leur carrière » (vers 16) ?
8. Quelle est la morale de cette fable ? Essaie de la formuler avec tes propres mots.
9. Peut-on appliquer la morale de cette fable au personnage de la pomme ?

# Le Poulet et la Soupière

Un poulet entrant dans une cuisine
aperçut un objet qu'il admira beaucoup.
C'était une soupière et sa faïence fine
s'ornait de fleurs, de fruits, de feuilles et surtout
de filets d'or brillant à sa surface.
« Que cette chose a de charme et de grâce !
s'écria le poulet. Avec ses flancs bien ronds
et ses oreilles délicates,
il ne lui manque que des pattes
pour se faire admirer partout dans le canton ! »
Se tournant vers sa mère
qui gloussait dans les environs,
il lui demanda : « Quel est donc
le nom de cet objet sur ce beau napperon ? »
– Mon fils, ce bel objet s'appelle une soupière.
Bien des poules ici finirent leur carrière,
bien des poules y finiront
sous forme de bouillon.
Ce qui nous paraît beau n'est pas toujours très bon.

Pierre Gamarra, *Salut, Monsieur de La Fontaine*,
© Le Temps des Cerises.

## Je lis à haute voix

**Lis** une de ces fables à toute la classe, en changeant de voix et d'attitude selon que tu dis les phrases du narrateur ou les paroles des personnages.

## Je donne mon avis

Ces fables sont-elles amusantes ou sérieuses ?

## Je récris la fable

**Récris** la fable de Yak Rivais en y mettant la ponctuation et les majuscules que l'on s'attendrait à trouver.

# 8 Pour mieux lire

## Repérer les différents noms qui désignent un personnage

### Je découvre

**1 Relis la fable *Le Loup et l'Agneau* page 92, puis réponds aux questions.**

a. **Qui est désigné par ces groupes nominaux ?**
– « cet animal plein de rage » (vers 8) ;
– « cette bête cruelle » (vers 18).

• **Trouves-tu d'autres noms ou d'autres groupes nominaux qui désignent le même personnage ?**

b. **Combien de noms sont utilisés pour désigner l'autre personnage ?**

**2 Dans la fable *L'Éléphanteau et le Caïman* page 94, relève les noms ou les groupes nominaux qui désignent chacun des deux personnages.**

• **Quelles informations ces noms ou ces groupes nominaux apportent-ils sur les personnages ?**

**3 Dans *Le Poulet et la Soupière* page 95, le poulet est désigné par :**
**– « un poulet » (vers 1) ;**
**– « le poulet » (vers 7) ;**
**– le pronom « il » (vers 2 et 13).**
**Récris les vers en remplaçant « un poulet » et le deuxième « il » par un GN qui convienne.**

**Conseil**

■ **Pour bien comprendre un texte**, il faut repérer les mots qui désignent les personnages.
• Il peut s'agir de **pronoms** (*il, elle*...) mais aussi de **noms** ou de **groupes nominaux** (*un carpeau* désigne *le petit poisson*).

Souvent les groupes nominaux utilisés donnent des informations supplémentaires sur le personnage. Par ailleurs, ils permettent d'éviter les répétitions.

### Je m'entraîne

**4 * Lis ce résumé d'une fable de La Fontaine. recopie-le en remplaçant les mots en gras par les groupes nominaux de la liste.**

*le roi des astres • les humides batraciennes • les vertes rainettes • l'astre des jours • les citoyennes des étangs*

**Le Soleil** un jour voulut se marier. **Les Grenouilles** aussitôt se mirent à se plaindre, disant : que ferons-nous si **le Soleil** a des enfants ? **Les Grenouilles** en effet avaient déjà du mal à supporter un soleil. Comment feraient-elles pour en supporter deux ? Et s'il y avait six soleils, toutes les mares seraient asséchées… **Les Grenouilles** avaient sans doute raison de penser ainsi.

• **Quelles informations les groupes nominaux de la liste apportent-ils sur les personnages ?**

**5 ** Récris cette fable en replaçant les groupes nominaux de la liste à l'endroit qui convient. N'y a-t-il qu'une possibilité ?**

sa mère • la Chèvre • cet animal • le Loup • au Chevreau

**D'un Chevreau et d'un Loup**

Une Chèvre sortit de son étable pour aller paître, recommandant très expressément à son Chevreau de n'ouvrir la porte à personne durant son absence.

À peine était-elle sortie qu'un Loup vint heurter à la porte de l'étable, contrefaisant la voix de 1..., et il commanda 2... de lui ouvrir. 3... profitant des leçons de 4..., regarda par une ouverture, et reconnut 5....

« Je n'ouvrirai point, lui répliqua-t-il ; car quoique tu contrefasses la voix d'une Chèvre, je vois bien à ta figure que tu es un Loup, et que tu ne cherches qu'à me dévorer. »

Ésope (philosophe grec, VIIe - VIe siècle av. J.-C.)

### Méli mélo

■ **Retrouve les proverbes, puis récris-les comme il convient.**

il faut partir à point • qui veut voyager loin • d'un plus petit que soi
ménage sa monture • on a souvent besoin • rien ne sert de courir

# La fable

## Je me souviens

- Raconte brièvement l'histoire de chaque fable que tu viens de lire.
- Quels personnages y interviennent ?
- Quelle fable ne contient pas de dialogues ?
- Retrouve la morale de chaque fable.
- Pourquoi peut-on dire que les fables sont des textes poétiques ?
- Les animaux se comportent-ils comme des animaux ordinaires ?

## Je retiens

- **Une fable est un texte particulier.**

**1** Elle raconte une **histoire assez courte** dont les personnages sont des animaux, des objets, mais aussi des êtres humains.
De nombreux dialogues rendent le texte vivant.

**2** Elle propose une **morale**, souvent énoncée à la fin du texte. C'est une **leçon de vie** qui nous fait réfléchir. Il faut parfois la deviner à travers le récit.

**3** Elle est présentée comme un **texte poétique**. Depuis La Fontaine, la fable est souvent écrite en **vers** qui se terminent par des **rimes**.

## Je m'entraîne

**1 * Recopie cette fable de Florian (1755-1794), *La Taupe et le Lapin*, en la disposant en vers. Tu dois obtenir 14 vers. Pour t'aider, retrouve les rimes.**

Près d'un bois, le soir, à l'écart, dans une superbe prairie, des lapins s'amusaient, sur l'herbette fleurie, à jouer au colin-maillard. Des lapins ! Direz-vous, la chose est impossible. Rien n'est plus vrai pourtant : une feuille flexible sur les yeux de l'un d'eux en bandeau s'appliquait, et puis sous le cou se nouait. Un instant en faisait l'affaire. Celui que ce ruban privait de la lumière se plaçait au milieu ; les autres alentour sautaient, dansaient, faisaient merveilles, s'éloignaient, venaient tour à tour tirer sa queue ou ses oreilles.

**2 ** Lequel de ces deux textes ci-dessous présente les caractéristiques de la fable ? Justifie ta réponse.**

### La Mouche qui louche

Chaque fois que la mouche qui louche
Veut se poser au plafond
Elle s'y cogne le front
Et prend du plâtre plein la bouche
Moralité : Pauvres mouches qui louchez
Posez-vous sur le plancher.

Jean Orizet

### Du jour au lendemain

Un coq m'a dit
c'est l'aurore
Un mouton m'a dit
c'est enfin le matin
Un éléphant m'a dit
il est bientôt midi
Les pintades m'ont dit
il faut travailler travailler
Les hirondelles m'ont annoncé
c'est le soir puis la nuit
et mon enfant m'a dit
Bonsoir et bonne nuit
Il est temps de dormir

Philippe Soupault

# 8 Vocabulaire

## Des mots et des expressions pour parler des animaux

### Je réfléchis

**1 Lis le début de la fable de La Fontaine *Le Chat et le Rat* puis réponds aux questions.**

Quatre animaux divers, le Chat Grippe-fromage,
Triste-oiseau le Hibou, Ronge-maille le Rat,
Dame Belette au long corsage,
Toutes gens d'esprit scélérat,
Hantaient le tronc pourri d'un pin vieux et sauvage.

a. **Relève les noms que l'auteur donne aux quatre animaux.**

b. **Comment ces noms sont-ils formés ?**

**2 Associe les images aux expressions que La Fontaine utilise pour désigner les animaux.**

1. les coursiers aux longues oreilles
2. l'animal à longue échine
3. sa majesté fourrée
4. la rampante bête
5. la gent trotte-menu
6. l'oiseau chasseur

a

b

c

d

e

f

- **Sur quoi s'est-il fondé pour inventer ces expressions ?**

**3 Pour parler d'un animal encore jeune, La Fontaine emploie le nom précis qui le désigne. Quel est le nom de l'animal adulte correspondant à celui du petit indiqué en gras ?**

1. Un **Souriceau** tout jeune et qui n'avait rien vu,
Fut presque pris au dépourvu. [...]
Or c'était un **Cochet** dont notre Souriceau
Fit à sa mère le tableau.

2. Ceci ne me plaît pas, dit [l'Hirondelle]
aux **Oisillons**.

3. Un **Carpeau**, qui n'était encore que fretin
Fut pris par un Pêcheur au bord d'une rivière.

**4 La Fontaine donne parfois aux animaux un titre* qui normalement s'applique aux humains. Relève ces titres dans les vers suivants.**

1. Maître Corbeau, sur un arbre perché
Tenait en son bec un fromage.

2. Sire Rat accourut, et fit tant par ses dents
Qu'une maille rongée emporta tout l'ouvrage.

3. Compère le Renard se mit un jour en frais
Et retint à dîner commère la Cigogne.

4. Capitaine Renard allait de compagnie
Avec son ami Bouc des plus hauts encornés.

***titre :** nom qui désigne une fonction, un grade…

**5 Dans la fable *L'Éléphanteau et le Caïman* page 94, par quel terme scientifique indiquant une catégorie d'animaux le caïman est-il désigné ?**

- **Quel terme pourrais-tu utiliser pour désigner un serpent ? une mouche ? un pigeon ?**

Je retiens

## Des mots pour désigner les animaux

- **Lorsque j'écris une fable, je peux utiliser des mots ou des expressions pour parler des animaux.**

### Un nom propre / un prénom
- Jeannot Lapin • l'âne Martin • Grisette la chatte • Médor le chien...

### Un titre
- Votre Majesté • Maître Renard • Sire Rat • Dame Belette • Monsieur l'Alligator...

### Un diminutif (le petit de...)
- un souriceau • un carpeau • un éléphanteau • un cochet...

### Un terme scientifique (catégorie d'animaux)
- le saurien • le reptile • le quadrupède • le pachyderme • l'insecte...

### Une expression à partir d'une caractéristique
- la bestiole à huit pattes • la cigogne au long bec • Sa Majesté fourrée • le coursier aux longues oreilles...

Je m'entraîne

**6 * Trouve des prénoms qui pourraient rimer avec les noms des animaux suivants.**

*Exemple :* **Mireille** l'abeille

... le lézard • ... le poussin • ... le grillon • ... le hamster • ... le crocodile • ... l'escargot • ... la souris

**7 * Retrouve, dans chaque liste, le nom qui désigne les petits des animaux en gras.**

a. **l'aigle** : l'aiglet • l'aigleau • l'aiglon • l'épervier
b. **le lapin** : le lapinot • le garenne • le lapereau • le lapinou
c. **le merle** : le merlan • le merlon • le merleau • le merlin
d. **la perdrix** : la caille • le perdreau • le perdrisseau • le perdrisset
e. **l'oie** : l'oisillon • l'oiselet • le jars • l'oison
f. **le sanglier** : le sanglot • le marcassin • le porcelet • le sanglion
g. **le loup** : le loupiot • le lupin • le loulou • le louveteau
h. **la truite** : la truitelle • la truitonne • la trottine • l'alevine

**8 ** Attribue à chaque animal une caractéristique, comme dans l'exemple.**

*Exemple :* la cigogne **au long bec**

la girafe • l'éléphant • le lion • le zèbre • le rhinocéros • la gazelle • le coq • le cheval • le cygne • la souris • la vache • le hérisson

**9 ** Associe chaque animal à l'expression qui le désigne.**

| | |
|---|---|
| 1. l'araignée | a. le coureur des murailles |
| 2. la cigale | b. la tisseuse de pièges |
| 3. le hibou | c. la crécelle des oliviers |
| 4. la hyène | d. le rêveur nocturne aux grands yeux |
| 5. le lézard | e. l'ogre des océans |
| 6. le pou | f. la terreur des cheveux |
| 7. le requin | g. le gai siffleur du soir |
| 8. le rossignol | h. la rieuse des savanes |

**10 *** À quels noms d'animal penses-tu en lisant ces expressions ? Pourquoi ?**

a. l'amphibien pustuleux
b. le ruminant du désert
c. le lent reptile à carapace
d. l'oiseau coloré et bavard
e. le quadrumane aux couleurs changeantes
f. le plantigrade chasseur de miel
g. le gastéropode couleur de carotte
h. le bourdonnant insecte

**11 *** À la manière de La Fontaine, trouve un nom propre pour chacun de ces animaux, donne-lui un titre, puis invente une expression qui le désigne.**

une poule • une mésange • une otarie • un poney • une tortue • un chat • un perroquet

## Pour écrire une fable, je dois :

1. choisir une morale ;
2. inventer une histoire en rapport avec cette morale ;
3. choisir deux ou trois personnages ;
4. faire parler les personnages ;
5. écrire un texte plutôt court ;
6. disposer éventuellement le texte en vers.

## 1 * J'écris la morale d'une fable

■ **La morale de chaque fable n'est pas précisée. Écris-la en une phrase.**

### Situation 1 De l'Aigle et de la Corneille

Un Aigle voulant manger une huître ne pouvait trouver moyen, ni par force, ni par adresse, de l'arracher de son écaille. La Corneille lui conseilla de s'élancer au plus haut de l'air, et de laisser tomber l'huître sur des pierres pour la rompre. L'Aigle suivit ce conseil. La Corneille qui était demeurée en bas pour en attendre l'issue, voyant qu'il avait réussi, se jeta avidement sur l'huître qu'elle avala, ne laissant à l'Aigle que les écailles pour le prix de sa crédulité.

Ésope (philosophe grec, VIIe-VIe siècle av. J.-C.).

### Situation 2 Le Loup et la Cigogne

Les Loups mangent gloutonnement.
Un Loup donc étant de frairie*,
Se pressa, dit-on, tellement
Qu'il en pensa perdre la vie.
Un os lui demeura bien avant au gosier.
De bonheur pour ce Loup, qui ne pouvait crier,
Près de là passe une Cigogne.
Il lui fait signe, elle accourt.
Voilà l'Opératrice aussitôt en besogne.
Elle retira l'os ; puis pour un si bon tour
Elle demanda son salaire.
« Votre salaire ? dit le Loup :
Vous riez, ma bonne Commère.
Quoi ! ce n'est pas encor beaucoup
D'avoir de mon gosier retiré votre cou ?
Allez, vous êtes une ingrate ;
Ne tombez jamais sous ma patte. »

Jean de La Fontaine, *Fables,* Livre III, fable 9.

* **de frairie :** faisant un bon repas.

*Le Loup et la Cigogne* : dessin anonyme pour une affiche publicitaire, vers 1910.

## 2 ** J'écris l'histoire d'une fable

### Situation 1 J'écris le résumé d'une fable.

■ **Récris en quelques phrases l'histoire de cette fable en conservant les personnages et les événements principaux.**

### L'Âne et le Chameau

L'Âne avec le Chameau faisait un jour voyage.
En bons amis, marchant du même train,
Tous deux allaient, dans un pays lointain,
Recueillir certain héritage.
Un torrent tout à coup s'oppose à leur passage.
La largeur du torrent et sa rapidité
N'arrêtent pas l'animal haut monté.
Son compagnon reste sur le rivage :
Il hésitait, en âne sage ;
Mais ayant vu son ami traverser,
« C'est bon, dit-il, je puis passer,
Puisqu'on n'en a que jusqu'au ventre. »
Dans le torrent bravement donc il entre :
Quelques pas faits, il avait perdu pied.

Où chameau passe, âne est noyé.

Charles-Guillaume Sourdille de la Valette (1792-1852).

### Situation 2 Je développe une fable.

■ **Récris cette histoire en y ajoutant des détails sur les personnages et les actions.**

### Le Paysan et le Serpent

Un Paysan trouva dans la neige une Couleuvre ; il l'emporta dans son logis et la mit auprès du feu. Mais quand elle se sentit réchauffée, elle se mit à répandre son venin dans toute la maison. Le Laboureur irrité d'une grande ingratitude lui fit de grands reproches, et il prit une cognée pour la couper en mille morceaux.

D'après Ésope (VIIe-VIe siècle av. J.-C.).

## 3 *** J'écris une fable

■ **Écris une fable, avec son histoire et sa morale. Aide-toi des questions posées ci-dessous.**

### Étape 1 Choisis une morale et imagine une histoire pour l'illustrer.

1. « Qui se moque sera à son tour moqué. »
2. « On a toujours besoin d'un plus petit que soi. »
3. « Il ne faut pas faire à autrui ce que l'on ne veut pas que l'on nous fasse. »
4. « Tout sourire n'est pas gentil. »
5. « Un bienfait n'est jamais perdu. »

**a. Que signifie la morale que tu as choisie ? Reformule-la avec tes propres mots.**

**b. Dans quelle situation de la vie quotidienne pourrais-tu penser à cette morale ?**

### Étape 2 Choisis deux personnages.

un escargot • une coccinelle • une hirondelle • un caneton • un faisan • un aigle • une souris • un éléphant...

**Tu peux choisir d'autres animaux et faire intervenir un ou plusieurs être(s) humain(s).**

**a. Présente les animaux que tu as choisis. N'oublie pas de les nommer. Tu peux t'aider du « Je retiens », page 99.**

**b. Où sont-ils ? Pourquoi se rencontrent-ils ?**

**c. Fais la liste de ce que pourrait dire ou faire chaque personnage que tu vas mettre en scène.**

### Étape 3 Écris maintenant la fable en entier, avec son histoire et sa morale. Tu peux disposer le texte en vers. Sinon, écris-le en prose.

# 8 Écrire et parler

## J'améliore mon texte pages 100-101

### Je vérifie ma fable

**1 * *J'écris la morale d'une fable***

- Ma morale est courte. C'est une leçon de vie qui correspond bien à l'histoire racontée.

**2 ** *J'écris l'histoire d'une fable***

**Situation 1:** J'ai bien conservé les personnages et les événements principaux.

**Situation 2:** Les précisions ajoutées conviennent à l'histoire et à la situation.

**3 *** *J'écris une fable***

- J'ai écrit une morale, au début ou à la fin de ma fable.
- Les personnages choisis conviennent bien à l'histoire par leur caractère en particulier.
- Les événements racontés correspondent bien à la morale choisie.

### Je vérifie comment j'ai écrit

- J'ai fait attention à la conjugaison des verbes et aux accords des adjectifs selon le genre et le nombre des personnages.
  Orthographe, pages 228-229
- J'ai utilisé des adjectifs et des compléments circonstanciels.
  Grammaire, pages 176-177
- J'ai désigné les personnages de différentes façons ; j'ai utilisé des noms propres, des noms communs, des pronoms, des expressions...
  Grammaire, pages 154-155
  Grammaire, pages 180 à 183
- Si j'ai écrit en vers, je les ai disposés correctement.

## Je prends la parole

■ **Je dis à mes camarades une fable que j'ai écrite ou que j'ai trouvée dans un livre.**

### Pour te préparer

- Lis plusieurs fois l'histoire racontée dans la fable pour bien la comprendre.
- Repère les liaisons à prononcer.
- Distingue les paroles du narrateur et celles des personnages.

### Pour bien dire la fable

- Prends un ton différent pour le récit (narrateur) et les dialogues (personnages).
- Prends aussi un ton différent pour chaque personnage.
- Regarde ceux à qui tu parles.

## D'autres fables à découvrir

** *Le Fabuleux Fablier*, Jean-Marie Henry, éd. Rue du Monde.

** *Après vous, M. de La Fontaine*, Gudule, éd. Hachette Jeunesse.

*** *Les Antifables*, Pierre Coran, éd. Grasset Jeunesse.

# Des enfants et des adultes en scène

Unité 9

1 Que représente cette image ?
2 Désigne les différents éléments qui la composent.
3 As-tu déjà assisté à ce genre de spectacle ?

**Dans ce chapitre, tu vas :**

**Lire** des scènes de théâtre.

**Écrire** une scène de conflit pour le théâtre.

**Jouer** le rôle d'un personnage de différentes façons.

À quoi sert un globe terrestre ? une boussole ?

# Le masque tombe

*À l'occasion d'un projet de rencontre entre générations proposé par l'école, Joseph, un vieil homme seul, s'est porté volontaire pour tenir compagnie à Nora chaque soir, pendant les longues et fréquentes absences de son père avec qui elle vit seule. Dans cette scène, Nora attend son père qui lui a promis d'être là pour le dîner. Joseph l'aide à patienter en lui racontant des histoires qu'il dit avoir vécues quand il était marin.*

NORA : Hé ! Tu sais te servir d'une boussole ?

JOSEPH : Bien sûr, c'est facile. Tout bon marin doit s'en servir pour s'orienter.

*(Nora bondit hors de la pièce sous le regard surpris de Joseph.)*

Hé ! Où vas-tu ?

*(Nora revient avec une boussole.)*

NORA : Ça fait longtemps que je veux apprendre à m'en servir. C'est un de mes oncles qui me l'a donnée à ma fête. Montre-moi comment ça fonctionne.

*(Joseph hésite, mal à l'aise.)*

JOSEPH : C'est que… c'est compliqué… Très compliqué !!!

NORA : Tout à l'heure, tu as dit que c'était facile.

JOSEPH : Ton père va arriver, là, on n'aura pas le temps.

NORA : Eh bien, on commence maintenant et on terminera demain.

*(Joseph prend la boussole. Visiblement, il ne sait pas s'en servir.)*

Tu la tiens à l'envers…

*(Nora replace la boussole convenablement dans la main de Joseph.)*

JOSEPH : C'est parce que ça fait longtemps que je me suis servi de ça…

NORA : La flèche rouge doit pointer devant toi. Ça, mon oncle me l'a dit. Tu vois, je comprends vite.

*(Joseph regarde bêtement la boussole, il n'ose pas relever la tête. Nora se rend compte de l'embarras qu'éprouve Joseph.)*

## Je comprends

1. Comment voit-on qu'il s'agit d'une pièce de théâtre ? Qui sont les personnages ?
2. Pourquoi Nora pense-t-elle que Joseph peut lui expliquer le fonctionnement de la boussole ?
3. Relis la première réplique de Joseph qui indique qu'il ment (ligne 9). Relève ce qui marque son embarras.
4. Quels sentiments éprouve Nora quand elle comprend que Joseph lui a menti ? Comment cela se remarque-t-il dans ses répliques ?
5. Pourquoi Joseph a-t-il raconté des histoires fausses ?
6. À ton avis, pourquoi Nora traite-t-elle aussi son père de menteur ?

**Joseph :** Je ne sais pas m'en servir, Nora…

**Nora :** Comment ça ?… Ce n'est pas possible.

**Joseph :** C'est la première fois que je tiens une boussole dans mes mains.

**Nora :** Mais l'histoire de la tempête ?

**Joseph :** J'ai menti.

**Nora :** Menti ? Toutes les histoires…

**Joseph :** Inventées ! Je n'avais pas le choix. Le premier jour où je suis entré ici, tu ne voulais rien savoir de moi. Alors j'ai imaginé…

**Nora :** Les fleuves, les océans, les îles…

**Joseph :** J'en ai entendu parler, mais je ne les ai jamais vus.

**Nora :** Pourquoi tu as inventé tout ça ?

**Joseph :** Je ne sais pas. Peut-être pour que tu me trouves intéressant…

**Nora :** Je n'aime pas les menteurs. C'est quoi, ta vraie histoire ?

**Joseph :** Je travaillais dans un port comme débardeur. Je vidais les bateaux de leur marchandise ou je les remplissais.

**Nora :** Pourquoi tu as accepté le jumelage* avec moi ? Tu t'ennuyais ? C'est ça ?

**Joseph :** Oui. Mais… mais pas juste pour ça.

**Nora :** Raconte. Je suis fatiguée de tous vos mensonges, à vous les adultes.

**Joseph :** Je suis malade. J'ai eu peur de mourir sans être dans la mémoire de quelqu'un… J'ai voulu te rencontrer, parce qu'un enfant, ça peut se souvenir longtemps.

**Nora :** Tu veux que je me souvienne de tes histoires pas vraies ?

**Joseph :** Les histoires n'ont pas d'importance. Je veux que tu te souviennes de moi. Tu vas bientôt être la seule personne au monde à savoir que j'ai existé.

**Nora :** Tu dis n'importe quoi ! Tu es un menteur… Comme mon père ! Va-t'en !!!

**Joseph :** Je vais attendre qu'il arrive… Après, je m'en irai.

**Nora :** Non ! Tout de suite !

*(Joseph sort. Il a oublié son chapeau. Noir.)*

Jean-Rock Gaudreault, *Le Navigateur et l'enfant*, © Lansman Éditeur, collection Jeunesse.

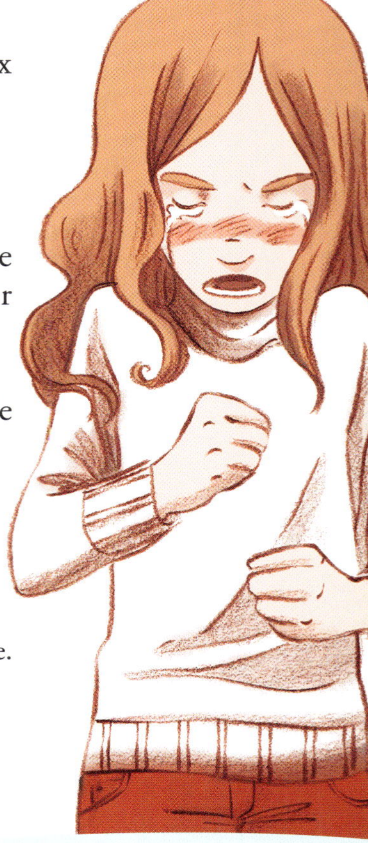

* **le jumelage :** dans cette histoire, c'est le projet de l'école qui propose à des personnes âgées de s'occuper d'un enfant dont les parents rentrent tard.

### Je lis à haute voix

**Lis**, avec un camarade, la fin de la scène à partir de « C'est quoi, ta vraie histoire ? » (ligne 33).
Prends le ton et la voix qui conviennent pour chaque personnage.
Fais ressentir la colère de Nora et l'embarras de Joseph, qui essaie de justifier son comportement.

### Je donne mon avis

Parfois, les adultes racontent des histoires fausses aux enfants en les faisant passer pour vraies : qu'en penses-tu ?

### J'ajoute une réplique à la scène

**Écris** ce qu'aurait pu dire Joseph au début de cette scène pour que Nora aille chercher sa boussole.

*Que représente ce décor ? Qu'a-t-il de surprenant ?*

# La vieille femme et l'enfant

*Un lundi, un gamin arrive chez la mère Procolp, une paysanne revêche et méchante.*

**Procolp**

Pas d'ici, toi. Et pas chez toi ici. Alors, tu t'en retournes d'où tu viens. Allez zou, file !

*Elle rentre dans la maison. Regarde par le carreau. Ouvre la fenêtre.*

Toujours là ! Tu viens renifler quoi par ici ? Y a rien à voler ! Veux-tu bien ficher le camp. Dis, voisine, tu le connais ?

**Badine**

Du jamais vu.

**Procolp**

Doit bien avoir un nom.

**Badine**

Tu en dis quoi, gamin ? Se gratte. Se gratte et se tait.
Je crois que pour le petit nom on va devoir faire sans lui.
Tom, on va dire Tom. Ça te va, Tom ? Se tait. Qui se tait ne dit pas non.

**Procolp**

Et qu'est-ce qui l'a pris de venir ici, le Tom ?

**Badine**
Demande-le-lui.

**Procolp**
Alors ?

**Badine**
Se tait. Doit être sourd !

**Procolp**
Dis-moi, le mouflet, faut te le dire combien de fois : ici c'est chez moi, alors toi : demi-tour et en avant, ouste, une deux, une deux, une…

**Badine**
Sourd, sûr qu'il l'est, mère Procolp, vu qu'il ne bouge toujours pas.

**Procolp**
Il a rien à faire là, sourd ou pas. Tu entends, toi, tu déguerpis, dernière fois que je te le dis, compris !

*Elle lui parle un langage avec des signes bien à elle.*

Ah ça te fait rire, attends un peu, vaurien, attends j'arrive, et ce que tu n'entends pas, foi de Procolp, tu le sentiras ! […]

*Procolp de retour, agile comme un lapin, un fouet à la main.*

Je vais t'apprendre à conjuguer le verbe décamper, moi.

*Le fouet claque mais le gamin est déjà loin.* […]

*Tom est revenu, au même endroit précisément. Se gratte…*

*Procolp réapparaît, un poulet déplumé à la main.*

**PROCOLP**
Ça mais… pas Dieu possible ! Tous les toupets !

**BADINE**
Désolée Procolp, je crois que le fouet n'a pas suffi.

**PROCOLP**
Passe ton chemin j'ai dit.

**BADINE**
Bouge pas, lui. Se gratte.

**PROCOLP**
Quel garnement ! C'est-y qu'il y aurait du pétrole à c't endroit ? D'où tu viens ? D'Armanie ? C'est où chez toi ?

**BADINE**
Se tait.

**PROCOLP**
Détale. Détale ou tu vas dérouiller, c'est moi qui le dis. Ah, et puis si tu veux rester là, restes-y ! Mais ne t'avise surtout pas de venir jusqu'à la porte, ou je sors le fusil, compris.

*Et elle rentre en claquant la porte, la Procolp.*

**BADINE**
Et il passe le temps et le soleil, il fatigue, il tire le store, il s'éclipse et la nuit fait son office et lui toujours il bouge pas, se tait lui, et moi je rentre chez moi et je vous laisse avec lui.

*Du temps donc. La lumière dans la maison. Procolp au carreau. Qui épie. Disparaît. Revient faire le guet. Se décide enfin à sortir, un bol fumant dans les mains. Le porte au gosse.*

## Je comprends

1. Présente rapidement chacun des personnages mis en scène.
2. Quelles indications les phrases en italique apportent-elles ? Sais-tu comment on appelle ces phrases ?
3. Combien de temps s'écoule dans cette scène ? Justifie ta réponse.
4. Dans les répliques, relève les quelques phrases dont la construction te semble incomplète.
5. Quel effet cette construction incomplète produit-elle ?
6. Procolp est rentrée. Badine reste seule sur scène (lignes 57 à 60). À qui s'adresse-t-elle ?
7. Comment évolue la relation entre Procolp et l'enfant tout au long de la scène ?
8. L'adverbe « alors » est suivi d'un point d'interrogation (ligne 20) et d'un point d'exclamation (ligne 72). Quelle différence de sens cela entraîne-t-il ?

**Procolp**

Tiens, pour toi. De la soupe à l'oseille. Attention ça brûle. Exprès. Et de plus, c'est amer. Exprès.

*Procolp retourne chez elle, sans un mot. Et lui, il boit. Comme un jeune chiot. Puis il pose le bol au sol et le voilà qui attend.*

*Dans la maison, c'est sans lumière maintenant. Une demi-lune. Le cri du hibou. Plus tard le carillon. 3 heures. Ah, la lampe qui s'allume dans la cour, la porte qui s'ouvre, et la Procolp sur le seuil.*

Alors !
Faut peut-être que je te prenne par la main aussi ?
Tu rappliques, oui ?
Et le bol, il va dormir dehors ?

*Tom prend le bol, rentre dans la maison. Noir.*

Joël Jouanneau, *L'Adoptée*,
Actes Sud-Papiers

Mise en scène : Dominique Lardenois au Théâtre de Privas, janvier 2011.
Avec Nadine Demange, Sylvain Simonet et Jean-Pierre Skalka.

## Je lis à haute voix

Les cinq premières répliques (lignes 1 à 16) nous font découvrir les personnages.

**Lis**, avec un camarade, ces cinq premières répliques comme si vous jouiez la scène.
Tu veilleras à faire sentir les changements d'interlocuteur qui existent dans certaines répliques.

## Je donne mon avis

Pourquoi le gamin de la pièce ne parle-t-il pas ?

## J'ajoute quelques phrases à l'histoire

*Du temps donc. La lumière dans la maison. Procolp au carreau. Qui épie. Disparaît. Revient faire le guet.* (lignes 61-62)

**Écris** ce que peut se dire Procolp à ce moment-là.

# 9 Pour mieux lire

## Suivre l'enchaînement des répliques

### Je réfléchis

**1 Relis ces répliques extraites du texte *Le masque tombe*, puis réponds aux questions.**

NORA : Menti ? Toutes les histoires…
JOSEPH : Inventées ! Je n'avais pas le choix. Le premier jour où je suis entré ici, tu ne voulais rien savoir de moi. Alors j'ai imaginé…
NORA : Les fleuves, les océans, les îles…
JOSEPH : J'en ai entendu parler, mais je ne les ai jamais vus.

**a. La première phrase de Nora est-elle terminée ?**
**b. À quoi renvoie le mot *inventées* dit par Joseph ?**
**c. Dans la deuxième réplique, Joseph ne termine pas sa phrase : qui va la terminer ?**
**d. De quelles choses Joseph a-t-il entendu parler ?**

**2 Relis le texte de *La vieille femme et l'enfant*. Y trouves-tu les réponses à ces questions ?**

BADINE :Tu en dis quoi, gamin ?
PROCOLP : C'est où chez toi ?

**3 À qui Badine s'adresse-t-elle dans ces répliques ?**

BADINE : Bouge pas, lui. Se gratte.
BADINE : Se tait.

**Conseil**

Pour **bien comprendre un dialogue dans un texte de théâtre**, il faut observer le lien entre les paroles des personnages (**les répliques**). Un personnage peut :
- reprendre les mots ou les idées du personnage précédent et y répondre ;
- couper la parole et prolonger la réplique du personnage précédent ;
- refuser de répondre et passer à un autre sujet.

Un personnage peut aussi s'adresser à lui-même ou au public.

### Je m'entraîne

**4* Dans la saynète suivante, indique par A, B ou C comment s'enchaînent les répliques.**

A. Le personnage qui parle coupe la parole à son interlocuteur.
B. L'interlocuteur refuse de répondre.
C. L'interlocuteur reprend les mots ou les idées du personnage précédent.

LE BRAHMINE : Oh ! Frère chacal, dis-nous ce que tu penses. Est-ce que tu trouves juste que ce tigre veuille me manger, après que je l'ai délivré de sa cage ?
LE CHACAL *(d'un ton distrait)* : Cage ?
LE BRAHMINE : Oui, oui, sa cage. Nous voulons avoir ton avis. Penses-tu....
LE CHACAL : Oh ! Vous voulez avoir mon avis ? Alors je vous prierai de parler distinctement car je suis quelquefois lent à comprendre. Qu'est-ce qu'il y a ?
LE BRAHMINE : Penses-tu qu'il soit juste que ce tigre veuille me manger quand c'est moi qui l'ai fait sortir de sa cage ?
LE CHACAL : Quelle cage ?

Sarah Cone Bryant, *Le Tigre, le Brahmine et le Chacal*, © Nathan, coll. « Comment raconter des histoires à nos enfants ? »

**5** Reconstitue la saynète dont les répliques ont été mélangées en trouvant celles qui s'enchaînent en se complétant. Termine par la réplique qui ne s'adresse pas à un personnage.**

PARENT : Que s'est-il passé ?
PARENT : Pourquoi ton cahier est si sale ?
PARENT : Ah que ces enfants me donnent du souci !
PARENT : Et ta trousse ?
ENFANT : Il l'a gardée !
ENFANT : C'est Mathieu qui me l'a pris et qui...
ENFANT *(boudeur)* : ...

### Méli mélo

**Supprime plusieurs mots dans les répliques suivantes pour parler comme la Procolp.**

*Exemple :* ~~Tu n'es~~ pas d'ici toi. ~~Et tu n'es~~ pas chez toi ici.

- Tu avais vraiment faim. Tu as vidé tout le bol de soupe. Est-ce que tu veux manger autre chose ?
- Tu n'es pas beaucoup habillé. Tu vas attraper froid. Tiens, prends ce pull-over confortable. Tu auras bien chaud.

# Les personnages de théâtre

## Je me souviens

- **Souviens-toi des textes que tu as lus pages 104 à 109.**
  - Où est indiqué le nom de chaque personnage qui prend la parole ?
- **Dans le texte *La vieille femme et l'enfant* :**
  - Que nous font comprendre ces deux indications à propos de Procolp ?
    *Procolp de retour, agile comme un lapin... / elle rentre en claquant la porte...*
  - Combien de fois Procolp dit-elle à l'enfant de partir ? Quels verbes utilise-t-elle ?
  - Ses paroles peuvent-elles être celles d'une princesse ?
- **Dans le texte *Le masque tombe* :**
  - Que nous indique la ponctuation des deux dernières répliques de Nora ?

## Je retiens

- Le **personnage de théâtre** prend vie (existe pour le lecteur ou le spectateur) :

**1** par sa **désignation** (son nom est écrit devant chacune de ses répliques) ;

**2** par ses **gestes** et **attitudes** (décrits en particulier dans les didascalies, en italique) ;

**3** à travers **ce qu'il dit** et **comment** il le dit ;

**4** à travers ses **relations** avec les autres personnages.

L'acteur se sert de toutes ces indications pour interpréter le texte.

## Je m'entraîne

**1* Indique qui pourraient être les personnages de ce dialogue. Comment te les représentes-tu ?**

– Pas encore en tenue ? Qu'est-ce que t'attends ?
– J'veux pas jouer, m'sieur, j'ai la trouille.
– La trouille ? Tu vas voir, ce sera un beau match, vous êtes bien entraînés.
– Ouais, mais si j'laisse entrer le ballon dans les buts, les autres, vont m'massacrer.
– T'inquiète pas, le foot, c'est un jeu d'équipe. On va en parler tous ensemble avant la rencontre.

- **Recopie ce dialogue en indiquant le nom des personnages et en ajoutant des didascalies pour que l'on se représente mieux leur attitude.**

**2** Retrouve les répliques des deux personnages, Samia et son père, puis présente ce dialogue de théâtre correctement. Place les didascalies aux endroits qui conviennent.**

a. **Répliques :**
– Non. • – Pourquoi ? T'avais promis... • – Parce que j'ai une mauvaise nouvelle. On a emmené ta grand-mère à l'hôpital. • – Papa, Papa ! On va à la fête foraine ?

b. **Didascalies :**
*Samia arrive en courant.* • *(avec tristesse)* • *(insistant)* • *Il s'accroupit pour se mettre à la hauteur de la petite fille.*

**3*** Que peux-tu dire de ces deux personnages ? Quels sont leurs sentiments ? Justifie ta réponse en t'appuyant sur le texte et sa ponctuation, ainsi que sur les didascalies.**

THÉO *(s'arrêtant)* : Hé !...
MAX *(inquiet)* : Qu'est-ce qu'il y a, Théo ?
*Le cœur battant, les deux garçons se cachent derrière un buisson.*
THÉO : Hé ! ça recommence. T'as pas entendu ?
MAX : Je...
THÉO : Tiens ! Tu l'entends maintenant ?

# Des mots pour raconter des scènes de conflit

## Je réfléchis

**1 Parmi ces résumés, indique ceux qui présentent une opposition entre des personnages.**

a. Lucie rentre de l'école en larmes. Elle est toujours la cible de moqueries de la part des autres élèves. Ce n'est pas facile de bien parler le français quand on vient d'arriver d'un autre pays. Mais cette année, Lucie pourra prendre sa revanche.

b. Prendre l'avion à 9 ans, c'est une aventure ! Surtout quand il faut le faire sans ses parents. Heureusement il y a Céline, la cousine qui n'a peur de rien.

c. Chaque fois, c'est la même chose. Le petit dernier vient embêter Boris dans sa chambre. Cela dégénère en bagarre et c'est Boris qui est puni ! Boris est hors de lui. Il décide de changer de famille…

- **Relève les mots qui t'ont permis de répondre.**

**2 Relève les mots qui indiquent que les personnages s'opposent.**

DÉDÉ *(méprisant)* : Hé, les gros malins, virez-vous d'ici !
GARY *(agressif)* : On était là avant vous.
AGATHE *(argumentant)* : Et la cabane, c'est nous qui l'avons construite, on est chez nous, ici !
DÉDÉ : Bande de minus ! Je vais la détruire, votre bicoque !
FRED *(rouge de colère)* : Essaie un peu !
*Il saisit Dédé aux épaules et le repousse.*
AGATHE : Ça suffit ! On se calme, Fred, on se calme !

**3 Qu'est-ce qui oppose les personnages ? Relève les mots qui indiquent que les personnages sont en conflit.**

*Nora et Joseph* (lignes 31 à 33, page 105)
NORA : Pourquoi tu as inventé tout ça ?
JOSEPH : Je ne sais pas. Peut-être pour que tu me trouves intéressant…
NORA : Je n'aime pas les menteurs. C'est quoi, ta vraie histoire ?

*Procolp à Tom* (lignes 2 et 3, page 106)
PROCOLP : Pas d'ici, toi. Et pas chez toi ici. Alors, tu t'en retournes d'où tu viens. Allez zou, file !

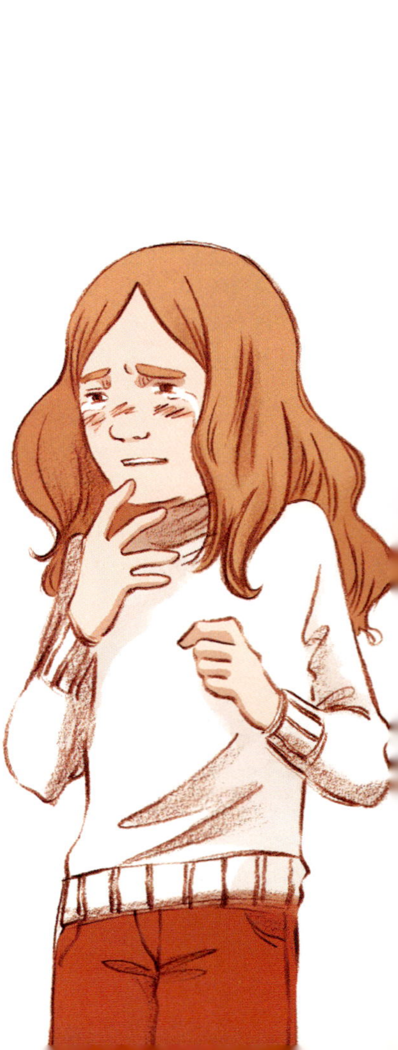

**Je retiens**

## Des mots pour évoquer des scènes d'opposition

### Des verbes

• s'opposer • se quereller • s'indigner • se battre • s'offusquer • détester • maudire • rejeter • critiquer • repousser • haïr • refuser • contredire • se disputer • se bagarrer • prendre sa revanche • se venger • sortir de ses gonds…

### Des adjectifs

• offensé • désapprobateur • exaspéré • injurieux • boudeur • indigné • dédaigneux • querelleur • méprisant • combatif • agressif • violent…

### Des expressions

• rouge de colère • en colère • en rage • en furie • en larmes • hors de lui/d'elle • vert de rage • à bout • prendre la mouche • sortir de ses gonds…

**Je m'entraîne**

**4 * Parmi les verbes du « Je retiens », quels sont ceux qui indiquent que l'on s'oppose en parlant ?**

**5 * Sur quel ton dirait-on les phrases suivantes ?**

*ton dédaigneux • ton exaspéré • ton désapprobateur • ton boudeur*

a. « Si c'est comme cela, je ne jouerai plus avec vous. »

b. « Encore une bêtise de ce genre et vous êtes tous punis ! »

c. « Je ne peux pas vous laisser dire cela ; ça ne s'est pas passé comme cela. »

d. « Ces habits ne sont pas assez beaux pour moi. »

**6 ** Associe les verbes et les expressions de même sens.**

| Verbes | Expressions |
|---|---|
| a. contredire | 1. être choqué(e) |
| b. s'offusquer | 2. juger de façon défavorable |
| c. critiquer | 3. soutenir le contraire |
| d. s'emporter | 4. répondre vivement |
| e. riposter | 5. prendre la mouche |
| f. se vexer | 6. monter sur ses grands chevaux |

**7 ** Complète ces phrases avec les expressions du « Je retiens » qui conviennent.**

Au début, il était seulement …1… . Mais, comme on n'arrêtait pas de le contredire, …2… il se mit à crier. Finalement, il fondit …3… .

**8 *** Ajoute des indications à ces répliques pour que l'on comprenne bien l'état d'esprit de chacun des personnages.**
**Tu peux utiliser des mots du « Je retiens ».**

PAUL (…) : C'est pas vrai ! C'est pas vrai ! Pas vrai du tout !
SIDONIE (…) : Si, je t'ai vu ! C'est toi qui l'as fait tomber.
PAUL (…) : Je n'étais même pas à côté d'elle !
SIDONIE (…) : Depuis que tu es arrivé dans la classe, il y a toujours des histoires !
PAUL (…) : En tout cas, cette fois, ce n'est pas moi.

# 9 Écrire...

## Pour écrire une scène de conflit entre deux personnages, je dois :

1. faire parler les personnages en utilisant des mots et des expressions qui évoquent le conflit ;
2. utiliser la ponctuation pour renforcer l'intensité des situations (point d'interrogation, point d'exclamation...) ;
3. utiliser les didascalies pour préciser le ton, les gestes et l'attitude des personnages ;
4. penser à varier la manière d'enchaîner les répliques (un personnage peut couper la parole à un autre, refuser de répondre, reprendre les mots ou les idées du personnage précédent, parler à soi-même ou au public).

### 1 * J'ajoute des didascalies dans un dialogue de théâtre

**Recopie ce dialogue en ajoutant des didascalies pour bien montrer le conflit qui oppose les deux personnages.**
**Ces didascalies peuvent s'écrire à la suite du nom des personnages ou entre les répliques.**

LA DAME : Regardez ! Les arbres !

LE VOISIN : Quoi, les arbres ?

LA DAME : Mettez vos lunettes !

LE VOISIN : Ah ! Super ! On est venu couper leurs branches avant l'hiver, c'est pas trop tôt ! Marre de ramasser les feuilles !

LA DAME : Super ? Les oiseaux n'osent plus se poser dessus ! C'est trop laid !

### 2 ** J'écris des répliques de théâtre

Situation 1 **Récris ce dialogue en changeant le caractère des personnages : l'enfant est exigeant et obstiné, le père est autoritaire et refuse la demande de l'enfant.**

ÉTIENNE : Papa, je voudrais bien aller à la soirée pyjama chez Matthieu samedi.

PAPA : Je ne crois pas que tu pourras y aller, nous devons nous lever tôt dimanche.

ÉTIENNE : J'aimerais bien y aller, papa, tous mes copains y seront.

PAPA : Je vais réfléchir. Il faudrait que tu ne rentres pas trop tard et que tu prépares tes affaires pour le lendemain.

**Situation 2** **Choisis une des répliques ci-dessous, puis écris un dialogue entre deux personnages en ajoutant quelques répliques supplémentaires.**

a. – Papa, arrête-toi, on a oublié Geronimo !

b. – Non, on n'ira pas chez mamie !

c. – Il fallait y penser avant.

d. – Pas question de céder à tous vos caprices.

■ Pense à utiliser des didascalies pour préciser le ton que chaque personnage emploie et l'état dans lequel il est en disant sa réplique.
Tu peux utiliser des mots du « Je retiens », page 113.

## 3 * * * J'écris une scène de conflit

**Situation 1** **Récris ce texte sous forme théâtrale. Utilise des didascalies et essaie de varier la manière d'enchaîner les répliques. Aide-toi du « Conseil », page 110.**

Aujourd'hui, on n'a pas pu jouer à la balle au prisonnier pendant la récréation. Au moment de faire les équipes, Karim ne voulait pas choisir Pierre car celui-ci avait perdu ses lunettes. Karim disait qu'il allait faire perdre l'équipe. Pierre avait beau protester qu'un ballon, ça se voit sans lunettes, Karim n'a rien voulu entendre et les deux garçons se sont disputés. Le maître est intervenu pour les séparer. Ils se sont fait gronder. Puis la cloche a sonné : il fallait rentrer en classe.

**Situation 2** **Écris une scène de conflit en t'aidant des indications ci-dessous.**

**a. Choisis deux personnages, un enfant et un adulte, puis imagine la raison de leur dispute.**

- **Tom** est un garçon qui veut tout et tout de suite.
- **Julia** est une fille qui n'aime pas qu'on lui raconte des mensonges.
- **Jean-Claude** est un père qui ne veut pas être dérangé.
- **Marie** est une baby-sitter qui veut coucher les enfants très tôt pour être tranquille.

**b. Tu peux aussi choisir d'autres personnages : un(e) adolescent(e), un(e) commerçant(e), un(e) voisin(e), un(e) maître(sse), un(e) professeur de sport, un(e) gardien(ne) de parc...**

**c. Pense à utiliser des didascalies pour indiquer le ton des voix, les attitudes, les gestes et les déplacements des personnages. Enchaîne les répliques de façon variée.**

# 9 Écrire et parler

## J'améliore mon texte → pages 114-115

### Je vérifie ma saynète

**❶ * J'ajoute des didascalies**

- J'ai bien décrit les sentiments, les gestes et les attitudes des personnages.

**❷ ** J'écris des répliques de théâtre**

**Situation 1 :** J'ai conservé le même sujet de dialogue entre les personnages.

**Situation 2 :**

- J'ai commencé par une des répliques.
- J'ai choisi deux personnages.
- J'ai utilisé des didascalies.

**❸ *** J'écris une scène de conflit**

**Situations 1 et 2 :** Il s'agit bien d'une scène de dispute.

### Je vérifie comment j'ai écrit

**❶ * J'ajoute des didascalies**

- J'ai utilisé des mots et des expressions variés pour évoquer le conflit.

**❷ ** J'écris des répliques de théâtre**

**Situation 1 :** Les répliques correspondent aux caractères des personnages.

**Situation 2 :** J'ai tenu compte de la première réplique pour écrire la deuxième.

**❸ ** J'écris une scène de conflit**

- J'ai utilisé différents types de phrases : exclamatives, interrogatives…
  → Grammaire, pages 148 à 153
- J'ai respecté la mise en forme d'un texte théâtral.
- J'ai enchaîné les répliques de façon variée.

## Je prends la parole

■ **Tu vas jouer un personnage de différentes façons.**

Lulu, un garçon de 9 ans, envoie par mégarde son ballon dans le jardin de la voisine. Il faut qu'il aille le récupérer mais la voisine n'est pas aimable.

■ **Joue cette scène avec un camarade. La première fois Lulu sera un enfant craintif, la seconde fois un garçon qui n'a peur de rien.**

### Pour te préparer

- Représente-toi le personnage que tu dois jouer : son physique, sa voix, son humeur, sa personnalité, à qui il s'adresse, pourquoi il lui parle, ce qu'il lui dit.

### Pour bien jouer ton rôle

- Tu connais les paroles par cœur. Donne le ton et les attitudes qui conviennent à ton personnage.

## D'autres textes de théâtre à découvrir

* *La Vraie Fiancée*, Olivier Py, éd. Actes Sud-Papiers.

** *Petit Navire*, Normand Chaurette, éd. Actes Sud Junior.

*** *Petit Pierre*, Suzanne Lebeau, éd. Théâtrales.

Unité 10

# Des interviews

1. Que trouves-tu de commun à ces trois images ?
2. Dans les deux images de gauche, qui est interrogé ? Par qui ?
3. Décris précisément ce que tu vois sur l'image de droite.

**Dans ce chapitre, tu vas :**

**Lire** des interviews de sportives.

**Écrire** des interviews.

**Mener** une interview à la manière d'un journaliste de télévision.

Que sais-tu de ce sport ?

à vos marques

# "Le judo : plaisir, res

**Du 23 au 28 août, se dérouleront à Paris les championnats du monde de judo. *Le Monde des ados* a enfilé son kimono pour rencontrer Automne Pavia, une jeune championne qui ne manque pas d'ambition...**

**Des championnats du monde en France, ça accroît la motivation ?**
Oui. Nous allons nous battre devant un public qui soutient l'équipe de France. Nous avons la pression, mais une pression positive. Nous ne devons pas manquer ce très grand rendez-vous.

**Comment se passe une telle compétition ?**
Les combats ont lieu sur une journée. On s'échauffe vers 8h30. La compétition débute vers 10h-11h et on la termine, en cas de qualification pour la finale, vers 18h... Cela représente, en tout, six combats et sept heures de compétition. Le plus difficile est de gérer son stress et de garder son influx entre les tours.

**Le premier combat est-il primordial ?**
Oui, car il me permet de jauger ma forme physique et mentale, de savoir si je suis dans le coup. Il lance ma journée.

**Qu'est-ce qui fait la différence entre les meilleurs ?**
Physiquement et techniquement, nous sommes très proches. La gagne se joue souvent au mental. Il faut vraiment être préparé au défi. Lors des stages en équipe de France, on bosse beaucoup, on enchaîne les exercices, tâchant de repousser ses limites. Vous pouvez être exténué, mais vous ne devez pas lâcher. Si vous lâchez dans la tête, vous perdez...

**Comment avez-vous débuté ce sport ?**
Très tôt, à l'âge de 4 ans... Mes parents étaient profs de judo. Ça me permettait de me défouler et de régler mes comptes avec mes frères et sœurs sur le tatami !

**Comment définiriez-vous votre discipline ?**
Le judo, c'est : plaisir, respect et combat.

**Plaisir ?**
À mon niveau, on fait des sacrifices, on travaille dur... Alors, si on n'est pas heureux sur un tatami, il faut faire autre chose. Le judo, pour moi, est une véritable passion.

**Le combat, c'est la base de ce sport, mais le respect ?**
Le judo permet de se défouler, mais il vous faut respecter les règles, ceux qui vous enseignent cette discipline et tout autant vos adversaires. Avec le judo, on apprend à se dépasser en restant humble. C'est une école de modestie.

PHOTOS © R. BURZA

**Qu'est-ce qui est le plus dur dans ce sport ?**
La défaite, mais elle est presque essentielle pour progresser, car elle oblige à se remettre en cause. Mais attention ! je suis une battante et je déteste perdre. Je suis toujours terriblement vexée après un échec.

### Qui est Automne Pavia ?

>Naissance : 3 janvier 1989 à Péronne (80).
>Taille : 1,72 m.
>Poids : 56 kg.
>Palmarès : championne d'Europe junior ; vice-championne du monde junior.

ect et combat"

ans un an auront lieu
es JO de Londres. Vous y
ensez ?
ien sûr, les Jeux, c'est le
raal !

PROPOS RECUEILLIS PAR
RENAUD BLANC

**POURQUOI LE JUDO FRANÇAIS EST-IL SI PERFORMANT ?**

Il est le quatrième sport le plus pratiqué en France après le foot, le tennis et l'équitation. La Fédération française de judo peut compter sur plus de 600 000 licenciés, un réservoir important pour dénicher de futurs champions. En 2010, lors des Mondiaux au Brésil, les Bleus avaient remporté 6 médailles, dont 2 d'or. La fédération espère faire mieux à Paris. Elle compte sur les chefs de fil du judo français, Teddy Riner et Lucie Decosse.

Le Monde des ados n°257 · 27 juillet 2011 · 23

## Je comprends

1. D'où ce document est-il extrait ?
2. Quels sont les différents éléments qui le composent ?
3. Que nous apprend l'introduction ?
4. Quel type de phrase est écrit en blanc ?
5. Qui pose les questions ? Relève l'élément du document qui te l'indique.
6. Quelle est la couleur de ceinture d'Automne Pavia ? Comment le sais-tu ?
7. Pour quelle raison Automne Pavia est-elle interviewée ?
8. Quel âge a-t-elle aujourd'hui ?
9. Décris la journée d'une compétition de judo.
10. Tous les judokas terminent-ils la compétition à 18 heures ?
11. Explique la phrase : « La gagne se joue souvent au mental. »
12. Pourquoi le judo est-il une « école de modestie » ?

## Je lis à haute voix

**Lis**, avec un(e) camarade, l'interview. Celui ou celle qui joue le rôle du journaliste fera attention à bien marquer l'intonation des questions ; celui ou celle qui joue le rôle d'Automne Pavia insistera sur les informations les plus importantes.

## Je donne mon avis

Penses-tu, toi aussi, que les défaites aident à progresser ? Pourquoi ?

## J'ajoute une question à l'interview

**Écris** une question que tu aimerais poser à Automne Pavia.

Par quels moyens peut-on se rendre à Pékin depuis Paris ?

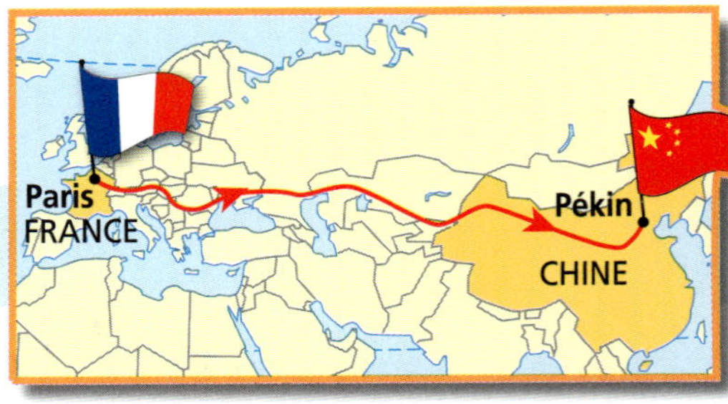


# J'ai fait Paris-Pékin à vélo !

*En août 2008, les Jeux olympiques ont eu lieu à Pékin. À cette occasion, la Fédération française de cyclotourisme a organisé une expédition : cinq groupes de 20 cyclistes amateurs sont partis de Paris pour rejoindre la capitale de la Chine. Un périple de 11 000 kilomètres !*

***Une classe de CM2 interviewe Liliane Perdriel.***

## Qui est Liliane Perdriel ?

- **Date de naissance :** 10 septembre 1946
- **Taille :** 1,60 m
- **Poids au départ :** 58 kg
- **Poids à l'arrivée :** 47 kg

### 1 Pour quelles raisons avez-vous fait Paris-Pékin à vélo ?

Pour vivre quelque chose d'exceptionnel, découvrir d'autres façons de vivre, traverser l'Europe et une partie de l'Asie avec ma seule force musculaire.
C'était aussi l'occasion d'éprouver ma capacité à vivre en groupe pendant quatre mois et demi.

### 2 Où dormiez-vous ?

On dormait dans tous les endroits possibles : dans des hôtels, des auberges de jeunesse, des gymnases… Là, il fallait installer des lits de camp que l'on sortait du camion (il y avait deux camions et deux estafettes qui nous accompagnaient). Mais ce que je préférais, c'était le bivouac. On dormait sous la tente. Notre premier bivouac s'est passé dans des conditions difficiles : il y a eu une intempérie, c'était presque la tempête. On était gelés.

### 3 Comment vous laviez-vous ?

Lorsque nous étions en bivouac, nous utilisions une des quatre douches aménagées dans un camion renfermant une réserve d'eau. C'est très tonique de se laver à l'eau froide !

### 4 Comment faisiez-vous pour les provisions ?

C'est un aspect très important de l'organisation car il y avait une centaine de personnes à nourrir. Le corps de l'homme, c'est comme une machine. Il faut manger pour fournir l'effort physique. Les estafettes étaient remplies de bidons d'eau et, tous les jours, les organisateurs faisaient les courses. Parfois, on s'arrêtait dans des stations-service où l'on trouvait des barres énergétiques que l'on emportait dans nos sacoches de vélo.

### 5 Combien de pays et de villes avez-vous traversés ?

On a traversé onze pays sans compter la France.
Les villes, je les ai plutôt photographiées que comptées, il y en avait trop !

### 6 Comment faisiez-vous pour trouver votre chemin ?

Dans les pays de l'Est, les voitures de police nous ouvraient le chemin. Au Kazakhstan, aucun risque de se perdre : une route unique toute droite traverse les steppes.
En Chine, il y avait toujours un habitant pour nous indiquer de la main la direction à emprunter en cas de doute.

**7** **Il a fait beau ou il a plu ?**

On a tout eu ! La neige au début (c'étaient les giboulées de mars), puis la pluie, donc la boue. Et puis, il a fait de plus en plus chaud. En Chine, c'était très chaud et très humide.

**8** **Comment avez-vous été accueillis dans les différentes villes ?**

On était accueillis avec une grande hospitalité, par des chants et des danses. Dans les pays de l'Est, on vous offre la brioche et le sel pour vous souhaiter la bienvenue. Je me souviens de ces femmes vêtues de blanc qui ont dansé pour nous dans les steppes du Kazakhstan. C'était féerique !

**9** **Comment avez-vous fait pour tenir tout au long du voyage ?**

Pour les cyclotouristes, la solidarité n'est pas un vain mot. Si quelqu'un rencontre un problème, il y aura toujours un autre cycliste pour l'épauler. Quand on roulait dans le désert, le vent augmentait au fur et à mesure que la journée avançait. Alors, on se relayait en tête.

Un homme de notre groupe avait emporté une vingtaine de livres. La journée, pendant que l'on pédalait, il nous parlait de ses lectures et le soir, on faisait la queue devant sa tente pour lui emprunter les livres !

**10** **À quelle place êtes-vous arrivée ?**

Le cyclotourisme, c'est tout sauf une course. Le but, c'est d'arriver à destination. À vélo, pour durer, il ne faut pas aller trop vite. La consigne était d'observer une allure moyenne de 22 km par heure. Et nous sommes arrivés tous ensemble à Pékin !

**11** **Étiez-vous contente de rentrer ?**

Non ! On n'a pas envie de rentrer. J'aurais aimé continuer. Pendant quatre mois, j'avais vécu dans une bulle, sans autre souci que celui de pédaler. C'étaient des grandes vacances et il nous fallait revenir à la vie réelle.

**12** **Qu'est-ce que ce voyage vous a apporté ?**

Une confiance en moi. Le mythe de la femme fragile est faux. Je suis prête à aller partout à vélo et j'ai appris comment bien pédaler.

**13** **Vous ferez un autre voyage à vélo ?**

Oui ! Si on me l'offrait car ce n'est pas gratuit...
Mais depuis mon retour de Chine, j'ai fait d'autres randonnées à travers la France, vers les côtes, dans les montagnes. J'ai grimpé le col du Galibier sous un violent orage...
J'ai parcouru environ 11 000 kilomètres : autant que Paris-Pékin !

Propos recueillis par la classe de CM2
de l'école « Trois Fontaines » de Reims.

## Je comprends

1. Indique les mots qui qualifient le mieux ce qu'a fait Liliane.
*épreuve • course • périple • voyage • circuit • balade • promenade • tournée • aventure • expédition • mission • pèlerinage • traversée*

2. Est-ce que Liliane est une championne cycliste professionnelle ?

3. Combien de temps a duré le voyage ?

4. Liliane a-t-elle été bien accueillie dans les pays où elle passait ? Justifie ta réponse par des exemples.

5. En quoi le spectacle des danseuses au Kazakhstan pouvait-il être féerique ?

6. Qu'est-ce qu'une « steppe » ?

7. En t'aidant du texte, explique les mots « estafette » et « bivouac ».

8. Que signifie « grimper un col » ?

9. Que peux-tu dire de Liliane après avoir lu cette interview ?

10. Où placerais-tu la question ci-dessous ? Explique pourquoi.
**« Votre famille était-elle présente le jour du départ ? »**

## Je lis à haute voix

Imagine que tu interviewes Liliane Perdriel à la télévision ou à la radio.
**Lis** l'introduction comme si tu t'adressais aux téléspectateurs et enchaîne avec la première question.

## Je donne mon avis

Comme Liliane, aimerais-tu découvrir des pays inconnus à vélo ? Pourquoi ?

## J'ajoute des questions à l'interview

**Écris** deux questions que tu aimerais poser à Liliane Perdriel :
– une question sur la personne elle-même ;
– une question sur l'activité de cyclotourisme.

# 10 Pour mieux lire

## Comprendre sur quoi porte une question

### Je découvre

**1 Lis ces questions. Quelles sont celles qui portent sur la personne interviewée et celles qui portent sur l'activité elle-même (le judo ou l'expédition à vélo) ?**

a. Combien de jours a duré le voyage ?
b. Quel âge avez-vous ?
c. Comment se passe une telle compétition ?
d. Le combat, c'est la base de ce sport, mais le respect ?
e. Comment avez-vous commencé dans ce sport ?
f. Pourquoi avez-vous fait Paris-Pékin à vélo ?
g. Étiez-vous contente de rentrer ?
h. Comment avez-vous fait pour tenir tout au long du voyage ?
i. Qu'est-ce qui, selon vous, est le plus dur dans ce sport ?

• **Parmi les questions qui portent sur la personne interviewée, indique si elles portent sur son identité (1), ses motivations (2), son parcours (3), ses sentiments ou son avis (4).**

**2 Classe ces questions en deux colonnes : celles qui portent sur l'activité en général / celles qui demandent une précision sur un événement particulier.**

a. Êtes-vous tous arrivés à Pékin ?
b. Quelles qualités faut-il pour être un bon judoka ?
c. Comment se passe une compétition de judo ?
d. Quand auront lieu les prochains championnats du monde de judo ?
e. Comment faire pour pédaler efficacement ?

**Conseil**

■ Pour bien comprendre une **interview**, je repère dans les questions les **mots interrogatifs** et les mots importants.
Les questions peuvent porter sur :
• la **personne interviewée** (son identité, ses motivations…) ; dans ce cas on trouve souvent les mots *tu, vous, ton, votre…*
• le **thème de l'interview** (un événement, une activité, une passion…).

### Je m'entraîne

**3* Voici des questions qui portent sur une personne interviewée. Trouve les deux intruses.**

a. Avez-vous des enfants ?
b. Où êtes-vous née ?
c. Comment fait-on pour publier un premier livre ?
d. Est-ce important pour vous de recevoir un prix littéraire ?
e. Qu'est-ce qui vous a donné envie d'écrire des romans policiers ?
f. Allez-vous abandonner votre travail de coiffeuse pour continuer à écrire ?
g. Quand aura lieu le prochain prix des Écoliers ?

**a. Indique ensuite si les questions sur la personne interviewée portent sur : son identité (1), ses motivations (2), son parcours (3), ses sentiments (4) ou ses attentes (5).**

**b. Parmi les deux intruses, quelle est celle qui porte sur l'activité en général ? Quelle est celle qui porte sur un événement particulier ?**

## Méli mélo

L'**alphabet morse** était un **code** utilisant un alphabet composé de traits et de points. Inventé en 1835, il permettait de transmettre un message, par une série de signaux courts ou longs sur de grandes distances.

| | | | | | | |
|---|---|---|---|---|---|---|
| A •– | E • | I •• | M –– | Q ––•– | U ••– | Y –•–– |
| B –••• | F ••–• | J •––– | N –• | R •–• | V •••– | Z ––•• |
| C –•–• | G ––• | K –•– | O ––– | S ••• | W •–– | |
| D –•• | H •••• | L •–•• | P •––• | T – | X –••– | |

■ **Qui a inventé le morse ?**
**Traduis la réponse à cette question en t'aidant du code ci-dessus.**

––/–––/–• /•••/••/•/••–/•–•
––/–––/•–•/•••/•

# L'interview dans la presse écrite

## Je me souviens

- **Dans les interviews de cette unité :**
  - Quels sont les titres des articles ?
  - Qui sont les deux personnes interviewées ? Où sont-elles présentées ?
  - Que peut-on lire avant les questions et les réponses de l'interview ?
  - Qui a réalisé ces interviews ?
  - Les questions et les réponses sont-elles présentées de la même façon ?
  - Repère les trois manières de poser les questions.
  - Y a-t-il des réponses ne comportant que le mot *oui* ou le mot *non* ? Pourquoi ?

## Je retiens

- **Dans une interview écrite :**

1 le **titre indique toujours le thème** (de quoi on va parler) ;

2 l'**introduction** présente en quelques lignes la **personne interviewée** ;

3 l'**intervieweur** signe toujours l'article ;

4 on peut trouver d'**autres documents** (une fiche d'identité, des photographies, des cartes...) ;

5 on trouve les **trois manières de poser les questions** ;

6 on évite les questions fermées dont la réponse est ***oui*** ou ***non***. On ne pose que des **questions ouvertes**.

## Je m'entraîne

**1 * Remets dans l'ordre les questions et les réponses de ce début d'interview.**

a. Pourquoi les pirates attaquent-ils d'autres navires ?
b. Barbe Noire, c'est votre vrai nom ?
c. Non, au départ, j'étais corsaire au service de l'Angleterre mais j'ai dû me mettre à mon compte !
d. Comment s'organise la vie sur le navire ?
e. Pour les piller. Depuis que le commerce avec les Indes et l'Amérique s'est développé, il y a beaucoup de richesses dans les cales des navires qui reviennent chargés d'or et de marchandises.
f. Je suis anglais. Je suis né à Bristol, en 1689.
g. Barbe Noire est un surnom. On me l'a donné à cause de ma barbe épaisse que je rendais encore plus effrayante lors des combats en y mettant des mèches à canon allumées !
h. De quelle nationalité êtes-vous ?
i. Avez-vous toujours été pirate ?
j. La vie à bord est régie par des règles strictes. Par exemple, il est interdit de jouer aux cartes. Cela pourrait favoriser les bagarres. Pour se distraire, on chante ou on écoute de la musique.

**2 ** Voici les réponses de la suite de l'interview de l'exercice 1. Retrouve les questions qui ont pu être posées.**

a. On hisse le pavillon noir pour dire au bateau poursuivi qu'il doit se rendre sans combattre. Si ce dernier refuse de s'arrêter, on hisse alors le pavillon rouge. Cela signifie que le combat sera sans merci.
b. Quand on n'avait plus de nourriture fraîche, on se contentait de biscuits de marin. C'est un pain très, très dur qui peut se conserver plusieurs années. Les marins le mangent dans le noir pour ne pas voir les moisissures et les insectes qui se trouvent dedans !
c. Les bandeaux, les pirates les portent pour se protéger le front lors des batailles.

**3 ** Trouve un titre à cette interview.**

**4 ** Quelle introduction choisirais-tu pour cette interview ?**

a. Notre journaliste a retrouvé Barbe Noire, célèbre pirate du XVIIIe siècle. Il nous raconte sa vie tumultueuse. Il regrette le temps de la navigation à la voile.
b. Le succès de la série de films *Pirates des Caraïbes* témoigne de l'intérêt que nous portons au monde cruel des aventuriers des mers. Le célèbre pirate des Caraïbes Barbe Noire nous renseigne sur la vie à bord.

# Des mots pour poser des questions

## Je réfléchis

**1 Voici des questions extraites d'interviews.**
**Relève celles qui commencent par un mot interrogatif.**

a. Pourquoi êtes-vous devenu aviateur ?
b. Quand eut lieu le premier vol Paris-Saint-Louis ?
c. Avez-vous eu peur ?
d. Avez-vous subi des pannes ?
e. À quel âge avez-vous commencé à voler ?
f. C'est difficile de piloter un avion ?
g. Vous vivez en France ?
h. Entraîneur de foot, vous y pensiez avant ?
i. Combien de fois vous entraînez-vous par semaine ?

**2 Pour chaque réponse, retrouve la question posée.**
**Elle doit commencer par un mot interrogatif.**

*Exemple :* Je travaille jour et nuit. → **Quand** travaillez-vous ?

a. Je ne jouerai pas au foot parce que je me suis fait mal au pied.
b. Il écrit trois ou quatre livres dans l'année.
c. Mon livre préféré, c'est *Le Petit Prince*.
d. Elle travaille actuellement sur une BD.

**3 Classe ces questions dans la colonne du tableau qui convient.**

a. À quel moment de la journée, préférez-vous travailler ?
b. Dans quelle ville avez-vous donné votre premier spectacle ?
c. De quelle manière vous débarrassez-vous du trac avant d'entrer en scène ?
d. Pour quelles raisons ne voit-on pas les escargots pendant l'hiver ?
e. En quelle année avez-vous commencé les cours de danse ?

| où ? | quand ? | pourquoi ? | comment ? |
|---|---|---|---|
| … | … | … | … |

**4 Associe les mots interrogatifs de la première colonne aux parties de phrase de la deuxième colonne pour former des phrases interrogatives qui conviennent.**

a. À l'intérieur de quel
b. Pour quel motif
c. À quelle époque
d. Par quel moyen

1. utilisez-vous un crayon alors que j'ai demandé un stylo ?
2. placard sont rangés les verres ?
3. regardez-vous la télévision ?
4. communiquez-vous avec votre famille au Sénégal ?

Je retiens

## Des mots pour interroger

**Où ?**

• À quel endroit • Dans quel lieu, endroit, village… • Sur quel… • Vers quel… • À côté de quel… • Sous quel… • Aux alentours de quel… ?

**Quand ?**

• À quel âge • À quel moment • À quelle époque • À quelle période • En quelle année • Avant quel… • Après quel… • À quelle date… ?

**Pourquoi ?**

• Pour quelles raisons • Pour quel motif • Dans quel but • À quel effet • Pour quel objectif • À quelle fin… ?

**Comment ?**

• De quelle manière • Par quel moyen • Avec quel objet • À l'aide de quoi… ?

## Je m'entraîne

**5 * Dans quelles rubriques du « Je retiens » rangerais-tu les mots interrogatifs suivants ?**

À l'intérieur de quel… ? • De quelle façon… ? • Vers quelle heure… ? • Par où… ? • Dans quelle intention… ? • Par quel procédé… ? • À partir de quand… ?

**6 ** Dans ces questions, les mots interrogatifs ont été mélangés. Récris-les avec le mot interrogatif qui convient.**

a. Dans quelle direction peut-on commencer la natation ?
b. À quel âge est la piscine la plus proche ?
c. En quelle année souhaitez-vous pratiquer un sport ?
d. Pour quelles raisons Laure Manaudou est-elle devenue championne du monde ?
e. À quel endroit sont les prochains Jeux olympiques ?
f. À quelle date se situe la piscine « Nautilud » ?

**7 ** Complète cette interview avec des mots interrogatifs qui conviennent. Attention ! tu n'as pas le droit d'utiliser les mots *où*, *pourquoi*, *comment* et *quand*. Aide-toi des rubriques du « Je retiens ».**

### À la rencontre d'un chercheur d'or

a. **… trouve-t-on de l'or ?**
– On en trouve surtout dans les rivières.
b. **… cherchez-vous de l'or ?**
– Uniquement par passion et par plaisir.
c. **… cherche-t-on de l'or ?**
– On a besoin d'une pelle, d'un tamis et d'une batée.
d. **… avez-vous commencé ?**
– Je m'en souviens très bien, il a fait très chaud cette année-là, c'était en 1976.
e. **… travaillez-vous ?**
– Près de Vichy, dans une rivière qu'on appelle la Sioule.
f. **… est la plus propice pour trouver de l'or ?**
– On peut chercher de l'or n'importe quand, mais c'est plus agréable quand il fait beau.

**8 *** À l'aide des mots du « Je retiens », récris les questions pour éviter d'employer le mot interrogatif *quand*.**

### L'interview d'un réalisateur de film

a. **Quand avez-vous réalisé votre premier film ?**
– J'avais 15 ans environ.
b. **Quand se déroule l'histoire de votre film ?**
– Pendant la Seconde Guerre mondiale.
c. **Quand le personnage principal rencontre-t-il le sage dans la forêt ?**
– Après avoir vaincu les hommes de la sorcière et juste avant d'affronter la montagne magique.
d. **Quand le film doit-il sortir dans les salles de cinéma ?**
– Le 8 juillet.

## Pour écrire une interview, je dois :

1. trouver un titre ;
2. présenter la personne ou le personnage interviewé(e) ;
3. rédiger une introduction de quelques lignes ;
4. écrire les questions (phrases interrogatives) et retranscrire les réponses correspondantes ;
5. présenter différemment les questions de l'interviewer et les réponses de l'interviewé ;
6. varier la forme des questions et éviter les questions fermées ;
7. signer mon texte à la fin.

### 1 * J'écris les questions ou les réponses d'une interview

**Situation 1** **Lucie collectionne les timbres. Voici ses réponses à une interview. Retrouve les questions qui lui ont été posées puis écris-les.**

a. À 8 ans.
b. Un jour, mon oncle m'a montré sa collection de timbres, il m'en a donné quelques-uns.
c. Environ 1 500, mais c'est difficile de savoir précisément.
d. Mes amis m'en donnent, je fais des échanges avec ceux que j'ai en double.
e. Les timbres français uniquement.
f. Celui que j'ai trouvé au fond d'une armoire, chez ma grand-mère, il vaut plusieurs centaines d'euros.

**Situation 2** **Imagine qu'un(e) journaliste t'interviewe. Écris les réponses aux questions ci-dessous. Tu peux répondre en utilisant un mot, un groupe nominal, une ou plusieurs phrases.**

a. Quel âge as-tu ?
b. Quelle est ton activité préférée ?
c. Comment imagines-tu l'école de tes rêves ?
d. Qu'est-ce que tu aimerais pouvoir faire plus tard ?
e. Tu souhaiterais interviewer une personne célèbre ?
f. Aimerais-tu aller en Chine ?
g. Si tu étais interviewé(e), à quelles questions aimerais-tu répondre ?

## 2 ** J'invente des questions pour une interview

**Situation 1** **À partir de cette introduction, écris les questions que tu souhaiterais poser à Daniel Radcliffe sur sa personnalité et sur son activité.**

Daniel Radcliffe est né en Angleterre, à Londres, dans le quartier de Fulham, le 23 juillet 1989. Il est très connu pour avoir joué le rôle de Harry Potter dans la série de films du même nom. En 1999, il a fait ses débuts au cinéma en tournant *David Copperfield.*

Affiche du film : *Harry Potter et le prisonnier d'Azkaban*, 2004.

**Situation 2** **Imagine que tu interviewes Louise. À partir d'une page de son journal intime, rédige les questions et les réponses.**

*Mardi 4 octobre.*

*On m'appelle Louise mais mon second prénom est Anh. C'est celui que je préfère. Il va bien avec mes cheveux noirs et mes yeux en amande. C'est un prénom vietnamien. Je suis née au Québec où mes parents ont trouvé refuge quand ils ont fui le Vietnam. Ils ont voyagé pendant de longues semaines, entassés sur de petits bateaux, vivant dans des conditions épouvantables. Ils avaient laissé derrière eux tout ce qu'ils avaient : leurs biens, leurs métiers et aussi leur famille. Aujourd'hui, je veux retrouver cette histoire qui est aussi la mienne et l'écrire dans mon journal.*

## 3 *** J'écris une interview

**Étape 1** **Imagine que tu interviewes un ou plusieurs des personnages cités ci-dessous. Quelles questions leur poserais-tu ? Écris-les.**

- un dinosaure (on vient de retrouver un dinosaure vivant qui parle) ;
- le Père Noël (c'est Noël) ;
- Titeuf ou Astérix (leur dernière bande dessinée vient de sortir) ;
- un extraterrestre (débarqué sur la Terre).

**Étape 2** **Rédige les réponses aux questions posées.**

**Étape 3** **Présente ton interview comme si elle devait être publiée dans un journal, avec une introduction, la carte d'identité du personnage, le titre et éventuellement une photo ou une illustration. N'oublie pas de signer ton article.**

## J'améliore mon texte → pages 126-127

### Je vérifie le contenu de mon interview

**1** * *J'écris les questions ou les réponses d'une interview*

- Les questions et les réponses sont bien en relation.

**2** ** *J'invente des questions*

**Situation 1:**

- J'ai posé des questions sur la personne et son activité.

**Situation 2:**

- J'ai rédigé les questions en fonction des informations que j'ai relevées dans le texte.
- Les réponses répondent bien aux questions.

**3** *** *J'écris une interview*

- J'ai donné un titre à mon article.
- J'ai rédigé une courte introduction.
- J'ai posé des questions sur le personnage et sur son activité.
- J'ai répondu aux questions en faisant parler ce personnage.

### Je vérifie comment j'ai écrit

- J'ai écrit des phrases interrogatives de formes variées.
  → Grammaire, pages 150-151
- J'ai utilisé différents mots interrogatifs.
  → Grammaire, pages 158-159
- J'ai organisé la mise en page de mon article :
  – j'ai bien placé le titre et l'introduction au début de l'interview ;
  – j'ai bien différencié les questions et les réponses en utilisant deux couleurs ou deux écritures différentes ;
  – j'ai signé mon article à la fin.

## Je prends la parole

**Tu es un animateur ou une animatrice de télévision. Tu reçois sur le plateau une personne célèbre : un chanteur ou une chanteuse, un acteur ou une actrice, un homme ou une femme politique… Cette personne sera jouée par un(e) de tes camarades. Réalise l'interview de cette personne.**

### Pour te préparer

- Recherche, avec ta ou ton camarade, des informations sur la personne à interviewer : sa date de naissance, son activité, ses passions…
- Fais une courte liste des thèmes qui te semblent les plus intéressants à aborder lors de l'interview.
- Prépare une liste de questions possibles.

### Pour mener l'interview

- Accueille la personne interviewée en rappelant pourquoi elle vient sur le plateau de télévision.
- Pose une première question assez générale pour laisser parler l'interviewé(e). Tu peux lui demander de préciser ses réponses.
- Termine l'interview en remerciant l'interviewé(e).

# Notre monde en questions

Unité 11

*Le Philosophe*, tableau d'André Martins de Barros.

1. Décris ce personnage. Que fait-il ?
2. Sais-tu ce qu'est un philosophe ? Sinon, aide-toi du dictionnaire.
3. Des livres t'ont-ils déjà aidé(e) à réfléchir à des questions que tu te poses sur la vie, sur le monde ?

**Dans ce chapitre, tu vas :**

**Lire** des textes pour réfléchir.

**Écrire** un texte pour donner une opinion.

**Parler** pour exposer un avis et débattre.

Connais-tu cette plante ? Que peut-on faire avec ?

# À qui appartient la nature ?

La mer d'Aral.

« Les Tabaïev étaient pêcheurs de père en fils. Ils avaient une petite maison sur la mer d'Aral, au Kazakhstan, et un bateau en bois que les hommes de la famille, Alexei, le grand-père, Maltay, le père, Akmaral, le fils, mettaient à l'eau chaque matin. Au début du XX$^{e}$ siècle, la mer d'Aral était la quatrième plus grande mer intérieure du monde. Mais, dans les années 1960, on dévia le cours de deux fleuves qui l'alimentaient pour irriguer* des champs de coton. C'est alors que l'impensable arriva : peu à peu la mer d'Aral se dessécha, jusqu'à perdre les trois quarts de son volume en eau ! Elle qui arrivait jadis au pied de la maison des Tabaïev se retira à plusieurs dizaines de kilomètres. Le désert s'installa.

Aujourd'hui, Akmaral répare le vieux bateau en bois. L'eau est revenue grâce à la construction d'un barrage. Lui qui vient d'être papa espère pouvoir transmettre à son fils les techniques de pêche des Tabaïev. »

Le documentaire s'achève par un gros plan sur le sourire d'Akmaral. La nature est notre patrimoine à tous et nous devons la transmettre en bon état à nos enfants et petits-enfants. Le scientifique Albert Jacquard met l'accent sur notre responsabilité envers les générations futures. S'il conteste l'expression « respecter la nature » (on ne peut pas à proprement parler « respecter » la nature car celle-ci n'est pas une personne), il nous demande en revanche de respecter nos descendants en n'abîmant pas notre planète.

Sophie Boizard, *Les grands sages parlent aux petits sages*, © Milan Jeunesse, 2011.

* **irriguer :** apporter de l'eau sur un terrain cultivé.

## Je comprends

**Texte 1 : À qui appartient la nature ?**

1. À partir de quand la mer d'Aral s'est-elle asséchée ? Pourquoi ?
2. Quelle conséquence ce phénomène a-t-il eue sur la vie de la famille Tabaïev ?
3. La première partie du texte résume-t-elle un livre ou un film ? Justifie ta réponse.
4. Quelles réponses l'auteur apporte-t-elle à la question posée dans le titre ?
5. Quelle est l'opinion (l'avis) du scientifique Albert Jacquard ?

**Texte 2 : Faut-il toujours produire plus ?**

6. Qui est Arjun ?
7. Comment s'est-il enrichi ? Indique les quatre étapes de son enrichissement.
8. Quelles sont les conséquences de son enrichissement sur les habitants ?
9. Que produisait la terre avant qu'Arjun ne vienne ?

# Faut-il toujours produire plus ?

« Non, cela ne suffit pas ! »

Arjun n'en avait jamais assez. Cet homme de la ville était pourtant devenu un grand propriétaire terrien. Lorsqu'il s'était installé, dans les années 1980, dans un village du centre de l'Inde, il avait d'abord racheté quelques champs. Puis, peu à peu, il s'était emparé de toutes les terres, privant les paysans de leurs potagers qui leur permettaient de nourrir leur famille. Après avoir embauché[1] tous les hommes du village, Arjun leur avait demandé d'arracher les cultures existantes pour ne planter que du coton.

« Que du coton ?

– Oui, que du coton, c'est ce qui rapporte le plus », répondait-il à ceux qui l'interrogeaient.

En quelques années, la région était devenue un immense champ de coton. Et les paysans sans terre étaient obligés d'acheter avec leur salaire les légumes et les fruits qu'ils cultivaient autrefois.

Arjun n'était jamais satisfait. Il lui fallait toujours plus d'argent. Pour produire davantage, il avait acheté d'énormes machines et de grandes provisions d'engrais et de pesticides. Il utilisa tellement de produits fertilisants qu'il pollua les champs, qui ne donnèrent bientôt plus rien. Jadis, la terre de ce village produisait assez pour nourrir les habitants, mais à cause de la soif de richesse d'un seul homme, elle était devenue stérile[2].

Arjun s'en fichait, il avait gagné assez d'argent pour monter une nouvelle entreprise dans sa ville natale. En revanche, c'était un coup dur pour les paysans. Ils émigrèrent[3] vers les grandes villes ou à l'étranger.

Sophie Boizard, *Les grands sages parlent aux petits sages*, © Milan Jeunesse, 2011.

**1. embaucher :** engager quelqu'un pour un travail.
**2. stérile :** qui ne produit pas.
**3. émigrer :** partir de son pays pour s'installer dans un autre pays.

### Textes 1 et 2

**10** Quelle est la culture dont parlent les deux textes ?

**11** Où se situent le Kazakhstan et l'Inde ?

**12** Les textes racontent des histoires : sur quoi nous font-elles réfléchir ?

### Je lis à haute voix

**Lis** à haute voix la première partie du texte. Cherche auparavant à prononcer correctement tous les noms propres : Tabaïev, Kazakhstan, Alexei, Maltay, Akmaral…

### Je donne mon avis

Que penses-tu du comportement d'Arjun ?

### J'ajoute une phrase à l'histoire

**Écris** une phrase pour indiquer ce que fait Akmaral aujourd'hui avec son bateau.

# 11 Lire…

*Ce que tu vois sur ces photos te semble-t-il normal ?*

## Normal et pas normal ?

Le grand-père de Claire ferme le livre d'histoire de sa petite-fille et la félicite : « Bravo, tu as bien compris ta leçon. L'histoire, c'est la matière que je préfère, j'ai toujours rêvé d'être professeur d'histoire.

– Mais alors, papi, pourquoi as-tu vendu des chaussures toute ta vie ? Pourquoi n'es-tu pas devenu professeur ? s'étonne Claire.

– Tu sais que je suis le fils aîné de la famille. Eh bien, le fils aîné devait aller avec son père et travailler avec lui.

– Mais ce n'est pas normal ! s'indigne Claire. Il était méchant, ton papa, de ne pas te laisser faire le métier que tu aimais.

– Non, il n'était pas méchant du tout, sourit le grand-père de Claire. Il était même très gentil, mais à l'époque, c'était normal.

– Et tes sœurs, pourquoi elles n'ont pas travaillé au magasin à ta place ?

– Ce n'était pas normal pour les jeunes filles de travailler et…

– Pas normal de travailler ? l'interrompt Claire. Mais, Papy, qu'est-ce que tu racontes ? Moi, je suis une fille et j'aurai un travail !

Papy sourit. Claire réfléchit, il y a quelque chose qu'elle ne comprend pas.

– Mon papa à moi, dit Claire, c'est bien ton fils aîné ? Et il n'est pas au magasin.

– C'est normal puisque ta tante Molly est venue travailler avec moi ; ton papa, lui, ne voulait pas. »

### Je comprends

1. Qui sont les deux personnes qui dialoguent au début du texte ?
2. Quel est le métier du grand-père de Claire ?
3. Quel métier aurait-il voulu faire ? Pourquoi ne l'a-t-il pas fait ?
4. Quel est l'avis de Claire sur le travail des filles ?
5. Quelle était l'opinion des gens sur le travail des filles à l'époque où son papi était jeune ?
6. Pourquoi Claire ne comprend-elle plus rien « à ces histoires de normal et de pas normal » (ligne 21) ?
7. Qu'est-ce qui fait que l'on considère que quelque chose est normal ou pas ?
8. Lis le texte encadré (lignes 32 à 48). Combien de sens le mot « normal » a-t-il ? Trouve d'autres exemples de situations pour chaque sens.

Claire ne comprend plus rien à ces histoires de normal et de pas normal. Dans certaines régions du monde, c'est normal qu'un homme mesure 1,50 m, dans d'autres régions, non ; dans certains pays, on trouve normal qu'un couple vive ensemble sans se marier, dans d'autres pays, non ; ici on trouve normal que quelqu'un chante dans la rue, là on dit que c'est quelqu'un de pas normal s'il le fait ; ici, on trouve normal que les gens croient au paradis et à l'enfer, là, on ne trouve pas ça normal…

Alors, qu'est-ce qui est normal ? Qu'est-ce qui n'est pas normal ? Comment s'y retrouve-t-on si ça change d'année en année, d'une famille à l'autre, d'un endroit à un autre ? On ne s'y retrouve pas. Tout change, tout le temps, partout.

### Un mot très fouillis

En entrant dans la classe, les élèves sont étonnés. C'est la première fois que leur professeur met un costume et une cravate. Pas normal.
**Pas normal = pas comme d'habitude.**

Le professeur rend les devoirs. Il arrive devant Gontran et annonce : 20/20. Pourtant le professeur fronce les sourcils et regarde Gontran d'un air très fâché. Pas normal.
Normalement, le professeur est content de distribuer une bonne note. Là, non.
**Pas normal = cela ne s'explique pas.**

Gontran a chaud, il sent qu'il devient tout rouge, et il se met même à transpirer. Normal : il est très inquiet. Quand le stress monte, le corps réagit.
**Normal = naturel.**

Gontran doit faire trois exercices pour demain. « Normal, se dit Gontran, et j'ai de la chance, la punition n'est pas trop longue. » Gontran a triché, il est puni.
**Normal = juste.**

On utilise le mot « normal » pour dire beaucoup de choses très différentes : habituel, explicable, naturel, juste... « Normal » est un mot **vraiment fouillis**.

Brigitte Labbé, Pierre-François Dupont-Beurier, *Normal et pas normal*,
© Milan Jeunesse, coll. « Les Goûters philo », 2009.

## Je lis à haute voix

**Lis** à haute voix l'avant-dernier paragraphe, lignes 21 à 27.
Fais une courte pause après chaque virgule et une pause plus longue après chaque point-virgule.

## Je donne mon avis

Le mot « normal » est un mot très fouillis.
Peut-on dire la même chose du mot « beau » ?

## J'ajoute une phrase à l'histoire

**Écris**, à partir d'une des significations du mot « normal », un autre exemple que celui du texte.

# Comprendre les mots qui coordonnent

## Je réfléchis

**1 Parmi ces phrases, quelle est la phrase correcte ? Quel mot t'a permis de répondre ?**

a. En principe tous les hommes sont égaux, donc certains sont plus riches, plus intelligents, plus forts ou plus chanceux.
b. En principe tous les hommes sont égaux, car certains sont plus riches, plus intelligents, plus forts ou plus chanceux.
c. En principe tous les hommes sont égaux, mais certains sont plus riches, plus intelligents, plus forts ou plus chanceux.

**2 Lis ces phrases ou ces parties de phrase. Elles contiennent des mots (en gras) qui coordonnent.**

a. Mon papa était même très gentil **mais**, à l'époque, c'était normal que le fils aîné travaille avec son père.
b. Ici, on trouve normal que les gens croient au paradis et à l'enfer, là, on ne trouve pas ça normal... **Alors**, qu'est-ce qui est normal ?
c. Arjun avait acheté d'énormes machines **et** de grandes provisions d'engrais.
d. Ils émigrèrent vers les grandes villes **ou** à l'étranger.

• **Quel mot introduit un choix ? une addition ? une conclusion ? une opposition ou une restriction ?**

**Conseil**

Certains **petits mots** sont essentiels pour **bien comprendre le texte** : certains introduisent une **explication** (*car, ainsi*...), d'autres une **conséquence** ou une **conclusion** (*alors*, *donc*...), d'autres permettent d'exprimer une **opposition** ou une **restriction** (*mais, cependant*...), un **choix** (*ou*...) ou une **addition** (*et, de plus*...).

## Je m'entraîne

**3* Complète chaque phrase avec un mot qui coordonne.**

*car • et • mais • donc*

a. Mon chat est malade … je dois l'emmener chez le vétérinaire.
b. Mon chat préfère la viande crue … pour son bien je lui donne des croquettes.
c. Mon chat aime le lait … les croquettes.
d. Mon chat est blessé … il s'est battu avec un chien.

**4** Complète le texte avec les mots : *alors, mais, car, or, ou, aussitôt*.**

Léa sort de l'école avec Pierre, le nouvel élève. Sur le chemin du retour, elle s'amuse à sonner aux portes. … Pierre s'étonne. « Allez, fais comme moi, on fait toujours ça en sortant de l'école », dit-elle. …, Pierre sonne également aux portes. Lorsqu'ils passent devant la maison de Mme Konsalik, Léa se met à tirer la langue. « Lâche-toi sur les grimaces, … ce n'est qu'une vieille folle, chaque fois qu'on la voit on s'éclate », … Pierre se moque de la personne âgée.

Le soir, Pierre raconte sa journée à ses parents. « Tu sais, Pierre, lui expliquent-ils, Léa ne se pose pas de questions, elle pense que son comportement est normal. …, dans la vie, il faut toujours réfléchir à ses actes : est-ce bien … mal, honnête ou malhonnête, juste ou injuste, dangereux ou sans danger ?

## Méli mélo

**Trouve les réponses aux devinettes.**

a. Je ne suis pas vivant mais j'ai des feuilles, un dos et une couverture, qui suis-je ?
b. J'ai un chapeau mais pas de tête, un pied mais pas de bras, qui suis-je ?
c. Je suis à la tête de l'Algérie et sans moi Paris serait pris, qui suis-je ?
d. Je réfléchis beaucoup mais pourtant je ne pense pas, qui suis-je ?

# Des textes pour réfléchir

## Je me souviens

■ **Dans les trois textes pour réfléchir que tu as lus :**

- Quelle question est posée au début de chaque texte ?
- Comment l'auteur essaie-t-il d'y répondre ?
- Y a-t-il plusieurs personnages ?
- Que font-ils ?

## Je retiens

■ **Dans un texte pour réfléchir :**

1 l'auteur pose une question à laquelle il essaie de répondre ;

2 il donne son opinion qu'il illustre par des exemples ;

3 les exemples peuvent être racontés sous la forme de petites histoires mettant en scène des personnages.

## Je m'entraîne

**1 * Repère le texte écrit pour faire réfléchir.**

**A.** Au même moment, un chien jaune, qui s'était approché sans bruit, donna un coup de dent à Calino. Marguerite voulut le chasser : le chien jaune se jeta sur elle et lui mordit la main ; puis il continua son chemin la queue entre les jambes, la tête basse, la langue pendante.
Marguerite poussa un petit cri ; puis, voyant du sang à sa main, elle pleura.

D'après la Comtesse de Ségur, *Les Petites Filles modèles*.

**B.** Chez toi, à l'école, dans ton pays, il y a toujours quelqu'un à qui il faut obéir, des règles que tu dois respecter. Parfois tu voudrais t'en passer pour être libre de faire ce que tu veux. Tu estimes n'avoir besoin de personne pour bien agir. Pourtant, un monde sans règles ne risque-t-il pas de ressembler à une jungle où régnerait la loi du plus fort ?

Oscar Brenifier, *Vivre ensemble, c'est quoi ?*, © Nathan, coll. « PhiloZenfants ».

**2 ** Classe ces phrases en deux colonnes : celles qui expriment une opinion et les autres.**

a. Nous ne disons pas toujours vraiment ce que nous pensons pour ne pas déplaire aux gens.
b. Il était une fois, dans la mer, un requin qui mangeait les poissons.
c. Le capitaine assembla l'équipage et ne trouva que des hommes résolus à vendre chèrement leur vie.
d. Les hommes ont souvent des préjugés : ils jugent les autres avant de les connaître.
e. Ce fut en cette circonstance que j'eus l'occasion de voir pour la première fois Surcouf.
f. Les hommes naissent et demeurent libres et égaux en droits.

**3 ** Termine ces débuts de phrase par des exemples de ton choix.**

a. Le sport est bon pour la santé. Citons en exemple ...
b. Le sport permet de passer de bons moments ; par exemple ...
c. Grâce au sport, on a des copains. Ainsi, ...
d. Le sport donne envie de se dépasser. ...

# Des mots pour dire ce que l'on pense

## Je réfléchis

**1 Lis le texte, puis réponds aux questions.**

« Je suis contre les expériences sur les animaux, dit Gaspard.
– Pourquoi ? demande Lisa.
– Tu me demandes pourquoi ? s'étonne Gaspard. Mais il ne faut pas faire de mal aux animaux ! C'est horrible de tuer des animaux dans les laboratoires.
– On a découvert comme ça des médicaments, des traitements qui guérissent les hommes. »
Gaspard réfléchit.
« Quand même, ce n'est pas normal de faire souffrir les animaux pour tester des rouges à lèvres et des produits de beauté. »
Lisa n'avait pas pensé à cela. Elle réfléchit.
« Pour le maquillage, je suis d'accord. Mais les médicaments ? »
Gaspard se gratte la tête.
« C'est vrai, on ne peut pas risquer de tuer des hommes. »

Brigitte Labbé, Pierre-François Dupont-Beurier, *D'accord et pas d'accord*, © Milan Jeunesse, coll. « Les Goûters philo », 2007.

**a. De quel sujet les deux personnages parlent-ils ?**
**b. Qu'en pense Gaspard ? Qu'en pense Lisa ?**
**c. Quels mots ou quels groupes de mots te l'indiquent ?**

**2 Lis ce dialogue, puis relève les mots qui permettent d'exprimer une opinion.**

« Je pense qu'Adrien est coupable : selon moi, il a volé ce jeu, déclare Maëlle.
– Je ne crois pas, répond Corentin, il n'aurait jamais fait cela, c'est plutôt Aubin le voleur.
– Et d'après moi, vous vous trompez tous les deux ! réplique maman, regardez, le jeu n'était tout simplement pas rangé à sa place. »

**3 Quel enfant est sûr de ce qu'il dit ? Quel enfant n'est pas sûr de ce qu'il dit ? Quel enfant exprime le contraire d'un autre ? Justifie tes réponses.**

Charlotte affirme que l'on peut manger des bonbons sans risque. En revanche, Yacine conteste cette idée. Mattéo, quant à lui, suppose qu'il ne faut pas en abuser.

Je retiens

# Des mots pour donner son opinion

### Le doute (on n'est pas sûr)

- supposer • estimer • présumer • prévoir • douter • imaginer • (se) demander • avoir l'impression que…
- peut-être • à moins que • si • éventuellement • plutôt…

### La certitude (on est sûr)

- affirmer • décider • assurer • garantir • considérer • juger…
- à mon avis • selon moi • d'après moi…
- donc • alors • ainsi • en conséquence • car…
- certainement • sûrement…

### L'opposition (on dit le contraire)

- contredire • démentir • nier • opposer • contester • être contre…
- à l'inverse • en revanche • au contraire…
- contrairement à…

## Je m'entraîne

**4 * Complète chaque phrase avec le mot de la liste qui convient. N'oublie pas de conjuguer les verbes.**

*considérer • présumé • imaginer • douter • à mon avis*

a. Cet homme n'a pas encore été jugé, il est … innocent.
b. J'… combien il est difficile de vivre au pôle Nord, explique maman.
c. Je … qu'il est normal que vous rentriez dans la classe en silence, dit le professeur.
d. …, tu as trop d'argent de poche pour ton âge !
e. Le commissaire …, il se demande qui dit la vérité.

**5 * Classe chaque mot de la liste dans la rubrique du « Je retiens » qui convient.**

avoir le sentiment que • réfuter • certifier • trouver • évidemment

**6 ** Associe chaque mot à la définition qui correspond.**

| | |
|---|---|
| a. Estimer | 1. Avoir une opinion faite d'avance. |
| b. Préjuger | 2. Être d'avis, avoir pour opinion. |
| c. Attester | 3. Remettre quelque chose en cause. |
| d. Contester | 4. Garantir l'exactitude de quelque chose. |

**7 ** Complète ce texte avec les mots du « Je retiens » qui conviennent. Aide-toi des indications ci-dessous.**

1. On est sûr.
2. On dit le contraire.
3. On dit le contraire.
4. On n'est pas sûr.

Certains …1 qu'il est possible de recréer un mammouth à partir de cellules. D'autres …2, …3 cette hypothèse. Pour ma part, je …4 que cela ne pourra se faire que dans un avenir lointain.

**8 *** Dans ces phrases, les verbes *penser* et *croire* expriment-ils le doute ou la certitude ?**

a. Vu l'heure, je **pense** que je vais rater mon train.
b. Je **pense** que tout travail mérite salaire.
c. Je **pense** qu'il faut parfois se garder de dire toute la vérité.
d. Je **crois** plus dans les hommes que dans les machines.
e. Je **crois** que notre équipe peut être championne cette année.

# 11 Écrire…

**Pour écrire un texte pour réfléchir, je dois :**

1. poser **une question** sur le monde, sur la vie, sur une idée ;
2. donner **mon avis** sur cette question ;
3. présenter **des raisons** ;
4. illustrer ces raisons par **des exemples** racontés sous forme de petites histoires.

## 1 * J'organise un texte pour réfléchir

■ **Recopie ce texte dans l'ordre puis ajoute un titre sous forme de question.**

A. Mais un monde sans règles et sans chef ne risque-t-il pas de ressembler à une jungle où régnerait la loi du plus fort ?

B. Il est vrai aussi que les chefs ne sont pas toujours justes ni prêts à protéger les faibles. C'est donc à nous d'être vigilants et de bien les choisir, lorsque nous avons la chance de pouvoir faire ce choix.

C. À l'école, dans ton pays, il y a toujours quelqu'un à qui il faut obéir, des règles que tu dois respecter. Parfois tu voudrais t'en passer pour être libre de faire ce que tu veux. Tu estimes n'avoir besoin de personne pour bien agir.

Oscar Brenifier, *Vivre ensemble c'est quoi ?*, © Nathan, coll. « PhiloZenfants ».

## 2 ** Je complète un texte pour réfléchir

**Situation 1** **Faut-il autoriser le football dans la cour de récréation ?**

■ **Voici ce que pensent les élèves d'une classe de CM1. Choisis deux raisons « pour » ou « contre » avec lesquelles tu es d'accord, puis écris des exemples pour les illustrer.**

*Exemple :* Jouer au football dans la cour de récréation est dangereux car on peut tomber et se blesser.

| raisons « pour » | raisons « contre » |
|---|---|
| • Ça détend.<br>• C'est amusant.<br>• C'est un sport collectif, on peut se faire des amis.<br>• On s'améliore dans la pratique de ce sport.<br>• On est obligés de s'entendre et de se mettre d'accord sur les règles.<br>• On ne joue pas à un jeu violent. | • C'est trop dangereux.<br>• La cour est trop petite.<br>• On peut casser des choses dans l'école.<br>• Cela peut entraîner des conflits.<br>• Il n'y a que des garçons qui y jouent.<br>• On n'a plus d'espace pour pratiquer d'autres activités : élastique, billes…<br>• Le nombre de joueurs est limité. |

## Situation 2 Pour ou contre la télévision ?

**Étape 1** **On entend souvent dire que les enfants ne doivent pas trop regarder la télévision. Voici un tableau qui présente des raisons « pour » et des raisons « contre » la télévision. Trouve d'autres raisons.**

| raisons « pour » | raisons « contre » |
|---|---|
| • Elle donne des informations sur le monde.<br>• Elle permet de se détendre.<br>• ~ | • Le téléspectateur ne réfléchit pas ; il est passif.<br>• Il y a trop de violence.<br>• ~ |

**Étape 2** **Complète ce texte avec les raisons « pour » et les raisons « contre » que tu as trouvées.**

Aujourd'hui, la télévision est présente dans presque toutes les familles. C'est un formidable moyen d'ouverture sur le monde. Elle permet également de se divertir. Suite des raisons « pour » ~
Cependant, face à un écran, le téléspectateur est totalement passif, il ne réfléchit plus. De plus, il voit de nombreuses scènes de violence. Suite des raisons « contre » ~

## 3 * * * J'écris un texte pour réfléchir

### Peut-on faire tout ce que l'on veut à la piscine ?

■ **Choisis des articles de ce règlement, puis écris des raisons « pour » qui justifient ces règles. Ajoute des exemples que tu raconteras sous forme de petites histoires. Utilise des mots comme *car, parce que, mais, pourtant*...**

*Exemple :* Raison « pour » : Pour que tout le monde puisse nager sans danger, les masques et les palmes ne sont pas autorisés à la piscine car ils peuvent blesser quelqu'un.
Exemple sous forme de petite histoire : Ainsi, l'autre jour, Charlotte a reçu un coup de palme dans l'œil et elle a dû sortir du bassin pour être soignée.

ARTICLE 1 – Les enfants de moins de 10 ans doivent être obligatoirement accompagnés d'une personne majeure assurant leur surveillance.

ARTICLE 2 – Le port du bracelet est obligatoire dans l'enceinte de l'établissement.

ARTICLE 3 – Le port du bermuda ou du short est interdit.

ARTICLE 4 – Chaque baigneur doit obligatoirement prendre une douche et emprunter les pédiluves avant d'accéder aux bassins.

ARTICLE 5 – Seules les personnes en tenue de bain sont autorisées sur le bord des bassins.

ARTICLE 6 – Les jeux violents ou dangereux, les bousculades, les courses dans les couloirs, les escaliers et autour des bassins ainsi que tous les actes susceptibles de gêner le public sont interdits.

ARTICLE 7 – Il est interdit d'introduire dans les piscines des masques, des palmes et des tubes respiratoires, des objets en verre (flacons, bouteilles, lunettes...), des balles et des ballons.

ARTICLE 8 – Il est interdit de mâcher du chewing-gum, de cracher, de manger ou de boire aux bords des bassins...

ARTICLE 9 – Il est interdit, en application de la loi organisant la lutte contre le tabagisme, de fumer dans l'ensemble des installations de l'établissement (vestiaires, hall...).

## J'améliore mon texte → pages 138-139

### Je vérifie mes raisons et mes exemples

**1 * J'organise un texte pour réfléchir**
- Le texte recopié est bien ordonné.
- Le titre est sous forme de question.

**2 ** Je complète un texte pour réfléchir**
**Situation 1 :** J'ai trouvé un exemple pour chaque raison choisie.
**Situation 2 :** J'ai trouvé des raisons « pour » et des raisons « contre » et j'ai complété le texte avec ces raisons.

**3 ** J'écris un texte pour réfléchir**
- J'ai trouvé des raisons qui justifient les règles.
- J'ai écrit des exemples pour chacune des règles.

### Je vérifie comment j'ai écrit

- J'ai utilisé les mots du « Je retiens », page 137 pour exposer les raisons « pour » ou les raisons « contre ».
- J'ai rédigé une phrase pour exposer la règle et la justifier, puis une autre phrase pour l'illustrer par un exemple.
- J'ai utilisé des mots qui coordonnent pour lier les raisons aux exemples.

→ Orthographe, pages 216-217

## Je prends la parole

**Toute la classe va débattre autour de la question :**
**Pourquoi n'a-t-on pas le droit de faire travailler les enfants ?**

### Pour bien te préparer

- Pose-toi des questions sur le sujet : de quel travail parle-t-on ? Ne travailles-tu pas à l'école ?
- Recherche des informations sur le travail des enfants dans le monde.
- Prépare tes arguments à l'aide de ces informations, ajoute des exemples.

### Pour bien débattre

- Écoute bien tes camarades. Respecte-les même si tu n'es pas d'accord avec leurs idées.
- Attends ton tour pour parler.
- Expose tes idées en expliquant tes raisons « pour » ou tes raisons « contre ».

## D'autres textes pour réfléchir à découvrir

* *La Vérité selon Ninon*,
Oscar Brenifier,
éd. Autrement Jeunesse,
coll. « Les Petits Albums de philosophie ».

** *La Beauté et la laideur*,
Brigitte Labbé,
éd. Milan Jeunesse,
coll. « Les Goûters philo ».

*** *Vivre ensemble, c'est quoi ?*,
Oscar Brenifier, éd. Nathan,
coll. « PhiloZenfants ».

# Des poèmes

## Des petits bonheurs

### Au petit bonheur

Rien qu'un petit bonheur, Suzette,
Un petit bonheur qui se tait.
Le bleu du ciel et de la fête ;
Rien qu'un petit bonheur secret.

Il monte ! C'est une alouette
Et puis voilà qu'il disparaît ;
Le bleu du ciel est de la fête.
Il chante, il monte, il disparaît.

Mais si tu l'écoutes, Suzette,
Si dans tes paumes tu le prends
Comme un oiseau tombé des crêtes,
Petit bonheur deviendra grand.

Norge
*Les plus beaux poèmes d'hier et d'aujourd'hui : le florilège de Fleurs d'encre*,
édition Jacques Charpentreau,
© Hachette Jeunesse.

### Matin bleu

Le matin bleu dans la lucarne
Découpe un arbre sur le ciel
Un bout de chemin au soleil
Qui grimpe jusqu'à la montagne

Un moineau caché sous les feuilles
Aiguise sa voix de concert
Avec ruisseau silence et fleurs
Pour tout un monde de merveilles

Gérard Bocholier, *Si petite planète*,
© Cheyne éditeur,
coll. « Poèmes pour grandir ».

# Autour des contes

## Le Temps des contes

S'il était encore une fois
Nous partirions à l'aventure,
Moi, je serais Robin des Bois,
Et toi, tu mettrais ton armure.

Nous irions sur nos alezans
Animaux de belle prestance,
Nous serions armés jusqu'aux dents
Parcourant les forêts immenses.

S'il était encore une fois
Vers le château des contes bleus
Je serais le beau-fils du roi
Et toi tu cracherais le feu.

Nous irions trouver Blanche-Neige
Dormant dans son cercueil de verre,
Nous pourrions croiser le cortège
De Malbrough revenant de guerre.

S'il était encore une fois
Au balcon de Monsieur Perrault,
Nous irions voir ma Mère l'Oye
Qui me prendrait pour un héros.

Et je dirais à ces gens-là :
Moi qui suis allé dans la lune,
Moi qui vois ce qu'on ne voit pas
Quand la télé le soir s'allume ;

Je vous le dis, vos fées, vos bêtes,
Font encore rêver mes copains
Et mon grand-père le poète
Quand nous marchons main dans la main.

Georges Jean, *Les Mots d'Apijo*,

# Un héros de la mythologie

## Heureux qui, comme Ulysse

Heureux qui, comme Ulysse, a fait un beau voyage,
Ou comme cestuy-là qui conquit la Toison,
Et puis est retourné, plein d'usage et raison,
Vivre entre ses parents le reste de son âge !

Quand reverrai-je, hélas, de mon petit village
Fumer la cheminée, et en quelle saison
Reverrai-je le clos de ma pauvre maison,
Qui m'est une province, et beaucoup davantage ?

Plus me plaît le séjour qu'ont bâti mes aïeux,
Que des palais romains le front audacieux,
Plus que le marbre dur me plaît l'ardoise fine :

Plus mon Loir gaulois, que le Tibre latin,
Plus mon petit Liré, que le mont Palatin,
Et plus que l'air marin la douceur angevine.

Joachim Du Bellay (1522-1560), *Les Regrets*.

## Un témoin du passé

### La Gargouille

Je suis une antique gargouille
Logée au sommet d'un clocher.
Je ne sais qui vint m'y percher…
Mes souvenirs, le temps les brouille.

Sous moi, très bas, la foule grouille.
De mon haut je la vois marcher…
Je suis une antique gargouille
Logée au sommet d'un clocher.

Quand il pleut fort, j'aime à pencher
Sur les gens que l'averse mouille
Mon bec crochu. J'aime à cracher,
Sur eux, mon eau pleine de rouille.
Je suis une antique gargouille
Logée au sommet d'un clocher.

Jean de La Ville de Mirmont (1886-1914)

## Science-fiction fantaisiste

### Les Pommes de lune

Entre Mars et Jupiter
Flottait une banderole
Messieurs Mesdames
Faites des affaires
Grande vente réclame
De pommes de terre

Un cosmonaute qui passait par là
Fut tellement surpris qu'il s'arrêta
Et voulut mettre pied à terre

Mais pas de terre en ce coin-là
Et de pommes de terre
Pas l'ombre d'une

C'est une blague sans doute
Dit-il en reprenant sa route
Et à midi il se fit
Un plat de pommes de lune

Jean Rousselot,
*Petits Poèmes pour cœurs pas cuits*,

# Des fables détournées

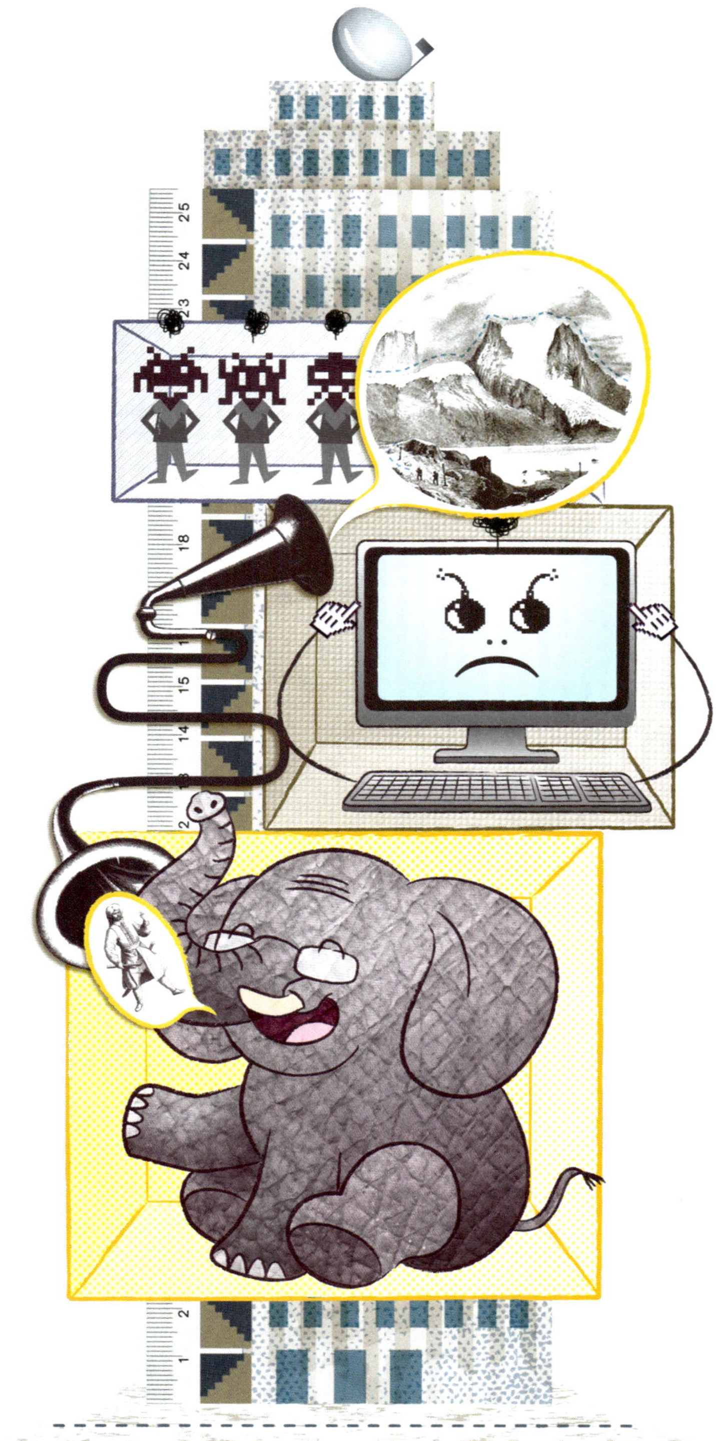

## L'ordinateur et l'éléphant

Parce qu'il perdait la mémoire
Un ordinateur alla voir
Un éléphant de ses amis :
– C'est sûr, je vais perdre ma place,
Lui dit-il, viens donc avec moi.
Puisque jamais ceux de ta race
N'oublient rien, tu me souffleras.
Pour la paie, on s'arrangera.

Ainsi firent les deux compères.
Mais l'éléphant était vantard :
Voilà qu'il raconte ses guerres,
Le passage du Saint-Bernard,
Hannibal et Jules César…

Les ingénieurs en font un drame :
Ça n'était pas dans le programme !
L'éléphant et l'ordinateur
Tous les deux les voilà chômeurs.

De morale je ne vois guère
À cette histoire, je l'avoue.
Si vous en trouvez une, vous,
Portez-la chez le Commissaire :
Au bout d'un an, elle est à vous.

Jean Rousselot,
*Petits Poèmes pour cœurs pas cuits*,

# La fourmi et la cigale

Une fourmi fait l'ascension
d'une herbe flexible
elle ne se rend pas compte
de la difficulté de son entreprise
elle s'obstine la pauvrette
dans son dessein délirant
pour elle c'est un Everest
pour elle c'est un Mont Blanc
ce qui devait arriver arrive
elle choit patatratement
une cigale la reçoit
dans ses bras bien gentiment
eh dit-elle point n'est la saison
des sports alpinistes
(vous ne vous êtes pas fait mal j'espère ?)
et maintenant dansons dansons
une bourrée ou la matchiche.

Raymond Queneau,
*Battre la campagne*, © Gallimard,
coll. « Blanche ».

## Un poème pour réfléchir

# L'homme

L'homme et l'oiseau se regardèrent.
– Pourquoi chantes-tu ? lui dit l'homme.
– Si je le savais, dit l'oiseau,
Je ne chanterais plus peut-être.

L'homme et le chevreuil se croisèrent.
– Pourquoi joues-tu ? demanda l'homme.
– Si je le savais, dit la bête,
Est-ce que je jouerais encore ?

L'homme et l'enfant se rencontrèrent.
– Pourquoi ris-tu ainsi ? dit l'homme.
– Si je le savais, dit l'enfant,
Est-ce que je rirais autant ?

Et l'homme s'en alla, pensif.
Il passa près du cimetière.
– Pourquoi penses-tu ? dit un if
Qui poussait dru dans la lumière.

Et, pas plus que l'oiseau dans l'ombre,
Que le chevreuil dans la clairière
Ou que l'enfant riant dans l'air,
L'homme ne put lui répondre.

Maurice Carême, © Fondation Maurice Carême.

# Étude de la langue

## Grammaire

## Conjugaison

## Orthographe

## Vocabulaire

1

GRAMMAIRE

# La phrase

## Étape 1 Qu'est-ce qu'une phrase ?

*Voici la présentation du roman* Ben est amoureux d'Anna *:*

Anna vient d'arriver dans une petite école en Allemagne ; les autres enfants la regardent bizarrement. Elle est un peu étrange, Anna : bien qu'allemande, elle vient de Pologne où la vie est très différente. Ben l'observe et au fil des jours, le regard qu'il porte sur elle change. Il découvre ses beaux yeux qui la rendent si différente, si fascinante. Bref, Ben tombe amoureux d'Anna. Mais que c'est difficile de déclarer son amour sous les regards moqueurs de ses camarades ! Pourtant, l'amour ne serait-il pas plus fort que tout ?

D'après Peter Härtling, *Ben est amoureux d'Anna*, © Pocket Jeunesse.

**Je me souviens**

**1.** **Combien y a-t-il de phrases dans le texte ? Par quoi commence une phrase ? Par quoi se termine-t-elle ?**

**2.** **Recopie la phrase qui se termine par un point d'interrogation.**

**3.** **Relis la phrase terminée par un point d'exclamation en respectant l'intonation.**

**4.** **Les groupes de mots ci-dessous forment-ils vraiment une phrase ? Pourquoi ?**
Ben à Anna dans une lettre une déclaration d'amour a fait.

## Étape 2 La phrase affirmative, la phrase négative

Anna n'avait pas répondu à la lettre de Ben. D'ailleurs, il n'espérait plus de réponse. Mais juste avant les vacances, elle pose une feuille sur sa table. Ben ne dit rien. Il met la lettre dans sa poche. Il ne la lit pas tout de suite.

**Je me souviens**

**5.** **Distingue les phrases affirmatives des phrases négatives.**

**6.** **Dans les phrases négatives, relève les mots qui marquent la négation.**

**7.** **Récris les phrases affirmatives à la forme négative.**

**Je conclus**

**1.** Comment reconnais-tu une phrase ? Quels sont les différents points qui peuvent terminer une phrase ?

**2.** Quels mots de négation sont employés dans les phrases négatives ?

→ Mémo p. 266

## Je m'entraîne

### Étape 1

**1 * Recopie la phrase terminée par un point d'interrogation et celle terminée par un point d'exclamation.**

C'est formidable, Ben est invité à déjeuner chez Anna. Car, en Pologne, on s'invite à manger. Mais sa mère voudra-t-elle qu'il y aille? Il le lui demande avant qu'elle ne parte travailler et elle accepte. Ben est le plus heureux des garçons!

D'après Peter Härtling, *Ben est amoureux d'Anna*, © Pocket Jeunesse.

**2 * Indique le nombre de phrases dans chaque série.**

a. Il y a une fuite d'eau dans le garage. J'appelle le plombier. Il repère le trou et change le tuyau.
b. Ce soir, Théo est très content: il va au cinéma avec ses parents. Il dormira plus longtemps demain.
c. Mon vélo était en panne ; papa l'a réparé: le voilà remis à neuf!

**3 * Forme une phrase avec les mots ou les groupes de mots de chaque série. Pense à la majuscule et à la ponctuation.**

a. son ordinateur • Hélène • a prêté • pendant les vacances • à une amie
b. s'élance • premier • accélère • le coureur • termine • double ses adversaires • et

**4 ** Récris ce texte en mettant les majuscules et la ponctuation.**

pendant les vacances nous sommes allés au bord de la mer la plage était immense et le sable était fin on a trouvé l'eau assez douce pour nous baigner ce fut un séjour agréable

### Étape 2

**5 * Recopie uniquement les phrases affirmatives.**

a. Il n'y a plus rien à manger.
b. Tu bouges tout le temps!
c. Cette robe ne te va pas.
d. L'orage gronde.
e. L'orchestre joue trop fort.
f. Iras-tu à la bibliothèque?

**6 * Recopie uniquement les phrases négatives.**

a. Ces îles ne sont pas très éloignées.
b. Les enfants jouent dans la piscine.
c. Les roues de la voiture ne sont plus assez gonflées.
d. Ne rentre pas trop tard!
e. Les rideaux conviennent pour cette fenêtre.
f. Il ne fait pas très chaud aujourd'hui.

**7 * Recopie ces phrases négatives puis entoure les mots qui marquent la négation.**

a. Elle ne fait jamais attention à ses affaires.
b. On n'aperçoit plus l'horizon.
c. Je ne connais personne dans cette école.
d. Nous ne voulons rien savoir.

**8 ** Récris ces phrases à la forme négative.**

a. Ce conducteur dépasse la vitesse autorisée.
b. Les chats aiment l'eau.
c. Ton chien aboie souvent.
d. Le camping est complet.

**9 ** Récris ces phrases négatives comme il convient.**

a. On veut pas s'en aller. b. J'ai jamais revu cette fille.
c. Ils ont plus rien à faire. d. T'as rien entendu?

**10 ** Récris ces phrases à la forme affirmative.**

a. Depuis deux ans, la rivière ne déborde plus.
b. Avec ce temps, le linge ne sèche pas bien.
c. Ces gens ne sont jamais contents!
d. Tu ne devrais pas t'habiller de cette manière.
e. Elle n'est pas partie longtemps en voyage.

**11 *** Réponds à chaque question par une phrase à la forme négative.**

*Exemple*: Vas-tu quelquefois au théâtre?
→ **Non**, je **ne** vais **jamais** au théâtre.

a. Le spectacle est déjà fini?
b. Est-ce que vous avez vu l'éclipse de lune?
c. A-t-il toujours son gros chien?
d. As-tu rencontré quelqu'un à la piscine?

**12 *** Récris ces phrases à la forme négative.**

a. Il a rapporté des champignons.
b. Êtes-vous partis à 6 heures?
c. Ils ont reconstruit leur garage.
d. On a téléphoné à mamie pour sa fête.

**13 *** Écris quelques phrases d'un règlement qui pourrait être affiché dans une piscine.**

■ Tu utiliseras des phrases à la forme affirmative et des phrases à la forme négative.

→ D'autres exercices sur le fichier d'activités

GRAMMAIRE

2

# Les phrases interrogatives

## Étape 1 Les deux sortes de phrases interrogatives

**Le sais-tu ?**

**Au temps des Gallo-Romains**

1. Quand a eu lieu la bataille d'Alésia ?
2. Qui a remporté la victoire à Alésia ?
3. Comment connaît-on les détails de cette bataille ?
4. Pourquoi les peuples barbares entrent-ils en Gaule au v^e^ siècle ?

**Au Moyen Âge**

5. Où habite le seigneur ?
6. Aime-t-il la chasse ? Que chasse-t-il ?
7. Est-il souvent en guerre ?
8. Est-ce qu'un parchemin est réalisé avec des plantes ?

**1.** 52 avant J.-C. • **2.** Jules César • **3.** *La Guerre des Gaules* de J. César • **4.** Ils sont poussés par les Huns. • **5.** au château fort • **6.** Oui. Sangliers, cerfs... • **7.** Oui • **8.** Non

*Chasse au renard*, vers 1387.

**Je me souviens**

1. **Par quel point les phrases sont-elles terminées ?**
2. **Relève les questions auxquelles tu peux répondre par *oui* ou *non*. Par quels mots les autres phrases interrogatives commencent-elles ?**

## Étape 2 Les trois manières de poser une question

**Je me souviens**

3. **Recopie la question 7 du texte de l'étape 1. Où se trouve le sujet par rapport au verbe ? Entoure le tiret entre le verbe et le sujet.**
4. **Dans la question 6, quelle lettre a-t-on ajoutée entre le verbe et le sujet ?**
5. **Par quel mot interrogatif commence la question 8 ?**
6. **Écris la question suivante de deux autres manières : *Il part en croisade ?***

Buste de Jules César (101-44 av. J.-C.).

## Étape 3 Les mots interrogatifs

**Je me souviens**

7. **Relève les mots interrogatifs des questions 1 à 6 puis classe-les dans la colonne du tableau qui convient.**
Le mot interrogatif demande une information sur :

| un lieu | un moment | une cause | une manière | une personne | un animal |
|---|---|---|---|---|---|
| … | … | … | … | … | … |

Pièce de monnaie représentant Vercingétorix (72-46 av. J.-C.).

**Je conclus**

1. **Il y a deux sortes de questions : lesquelles ?**
2. **Indique les trois manières de formuler une phrase interrogative à laquelle on répond par *oui* ou par *non*.**
3. **Quels mots interrogatifs introduisent les autres phrases interrogatives ?**

→ Mémo p. 266

GRAMMAIRE

## Je m'entraîne

### Étape 1

**1 * Recopie uniquement les phrases interrogatives.**

a. Quelle ville magnifique !
b. Comment l'avez-vous su ?
c. Tu as tout à fait raison.
d. Quel blouson préfères-tu ?
e. Où va-t-on ?
f. Tu crois que c'est vrai ?

**2 * Lis le texte puis recopie uniquement les phrases interrogatives.**

Le jour de la rentrée, Lisa arrive dans une nouvelle école. Une fillette se précipite vers elle.
– Comment tu t'appelles ? Tu habites dans le quartier ? Est-ce que tu viens à pied à l'école ? Moi, je viens en voiture. T'es bonne en maths ? Moi, je suis nulle. As-tu un frère ou une sœur ?
Lisa est un peu perdue, elle ne peut pas répondre à toutes ces questions à la fois.

**3 * Recopie les phrases interrogatives auxquelles on ne peut répondre que par *oui* ou par *non*.**

a. Est-ce que vous partez bientôt ?
b. Vas-tu au collège ou au lycée ?
c. A-t-elle des frères et sœurs ?
d. Combien ont-ils payé leur maison ?
e. Quel âge ont vos enfants ?
f. Tu viens jouer avec moi ?

**4 * Complète chaque phrase interrogative avec un mot interrogatif qui convienne.**

*quand • où • combien • pourquoi • comment*

a. … est-elle si triste ?
b. … pouvons-nous garer notre voiture ?
c. … de chèvres possédez-vous ?
d. … viens-tu à l'école ?
e. … iras-tu chez le coiffeur ?

### Étape 2

**5 * Récris chaque phrase interrogative en inversant le verbe et le sujet.**

*Exemple :* Est-ce que tu as posté le courrier ?
→ **As-tu** posté le courrier ?

a. Est-ce que vous reviendrez bientôt ?
b. Elles ont peur de l'orage ?
c. Ils travaillent le dimanche ?
d. Est-ce que tu passes le bac cette année ?
e. Je pourrai partir avec vous ?

**6 ** Trouve deux autres façons de poser ces questions.**

a. Vous lisez des bandes dessinées ?
b. Le temps va s'améliorer ?
c. Les trains arriveront à l'heure ?
d. Elle a des animaux chez elle ?
e. Tu as retrouvé tes clés ?

**7 ** Transforme chaque phrase en phrase interrogative, de trois façons différentes.**

a. Elle vit toujours à Paris.
b. Ils ont pris leur matériel de camping.
c. Vous avez acheté une nouvelle caravane.
d. Nous irons aux sports d'hiver à Noël.
e. Elles aiment le chocolat.

### Étape 3

**8 ** Recopie chaque phrase avec un mot interrogatif qui convienne.**

a. … rentrerez-vous ?
b. … coûte ce jeu ?
c. … as-tu rencontré hier ?
d. … vois-tu dans le télescope ?
e. … ira-t-elle à la prochaine rentrée ?

**9 *** Écris la question qui correspond à chaque mot ou groupe de mots souligné.**

a. Ces chaussures coûtent <u>60 euros</u>.
b. <u>Non</u>, je n'ai pas encore 10 ans.
c. Ils sont rentrés <u>à 23 heures 30</u>.
d. <u>Sur le marché</u>, j'ai rencontré <u>mes anciens voisins</u>.
e. <u>Elsa</u> est restée <u>chez elle</u> <u>car il neige</u>.

**10 *** Écris des questions que peut poser un enfant à ses parents en regardant les animaux : écris des questions auxquelles on ne peut répondre que par *oui* ou par *non* et d'autres questions commençant par des mots interrogatifs.**

■ Tu écriras une réponse pour chaque question.

→ D'autres exercices sur le fichier d'activités

# Les phrases injonctives

## Étape 1 À quoi sert une phrase injonctive ?

La mère du Petit Chaperon rouge, ayant cuit des galettes, dit à sa fille : « Va voir comme se porte ta mère-grand car on m'a dit qu'elle était malade, porte-lui une galette et ce petit pot de beurre. »

a

b

**Exercice 7** **Mesure la longueur du segment [AB]. Complète les phrases.**

- *La longueur du segment [AB] est située entre … cm et … cm.*
- *Le segment [AB] mesure … cm et … mm.*

c

d

### Je découvre

1. Dans les documents ci-dessus, quelle phrase indique un conseil ? un ordre ? une interdiction ? une consigne de travail ?
2. À ton avis, à qui s'adressent ces phrases injonctives ?
3. Par quels points se terminent-elles ?

## Étape 2 Les différentes phrases injonctives

**La compote de pommes**

A. **Éplucher** et **couper** les pommes en petits morceaux.
**Enlever** le cœur.
**Mettre** les morceaux dans une casserole
avec du sucre et un peu d'eau.
**Couvrir** et **cuire** quelques minutes.
**Écraser** à la fourchette ou au mixeur.

B. **Épluche** et **coupe** les pommes en petits morceaux.
**Enlève** le cœur.
**Mets** les morceaux dans une casserole
avec du sucre et un peu d'eau.
**Couvre** et **cuis** quelques minutes.
**Écrase** à la fourchette ou au mixeur.

### Je découvre

4. Lis la recette A : à quelle forme sont les verbes en gras des phrases injonctives ?
5. Retrouve ces verbes dans la recette B : ont-ils la même forme ?
Ils sont conjugués au présent de l'impératif.
6. Relis les phrases de la recette B en t'adressant à plusieurs personnes : *Épluchez et …*

### Je conclus

1. À quoi servent les phrases injonctives ?
Par quels points se terminent-elles ?

2. Indique sous quelle forme on peut écrire les verbes d'une phrase injonctive.

→ Mémo p. 266

# Je m'entraîne

## Étape 1

**1 * Lis cet exercice et recopie les trois phrases injonctives.**

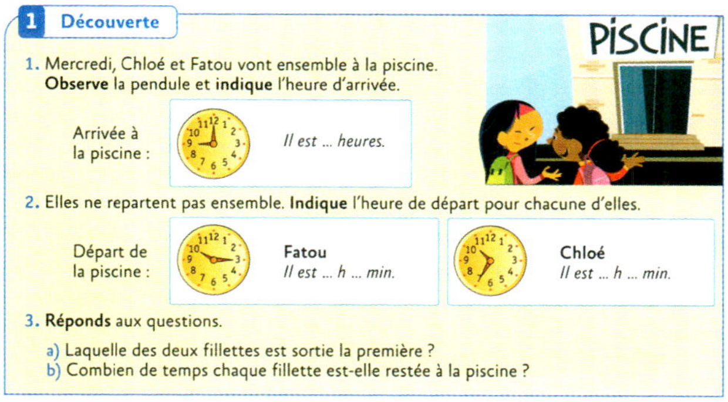
**1 Découverte**

1. Mercredi, Chloé et Fatou vont ensemble à la piscine.
**Observe** la pendule et **indique** l'heure d'arrivée.

Arrivée à la piscine : *Il est ... heures.*

2. Elles ne repartent pas ensemble. **Indique** l'heure de départ pour chacune d'elles.

Départ de la piscine : Fatou *Il est ... h ... min.* Chloé *Il est ... h ... min.*

3. **Réponds** aux questions.
a) Laquelle des deux fillettes est sortie la première ?
b) Combien de temps chaque fillette est-elle restée à la piscine ?



*Vivre les maths CE2*, © Nathan.

**2 * Recopie uniquement les phrases injonctives.**

a. Protégez votre peau avant d'aller au soleil.
b. Faire attention au chien.
c. Souligner le verbe et entourer le sujet.
d. Les premiers châteaux étaient en bois.
e. Ce chien aboie sans arrêt.
f. Reste tranquille !
g. Viens ici.
h. Je cueillerai les cerises demain.

**3 * Recopie les phrases injonctives qui indiquent une interdiction.**

a. Matthieu, écris plus lisiblement.
b. Ne pas marcher sur les pelouses.
c. Ne courez pas au bord de la piscine.
d. Venez le plus vite possible.
e. Ne donnez pas à manger aux oiseaux.
f. Ne pas ouvrir cette fenêtre.

**4 ** Recopie chaque phrase. Indique si elle exprime un conseil, un ordre ou une interdiction.**

a. Taisez-vous !
b. Brosse tes dents après chaque repas.
c. Ne rien afficher sur ce mur.
d. Mélanger d'abord la farine et le lait.
e. N'oublie pas ton parapluie !
f. Arrête de crier !

## Étape 2

**5 * Recopie les phrases injonctives dont le verbe est à l'infinitif.**

a. Mettre du beurre dans le fond du plat.
b. Sortez sans bruit.
c. Écrire une phrase sous le dessin.
d. Descendre les escaliers sans se bousculer.

**6 ** Récris chaque phrase avec le verbe qui convient.**

a. … ton cahier. (*Fermais / Ferme*)
b. … notre calme ! (*Gardons / Garde*)
c. … quand je vous parle. (*Écoute / Écoutez*)
d. … les chemins boueux. (*Éviterons / Évitons*)
e. … la gentillesse de nous prévenir. (*Avez / Ayez*)

**7 ** Transforme chaque phrase en phrase injonctive en mettant le verbe à l'infinitif.**

*Exemple :* J'entre sans frapper. → **Entrer** sans frapper.

a. Tu fais attention dans l'escalier.
b. Tu ouvriras les volets en arrivant.
c. Tu tournes à droite au carrefour.
d. Nous prenons l'autoroute.
e. Tu vas directement à la gare.

**8 *** Récris chaque phrase à la forme négative.**

a. Va plus loin !
b. Attrapez les papillons.
c. Écrire au stylo rouge.
d. Partons tout de suite.
e. Parler fort.

• **Qu'expriment les phrases à la forme négative que tu viens d'écrire ?**

**9 *** Récris les phrases en mettant les verbes à l'infinitif.**

*Exemple :* Prends un avocat et coupe-le en deux.
→ **Prendre** un avocat et **le couper** en deux.

a. Mettez le noyau dans un pot de terre et placez-le près d'une fenêtre.
b. Remplis la cruche et pose-la sur la table.
c. Découpe des carrés de papier et plie-les en deux.
d. Vidons les poissons et faisons-les frire.
e. Va chercher Léa et conduis-la chez le dentiste.

**10 *** Écris deux conseils et deux interdictions que l'on pourrait donner aux visiteurs qui se promènent dans un zoo.**

■ Tu écriras les verbes à l'infinitif.

→ D'autres exercices sur le fichier d'activités

# Le nom et l'adjectif qualificatif

## Étape 1 Le nom et le groupe nominal

*Des enfants veulent offrir un cadeau à Marinette, une vieille femme aveugle. Marion a trouvé une idée. Pour en parler, elle raconte un rêve dans lequel elle est un chien.*

Donc après **plusieurs aventures**, je découvre **une dame**, au bord d'**un trottoir**, prête à traverser. Elle hésite. Elle entend que **les voitures** sont arrêtées au feu rouge et s'engage sur **la chaussée**. Elle n'avait pas vu **un camion** de gravats qui manœuvrait. Alors, moi, le chien intelligent, je bondis. J'aboie pour attirer **l'attention** du conducteur et me précipite vers la vieille dame. Bien sûr, vous avez compris qu'il s'agissait de Marinette dans **mon rêve** et que le cadeau auquel j'ai pensé est un…

– Un gros camion rouge !

– Arrête de lancer **des stupidités** sans réfléchir, Maxence, c'est lassant !

Gérard Hubert Richou, *Le Piège savoureux*, © SED, coll. « Français Pluriel ».

**Je me souviens**

1. Dans les groupes nominaux en gras, trouve les noms. Que désignent ces noms ?
2. Quels mots accompagnent les noms ?
3. Classe les groupes nominaux selon leur genre et leur nombre.

| | masculin | féminin |
|---|---|---|
| singulier | ~~~ | ~~~ |
| pluriel | ~~~ | ~~~ |

4. Quels déterminants indiquent le singulier ? Quels déterminants indiquent le pluriel ? Quels déterminants peux-tu utiliser pour trouver le genre d'un nom ?
5. Relève, dans le texte, tous les noms propres. Sont-ils précédés d'un déterminant ? Cite des noms propres qui peuvent être précédés d'un déterminant.

## Étape 2 L'adjectif qualificatif dans le groupe nominal

une vieille femme aveugle • le chien intelligent • la vieille dame • un gros camion rouge

**Je me souviens**

6. Dans les groupes nominaux ci-dessus, relève les adjectifs qualificatifs. Indique sur quel nom chaque adjectif apporte des précisions.
7. Où sont placés les adjectifs qualificatifs par rapport aux noms ?

**Je conclus**

1. Que désignent les noms ? Comment se nomme le petit mot qui accompagne le nom dans un groupe nominal ? Quels mots te permettent de trouver le genre et le nombre des noms ? À quoi reconnais-tu les noms propres ?
2. À quoi sert l'adjectif qualificatif ?

→ Mémo p. 267

GRAMMAIRE

# Je m'entraîne

## Étape 1

**1 * Classe ces noms selon ce qu'ils désignent : un être vivant, une chose, une qualité ou un événement.**

souris • tableau • ami • beauté • accident • bol • requin • sagesse • père • manifestation • mariage • carnaval • arbre • crayon • papier • courage

**2 * Classe ces groupes nominaux en deux colonnes selon leur genre : masculin / féminin.**

ton frère • la fenêtre • le bébé • une amie • ce nid • cette armoire • un musée • son prénom • la vigne • une planète • mon pied • la mer • sa voiture

**3 * Relève tous les noms puis classe-les en deux colonnes : noms communs / noms propres.**

L'hôtel se trouve près de la Seine, à Paris. Une enseigne représente quatre arbres chargés de fleurs, de fruits, de feuilles et de neige. Le soleil caresse la façade. Martin attend les clients pour leur ouvrir la porte.

**4 * Classe ces groupes nominaux en deux colonnes selon leur nombre : singulier / pluriel.**

un collier • les papiers • ces rideaux • leur repas • tes vêtements • une boîte • mes jambes • la rapidité • le prix • des perdrix • son nom • ses chaussures

**5 ** Recopie ces groupes nominaux puis indique leur genre : masculin ou féminin.**

son amie • l'océan • leur adresse • ton étiquette • l'agneau • l'attaque • ton lit • l'entracte • son entorse • mon ours • l'argent • son odeur • leur train

**6 *** Recopie ces groupes nominaux puis indique leur genre et leur nombre.**

cette entrée • les souris • des regards • sa sœur • notre terrain • leurs plantes • cet oiseau • tes animaux • l'hélice • des jouets • sa gentillesse

## Étape 2

**7 * Recopie les noms contenus dans ces groupes nominaux.**

une magnifique poupée ancienne • un élève sérieux • ces beaux chevaux • une histoire merveilleuse • son vieux manteau • des exercices faciles • une grande et belle maison campagnarde

**8 * Recopie les groupes nominaux en gras et souligne les adjectifs qualificatifs.**

Un jour, **la jeune Alice** a suivi **un lapin blanc** dans **son immense terrier**. **Cette petite fille curieuse** se retrouve dans **un monde merveilleux**. Elle rencontre **de nombreux animaux extraordinaires**.

**9 * Complète les phrases avec les adjectifs qualificatifs qui conviennent.**

*énormes* • *plein* • *sablonneuse* • *dernière* • *désertiques* • *mûrs* • *beau* • *superbes*

a. Dans les régions …, on peut voir de … paysages.
b. Je rapporte un panier … de fruits bien ….
c. Cette côte … est bordée d'… rochers.
d. Ce … bébé est né la semaine ….

**10 * Classe les mots soulignés en deux colonnes : noms / adjectifs qualificatifs.**

Pendant la dernière violente tempête, nous avons vu tomber de grands arbres et une vieille grange. Derrière notre fenêtre, nous étions terrorisés par la force incroyable du vent.

**11 ** Recopie les phrases en plaçant chaque adjectif qualificatif au bon endroit par rapport aux noms en gras.**

a. Il s'ennuie dans cette **chambre**. (*grande* / *vide*)
b. La **fée** prend sa **baguette**. (*gentille* / *magique*)
c. Cette **sorcière** me fait peur. (*vieille*)
d. Ma **sœur** aime la **musique**. (*jeune* / *douce*)
e. Le **ciel** se couvre de **nuages**. (*bleu* / *noirs*)

**12 *** Recopie les noms et les adjectifs qualificatifs de ce texte en deux colonnes.**

Dans cette grande ville, un tram circule pour la première fois. Il roule sur une large avenue toute neuve. Les nombreux passagers découvrent ce nouveau moyen de transport. Les automobilistes ne sont pas encore habitués à ce train en pleine ville !

**13 *** Écris plusieurs phrases pour décrire ce paysage. Utilise des adjectifs qualificatifs pour enrichir les groupes nominaux.**

5

# Les déterminants (1)



## Étape 1 Les articles

Max est resté seul à la maison. Installé sur son lit, il joue à la course sur sa console. C'est alors qu'on sonne à la porte. Max fronce les sourcils. Il n'est pas très rassuré. Qui peut venir à cette heure ? Il soupire, se lève, met ses chaussons et sort de la chambre. Par la fenêtre du couloir, il aperçoit un homme debout derrière les grilles du jardin. Il porte un costume gris, une cravate, un chapeau, des gants et des chaussures noires. Il a deux mallettes à la main. L'homme s'impatiente, il sonne à nouveau. Max n'ouvre pas.

### Je me souviens

1. Dans les groupes nominaux soulignés, repère les déterminants. Recopie uniquement les articles.
2. Distingue les articles définis des articles indéfinis. Indique leur genre (masculin / féminin) et leur nombre (singulier / pluriel).

### Je découvre

3. Récris les phrases suivantes en remplaçant le nom en gras par ceux qui sont proposés. Puis entoure l'article contracté dans les phrases que tu as écrites.
   Il joue à la **course**. (*ballon* • *billes*)
   Il sort de la **chambre**. (*couloir* • *toilettes*)
4. Quand emploie-t-on *de* à la place de *des* ?
   Il porte des chaussures. • Il ne porte pas de chaussures. • Il porte de belles chaussures.

## Étape 2 Les déterminants possessifs

Max retourne dans sa **chambre**, ôte ses **chaussons**, s'allonge sur son **lit** et lit son **histoire** préférée.

### Je me souviens

5. Relève les déterminants possessifs qui précèdent les noms en gras. Pourquoi les appelle-t-on ainsi ?
6. Indique le genre et le nombre de chaque déterminant possessif. Quel déterminant est employé devant le nom féminin *histoire* ? Pourquoi ?
7. Pour trouver les autres déterminants possessifs, récris la phrase en remplaçant *Max* par *je*, par *tu*, par *nous*, par *vous* puis par *Max et Julie*.

### Je conclus

1. Cite les articles définis puis les articles indéfinis en précisant leur genre et leur nombre.
2. Cite les déterminants possessifs en précisant leur genre et leur nombre. Explique ce qu'ils indiquent.

→ Mémo p. 267

# Je m'entraîne

## Étape 1

**1 * Relève tous les déterminants.**

Quand ses parents sont rentrés, le jeune garçon a raconté la venue de l'homme au costume gris et aux mallettes. Son père s'est alors écrié : « C'est Alex, un collègue de mon bureau ! Il rapportait sans doute ma mallette. J'avais dû l'oublier. »

**2 * Recopie chaque nom en ajoutant un article défini.**

métro • draps • chemise • images • ciel • abeille • bateaux • hiver • beauté • verbe • phrase • ortie

**3 * Recopie chaque nom en ajoutant un article indéfini.**

clou • lettres • parasols • poupée • points • trousse • musée • enfants • touriste • hiboux • cabane

**4 ** Complète chaque phrase avec *à la* ou *au*.**

a. Quand feras-tu un gâteau … chocolat ?
b. Nous écrirons … sœur de ton ami.
c. Le cuisinier a préparé un coq … vin.
d. Elle arrive toujours … dernière minute !

**5 ** Complète chaque phrase avec *au* ou *aux*.**

a. Elle a mangé de la tarte … pommes.
b. Les enfants ont assisté … spectacle de magie.
c. Ce poisson se mange avec une sauce … beurre.
d. Je rends parfois visite … personnes âgées.

**6 *** Complète chaque phrase avec *de la* ou *du*.**

a. Les habitants de cet immeuble se plaignent … bruit.
b. On se souvient encore … tempête de 1999.
c. Léo se remet difficilement … grippe.
d. Je profite … beau temps pour jardiner.
e. Nous sommes satisfaits … résultat.

**7 *** Complète chaque phrase avec *du* ou *des*.**

a. Nous avons parlé … vacances avec elle.
b. Le maire a parlé … problèmes de chauffage.
c. Les jardiniers taillent les arbres … parc.
d. J'attends le passage … facteur.
e. Elle a la garde … animaux … voisin.

**8 *** Complète chaque phrase avec *des*, *de* ou *d'*.**

a. J'ai photographié … magnifiques paysages.
b. Ils viennent d'acheter … poissons rouges.
c. Nous avons vu … énormes bisons.
d. Ils ont rencontré … chèvres sur la route.
e. Elle ne mange jamais … frites.

## Étape 2

**9 * Classe les déterminants de l'exercice 1 en deux colonnes : articles / déterminants possessifs.**

**10 * Recopie chaque nom en ajoutant un déterminant possessif.**

voyage • lunettes • maison • ours • jeux • âne • photo • chaussures • effaceur • yeux • bracelet

**11 * Recopie chaque phrase avec le déterminant possessif qui convient.**

a. Léo a perdu (*ses / sa*) clés de maison.
b. Nous réserverons (*nos / notre*) voyage demain.
c. Pense à rendre (*ton / tes*) livres à la maîtresse.
d. Nos parents ont invité (*leurs / leur*) amis.
e. J'aime promener (*mon / mes*) chien.

**12 ** Recopie chaque phrase avec le déterminant possessif qui convient.**

a. Chez elle, Ilona a rangé (*sa / ta*) chambre.
b. (*Notre / Votre*) chat est malade, vous devriez l'emmener chez le vétérinaire.
c. Ils sont déçus car (*leur / son*) voyage est annulé.
d. Je suis préoccupée : (*mes / ses*) bottes ont disparu.

**13 ** Associe les noms et les déterminants pour écrire tous les groupes nominaux possibles.**

**Noms :** oiseaux • sac • horloge • nombre
**Déterminants :** un • son • les • leur • notre • une • ses

**14 *** Complète ce texte avec les articles et les déterminants possessifs qui conviennent.**

C'est aujourd'hui vendredi. … autres matins, il se recouche après avoir arrêté … réveil et prend cinq minutes supplémentaires jusqu'à ce que … mère vienne le tirer … lit ; mais … vendredis ne sont pas … matins ordinaires.
… mère travaille très tard … jeudi soir … théâtre et elle fait … grasse matinée ; … père est parti depuis longtemps … bureau.

Paul Fournel, *Les Aventures très douces de Timothée*,
© Hachette Jeunesse.

**15 *** Écris la conversation entre deux enfants qui font l'inventaire des objets qui se trouvent dans leurs cartables.**

■ Utilise des articles et des déterminants possessifs différents dans tes groupes nominaux.

6

# Les déterminants (2)

## Étape 1 Les déterminants démonstratifs

**Au musée**

Au cours de la visite du musée, le guide nous a montré des objets datant du Moyen Âge :
« Ce vitrail représente des joueurs d'échecs.
Cet ensemble de bijoux a été trouvé à Colmar. Ces bagues sont des bagues de mariage.
Cette épée s'appelle Joyeuse, elle a appartenu à Charlemagne.
Les enfants jouaient avec ces sifflets. »

### Je découvre

1. **Montre les objets que présente le guide. Quels mots utilise-t-il devant le nom de chaque objet ? Pourquoi ?**
2. **Indique le genre (masculin / féminin) et le nombre (singulier / pluriel) du nom qui suit chaque déterminant démonstratif : *ce*, *cet*, *cette*, *ces*. Pourquoi emploie-t-on *cet* devant *ensemble de bijoux* au lieu de *ce* ?**

## Étape 2 Les déterminants interrogatifs

Après la visite du musée, en classe, la maîtresse a demandé :
« Quel vitrail avez-vous trouvé le plus beau ? Quelle statue avez-vous aimée ? Quelles bagues avez-vous préférées ? Quels objets de la vie quotidienne voudriez-vous dessiner ? »

### Je découvre

3. **Indique sur quels éléments vus au musée la maîtresse pose des questions.**
4. **Dans les phrases interrogatives, identifie le déterminant et le nom des groupes nominaux soulignés. Quel est le genre et le nombre du nom qui suit chaque déterminant interrogatif ? Observe l'orthographe de ces déterminants.**

### Je conclus

1. Cite les différents déterminants démonstratifs. Dans quelle situation les utilise-t-on ?
2. Quels sont les différents déterminants interrogatifs ? Donne un exemple de phrase interrogative avec un déterminant interrogatif. Indique sur quel nom porte l'interrogation et explique l'orthographe du déterminant.

→ Mémo p. 268

## Je m'entraîne

### Étape 1

**1** * **Indique le genre et le nombre de chaque groupe nominal.**

ces beaux légumes • ce chapeau de pluie • ces lunettes de soleil • cet animal • cette robe d'été • ces livres d'art • ce gros singe • ces autos neuves

**2** * **Parmi les groupes nominaux soulignés, recopie uniquement ceux qui sont construits avec un déterminant démonstratif.**

a. Quelles sont ces étoiles dans le ciel d'été ?
b. Parmi tous vos vêtements, je préfère cette robe.
c. Cet arbre est le plus vieux de la forêt.
d. J'entends les rires des enfants sous ce chapiteau.

**3** ** **Récris ces phrases en changeant le nombre des groupes nominaux soulignés.**

a. Nous avons reçu cette lettre hier.
b. Nous n'aimons pas du tout ces films d'horreur.
c. Mon oncle a recueilli ce chien.
d. Quand couperez-vous ces arbres morts ?
e. Cet homme et ce garçon sont mes amis.
f. Visiterez-vous cette ville ?

**4** ** **Récris les phrases avec *ces*** (déterminant démonstratif) **ou *ses*** (déterminant possessif).

a. Alex est déçu car il a raté … examens.
b. Regardez … merveilleuses montagnes !
c. À cause de … orages à répétition et de la grêle, Paul a perdu toutes … salades.
d. Vois-tu … filles ? Ali m'a dit que ce sont … sœurs.

### Étape 2

**5** * **Classe les groupes nominaux soulignés en deux colonnes : GN avec déterminant démonstratif / GN avec déterminant interrogatif.**

a. À quelle heure arrive cet avion ?
b. Cette année, quels élèves partent en classe de mer ?
c. Ces animaux ne sont pas dangereux.
d. Quel temps fait-il dans ce pays ?
e. Quelles fleurs avez-vous semées dans ce massif ?

**6** ** **Complète les phrases avec le déterminant qui convient : *cet*, *ce*, *cette*, *ces*, *quel* ou *quelles*.**

a. … élèves sont très bruyants.
b. Dans … village habite … petite fille ?
c. … plantes dois-je arroser dans … jardin ?
d. À qui appartient … ordinateur ?

**7** ** **Récris ces phrases en changeant le genre des groupes nominaux soulignés.**

a. Quel infirmier travaille dans cet hôpital ?
b. Quel chien préfères-tu ?
c. Quelles chanteuses écoutent-ils ?
d. Chez quelle amie iras-tu dimanche ?
e. Pour quels invités sont ces cadeaux ?

**8** *** **Récris ces phrases en changeant le genre des groupes nominaux sujets.**

a. Ce nouveau commerçant vend des lunettes.
b. Ces magiciens habiles font des merveilles.
c. Quel musicien célèbre joue ici ce soir ?
d. Cette amie de ton frère est très drôle.

**9** *** **Récris ces phrases en changeant le nombre des groupes nominaux sujets.**
**Fais les accords nécessaires.**

a. Ces personnes habitent à côté de la mairie.
b. Cette vieille maison appartient au père de Léo.
c. Ces énormes chiens mangent beaucoup !
d. Quel élève a les meilleurs résultats ?
e. Quelles plantes poussent le plus vite ?
f. Cet insecte volant agace tout le monde.

**10** *** **Complète chaque phrase avec un déterminant interrogatif et un ou des déterminant(s) démonstratif(s).**

*Exemple :* **Quelles** fleurs voulez-vous ?
Nous aimerions **ces** roses.

a. … animaux as-tu recueillis ? J'ai adopté … chienne et … deux chats.
b. … exercice a-t-elle raté ? Elle s'est trompée dans … problème.
c. … prunes mangez-vous ? Nous aimons surtout … prunes bleues.

**11** *** **Écris un dialogue entre Sarah et Léna. Sarah montre ses affaires à Léna (livres, jeux, déguisements…) et lui demande ses préférences.**

- Utilise des déterminants interrogatifs dans les questions de Sarah et des déterminants démonstratifs dans les réponses de Léna.
- Emploie les verbes *préférer*, *choisir*, *aimer*, *vouloir*.

→ D'autres exercices sur le fichier d'activités

7

# Le verbe

## Étape 1 Le verbe et son infinitif

| | |
|---|---|
| **attacher** v. (conjug. 1) 1. Faire tenir une chose, un animal ou une personne par un lien. contr. ① **détacher**. *Le cavalier a attaché son cheval à la barrière. Julie attache ses cheveux avec une barrette.* 2. Joindre les deux parties d'une chose. *Les passagers de l'avion attachent leur ceinture de sécurité.* → **boucler**. | **paraître** v. (conjug. 57) 1. Se montrer. *Un sourire parut sur ses lèvres.* → **apparaître**. 2. Être édité, mis en vente. *Son prochain roman paraîtra dans un an. Cette revue paraît une fois par mois.* 3. Avoir l'air. → **sembler**. *Julie paraissait contente de ses cadeaux. Son père paraît jeune,* il fait jeune. 4. *Il paraît que,* on dit que. *Il paraît que Paul va avoir une petite sœur.* |

*Le Robert Junior, 8-11 ans,* © *Le Robert,* 2010.

**Je me souviens**

1. Quels verbes sont définis ? Quel est le verbe d'action ? Quel est le verbe d'état ?
2. Quelle forme utilise-t-on pour nommer un verbe ?
3. Retrouve, dans ces articles de dictionnaire, d'autres verbes à l'infinitif puis recopie-les.
4. Relève les verbes dans les phrases en italique. Pourquoi les verbes prennent-ils des formes différentes ?

## Étape 2 Les groupes

faire • mélanger • prendre • être • sentir • avoir • grandir • aller • pouvoir • trouver • montrer • agir • partir • dormir • craindre • entendre • voir • dire • pleurer • crier

**Je me souviens**

5. Classe les verbes à l'infinitif en quatre colonnes.

| verbes du 1er groupe | verbes du 2e groupe | verbes du 3e groupe | auxiliaires |
|---|---|---|---|
| ~ | ~ | ~ | ~ |

6. Quel verbe terminé par *-er* appartient au 3e groupe ?
7. Comment distingues-tu un verbe du 2e groupe d'un verbe du 3e groupe terminé par *-ir* ?

## Étape 3 Verbe ou nom ?

**A.** Pendant le **déjeuner**, Lucas entend les **rires** de sa petite sœur.
**B.** Quand il est en train de **déjeuner**, Lucas entend **rire** sa petite sœur.

**Je découvre**

8. À quelle classe grammaticale appartiennent les mots en gras de la phrase A ? et ceux de la phrase B ? Que constates-tu ?
9. Comment différencies-tu les verbes des noms ?

**Je conclus**

1. Que peut indiquer un verbe ? Qu'est-ce qui le fait varier ? Quelle forme utilise-t-on pour nommer un verbe ?
2. Explique le classement des verbes.
3. Dans une phrase, quand un même mot peut être un verbe ou un nom, comment sais-tu à quelle classe grammaticale il appartient ?

→ Mémo p. 268

GRAMMAIRE

## Je m'entraîne

### Étape 1

**1 * Classe les verbes en gras en deux colonnes : verbes d'action / verbes d'état.**

a. Maman **étend** le linge dans le jardin.
b. Maël **reste** silencieux.
c. La tornade **arrache** tout sur son passage.
d. **Es**-tu prêt à partir ?
e. Claire **souffle** ses bougies d'anniversaire.

**2 * Écris l'infinitif des verbes conjugués soulignés.**

a. Nico <u>participe</u> à une compétition.
b. Nous <u>faisons</u> des études de médecine.
c. Tu <u>es</u> en CM1.
d. Le matin, vous <u>prenez</u> une douche.

**3 * Écris l'infinitif des verbes conjugués.**

a. Le promeneur ramasse des champignons.
b. Les chevaux franchissent les obstacles.
c. Vois-tu cette grosse étoile ?
d. Cet homme âgé a 101 ans !
e. Pendant les vacances, je dors plus longtemps.

**4 ** Recopie uniquement les verbes.**

courir • oublier • petit • tablier • gagner • vert • offrir • panier • premier • écrire • danser • réfléchir • bonnet • lire • orange • glisser • fleur

**5 ** Recopie chaque phrase avec le verbe qui convient.**

a. Hier, la mer (*était* / *sera*) agitée.
b. Souvent, ma sœur (*fait* / *fera*) des cauchemars.
c. Demain, nous (*sommes partis* / *partirons*) tôt.
d. Avant, on (*lavait* / *lave*) le linge à la main.

**6 ** Recopie chaque phrase avec le verbe qui convient.**

a. L'avion (*décollera* / *décolleront*) à 23 heures.
b. Tu (*travailles* / *travaille*) à l'étranger.
c. Les prix (*montes* / *montent*) sans arrêt !
d. Les mésanges (*a fini* / *ont fini*) leur nid.
e. Dimanche, nous (*irons* / *iront*) sur le lac.

**7 *** Écris l'infinitif des verbes conjugués.**

a. Demain, il fera beau et tu mettras ta nouvelle robe.
b. Vous éteindrez les lumières puis vous sortirez.
c. Maman a cousu l'ourlet de mon pantalon.
d. Elle joint un chèque à sa commande.
e. Cet élève ne sait jamais ses leçons.

### Étape 2

**8 * Recopie uniquement les verbes du 1^er^ groupe.**

goûter • passer • grandir • connaître • aller • échapper • salir • griffer • construire • garnir • cuire • fouiller • charger • perdre • guérir • oser

**9 * Recopie uniquement les verbes du 2^e^ groupe.**

réussir • livrer • fournir • tenir • geler • remplir • fuir • couper • obéir • sentir • annoncer • réunir • plaire • dire • pâlir • appuyer • arroser • bondir

**10 ** Récris chaque phrase avec le verbe du groupe indiqué.**

a. (*grossissent* / *poussent*) Les plantes …. → 1er groupe
b. (*cuit* / *déguste*) Mamie … un gâteau. → 3e groupe
c. (*regardent* / *applaudissent*) Ils … les musiciens. → 2e groupe
d. (*allez* / *participez*) Vous … à la pêche ? → 3e groupe
e. (*cours* / *travaille*) Je … mieux que toi ! → 1er groupe

### Étape 3

**11 * Recopie chaque phrase puis indique si le mot souligné est un verbe ou un nom.**

a. C'est le <u>devoir</u> de tous de respecter la nature.
b. Il a pris son billet de train pour l'<u>aller</u> seulement.
c. Voudrais-tu <u>aller</u> à la pharmacie ?
d. On attend son bon <u>vouloir</u> pour commencer.
e. Elle va finir par me <u>devoir</u> beaucoup d'argent !
f. Croyez-vous qu'ils vont <u>vouloir</u> venir ?

**12 ** Complète chaque phrase avec le mot de la liste qui convient. Indique ensuite si le mot est un nom ou un verbe.**

*savoir* • *avoir* • *toucher* • *lever*

a. Ce tissu est très doux au ….
b. Les randonneurs sont partis avant le … du soleil.
c. Il vient d'… son bac.
d. Le … de ce grand professeur est immense.

**13 *** Écris plusieurs phrases pour raconter ce que fait le Petit Chaperon rouge.**

■ Utilise des verbes à l'infinitif et des verbes conjugués du 1er, du 2e et du 3e groupe.

# Les pronoms personnels

## Étape 1 Les pronoms personnels de 1re et 2e personnes

*À la fin du XIXe siècle, Claudine a onze ans, elle travaille dix heures par jour dans l'atelier de son père à tisser de la soie.*

Aujourd'hui dimanche, Claudine et son oncle vont voir le docteur Granville. **Il les** reçoit dans son bureau. […]

– Voici ma nièce, dit Oncle Pierre. **Elle** tousse beaucoup. **J'**aimerais que **vous l'**examiniez.

– Voyons voir, dit le médecin. **Il l'**ausculte. […]

– Ce que **tu** as, **je** vais **te** le dire franchement. Ton oncle **m'**a dit que **tu** étais une fille courageuse. Et pour ta maladie, il n'y a que **toi** qui puisses **te** guérir. **Moi**, **je** n'y peux pas grand-chose. **Tu** as la tuberculose.

– Les gens en meurent ! s'écrie Claudine.

– Pas tous, pas toujours ! […] Si **tu** veux vraiment guérir, **tu** y arriveras. **Je te** fais confiance. Allons retrouver ton oncle. Et tout en discutant, **nous** pourrons regarder mes livres.

Marie-Christine Helgerson, *Claudine de Lyon*, © Flammarion.

**Je me souviens**

1. Indique qui est désigné par chaque pronom personnel en vert.
2. Recopie les pronoms personnels de 1re personne puis ceux de 2e personne. Souligne les pronoms singuliers et entoure les pronoms pluriels.

## Étape 2 Les pronoms personnels de 3e personne

**Je me souviens**

3. Dans le texte de l'étape 1, indique les noms remplacés par les pronoms personnels en rouge.
4. Indique le genre et le nombre de chacun de ces pronoms personnels de 3e personne.

## Étape 3 Le pronom *on*

**A.** « Je suis au CM1, dit Luc, et on a lu le livre *Claudine de Lyon*. On a bien aimé l'histoire. »
**B.** Actuellement, dans les pays pauvres, on meurt encore de tuberculose.

**Je découvre**

5. Qui est désigné par *on* dans la phrase A ? Par quel pronom peut-on le remplacer ?
6. Dans la phrase B, qui meurt encore de la tuberculose ? Est-ce que quelqu'un de précis est désigné ? *On* est un pronom indéfini de 3e personne.

**Je conclus**

1. À quoi servent les pronoms personnels de 1re et 2e personnes ? Cites-en quelques-uns.
2. Quels pronoms personnels de 3e personne peux-tu citer ? Quand les utilise-t-on ?

→ Mémo p. 269

## Je m'entraîne

### Étape 1

**1 * Recopie chaque pronom souligné et écris qui il désigne.**

a. Luc dit à Théo : « Attends-moi, je viens avec toi ! »
b. « Anaïs et Zoé, vous me donnerez vos cahiers », dit le maître.
c. « Ali, tu veux bien me prêter ta console de jeux ? Je te la rapporterai demain », demande Noah.

**2 ** Complète chaque phrase avec le pronom de la liste qui convient.**

*me • nous • vous • toi*

a. Je t'ai donné mon stylo, maintenant il est à ….
b. Le voisin avait emprunté ma tondeuse, il … l'a rendue hier.
c. Nous avons écrit au directeur, il … a répondu.
d. Vous avez été très sérieux, je n'ai rien à … dire.

**3 *** Complète chaque phrase avec les pronoms qui conviennent.**

a. … ne pouvons pas aller chez lui samedi, il … invitera un autre jour.
b. Si tu veux un animal, on … donnera un chat.
c. Je souhaiterais que quelqu'un … conduise à la gare demain matin.
d. … suis arrivée hier. Et …, quand es-tu arrivé ?

### Étape 2

**4 * Recopie les pronoms soulignés puis indique les noms qu'ils remplacent.**

Cinq mois ont passé. Tante Yvette et Oncle Pierre ont invité le docteur Granville. Ils veulent lui faire constater les progrès de Claudine : elle prend des couleurs, elle mange et dort bien. Le docteur lui a apporté un cadeau. Il sort de sa serviette une boîte d'aquarelle.

**5 ** Classe les pronoms soulignés selon leur genre et leur nombre.**

a. Elle achète un collier et le donne à sa sœur.
b. Il téléphone à ses copains, il leur demande de venir l'aider puis il les invite à manger.
c. Victor est sorti, mais elles peuvent l'attendre.
d. Ils cherchent une clé mais ne la trouvent pas.

**6 ** Récris les phrases en remplaçant chaque pronom personnel souligné par un GN.**

a. Ils attendent le métro.
b. La dame leur raconte une histoire.
c. Veux-tu lui parler ?
d. Elle fera du camping aux prochaines vacances.

### Étape 3

**7 ** Recopie chaque phrase en remplaçant le GN souligné par un pronom personnel.**

a. Elsa ramasse des champignons et met les champignons dans un panier.
b. John téléphone à ses copains et propose à ses copains de venir dîner avec lui.
c. Elle paie avec sa carte puis range sa carte.
d. Aline est avec son amie, elle confie ses ennuis à son amie.
e. Papi appelle son chien et emmène son chien en promenade.

**8 * Récris chaque phrase en remplaçant le groupe de mots souligné par le pronom *on*.**
**Fais les accords nécessaires.**

a. Tout le monde ira voir le match de tennis.
b. Nous partirons avec Maxime.
c. Quelqu'un a trouvé la solution à notre problème.
d. Des enfants observent le ciel avec un télescope.

**9 ** Récris chaque phrase en remplaçant le pronom *on* par l'un des GN proposés.**
**Fais les accords nécessaires.**

*les conseillers municipaux • les élèves • tout le monde • Pierre et moi • les femmes*

a. On partira en fin de matinée.
b. On est d'accord avec la proposition du maire.
c. Autrefois, on lavait le linge au lavoir.
d. On apprend beaucoup de choses à l'école !
e. On doit respecter la nature.

**10 ** Recopie ce texte puis entoure tous les pronoms personnels (sujets et compléments).**

Un garçon dort dans une chambre isolée. Une nuit, il fait un cauchemar. Il croit voir des fantômes et hurle. Sa maman arrive. Elle le rassure et l'enfant se rendort. Le lendemain, ses parents lui parlent de son vilain rêve. Mais ils n'insistent pas, car leur fils ne les croit pas. Il a déjà tout oublié !

**11 *** Écris plusieurs phrases pour raconter ce que tu vois sur le dessin.**

■ Emploie des pronoms personnels sujets et des pronoms personnels compléments.

→ D'autres exercices sur le fichier d'activités

9

# Les pronoms relatifs



## Étape 1 Les pronoms relatifs *qui, que, qu'*

*Quatre enfants essaient de faire peur au directeur d'un chantier qui veut démolir un quartier pour construire un supermarché. Ils se déguisent en monstres mais ils dégringolent dans un trou et arrivent dans une galerie.*

Zazou ôta le drap **qui lui couvrait toujours la tête**. Antoine s'en frictionna pour effacer les taches de Mercurochrome sur ses joues. Il le passa à Tsin, **qui abandonna son balai** et se débarrassa de son maquillage de fond de teint et de cirage ; quant à Rostam, il arracha d'un coup sec la fermeture Éclair collée sur son front et les boulons **qui ornaient son cou à la manière de Frankenstein**... Il n'était plus temps de jouer aux monstres. [...]

– Allez, en route ! lança Antoine, décidé à prendre la direction des opérations.

Après avoir marché longtemps, ils trébuchèrent soudain sur un objet par terre : le balai de sorcière **qu'avait abandonné Tsin**. Ils comprirent qu'ils avaient tourné en rond dans les souterrains.

Fatigués, ils s'assirent en songeant aux recherches **que l'on avait dû entreprendre pour les retrouver**.

Thierry Jonquet, *Les Fantômes de Belleville*, © Mango Jeunesse.

### Je découvre

1. Observe les propositions relatives en gras. Quels mots les introduisent ? Ce sont des pronoms relatifs.
2. À quel nom ou à quel groupe nominal chaque pronom relatif renvoie-t-il ? Où se trouve ce nom, ou ce groupe nominal, par rapport au pronom relatif ?
3. Compare les deux propositions relatives ci-dessous. Quand emploie-t-on *qu'* au lieu de *que* ?

qu'avait abandonné Tsin • que Tsin avait abandonné

## Étape 2 Le pronom relatif *où*

Dans le souterrain **où ils sont**, les enfants entendent l'écho des rames de métro et le gargouillis des égouts. Un peu plus loin, ils sentent une odeur de chausson aux pommes. Ils arrivent dans une caverne **où ils aperçoivent quatre fantômes à table**.

Thierry Jonquet, *Les Fantômes de Belleville*, © Mango Jeunesse.

### Je découvre

4. Recopie les propositions relatives introduites par le pronom *où*.
5. À quel groupe nominal chaque pronom relatif *où* renvoie-t-il ? Quelle sorte de précision ces groupes nominaux apportent-ils ?

### Je conclus

1. Cite des pronoms relatifs. Où sont-ils placés ? Dans une phrase, à quoi renvoie un pronom relatif ? Donne un exemple.

2. À quoi renvoie le pronom relatif *où* ?

→ Mémo p. 269

## Je m'entraîne



### Étape 1

**1 * Recopie les propositions relatives et entoure les pronoms relatifs.**

Ces vrais fantômes tout gris mangeaient avec appétit. Le premier fantôme, qui avait parlé de gâteau, était une fantômette. Le deuxième fantôme piquait des merguez qu'il faisait rôtir sur le feu. Le troisième avait une grande robe qui était toute brodée. Le quatrième coupait du pain que son voisin lui prit aussitôt.

**2 * Recopie uniquement les phrases avec un pronom relatif.**

a. Je connais un homme qui a dix filles !
b. Il a revendu le vélo qu'il venait d'acheter.
c. Le coq court après les poules et leur donne des coups de bec.
d. Il faut rendre à Marc les outils qu'il nous a prêtés.
e. Vous achèterez les produits les moins chers.

**3 * Recopie les phrases et souligne les noms auxquels les pronoms relatifs *qui* et *que* renvoient.**

a. Le docteur reçoit une dame qui tousse beaucoup.
b. J'ai regardé les photos que j'ai prises hier.
c. J'aime bien le chat que mamie a recueilli !
d. Elle a reçu le colis qu'elle attendait.
e. Vive les repas qui proposent du poisson !

**4 * Complète chaque phrase avec le pronom relatif *que* ou *qu'*.**

a. Cet arbre … tu vois est centenaire.
b. Ce vase … elle admire date de l'Antiquité.
c. Samia ne joue jamais à ce jeu … elle n'aime pas.
d. Le manège … les forains installent est très impressionnant.
e. La voiture … Alex a achetée est électrique.

**5 * Complète chaque phrase avec *qui*, *que* ou *qu'*.**

a. Regarde les canards … barbotent dans la mare.
b. J'ai croisé le petit Romuald … tu connais bien.
c. Nous récoltons les radis … nous avons semés.
d. Il a acheté les chaussures … il préférait.
e. Écris le pronom … convient.

**6 *** Complète chaque phrase avec une proposition relative de ton choix.**

a. Nous connaissons un boulanger qui ….
b. Le bûcheron a abattu les vieux arbres qui ….
c. Tu rangeras le pantalon que ….
d. Cet enfant aime les contes qui ….
e. Regarde le gros poisson qu' … !

**7 *** Recopie les phrases et souligne les groupes nominaux auxquels les pronoms relatifs *qui*, *que* ou *qu'* renvoient.**

a. Éteins la lampe du salon que j'ai laissée allumée.
b. Ce n'est pas du carrelage pour cuisine qu'il a commandé !
c. Il a des livres de contes qui sont très anciens.
d. Où est le seau en plastique que j'ai préparé ?

### Étape 2

**8 * Récris chaque phrase puis souligne le nom auquel le pronom relatif *où* renvoie.**

a. Montre-nous le trou où la balle est tombée.
b. Je ne reconnais plus la rue où j'habitais.
c. La maison où il est né a disparu.
d. Elle cherche l'allée où elle a garé sa voiture.

**9 ** Complète chaque phrase avec une proposition relative introduite par *où*.**

a. Est-ce que tu retrouveras l'endroit … ?
b. J'aime beaucoup cette cabane ….
c. Elle retournera un jour dans ce pays ….
d. Tu nous montreras le meuble ….

**10 ** Complète chaque phrase avec *où*, *qui*, *que* ou *qu'*.**

a. Elle préfère les pulls … sont légers.
b. Il mange seulement les fruits … il récolte.
c. Voici l'endroit du jardin … je me repose en été.
d. Ce sont les châteaux … Camille a visités.

**11 *** Complète chaque phrase avec une proposition relative de ton choix. Utilise les pronoms relatifs étudiés : *qui*, *que*, *qu'* et *où*.**

a. Nous donnons du pain aux canards ….
b. Indique-nous le lieu ….
c. Voici la revue ….
d. Présentez-moi cette personne ….

**12 *** Écris quatre phrases pour raconter ce que tu vois sur les dessins.**

■ Utilise les pronoms relatifs *qui*, *que*, *qu'* et *où*.

→ D'autres exercices sur le fichier d'activités

# 10 Les adverbes de lieu, de temps et de manière

## Étape 1 Les adverbes, des mots invariables

Thomas avait pris <u>résolument</u> les rames pour cette promenade en famille dans le marais. <u>Parfois</u>, la barque partait de travers, <u>alors</u> il la redressait <u>habilement</u>. Il s'en sortait <u>bien</u>. <u>Au loin</u>, on a aperçu les vestiges d'un ancien donjon. <u>Jadis</u>, un château se dressait sur la colline. Dans ce cadre paisible, le temps a passé <u>vite</u>. Quand nous sommes descendus de la barque, nous sommes allés <u>aussitôt</u> visiter l'écomusée. Il nous fallait <u>en effet</u> connaître l'histoire du marais.

### Je me souviens

**1.** **Relève les mots invariables soulignés. À quelle classe grammaticale appartiennent-ils ?**

**2.** **Lesquels sont formés de plusieurs mots ?**

**3.** **Compare les phrases dans chaque série. Les adverbes ont-ils changé ?**

**a.** Le temps passe vite. • Les heures passent vite.

**b.** Il redresse la barque habilement. • Ils redressent les barques habilement.

## Étape 2 Le sens des adverbes

**Hier**, je me suis installée **dehors**, **tranquillement**. Je cherchais un nom pour le chat que l'on devait recueillir **aujourd'hui**. J'ai cherché **longtemps** et **enfin**, j'ai trouvé : Charlie ! Cela me plaisait **bien**. Je m'imaginais jouant avec lui, **là-bas** dans le pré. Tout à coup, j'ai sursauté, maman m'appelait pour le dîner. Je suis rentrée **précipitamment** en répétant « Charlie », « Charlie », « Charlie »…

Comme j'avais l'esprit **ailleurs**, je n'ai pas fait attention à la porte vitrée. Ma tête l'a violemment heurtée et je me suis retrouvée à moitié assommée.

### Je découvre

**4.** **Classe les adverbes en gras selon la précision qu'ils apportent : lieu, temps ou manière.**

| lieu | temps | manière |
|---|---|---|
| … | … | … |

**5.** **Trouve d'autres adverbes de lieu, de temps ou de manière.**

**6.** **Observe les adverbes que tu as classés dans la 3e colonne du tableau : comment se terminent-ils le plus souvent ?**

### Je conclus

**1.** **Quelle est la particularité orthographique des adverbes ?**

**2.** **Sur quoi les adverbes apportent-ils des indications ? Donne des exemples.**

→ Mémo p. 269

## Je m'entraîne

### Étape 1

**1 * Recopie les phrases puis entoure les adverbes.**

a. Hier, elle a eu un chat.
b. Elle est calmement assise dehors.
c. Soudain, sa mère l'a appelée.
d. Elle est rentrée rapidement.
e. Sa tête a violemment heurté la porte vitrée.
f. Ils rentreront bientôt de vacances.
g. Vous avez mis de la terre partout !
h. Souvent, elle oublie ses affaires dans son casier.
i. Tu passeras ensuite chez le cordonnier.

**2 ** Récris chaque phrase en plaçant l'adverbe en gras au bon endroit.**

a. L'orage s'est calmé. **enfin**
b. Es-tu allé au Portugal ? **déjà**
c. Nous aimons les romans policiers. **beaucoup**
d. Regarde à droite et à gauche avant de traverser. **bien**
e. Cet été, l'eau de mer est fraîche. **plutôt**

**3 ** Récris les phrases en mettant les sujets au pluriel.**

a. Il veut vraiment changer de voiture ?
b. Le coq chante régulièrement à 5 heures 30.
c. Elle entend mal depuis plusieurs semaines.
d. Ce villageois habite loin de tout.

**4 *** Recopie uniquement les adverbes.**

énormément • ciment • fièrement • bouleversement • naturellement • commencement • vêtement • sérieusement • méchamment • doucement • aboiement • moment • honnêtement • réellement

### Étape 2

**5 * Classe ces adverbes en trois colonnes : lieu / temps / manière.**

bruyamment • tard • mieux • dedans • derrière • légèrement • autrefois • tout à coup • là-bas • vite • brusquement • maintenant • devant • aussitôt

**6 ** Récris chaque phrase avec l'adverbe de la liste qui convient.**

*pourtant • heureusement • peut-être • fort • aujourd'hui*

a. Cet enfant tape ~~~ sur son tambour !
b. Elle ne veut pas de sa viande : elle est ~~~ bonne.
c. On s'est ~~~ trompé d'adresse.
d. ~~~, il ne devrait pas pleuvoir.
e. ~~~, personne n'a été blessé dans l'accident.

**7 ** Récris chaque phrase en remplaçant l'adverbe en gras par un adverbe de même sens.**

a. Goûtez, et **après** vous irez jouer.
b. Un écrivain venait **quelquefois** à la maison.
c. On roulait sur l'autoroute quand **tout à coup** un pneu éclata.
d. Ils ont **rapidement** oublié leur dispute.
e. Elle est **sans doute** partie dans sa famille.

**8 ** Complète chaque phrase avec un adverbe de temps.**

a. Le vent a cassé une branche du sapin.
b. Le train est arrivé avec du retard.
c. Les seigneurs aimaient la chasse et la guerre.
d. Nous prendrons seulement deux valises.
e. On verra de merveilleux paysages.

**9 ** Complète chaque phrase avec un adverbe de lieu.**

a. Il fait toujours beau.
b. Au prochain carrefour, vous tournerez.
c. On n'entend rien la nuit.
d. Nous allons grimper.
e. Toute la journée, on a cherché le chat.

**10 ** Complète chaque phrase avec un adverbe de manière.**

a. Un escargot grimpe le long du mur.
b. Les voitures traversent le village.
c. Ils ont retrouvé leur chemin.
d. Simon fait ses devoirs.
e. Elle a compris ce que vous avez dit.

**11 *** Complète les phrases avec des adverbes qui conviennent.**

a. Il répète ~~~ la même chose !
b. Le prix de cette veste est ~~~ correct.
c. ~~~, nous recevons ~~~ de courrier.
d. Tu mangeras tes bonbons ~~~.
e. Elle a ~~~ mal à la tête.

**12 *** Écris une courte histoire en utilisant les adverbes suivants : *malheureusement, aujourd'hui, dehors, tout à coup, partout*.**

→ D'autres exercices sur le fichier d'activités

# Les mots de la négation



## Étape 1 Deux mots pour une négation

*Un jeune journaliste impertinent et rêveur n'écrit pas des articles ordinaires. Voici ce qu'il a écrit un jour dans la rubrique des faits divers du* Courrier populaire *:*

Hier soir, à la tombée de la nuit, une singulière aventure n'est pas arrivée à monsieur Baldoni, comptable, 42 ans, résidant au 39 *bis* de la rue Bitonto. En sortant du bureau pour rentrer chez lui, il ne s'est pas trouvé soudain face à face avec une femme masquée et armée d'un pistolet, qui ne lui a pas intimé l'ordre de lui remettre son portefeuille contenant son salaire mensuel.

Monsieur Baldoni n'a ainsi pas pu être victime du premier vol à main armée féminin enregistré dans notre ville. La foule des passants ne lui a donc pas témoigné sa sympathie pour le danger auquel il venait d'échapper.

Gianni Rodari, *Scoop !*, © Rue du Monde.

### Je me souviens

**1.** Dans la première phrase en italique, relève les deux mots de la négation. Où sont-ils placés quand le verbe est conjugué à un temps simple ?

**2.** Retrouve les deux mots de la négation dans les autres phrases négatives. Où sont-ils placés quand le verbe est conjugué à un temps composé ?

**3.** Quand emploie-t-on *n'* plutôt que *ne* ?

## Étape 2 Les différents mots de la négation

Le directeur du journal est furieux. Il ne comprend pas que le journaliste écrive un article alors qu'il ne s'est rien passé. « Il n'y a personne qui va acheter ce journal avec ce genre de nouvelles, lui dit-il. D'ailleurs, vous n'aurez plus l'occasion d'écrire dans mon journal, je ne veux jamais vous revoir ici, vous êtes licencié ! »

D'après Gianni Rodari, *Scoop !*, © Rue du Monde.

### Je me souviens

**4.** Relève les mots de la négation employés dans les phrases négatives. Quel mot retrouves-tu toujours ?

**5.** Récris le texte en commençant par « Le directeur du journal est content » et en terminant par « vous êtes augmenté ». Transforme les phrases négatives en phrases affirmatives. Par quels mots as-tu remplacé *rien*, *personne*, *plus* et *jamais* ?

### Je conclus

**1.** Quelle est la négation la plus employée ? Cite les deux mots de cette négation.

**2.** Cite les autres mots de la négation qui peuvent aussi être employés.

→ Mémo p. 270

## Je m'entraîne

### Étape 1

**1 * Recopie le texte et entoure tous les mots de la négation.**

Sur la nationale, il ne s'est pas produit de collision. Le gros camion n'a pas essayé de doubler le tracteur. Il n'a pas percuté de voitures. Ainsi, cinq passagers ne sont pas morts. Et il n'y a pas eu de blessés.

**2 * Complète les phrases avec *ne* ou *n'*.**

a. Elle ~ était pas contente de me voir.
b. Le répondeur ~ fonctionne pas.
c. Alex ~ est pas là aujourd'hui.
d. Vous ~ aimez pas la glace.
e. Les élèves ~ iront pas à Londres cette année.
f. Ils ~ vivent pas à la campagne.

**3 ** Écris ces phrases à la forme négative.**

a. Les fruits sont mûrs.
b. L'avion décollera à 23 heures.
c. Tom s'est déguisé pour Mardi gras.
d. Prendras-tu ton nouveau jeu ?
e. Il a pensé à apporter sa boussole.
f. Je retournerai dans ce pays !

• **Dans les phrases négatives, entoure les mots de la négation.**

**4 ** Écris ces phrases négatives au passé composé. Attention à la place des mots de la négation.**

a. Nous ne gardons pas nos amis à dîner.
b. Vous n'aimez pas cette chanson.
c. La fusée ne décolle pas à l'heure.
d. Je n'apprécie pas la chaleur.
e. Le téléphone ne sonne pas.
f. Cette fillette n'est pas très gentille.

### Étape 2

**5 * Recopie uniquement les mots de la négation.**

ne ... jamais • parfois • n'... pas • toujours • n'... rien • trop • tout à l'heure • ne ... personne • en avant • ne ... plus • bientôt • bien • ne ... pas • alors

**6 * Recopie uniquement les phrases négatives.**

a. Il ne pleut plus.
b. Je veux bien du café.
c. Connaissez-vous cette personne ?
d. Il n'a vu personne dans le champ.
e. Ils ne déménageront jamais !
f. On ira d'abord chez le dentiste.
g. La nuit, on n'entend pas de bruit ici.

**7 * Recopie les phrases et entoure les mots de la négation.**

a. Elle ne veut rien savoir.
b. Nous n'irons plus dans cette maison.
c. Vous n'avez pas voulu revenir ce jour-là.
d. Ne prends jamais ce chemin dangereux !
e. Ces gens n'invitent personne.

**8 ** Écris une phrase avec chacune des négations suivantes.**

ne ... rien • ne ... plus • ne ... jamais • ne ... personne

**9 ** Complète les phrases avec les mots de la négation qui conviennent.**

*n' • plus • rien • pas • personne • ne*

a. Il y a beaucoup de nuages, l'astronome ~ voit ~ dans son télescope.
b. Je suis au régime, je ~ remets ~ de sel dans les aliments.
c. La couturière est au chômage, elle ~ a ~ de travail.
d. La rue est déserte, je ~ ai rencontré ~.

**10 ** Écris ces phrases à la forme négative.**

a. On veut encore écouter la musique.
b. Cindy veut se laver les cheveux.
c. Cet enfant raconte tout à ses copains.
d. Elle monte toujours les cinq étages en courant !
e. Elle reconnaît quelqu'un sur la photo.

• **Entoure les négations que tu as employées.**

**11 *** Écris ces phrases interrogatives à la forme négative.**

a. Viendrez-vous à mon anniversaire ?
b. Veut-elle encore de la viande ?
c. Savent-ils tout sur cette affaire ?
d. Revient-il toujours dans cette région ?

**12 *** Récris les phrases en employant les mots de la négation ci-dessous.**

*rien ne ... • aucun ne ... • personne ne ....*

a. Quelque chose le perturbe.
b. Tout le monde sait qu'il est là.
c. Tous les camions roulent.
d. Quelqu'un me l'a dit.

**13 *** Écris un court article à la manière du jeune journaliste de *Scoop !*.**

■ Essaie d'utiliser différents mots de la négation.

*Hier, le cambrioleur n'a pas pénétré dans ~*

→ D'autres exercices sur le fichier d'activités

GRAMMAIRE

12

# Le sujet

GRAMMAIRE

## Étape 1 Trouver le sujet

Il était une fois un chat, un merle et un coq à la crête d'or.

Les trois animaux vivaient au milieu de la forêt. Ils habitaient dans une petite isba. Un jour, le chat et le merle disent au coq :

– Nous partons très loin, tu restes à l'isba pour faire le ménage. Surtout, tu ne chantes pas. Si la renarde vient, tu ne regardes pas par la fenêtre et tu restes silencieux.

D'après un conte populaire russe, *Le Coq à la tête d'or* (à suivre).

### Je me souviens

1. Identifie le sujet de chaque verbe souligné. Pour repérer le sujet de chaque verbe, réponds à la question *qui est-ce qui… ?*
   Tu peux aussi l'encadrer par *c'est … qui* ou *ce sont … qui*.
2. Relis et écris la quatrième phrase en remplaçant le sujet par *le chat*.
   Que constates-tu à l'oral ? et à l'écrit ?

## Étape 2 La place du sujet

Du fond de l'isba monte **un cocorico retentissant**. **Le coq à la crête d'or** a oublié les recommandations de ses amis. **La renarde**, aussitôt, accourt vers l'isba :

– Mon Chanteclair, **je** ne te vois pas. Où es-**tu** ? J'ai pour toi des petits pois **qui** sont bien tendres. **Ces petits pois que tu aimes** sont là dans mon panier.

Alors, **Chanteclair** ouvre la fenêtre de l'isba.

D'après un conte populaire russe, *Le Coq à la tête d'or* (suite p. 171).

### Je découvre

3. De quel verbe chaque mot ou groupe de mots en gras est-il le sujet ?
   Où le sujet est-il placé par rapport au verbe ?
4. Par quoi le sujet est-il séparé du verbe dans la 3e phrase ?

## Étape 3 À quelles classes grammaticales peuvent appartenir les sujets ?

### Je découvre

5. Classe les sujets en gras du texte de l'étape 2 en quatre colonnes :
   groupes nominaux / noms propres / pronoms personnels / pronoms relatifs.
6. Quels autres pronoms personnels peuvent être sujets ?

### Je conclus

1. Explique comment on trouve le sujet d'un verbe.
2. Indique où peut être placé le sujet d'un verbe.
3. Écris une phrase avec un verbe et un groupe nominal sujet. Remplace ensuite le groupe nominal sujet par un pronom.
   À quelle classe grammaticale peut appartenir le sujet d'un verbe ?

→ Mémo p. 270

## Je m'entraîne

### Étape 1

**1 * Indique le sujet de chaque verbe en gras.**

La renarde **saisit** le coq dans ses griffes. Elle l'**emporte** dans son trou. Alors, le coq **crie** de toutes ses forces. Le chat et le merle **entendent** les cris du coq. Ils **poursuivent** la renarde et ils la **rattrapent**. Avec son bec, le merle la **pique**, et le chat la **griffe**.

D'après un conte populaire russe, *Le Coq à la tête d'or* (fin).

**2 * Récris les phrases en encadrant les sujets par *c'est ... qui* ou *ce sont ... qui*.**

a. La lune se reflète dans le lac.
b. Les lions courent dans la savane.
c. Les clients choisissent leurs produits.
d. Un bébé pleure dans son berceau.
e. Un nouveau lampadaire éclaire la cour.

**3 * Recopie les phrases, souligne les verbes conjugués et entoure les sujets.**

a. Chaque jour, la poule blanche pond un œuf.
b. Les vagues passent par-dessus la digue.
c. Dans le bois, on cherchera du muguet.
d. Max et Julien jouent aux billes.
e. La mer use la falaise.

### Étape 2

**4 * Recopie chaque phrase avec le sujet qui convient.**

a. Aujourd'hui, (*le train* / *les trains*) ont du retard.
b. (*L'auteur* / *Les auteurs*) parle de son dernier livre.
c. (*Nous* / *Vous*) prenez du thé ou du café ?
d. Pourquoi veux-(*tu* / *il*) partir ?
e. (*Zoé* / *Zoé et Émilie*) font des crêpes.

**5 ** Recopie les phrases, souligne les verbes conjugués et entoure les sujets.**

a. Quand planteras-tu les nouveaux pommiers ?
b. Les seigneurs, au Moyen Âge, faisaient souvent la guerre.
c. Ma cousine, à la prochaine rentrée, ira au CP.
d. Au loin apparaissent de gros nuages noirs.
e. Au volant de sa voiture, cet homme, parfois, devient coléreux.

**6 *** Écris une phrase avec un sujet placé derrière le verbe et une phrase avec un sujet séparé du verbe par un complément.**

### Étape 3

**7 * Recopie chaque sujet souligné puis indique à quelle classe grammaticale il appartient : groupe nominal, nom propre, pronom personnel ou pronom relatif.**

a. Ma petite sœur déteste la soupe qui brûle !
b. Mathis monte à cheval et parfois il tombe.
c. Elle écrit à son frère qui habite au Sénégal.
d. Les animaux du cirque présentent leur numéro puis ils saluent le public qui applaudit.

**8 ** Récris chaque phrase en remplaçant le groupe nominal sujet par le pronom personnel qui convient.**

a. Le nouvel ordinateur est déjà en panne !
b. Les vaches du voisin se sont échappées.
c. Karim et toi êtes les plus gentils.
d. Les maçons construisent notre future maison.
e. Maman et moi allons au supermarché.

**9 *** Recopie uniquement les phrases dans lesquelles le groupe nominal en gras est sujet.**

a. Dans l'air flotte **un doux parfum de rose**.
b. Ce soir, on sent **un parfum de jasmin**.
c. Que deviennent **les vieilles calèches de papi** ?
d. **Ces enfants**, un jour, seront des parents.
e. Nous irons à la rencontre de **ces gens**.

**10 *** Récris chaque phrase avec un sujet de ton choix.**

a. ... n'oublient jamais mon anniversaire.
b. ... marche avec un groupe de randonneurs.
c. ... penses à poster le courrier ?
d. ... dessinez mieux que moi !

**11 *** Récris chaque phrase avec un sujet appartenant à la classe grammaticale indiquée.**

a. – pronom personnel – manges trop vite !
b. – groupe nominal – taille les rosiers.
c. – nom propre – répare son vélo.
d. – noms propres – décorent la salle des fêtes.

**12 *** Écris plusieurs phrases pour expliquer ce que font les jardiniers.**

■ Utilise les verbes *bêcher*, *ratisser*, *planter*, *semer*, *arroser*...
■ Emploie des sujets variés : groupes nominaux, noms propres, pronoms personnels...

→ D'autres exercices sur le fichier d'activités

13

# Le complément d'objet direct (COD)

## Étape 1 Le rôle du COD

Longtemps, les habitants du Grand Nord ont vécu de la chasse et de la pêche. Les Inuits pêchaient **le saumon**, **la baleine** et **le narval**. Ils chassaient **l'ours**, **le caribou** et surtout **le phoque**. Ils buvaient **son sang** et mangeaient **le phoque cru** sur la banquise. Les Lapons chassaient **le renne**. Ils utilisaient **son lait, sa viande, sa fourrure, ses bois**. Avec ses os, ils façonnaient **des armes, des outils** et **des jouets**. Ils dressaient **les rennes** à tirer leurs traîneaux sur la neige.

*Vivre dans le Grand Nord,* © Nathan, coll. « Supercope ».

### Je me souviens

1. Les compléments d'objet direct (COD) sont en gras.
   Quels verbes chaque COD complète-t-il ?
   Quel renseignement chaque COD donne-t-il ?
2. Peux-tu supprimer ou déplacer ces compléments ? Pourquoi ?

## Étape 2 À quelles classes grammaticales peuvent appartenir les COD ?

Maintenant on ne rencontre plus d'Inuits ou de Lapons sur des traîneaux tirés par des chiens. On les voit sur des scooters des neiges. Les maisons de bois remplacent les igloos. Quelques Lapons perpétuent le mode de vie traditionnel avec fidélité. Ils se consacrent à l'élevage des rennes. Ils déplacent leurs troupeaux sur d'immenses territoires, en alternant forêts en été et montagnes en hiver. Inuits et Lapons veulent changer mais ils ressentent le besoin de conserver la tradition.

### Je découvre

3. Trouve le sujet et le COD de chaque verbe souligné.
4. Indique à quelle classe grammaticale chaque COD appartient : groupe nominal, nom propre, pronom ou verbe à l'infinitif.

### Je conclus

1. Quel est le rôle d'un COD ?
   Quel mot le COD complète-t-il dans la phrase ?
2. Peux-tu supprimer et déplacer un COD ?
3. À quelles classes grammticales peut appartenir un COD ?

→ Mémo p. 270

GRAMMAIRE

## Je m'entraîne

### Étape 1

**1 * Recopie uniquement les phrases contenant un COD.**

a. La mariée porte une jolie robe.
b. Le vent souffle depuis deux jours.
c. Le chien ronge son os.
d. Quels animaux construisent des barrages ?
e. Le bateau sort à marée haute.
f. Nous avons rencontré Nina.

• **Dans les phrases que tu as recopiées, entoure les COD.**

**2 ** Complète chaque phrase avec un COD.**

a. La fermière nourrit ….
b. À la télévision, je regarde surtout ….
c. Hier, nous avons reçu ….
d. Dans la forêt, elle a vu ….
e. Rachel emmène … à l'école.

**3 *** Indique si les groupes de mots surlignés sont des COD ou des sujets inversés.**

a. La cliente achète un chou et du persil.
b. Dans le jardin poussent des poireaux et de l'ail.
c. En été volent de gracieux papillons.
d. Il photographie les abeilles.
e. On voit la tour Eiffel de loin.

**4 *** Recopie ce texte, souligne les verbes et encadre les COD.**

Le 12 septembre 1940, des enfants se promènent dans les bois. Ils suivent un chien. Soudain, le chien tombe dans un trou. Un enfant descend dans le trou et allume sa lampe. Il voit alors des peintures sur la roche. Ce jour-là, par hasard, ces enfants et leur chien découvraient la grotte de Lascaux !

### Étape 2

**5 * Classe les COD soulignés en deux colonnes : groupes nominaux / pronoms.**

Pendant l'hiver, les femmes inuits fabriquaient <u>des vêtements</u> avec des peaux de rennes. Elles <u>les</u> cousaient avec des aiguilles en ivoire de morse. Les enfants écoutaient <u>des contes d'animaux</u>. Ils aimaient jouer avec une ficelle. Ils <u>la</u> faisaient danser autour de leurs doigts pour faire des figures. Les hommes sculptaient <u>des statues</u> dans des os de baleine.

**6 ** Récris chaque phrase en remplaçant le COD par le pronom qui convient : *le*, *la*, *les* ou *l'*.**

a. Tu rangeras ton vélo dans le garage.
b. L'abeille butine les fleurs.
c. Éva repasse les vêtements de sa sœur.
d. L'oiseau attrape l'insecte au vol.
e. Le chien mordille sa balle.

**7 ** Recopie les phrases et entoure les COD.**

a. Il lave la vaisselle. Il la range.
b. Simon achète des fleurs et les offre à Lise.
c. Elle détache le chien. Elle l'emmène en promenade.
d. Teddy déterre l'arbuste puis le replante ailleurs.
e. Nous faisons des crêpes et nous les mangeons.

**8 ** Complète chaque phrase avec un COD.**

a. Je cueille … puis je les mange.
b. Roxane prend … dans ses bras et l'endort.
c. Lilou a perdu … et le cherche partout.
d. Tu écriras … et tu la posteras.
e. David fabrique … et les livre à domicile.

**9 ** Recopie chaque COD puis indique sa classe grammaticale : groupe nominal, nom propre, pronom ou verbe à l'infinitif.**

a. Paul fauche son champ puis il le laboure.
b. Le directeur a appelé Pierre dans son bureau.
c. Qui veut jouer ?
d. Tu lui rendras ses livres : il les réclame.
e. Les enfants aiment dessiner.

**10 *** Complète chaque phrase avec un verbe à l'infinitif COD.**

a. Mes parents aiment …. b. Tout le monde veut ….
c. La petite fille désire …. d. Lucas préfère ….

**11 *** Récris chaque phrase avec un COD de la classe grammaticale indiquée en rouge.**

a. Le bébé mordille – groupe nominal –.
b. Ce cheval ne veut pas – verbe à l'infinitif –.
c. Dès qu'il reçoit les journaux, il – pronom personnel – lit.
d. Cette petite fille dessine toujours – groupe nominal –.
e. Il invitera – noms propres – à son mariage.

**12 *** Écris plusieurs phrases pour raconter ce que l'on peut voir dans un supermarché. Écris des phrases avec des COD appartenant à différentes classes grammaticales.**

→ D'autres exercices sur le fichier d'activités

14

# Le complément d'objet indirect (COI) et le complément d'objet second (COS)

GRAMMAIRE

## Étape 1 Le rôle du complément d'objet indirect (COI)

Lina est une grande lectrice. Elle raffole de toutes les histoires d'animaux. Son histoire préférée est vraie. Elle parle de trois oursons. Ils ont été recueillis par une femme au Canada. Cette dernière habitait une cabane dans la forêt. Elle s'est occupée de ces bébés ours tout l'été. Souvent, Lina repense à ces trois ours. Elle aurait aimé être à la place de cette femme.

**Je me souviens**

1. **Lis les compléments d'objet indirect (COI) soulignés. Quels verbes complètent-ils ? Peux-tu supprimer ou déplacer ces compléments ? Pourquoi ?**
2. **Quels petits mots relient chaque COI au verbe ?**

## Étape 2 Le complément d'objet second (COS)

Sarah préfère la lecture à la danse. Elle emprunte des livres à toutes ses amies. Cependant, depuis peu, elle lit moins. Elle consacre son temps libre au sport.

**Je découvre**

3. **Après chaque verbe souligné, retrouve le COD et le COI.**
   Le COI qui suit le COD est appelé complément d'objet second (COS).

## Étape 3 À quelles classes grammaticales peuvent appartenir les COI ? et les COS ?

Mattéo et Tom sont les petits frères de Lina. Ils aiment déjà les livres, surtout ceux avec des animaux. Ils ressemblent à Lina. Le soir, quand Lina s'occupe de ses frères, elle leur lit des albums, puis elle les persuade de dormir.

**Je découvre**

4. **Recopie les COI soulignés. Indique à quelle classe grammaticale appartient chaque COI : groupe nominal, nom propre, pronom ou verbe à l'infinitif.**
5. **Précise s'il s'agit d'un COI ou d'un COS.**

**Je conclus**

1. **Quel est le rôle du COI ? Quel mot complète-t-il dans la phrase ? Par quels mots peut-il être relié au verbe ? Peux-tu supprimer et déplacer le COI ?**
2. **Explique ce qu'est un COS. Donne un exemple.**
3. **À quelles classes grammaticales appartiennent les COI et les COS ?**

→ Mémo p. 271

## Je m'entraîne

### Étape 1

**1 * Recopie les phrases contenant un COI.**

a. Nous avons participé à un grand défilé.
b. Avec son père, Nadia parle de son sport préféré.
c. Le soleil éclaire la chambre.
d. Les enfants rêvent souvent de s'envoler.
e. Elle a trouvé des champignons dans la forêt.
f. Ils ont discuté de tous les derniers événements.

**• Dans les phrases que tu as recopiées, souligne chaque COI et entoure le petit mot qui l'introduit.**

**2 ** Complète chaque phrase avec un COI introduit par *à*.**

a. En ce moment, ils assistent ….
b. Le tigre dressé obéit ….
c. Demain, nous participerons tous ….
d. As-tu répondu … ?
e. Ce terrain appartient ….

**3 ** Complète chaque phrase avec un COI introduit par *de* ou *d'*.**

a. Les voisins se méfient ….
b. Mon grand-père se plaint ….
c. Tu crois que ton père se doute … ?
d. Gabriel souffre ….
e. Cette jeune fille rêve ….

**4 ** Classe les phrases en deux colonnes : celles avec COD / celles avec COI.**

a. Mon voisin sort ses poubelles chaque soir.
b. Le maire s'adresse aux habitants.
c. Ce chien n'obéit pas du tout à son maître.
d. Les lions dévorent la gazelle.

**5 *** Complète les phrases avec des COD, COI ou COS selon les indications en gras.**

a. Suzie se moque …. **(COI)**
b. L'alpiniste franchit …. **(COD)**
c. Les élèves demandent …. **(COD + COS)**
d. Adèle parle …. **(COI)**
e. Le vacancier envoie …. **(COD + COS)**

### Étape 2

**6 * Recopie les phrases quand le groupe de mots surligné est un COS.**

a. Vous écrirez à vos grands-parents.
b. Cette maman achète un blouson à sa fille.
c. Il décide de partir.
d. Emma montre ses jouets à ses copains.
e. Le jardinier parle à ses plantes !

**7 *** Complète chaque phrase avec un COD et un COS.**

a. Natacha offre ….
b. Le maître explique ….
c. Le peintre montre ….
d. Farid annonce ….

### Étape 3

**8 * Classe les compléments d'objet en gras en deux colonnes : GN / pronoms.**

Tintin a un chien qui s'appelle Milou. Comme un humain, le chien parle **à son maître**. Il **lui** pose des questions, **lui** donne des conseils. Tous les deux discutent **de leurs problèmes**. Les gens **leur** demandent de résoudre certains mystères.

**9 ** Remplace le complément d'objet souligné par un pronom.**

a. Elle écrit <u>à sa copine</u>.
b. Hugo propose <u>à ses copains</u> de faire du vélo.
c. L'enfant dit bonjour <u>aux gens qui arrivent</u>.
d. Il ressemble de plus en plus <u>à sa mère</u>.
e. Pinocchio mentait toujours <u>à Gepetto</u>.

**10 ** Remplace le pronom COI souligné par un groupe nominal.**

a. Son frère <u>lui</u> ressemble beaucoup.
b. Les voisins se plaignent souvent <u>d'elles</u>.
c. Une pancarte <u>leur</u> indique la sortie.
d. Mes parents se souviennent bien <u>d'eux</u>.
e. Ces photos <u>lui</u> rappellent son enfance.

**11 *** Complète chaque phrase avec un COI de la classe grammaticale indiquée en rouge.**

a. Les touristes profitent – groupe nominal – .
b. Avez-vous écrit – groupe nominal – ?
c. Le bébé regarde son papa et – pronom – sourit.
d. Cette dame âgée se souvient – groupe nominal .
e. Alban ne téléphone pas à ses parents : il – pronom – écrit.

**12 *** Écris trois phrases avec un COI et un COS pour raconter ce que font des enfants dans la cour de récréation.**

■ Tu peux utiliser les verbes *jouer, discuter, demander…*

→ D'autres exercices sur le fichier d'activités

# Les compléments circonstanciels (CC)

## Étape 1 Le rôle des compléments circonstanciels

*En Afrique, une nuit, un jeune garçon, Martin, part précipitamment avec Oulé pour retrouver son ami Fofana.*

Tingreda. La cité des forgerons… Mes camarades en parlaient parfois, avec un mélange de respect et de crainte.

**Au pied des collines de fer, les hauts-fourneaux de terre lançaient des jets de flamme.** Près de chacun d'eux, on distinguait une silhouette d'ombre et de lumière.

« Les gardiens du feu… Viens », me dit Oulé.

Nous avons alors retrouvé Fofana.

Christian Maucler, Didier Dufresne, *Le Maître des éléphants*, © Magnard Jeunesse.

### Je me souviens

1. Classe les compléments circonstanciels soulignés selon les informations qu'ils apportent.

| Quand ? (temps) | Où ? (lieu) | Comment ? (manière) | Pourquoi ? (but) |
|---|---|---|---|
| ~ | ~ | ~ | ~ |

2. Relis le texte en changeant les compléments circonstanciels de place, puis en les supprimant. Que constates-tu ?
3. Compare la phrase ci-dessous à la phrase du texte en bleu. Où est situé le complément circonstanciel ? Par quoi est-il encadré ?
Les hauts-fourneaux de terre, au pied des collines de fer, lançaient des jets de flamme.

## Étape 2 À quelles classes grammaticales peuvent appartenir les CC ?

**Malgré l'insistance d'Olé et de Martin**, Fofana refuse de les suivre. **Le lendemain**, le père de Martin rencontre le sorcier. **Dans sa case**, il parle **longuement** avec lui. Il pose **sur le sol** plusieurs pièces d'argent. Alors, le sorcier regarde Martin et dit : « Ton ami va revenir. »

### Je découvre

4. Relève les prépositions qui introduisent certains compléments circonstanciels en gras.
5. Indique la classe grammaticale de chaque complément circonstanciel : groupe nominal (avec ou sans préposition) ou adverbe.

### Je conclus

1. Quelles indications les compléments circonstanciels apportent-ils à la phrase ? Comment reconnais-tu un CC ?

2. À quelles classes grammaticales appartiennent les compléments circonstanciels ?

→ Mémo p. 271

GRAMMAIRE

## Je m'entraîne

### Étape 1

**1 * Recopie seulement les CC de temps (CCT).**

Fofana rentra deux jours plus tard, à ma plus grande joie.
Le soir de son retour, les tambours de guerre résonnèrent.
« Ils annoncent un malheur », dit mon père.
Le lendemain soir, je descendis à Bakali avec lui.
Le vieux Yann, le maître des éléphants, était mort.
À la lueur de torches, les villageois dansaient autour du lit où reposait Yann. Soudain, les tam-tams se déchaînèrent.

Christian Maucler, Didier Dufresne,
*Le Maître des éléphants*, © Magnard Jeunesse.

**2 * Recopie seulement les CC de lieu (CCL).**

Dans une feuille de papier, Tim découpe une fleur. Il plie les pétales. Puis il pose délicatement la fleur sur une assiette remplie d'eau. Les pétales s'ouvrent ! Alors, un autre jour, chez des amis, Tim a recommencé l'expérience : la fleur s'est encore ouverte.

**3 ** Complète les phrases avec les CC de la liste.**

*patiemment • chaque jour • depuis une heure • hier • dans ce magasin • autour de la maison • courageusement • sur la route*

a. …, on a vu un accident ….
b. Tony promène son chien ….
c. …, nous posons du grillage ….
d. … les spectateurs attendent … l'ouverture du guichet.
e. J'achète tous les produits frais ….

**4 ** Recopie chaque CC et indique s'il s'agit d'un CC de temps, de lieu ou de manière.**

a. Range les livres sur l'étagère, sans les mélanger.
b. À l'école, tu joueras au basket le mardi.
c. Lentement, les voitures s'accumulent sur ce boulevard.
d. Le singe regarde attentivement les visiteurs.
e. Avec de la boue, l'oiseau bâtit son nid sous le toit.

**5 ** Recopie les phrases de l'exercice 4 en supprimant tous les CC.**

**6 ** Complète chaque phrase avec un CCT.**

a. … nous ferons du camping.
b. Il pleut et il fait du vent ….
c. … il faudra arracher les pommes de terre.
d. … maman repique cent géraniums.
e. Tu auras un nouveau vélo ….

**7 ** Complète chaque phrase avec un CCL.**

a. … le bébé joue depuis une heure.
b. Les enfants font des châteaux de sable ….
c. Hier ils ont fait du vélo ….
d. … sont rangés les tracteurs et les remorques.
e. … des gens admirent les flamants roses.

**8 *** Complète les phrases avec des CC répondant aux questions indiquées.**

a. Les patineurs glissent – comment ? – où ? –.
b. – Quand ? – on a dû descendre du car – pourquoi ? –.
c. – Où ? – quand ? – on entend le merle.
d. – Où ? – les visiteurs écoutent – comment ? – les consignes de sécurité – pourquoi ? –.
e. – Où ? – les poissons nagent – comment ? –.

### Étape 2

**9 * Classe les CC soulignés en deux colonnes : groupes nominaux / adverbes.**

a. Dans les Alpes, ce cycliste gravit péniblement la pente raide.
b. La nuit, parfois, on voit des étoiles filantes.
c. Soudain, l'orage éclate et le vent se met à souffler.
d. Dans l'escalier, la lampe s'éteint souvent.

• **Récris les phrases en déplaçant tous les CC.**

**10 *** Complète chaque phrase avec un CC de ton choix. Utilise des CC de classes grammaticales différentes.**

a. Je fais les courses avec mes parents.
b. Mon frère fait ses devoirs.
c. Le président de la République parlera à la télévision.
d. Plusieurs personnes ont attrapé la grippe.
e. Les cygnes nagent sur l'étang.

**11 *** Complète les phrases avec des CC de la classe grammaticale indiquée en orange.**

a. – CCT groupe nominal – ce magasin ouvre à 8 heures.
b. – CCT adverbe – j'aime faire la sieste – CCL groupe nominal –.
c. Des tableaux de peintres célèbres sont exposés – CCL groupe nominal – CCT groupe nominal –.
d. – CCL groupe nominal – vous verrez la poste.
e. – CCT adverbe – nous avons marché – CCL groupe nominal –.

**12 *** Écris plusieurs phrases pour raconter une sortie ou un voyage que tu as fait avec ta classe.**

■ Emploie des compléments circonstanciels appartenant à des classes grammaticales différentes : groupes nominaux ou adverbes.

→ D'autres exercices sur le fichier d'activités

16

# L'attribut du sujet

GRAMMAIRE

## Étape 1 Le rôle de l'attribut du sujet

**La forêt est <u>précieuse</u>**. Elle produit de grandes quantités d'oxygène et elle retient les poussières ce qui améliore la qualité de l'air. **La forêt est <u>un manteau protecteur</u>**. La pluie tombe sur les feuilles, s'écoule sur les troncs et s'infiltre doucement dans le sol, ce qui diminue le risque d'inondations. **Enfin, la forêt est <u>un refuge</u>**. De nombreuses espèces végétales et animales s'y abritent.

**Je découvre**

1. Identifie le verbe et le sujet dans chaque phrase en gras.
   Sur quoi les groupes de mots soulignés apportent-ils des précisions ?
   Ces groupes de mots sont des attributs du sujet.
2. Après quel verbe se trouve chaque attribut ?
3. Peux-tu supprimer l'attribut du sujet ? Pourquoi ?

## Étape 2 Les verbes d'état

Même si la forêt française est bien portante, elle reste fragile. L'incendie, la tempête et la pollution demeurent les principaux dangers.

**Je découvre**

4. Repère les attributs du sujet. Quels verbes précèdent ces attributs ?
   On les appelle des verbes d'état.
5. Trouve d'autres verbes pouvant remplacer le verbe *être* dans la première phrase.

## Étape 3 À quelles classes grammaticales peut appartenir l'attribut du sujet ?

Le mélèze est un arbre montagnard. Sa forme pointue est idéale pour laisser glisser la neige. Le pin parasol est robuste. Son écorce est épaisse.

**Je découvre**

6. Dans chaque phrase, identifie le sujet, le verbe et l'attribut du sujet.
   Indique à quelle classe grammaticale appartient chaque attribut : groupe nominal ou adjectif.
7. Lis et écris la première phrase en mettant le groupe nominal sujet au pluriel (*les mélèzes*).
   Que constates-tu ?

**Je conclus**

1. Sur quoi un attribut du sujet apporte-t-il des précisions ? Peut-il être supprimé ?
2. Après quels verbes peut-on trouver un attribut du sujet ?
3. À quelle classe grammaticale peut appartenir un attribut du sujet ?

→ Mémo p. 272

# Je m'entraîne

## Étape 1

**1 * Indique sur quels groupes de mots les attributs soulignés apportent des renseignements.**

a. L'entretien de la forêt est indispensable pour sa santé.
b. Dans les forêts françaises, les chevreuils sont nombreux.
c. Le chêne est présent dans toutes les forêts de la région parisienne.
d. Les pins maritimes sont des arbres très hauts.

## Étape 2

**2 * Indique l'infinitif de chaque verbe et recopie les attributs quand il y en a.**

a. La mer est très agitée aujourd'hui.
b. L'otarie jongle avec des ballons.
c. Le joueur de tennis a gagné son match.
d. Le garçon timide est devenu un grand sportif.
e. Cette femme reste muette depuis son accident.

**3 ** Recopie les phrases, souligne les verbes conjugués et entoure les attributs du sujet.**

a. Les enfants ont été calmes pendant le trajet.
b. Les nuages semblant menaçants.
c. Cet acteur célèbre reste un homme simple.
d. Le jeune pilote devient un grand champion !
e. Malgré le traitement, sa santé demeure fragile.

## Étape 3

**4 * Recopie les phrases quand le mot ou le groupe de mots souligné est attribut du sujet.**

a. Cette boîte contient des trésors !
b. Ta proposition paraît une bonne idée.
c. Son attitude devient vraiment insupportable.
d. Maman prépare des frites pour midi.
e. Votre gâteau est très bon !
f. Tu as sali ton pantalon neuf.
g. Ce médicament semble efficace.

**5 * Classe les attributs du sujet soulignés en deux colonnes : adjectifs qualificatifs / groupes nominaux.**

a. Cette haie est trop haute.
b. Elle semble fatiguée ce matin.
c. Ce cerisier est devenu un bel arbre !
d. Pourquoi demeure-t-il insensible à leur peine ?
e. Ce chien de 12 ans reste un animal très joueur.

**6 ** Recopie chaque phrase en changeant le genre du sujet.** **Fais les accords nécessaires.**

a. Ce commerçant est charmant avec les clients.
b. Ces hommes semblent de bons ouvriers.
c. Ton frère devient un garçon sérieux.
d. Ce matin, les coqs demeurent silencieux.

**7 ** Recopie chaque phrase en changeant le nombre du sujet.** **Fais les accords nécessaires.**

a. Les maisons sont fraîches malgré la chaleur.
b. La tempête a été violente cette fois.
c. Ces documentaires paraissent intéressants.
d. Ces jeunes personnes ont l'air vulgaire.

**8 ** Complète les phrases avec un attribut du sujet de la liste qui convient.**

*épuisant • fragile • coléreuses • mes meilleures copines*

a. Cette petite fille semble ….
b. Le dernier match a été ….
c. Les plus jeunes paraissent ….
d. Manon et Tara demeurent ….

**9 *** Complète chaque phrase avec un attribut du sujet de la classe grammaticale indiquée.**

a. Nos pruniers ont l'air – adjectif –.
b. Les singes sont – groupe nominal –.
c. Certains villages deviennent – groupe nominal –.
d. La montagne semble – adjectif –.
e. Reste-t-il – adjectif – dans sa grande maison ?

**10 *** Avec chacun des groupes de mots ci-dessous, écris une phrase dans laquelle il sera attribut du sujet. Utilise des verbes d'état variés : *être*, *rester*, *demeurer*, *sembler*…**
**Attention aux accords !**

*un beau voyage • immobiles • des élèves sérieuses • le plus gros animal de mer*

**11 *** Écris plusieurs phrases pour décrire des animaux que l'on peut voir dans un zoo. Utilise des groupes nominaux et des adjectifs comme attributs du sujet.**

■ Emploie au moins trois verbes d'état différents.

D'autres exercices sur le fichier d'activités

# L'expansion du groupe nominal (1)

## Étape 1 L'adjectif qualificatif épithète

J'ai d'abord essayé : « Jeune garçon, grand, mince, très beaux yeux bleus, longs cheveux blonds bouclés, traits réguliers, élève brillant dans toutes les matières, excellente éducation. » Mais c'était un peu long. [...] Finalement, j'ai trouvé la bonne formulation :
« Jeune garçon, beau, intelligent, doué, sportif, aimable, vend skateboard bon état. »

Bernard Friot, « Petite annonce », dans *Nouvelles histoires pressées*, © Milan.

**Je me souviens**

1. Relève les adjectifs qualificatifs épithètes puis indique à quels noms ils se rapportent.
2. Où est placé l'adjectif qualificatif épithète par rapport au nom ? Quel signe de ponctuation le sépare parfois du nom ?
3. Récris la dernière phrase en remplaçant *jeune garçon* par *jeune fille*. Que constates-tu ?

## Étape 2 Le complément du nom

*Dans* ***le jardin de Mme Denis****, deux pinces à linge discutent.*

– Ah, soupire **la pince en bois**, si je pouvais m'installer sur un fil électrique ! Ça doit être excitant ! Ou sur **les cordes d'une guitare** : j'adore la musique !

– Moi, dit **la pince en plastique**, je rêve de me fixer sur **un fil de fer barbelé** : j'aime le danger ! Ou sur **un câble du téléphone** pour espionner des conversations secrètes !

– Pas d'histoires ! dit Mme Denis en suspendant une chaussette et **un chiffon à poussière**. Vous resterez sur **mon fil à linge** !

Bernard Friot, « Mme Denis ne veut pas d'histoires », dans *Nouvelles histoires pressées*, © Milan.

**Je me souviens**

4. Dans chaque groupe nominal en gras, souligne le nom principal. Entoure le groupe nominal qui donne des précisions sur ce nom.
5. Relève la préposition ou l'article contracté qui introduit chaque complément du nom.

**Je conclus**

1. À quoi se rapporte un adjectif qualificatif épithète ? Où peut-il être placé ? Que faut-il savoir du nom pour réaliser l'accord de l'adjectif qualificatif épithète ?
2. Comment est formé un complément du nom ? Quel est son rôle ?

→ Mémo p. 272

# Je m'entraîne

## Étape 1

**1 * Recopie les groupes nominaux, souligne les noms et entoure les adjectifs épithètes.**

un garçon curieux • une petite fille étrange • un chat gris, maigre et affamé • un horrible monstre • un objet lourd, fragile et encombrant

**2 * Complète chaque groupe nominal avec un adjectif épithète placé avant ou après le nom. Fais les accords nécessaires.**

un repas • des planètes • l'incendie • une famille • un hiver • mes chaussures • son dessin • un arbre

**3 ** Récris chaque phrase avec l'adjectif épithète qui convient.**

a. Il se lève à une heure (*matinale / matinal*).
b. Un peigne est un objet (*personnelle / personnel*).
c. J'ai un manteau (*bleu / bleue*).
d. Il passe une (*merveilleux / merveilleuse*) soirée.
e. Ce clown amuse les enfants (*malade / malades*).
f. Les lapins (*sauvage / sauvages*) font des dégâts.
g. De (*large / larges*) fenêtres éclairent la maison.

**4 ** Récris chaque phrase en remplaçant le nom en gras par le nom proposé.**
**Fais les accords nécessaires.**

a. Cet **homme** prudent conduit bien. (*femme*)
b. Le **chemin** désert inquiète les piétons. (*rues*)
c. Un gros **frelon** a piqué cette personne. (*guêpe*)
d. J'achète un grand **flacon** de parfum. (*bouteilles*)
e. On a visité un beau **musée** moderne. (*église*)

**5 *** Recopie les phrases en ajoutant chaque adjectif proposé à l'endroit qui convient. Pour cela, aide-toi des accords.**

a. Cette dame porte un chapeau et une ombrelle. (*fleuri • élégante • blanche*)
b. Des bateaux rentrent dans ce port. (*français • énormes • grand*)
c. Après le repas et le film, je vous remercie pour cette soirée. (*captivant • merveilleuse • délicieux*)

**6 *** Récris ce texte en ajoutant des adjectifs épithètes pour compléter les noms en gras.**

Pour le **carnaval** de l'**école**, Anaïs se déguise. Elle met une **robe** de fée et un **chapeau**. Dans sa **main,** elle tient une **baguette**. Elle est très belle et les **gens** photographient la **fillette**.

## Étape 2

**7 * Recopie le nom principal de chaque groupe nominal souligné.**

Au supermarché, maman a acheté :
– six bouteilles d'eau minérale
– un gros pot de moutarde
– une botte de radis
– un sachet de sucre vanillé.

**8 * Recopie uniquement les groupes nominaux qui contiennent un complément du nom.**

un kilo de fraises • la couronne bien décorée • des ciseaux à ongles • un toit en ardoises • mon bel ordinateur portable • son chapeau de paille • des planètes éloignées • une tarte aux abricots

**• Dans les groupes nominaux que tu as recopiés, entoure les compléments du nom.**

**9 ** Complète les groupes nominaux avec la préposition ou l'article contracté qui convient.**

un sac … cuir • des patins … glace • une nouvelle trousse … toilette • des serviettes … papier • une bonne glace … chocolat • une tarte … fraises • une brosse … dents neuve • la façade … Louvre

**10 ** Complète les noms en gras avec un complément du nom de ton choix.**

a. Il ne sait plus ce qu'il a fait de **la clé**.
b. Où as-tu rangé **la pince** ?
c. **La voiture** est en panne.
d. **Le bracelet** est cassé.

**11 *** Récris chaque phrase en remplaçant l'adjectif en gras par un complément du nom.**

*Exemple :* Il fait un temps **hivernal.**
→ Il fait un temps **d'hiver**.

a. Il met sa peinture dans une boîte **métallique**.
b. Veux-tu boire une boisson **chocolatée** ?
c. On a refait le salon avec un papier **fleuri**.
d. Ce vase **chinois** a une très grande **valeur**.
e. Ce train traverse toute la banlieue **parisienne**.

**12 *** Écris des phrases pour décrire ce paysage. Enrichis les groupes nominaux avec des adjectifs épithètes et des compléments du nom.**

GRAMMAIRE

→ D'autres exercices sur le fichier d'activités

# 18 L'expansion du groupe nominal (2)

## Étape 1 Le rôle de la proposition relative

Fernand Léger est **un peintre** qui est né en 1881 à Argentan dans l'Orne, en Normandie. Il se destine à l'architecture mais c'est **la peinture** qui l'attire. Il découvre **les tableaux cubistes** qui sont peints par Picasso et Braque. Il se met lui aussi à faire des peintures cubistes.

À **Paris**, où il s'installe en 1900, il rencontre **le poète Blaise Cendrars et le peintre Robert Delaunay**, qui deviendront ses amis. Dans **les tableaux** que Fernand Léger peint, la ville est très présente. Il a réalisé une peinture représentant **les toits** qu'il voyait de sa fenêtre. Il peint aussi les machines et les objets. **Les contrastes des formes** que l'on retrouve dans ses tableaux plaisent au public.

*Les fumées sur les toits*, 1912. Huile sur toile de Fernand Léger (1881-1955).

### Je découvre

1. Quelles parties de phrase (propositions) apportent des précisions sur les groupes nominaux ou sur les noms en gras ? Ce sont des propositions relatives.

2. Classe les propositions relatives en trois colonnes.

Proposition relative introduite par :

| le pronom relatif ***qui*** | le pronom relatif ***que*** | le pronom relatif ***où*** |
|---|---|---|
| ~ | ~ | ~ |

3. Souligne le verbe de chaque proposition relative. Trouve le sujet de chaque verbe. Dans la proposition introduite par *qui*, le sujet est le pronom *qui*.

## Étape 2 L'enrichissement du nom

des peintures • des peintures cubistes • des peintures de peintres cubistes •
des peintures qui sont réalisées par des peintres cubistes •
des peintures que réalisent des peintres cubistes •
des peintures où les formes sont contrastées

*Violon et Guitare*, 1913. Huile sur toile de Juan Gris (1887-1955).

### Je découvre

4. Quel est le nom principal de ces différents groupes nominaux ? Comment est-il enrichi ?

5. Enrichis avec un adjectif qualificatif épithète, un complément du nom et une proposition relative les groupes nominaux suivants : *les amis*, *les toits*.

### Je conclus

1. Quel est le rôle d'une proposition relative ? Par quel mot est-elle introduite ? Dans la proposition relative introduite par *qui*, quel est le sujet du verbe ?

2. Cite plusieurs façons d'enrichir un nom. Donne des exemples.

→ Mémo p. 273

GRAMMAIRE

## Je m'entraîne

### Étape 1

**1 * Recopie uniquement les groupes nominaux qui contiennent une proposition relative.**

le rideau de douche • des lapins qui se sont sauvés • le paysage que j'ai photographié • une belle vie • une ville où il fait bon vivre • un stylo bleu • un bol de riz • ce chat noir qui griffe • la chanson que je connais

• **Dans les groupes nominaux que tu as recopiés, souligne les propositions relatives.**

**2 * Recopie chaque phrase, souligne la proposition relative et entoure le nom qu'elle précise.**

a. J'ai écrit un poème qui plaira à tous.
b. Elle pensait à ses frères qui vivaient très loin d'elle.
c. On surveille les enfants qui jouent dans la cour.
d. Mamie plante les fleurs qu'elle a achetées hier.
e. Le pull que tu as offert à maman lui va très bien.
f. Nous irons dans cet hôtel où l'on dort si bien.

**3 ** Récris chaque phrase en terminant la proposition relative.**

a. De ma fenêtre, je vois le TGV qui ~.
b. Papa lit le journal que ~.
c. Elle a fait un rêve qu' ~.
d. On aimerait aller dans un pays où ~.
e. Le médecin qui ~ est très âgé.

**4 *** Complète les groupes nominaux en gras avec une proposition relative de ton choix.**

a. **Le tracteur** appartient à mon oncle.
b. Dans la forêt, il y a **des cerfs**.
c. **Le volcan** a englouti un village.
d. Je ne veux plus de **cette veste**.
e. Elle a conduit **son chat** chez le vétérinaire.

**5 *** Récris chaque phrase en remplaçant le complément du nom souligné par une proposition relative.**
**Utilise les pronoms relatifs *qui*, *que*, *qu'* ou *où*.**

a. Le plombier a une nouvelle boîte à outils.
b. Papa a réparé la porte de la cuisine.
c. Ils habitent une maison en bois.
d. Elle mange les légumes de son jardin.
e. On a tout mis dans le placard à balais.

### Étape 2

**6 * Classe les GN enrichis en trois colonnes : avec adjectif épithète / avec complément du nom / avec proposition relative.**

une histoire qui finit bien • la voiture à pédales • les cadeaux qu'ils ont rapportés d'Afrique • un beau souvenir • la secrétaire du ministre • l'étang où il va à la pêche • le calendrier des postes • ce film qui sortira bientôt

**7 * Complète chaque phrase avec un adjectif épithète (ADJ), un complément du nom (CN) ou une proposition relative (PR).**

a. Nous avons bu un grand verre – CN – .
b. J'ai rencontré un ancien professeur – PR – .
c. Des flammes – ADJ – ont ravagé la mairie.
d. Ce soir on mangera des œufs – CN – .
e. Ils ont visité le théâtre – PR – .

**8 *** Transforme chaque phrase comme dans l'exemple.**

*Exemple :* On achète **un poulet fermier**.
→ On achète **un poulet de ferme**.
→ On achète un poulet **qui a été élevé à la ferme**.

a. Les randonneurs ont emprunté un chemin forestier.
b. Les touristes apprécient la côte méditerranéenne.
c. Berlin est une ville allemande.
d. J'aime le beurre breton !
e. Cet artiste aime peindre la rosée matinale.

**9 *** Complète les noms en gras par un adjectif épithète (ADJ), un complément du nom (CN) ou une proposition relative (PR).**

Il était une fois un – ADJ – **dragon** – PR –. Les **habitants** – CN – avaient peur de lui. Souvent, d'un coup de queue, il renversait les **bateaux** – CN –. Un **jour** – CN –, une – ADJ – **fille** aperçut les **écailles** – CN – PR – sous l'eau – ADJ –. Alors la **fillette** – ADJ – se mit à danser. Le dragon – PR – sortit de l'eau et les gens le tuèrent.

**10 *** Écris plusieurs phrases pour raconter la vie d'un personnage célèbre : un peintre, un roi, un musicien, un sportif...**

■ Aide-toi du dictionnaire pour avoir des renseignements sur ce personnage.
■ Tu utiliseras des adjectifs, des compléments du nom et des propositions relatives pour enrichir les groupes nominaux.

→ D'autres exercices sur le fichier d'activités

# CC, COD et attribut du sujet

## Étape 1 Les compléments circonstanciels

La reine des fourmis a disparu **pendant la nuit**. **Au sein de la tribu des fourmis rouges**, Mandibule de Savon est **détective et représentant de la loi**. On lui a confié **un jeune assistant** **pour le seconder dans ses recherches**. **Afin de retrouver la reine**, **patiemment**, tous deux cherchent **des indices**. Pour le moment, le mystère reste entier… Un peu plus tard, un indice intrigue **Mandibule**. **Sans nul doute**, cet indice est **un poil perdu par l'agresseur**. Mais à qui peut appartenir ce fameux poil ?

D'après Fred Bernard, François Roca, *La reine des fourmis a disparu*, © Magnard, coll. « Que d'histoires ! ».

**Je me souviens**

1. Les groupes de mots en bleu peuvent-ils être supprimés ? Comment se nomment ces compléments ?
2. Pose les questions *où*, *quand*, *comment*, *pourquoi* pour savoir de quels compléments circonstanciels il s'agit.

## Étape 2 Le COD et l'attribut du sujet

**Je me souviens**

3. Quelles sont les fonctions des mots ou groupes de mots en rouge ?
4. Recherche, dans chaque phrase contenant un attribut, sur quoi l'attribut du sujet apporte des précisions. Après quels verbes trouve-t-on les attributs du sujet?
5. Lis les phrases avec des COD et indique quel verbe complète chaque COD.

**Je conclus**

1. Comment reconnais-tu un complément circonstanciel ?

2. Explique comment tu distingues le complément d'objet direct de l'attribut du sujet.

→ Mémo p. 273

GRAMMAIRE

## Je m'entraîne

### Étape 1

**1 * Parmi les groupes de mots soulignés, recopie uniquement les CC.**

Mandibule de Savon et son assistant interrogent un gros singe. Ce singe est un vieux sage. Cette nuit-là, il n'a rien remarqué. Ils rencontrent un peu plus loin un tamanoir. Il aime les fourmis. L'entrevue est courte, à cause de sa langue un peu longue. En allant chez les rats, ils croisent la panthère noire. Sans les regarder, elle passe son chemin. Elle est l'animal le plus fier de la forêt.

**2 * Recopie uniquement les phrases avec des CC.**

a. Avant-hier, le vent a soufflé très fort.
b. Nous avons cueilli des pissenlits.
c. À cause de la pluie, les exposants ont remballé rapidement leur marchandise.
d. Ce sac paraît bien lourd.
e. Dans la campagne, la nuit, on entend la chouette qui hulule.

- **Récris les phrases que tu as recopiées en supprimant les CC.**

**3 * Recopie chaque CC puis indique à quelle question il répond : où ? quand ? comment ? pourquoi ?**

a. Cet étudiant a réussi ses examens avec facilité.
b. Ce matin, les forains ont installé leurs manèges sur la place du village.
c. Pendant l'incendie, les pompiers déplient la grande échelle pour atteindre le troisième étage.
d. Sur le toit, ils remplacent les tuiles cassées.

### Étape 2

**4 ** Classe les mots ou les groupes de mots soulignés en deux colonnes : COD / attributs du sujet.**

a. Ali a perdu son caniche. L'animal reste introuvable.
b. Marie semble fatiguée, donne-lui des vitamines.
c. La mer est calme ; elle fait un tour de bateau.
d. On a semé des radis, des carottes et du persil.
e. Les carottes sont mes légumes préférés.

**5 ** Recopie chaque attribut avec le sujet qu'il précise.**

a. Le ciel devient peu à peu noir.
b. Avec ses cheveux courts, cet homme a l'air sévère.
c. Tes opérations me paraissent correctes.
d. Les oiseaux demeurent immobiles sur leur branche.

**6 ** Recopie le COD de chaque phrase avec le verbe qu'il complète.**

a. Le randonneur photographie souvent le paysage.
b. Les habitants inondés demandent de l'aide.
c. L'automobiliste cherche sa route.
d. Le jardinier brûle, au fond du jardin, les branches qu'il a coupées.

**7 ** Recopie le sujet précisé par chaque attribut en gras.**

a. Les passants, devant le sapin, ont l'air **heureux**.
b. Nous sommes toujours **fous de joie** de retrouver toute la famille.
c. Les vaches semblent **minuscules** au milieu de cette immense prairie.
d. L'énorme navire à l'horizon paraît **un petit point**.
e. Ces jeunes danseuses de l'Opéra deviennent **de vraies professionnelles**.

**8 *** Écris deux phrases avec chaque groupe nominal de la liste : il sera COD dans une phrase et attribut du sujet dans l'autre.**

*Exemple* : la capitale de l'Italie
→ COD : Il connaît **la capitale de l'Italie**.
→ Attribut du sujet : Rome est **la capitale de l'Italie**.

un dessin animé • la date de ta fête • une grande actrice • un dessert délicieux • mon meilleur ami

**9 *** Complète ce texte avec des CC, des COD et des attributs du sujet.**

Les joueurs de tennis arrivent. Ils posent – COD – CC – et commencent à s'échauffer – CC –. Le public est – attribut du sujet –. Puis le match débute. – CC –, l'arbitre signale – COD –. Les deux joueurs sont – attribut du sujet –. Les spectateurs restent – attribut du sujet –. Quand le match est terminé, le vainqueur salue – COD –.

**10 *** Écris une phrase pour chaque dessin.**

- Emploie un verbe d'état avec un attribut dans la première phrase, un COD dans la deuxième et un autre verbe d'état avec un attribut dans la troisième.
- Tu pourras écrire des CC dans les trois phrases.

# Passé, présent, futur
# Temps simples, temps composés



## Étape 1 Passé, présent, futur

Ce matin, Vlad s'engage dans un chemin étroit à peine visible dans les hautes herbes. Il arrive à sa cabane. Elle est dans le fond d'un jardin abandonné. Il a commencé sa construction il y a six ans. Il venait d'arriver en France. D'année en année, il a ajouté des caisses, des cartons, des planches. Aujourd'hui, il a douze ans, sa cabane est presqu'un château. Et le terrain, son terrain avec sa cabane sera bientôt vendu. Mais Vlad ne se laissera pas faire. Il résistera !

D'après Gérard Bialestowsk, *Le Prince du château fou*, © Rageot.

### Je me souviens

1. Quelles actions ou quels faits se déroulent dans le présent ? dans le passé ? dans le futur ? Quels mots ou groupes de mots permettent de situer les actions ou les faits dans le temps ?
2. À quels temps les verbes sont-ils conjugués ?

## Étape 2 Temps simples, temps composés

**A.** Un jour, une fillette nommée Ziza **pénétra** dans la cabane de Vlad. Elle ne **voulait** plus en partir.
– Tu me fatigues ! Maintenant, tu pars !
– Le terrain ne t'appartient pas. Je ne **quitterai** jamais cet endroit.

**B.** Même avec son lance-pierres, Vlad n'**est** pas **parvenu** à empêcher la vente. M. et Mme Boudille, les parents de Ziza, **ont acheté** le terrain. Même quand ils **ont construit** leur maison, Vlad **a continué** à les bombarder de billes.

D'après Gérard Bialestowsk, *Le Prince du château fou*, © Rageot.

### Je découvre

3. De combien de mots sont formés les verbes en gras du texte A ?
Ils sont conjugués à des temps simples : présent, imparfait, futur ou passé simple.
4. De combien de mots sont formés les verbes en gras du texte B ?
Ils sont conjugués à un temps composé. Lequel ?
5. Dans le texte B, relève les auxiliaires et les participes passés.
Il existe d'autres temps composés, le plus-que-parfait et le futur antérieur, que tu découvriras au CM2.

### Je conclus

1. Dans une phrase, quels mots permettent de situer les actions ou les faits dans le temps ?
2. Donne une phrase avec un verbe conjugué à un temps simple et une phrase avec un verbe conjugué au passé composé.

→ Mémo p. 274

## Je m'entraîne

### Étape 1

**1 * Indique si les actions de chaque phrase se situent dans le passé, le présent ou le futur.**

a. Un bulldozer viendra et démolira la cabane de Vlad.
b. Après sa discussion avec Ziza, Vlad rentre chez lui et retrouve son père.
c. Vlad est arrivé de Pologne il y a plusieurs années.
d. Il a d'abord habité chez sa grand-mère, qui était en France depuis longtemps.

**2 * Récris les phrases de chaque série en les remettant dans l'ordre des actions.**

a. Ils aménageront le sous-sol petit à petit. Maintenant, ils l'habitent. L'an dernier, Luc et Émilie ont fait construire une maison.
b. Il rentrera chez lui dans deux jours. En ce moment, il est sur la table d'opération. Mon frère est rentré à la clinique ce matin, pour une appendicite.

**3 * Recopie chaque phrase avec le verbe au temps qui convient.**

a. Demain, les coureurs (*franchissent / franchiront*) le col du Galibier.
b. Ils (*sont partis / partiront*) à la mer hier.
c. Tu (*pouvais / pourras*) bientôt rentrer chez toi.
d. Actuellement, la mer (*est / sera*) calme.
e. Avant, on (*a / avait*) des hivers plus froids.

**4 * Recopie chaque phrase en ajoutant l'un des indicateurs de temps de la liste.**

*en ce moment • dimanche prochain • en 1914 • dans quinze jours • samedi dernier*

a. …, Lili fêtera son anniversaire.
b. Sonia a réuni ses amis ….
c. …, je reçois plusieurs lettres chaque jour.
d. …, la guerre a éclaté.
e. Nos cousins belges arriveront ….

**5 ** Classe ces verbes conjugués en trois colonnes : passé / présent / futur.**

nous mangeons • vous écrirez • on partait • j'irai • elle conduit • tu chantes • ils ont déménagé • vous dansez • elles sont entrées • je répondrai • il a dit

**6 *** Récris chaque phrase en ajoutant un indicateur de temps de ton choix.**

a. Tu pourras tondre la pelouse.
b. Ils ont fait des randonnées dans les Vosges.
c. Il se sent fatigué.
d. J'ai brûlé un pull-over en repassant.
e. Prends-tu ta voiture ou le train ?

**7 *** Recopie les phrases avec les verbes au temps qui convient.**

a. Quand mon fils (*est / sera*) grand, il (*jouera / jouait*) du piano avec moi.
b. Nous (*plantions / planterons*) des fleurs dès que la température (*devenait / devient*) plus douce.
c. Ce guide (*présentera / présente*) bien les tableaux et les visiteurs (*sont / étaient*) très contents.
d. Vous (*viendrez / venez*) chez nous dès que vous (*aviez / aurez*) quelques jours de congés.

### Étape 2

**8 * Classe les verbes conjugués en deux colonnes : temps simple / temps composé.**

a. Le pilote a posé son avion en douceur.
b. La visite du château commencera à 15 heures.
c. Jérôme a oublié ses papiers de voiture.
d. Elle était la première sur la liste.
e. Ils obtiennent souvent de bons résultats.

**9 * Classe les verbes soulignés en deux colonnes : avec l'auxiliaire *avoir* / avec l'auxiliaire *être*.**

a. Nous avons vu des étoiles filantes.
b. La pluie est tombée sans arrêt.
c. Éric a acheté un vélo.
d. Nous sommes repartis enchantés.
e. Les pirates étaient montés à bord du bateau.
f. La tempête a été violente.

**10 *** Recopie chaque série et barre l'intrus.**

a. tu parles • nous lisons • elle saute • il nagera • on court • ils voient
b. elle a essayé • tu voulais • ils écoutèrent • nous rentrerons • je suis allé • on a perdu
c. vous rangerez • elles partiront • tu verras • il dit • nous sortirons • je viendrai
d. ils ont attendu • elle criait • j'avais traversé • vous avez pris • tu auras tenu • nous avions ri

**11 *** Écris des phrases au passé, au présent et au futur. Imagine ce que le coureur a fait avant ce moment et ce qui va se passer après.**

→ D'autres exercices sur le fichier d'activités

2

# Le présent de l'indicatif (1)

CONJUGAISON

## Étape 1 L'emploi du présent de l'indicatif

**A.** Tous les jours, Max et Karim **arrivent** juste à l'heure à l'école. Ils ne sont jamais pressés !

**B.** Mon père, en colère, **continue** à conduire sans parler. Je **regarde** ailleurs, je ne parle pas non plus. Nous **traversons** la ville, nous **longeons** le mur de l'abbaye, le jardin public. Maintenant, nous **avançons** plus lentement, la circulation est dense. Enfin, nous **distinguons** la maison à travers les arbres.

**C.** L'eau du robinet est parfaitement potable, la boire est plus économique et pollue moins. Si tu **souhaites** avoir une eau ayant un meilleur goût, tu **utilises** un filtre monté sur le robinet ou sur la carafe. Il **améliore** la qualité de l'eau [...] et évite la fabrication de bouteilles en plastique.

Gaëlle Bouttier-Guérive, Thierry Thouvenot, *Planète attitude Junior*, © WWF-Seuil.

### Je me souviens

1. Dans quel texte le présent est-il utilisé pour donner des explications ou des informations ?
2. Dans quel texte l'emploie-t-on pour raconter des actions comme si elles étaient en train de se dérouler ?
3. Dans quel texte le présent sert-il à relater des actions se répétant régulièrement ?

## Étape 2 La conjugaison des verbes du 1er groupe

### Je me souviens

4. Recopie les verbes en gras de l'étape 1 avec leur sujet. À quel groupe appartiennent-ils ?
5. À quelles personnes sont-ils conjugués ? Entoure le radical et la terminaison de chaque verbe conjugué. Conjugue un de ces verbes à la 2e personne du pluriel.
6. Que remarques-tu à la fin du radical des verbes *longer* et *avancer* ? Conjugue ces deux verbes aux autres personnes.
7. Conjugue le verbe *distinguer* aux autres personnes. Par quelle lettre se termine le radical, même à la première personne du pluriel ?

### Je conclus

1. Quand utilise-t-on le présent ?
2. Quelles sont les terminaisons du présent des verbes du 1er groupe ?

Indique les particularités des verbes terminés par *-cer*, *-ger*, *-guer*.

→ Mémo p. 274

## Je m'entraîne

### Étape 1

**1 * Recopie uniquement les phrases dont les verbes sont conjugués au présent.**

a. Chaque été, nous passons une journée dans un parc d'attraction.
b. Dans deux ans, je rentrerai au collège.
c. La loutre est un animal au pelage brun et soyeux.
d. Le chat aperçoit un oiseau, il ne bouge plus, puis bondit tel un ressort.
e. La veille, il n'avait pas beaucoup dormi.

**2 ** Recopie les phrases et souligne les verbes conjugués.**

a. Mon chat disparaît régulièrement.
b. Le TGV roule à plus de 300 km par heure.
c. Papa est militaire. Nous déménageons souvent.
d. Elle démoule le gâteau bien doré.
e. Les insectes ont six pattes.

**• Précise, pour chaque phrase, si l'emploi du présent marque une habitude, une information ou une action en train de se faire.**

### Étape 2

**3 * Écris toutes les phrases possibles en associant les pronoms de la liste a aux verbes de la liste b.**

a. tu • on • je • vous • ils
b. bougent • campes • regarde • brossez • osent • grelotte • admirez • arroses

**4 * Recopie chaque phrase avec le verbe qui convient.**

a. Les clowns (*amuses* / *amusent*) le public.
b. Je (*dévore* / *dévores*) un gros gâteau.
c. Il (*navigue* / *naviguent*) sur les canaux.
d. Les promeneurs (*cherches* / *cherchent*) des champignons.
e. Tu (*pataugе* / *patauges*) dans la boue.

**5 * Recopie les phrases en mettant la bonne terminaison aux verbes.**

a. Les élèves de CM1 corrig… la dictée. Puis ils la recopi… sur leur cahier.
b. Vous mang… des escargots ?
c. Tu désherb… le jardin. Puis, nous repiqu… des salades et des tomates.
d. La mésange transport… des vers dans son bec. Elle donn… cette nourriture à ses petits.
e. J'aim… beaucoup le chocolat !

**6 ** Conjugue les verbes au présent.**

a. Tu (*jouer*) aux billes avec tes copains.
b. Nous (*lacer*) nos chaussures pour courir.
c. Nous (*plonger*) du tremplin.
d. Ces joueurs (*apprécier*) leur nouvel entraîneur.
e. On (*secouer*) les pruniers pour récolter les fruits.

**7 ** Récris chaque phrase en remplaçant le GN sujet par un pronom personnel. Conjugue le verbe entre parenthèses au présent.**

a. Les coureurs (*monter*) une pente raide.
b. La chenille (*grimper*) le long d'une tige de rose.
c. Papa et moi (*enfoncer*) des piquets dans la terre.
d. Un escargot (*glisser*) sur la terrasse.
e. Les ogresses (*croquer*) les enfants !

**8 ** Récris chaque phrase à la personne indiquée.**

a. Alex range les livres sur une étagère. → Nous …
b. Je sème des graines de radis. → Tu …
c. Pierre trace un cercle. → Nous …
d. Tu arraches les mauvaises herbes. → Ils …
e. Les enfants donnent du pain aux chevaux. → On …

**9 ** Complète chaque phrase avec un verbe du 1er groupe de ton choix.**

a. Cet automobiliste roule trop vite et il ….
b. Tu te promènes et tu ….
c. Nous faisons le ménage et ensuite nous ….
d. Je mange du chou et pourtant je ….
e. Il fait très chaud et ….

**10 ** Récris ce texte avec *Nous*.**

Des amis skient ensemble. Ils arrivent au sommet. La température est très basse et ils grelottent malgré leurs vêtements épais. Alors, ils entrent dans un refuge et commandent une boisson chaude. Au bout d'un moment, ils regagnent les pistes et foncent à nouveau comme des bolides !

**11 *** Écris plusieurs phrases pour raconter ce que font des personnes qui jardinent.**

■ Utilise des verbes comme *décider*, *gratter*, *couper*, *creuser*, *bêcher*, *ratisser*, *planter*, *tailler*, *arroser* que tu conjugueras au présent.

→ D'autres exercices sur le fichier d'activités

# 3 Le présent de l'indicatif (2)

## Étape 1 La conjugaison des verbes du 2e groupe

### Le grand hamster

Le grand hamster d'Europe **vit** en France, en Alsace plus précisément. Ce hamster **est** aussi gros qu'un cochon d'Inde. Il **a** une adorable frimousse mais attention, il **peut** être très querelleur car il **défend** âprement son territoire. Il ne **sort** qu'à la tombée de la nuit. Il **va** alors dans les champs de céréales pour faire ses provisions de nourriture. Les grands hamsters **deviennent** de plus en plus rares. Ils **subissent** les méfaits de la culture du maïs, notamment. Celle-ci **appauvrit** les sols et demande beaucoup d'eau. Or, les eaux d'arrosage **envahissent** les terriers et causent la mort des petits.

Gaëlle Bouttier-Guérive, Thierry Thouvenot,
*Planète attitude Junior*, © WWF-Seuil.

**Je me souviens**

1. Recopie les verbes du 2e groupe (en bleu) avec leur sujet. Conjugue au présent le verbe *subir* aux autres personnes.
2. Entoure le radical et la terminaison de chaque verbe. Quelle remarque peux-tu faire sur le radical ?

## Étape 2 La conjugaison des verbes du 3e groupe

**Je me souviens**

3. Recopie les verbes du 3e groupe (en vert) avec leur sujet. Conjugue ces verbes aux autres personnes. Entoure les terminaisons de chaque verbe. Quelles sont les terminaisons les plus fréquentes ?
4. Observe la conjugaison des verbes *faire*, *dire* et *voir* dans le tableau de conjugaison, pages 280-281. Quelles différences observes-tu par rapport aux autres verbes du 3e groupe ?

## Étape 3 La conjugaison des verbes *être*, *avoir* et *aller*

**Je me souviens**

5. Indique l'infinitif des verbes en rouge. Conjugue-les au présent à toutes les personnes en t'aidant du tableau de conjugaison, pages 278-279.

### Je conclus

1. Conjugue un verbe du 2e groupe au présent de l'indicatif pour chaque personne. Comment se termine le radical aux personnes du singulier et du pluriel ?
2. Indique les terminaisons possibles des verbes du 3e groupe pour chaque personne. Quelles particularités ont les verbes *faire*, *dire* et *voir* ?
3. Conjugue les verbes *aller*, *être* et *avoir* au présent de l'indicatif.

→ Mémo p. 275

## Je m'entraîne

### Étape 1

**1 * Recopie les verbes du 2e groupe et écris leur infinitif.**

a. Les maîtres punissent les élèves impolis.
b. Nous remplissons les cruches d'eau pour midi.
c. Le menuisier vernit le meuble restauré.
d. Cette plante embellit de jour en jour !
e. Les prunes pourrissent sur l'arbre.

**2 ** Récris chaque phrase en mettant le sujet au pluriel.**

a. La lumière éblouit les passants.
b. Tu agis souvent sans réfléchir.
c. Je finis mon repas.
d. Le cheval franchit l'obstacle avec facilité.
e. Elle applaudit à la fin du spectacle.

### Étape 2

**3 * Recopie ces verbes du 3e groupe avec leur sujet et entoure leur terminaison. Écris leur infinitif.**

a. Le hamster fait ses provisions de nourriture.
b. Il nous surprend par sa prévoyance.
c. Si tu aperçois un grand hamster, tu préviens la mairie de ton domicile.
d. On peut protéger les grands hamsters en n'utilisant pas d'engrais.
e. Les grands hamsters ne survivent que dans quelques communes d'Alsace.

**4 * Classe les verbes conjugués en deux colonnes : verbes du 2e groupe / verbes du 3e groupe.**

a. Le cuisinier farcit une dinde pour Noël.
b. Ces roses fleurissent pendant plusieurs semaines.
c. Nous faisons nos devoirs avant de jouer.
d. Ils ne veulent plus repartir !
e. L'eau frémit dans la casserole.

- **Écris leur infinitif.**

**5 * Récris chaque phrase avec la terminaison du verbe qui convient.**

a. Ils ne comprenn… rien à ce discours.
b. Elle réfléchi… à son futur métier.
c. Tu sali… toujours tes vêtements !
d. Est-ce que je peu… entrer ?
e. Nous dis… la vérité.

**6 ** Complète chaque phrase avec un des verbes de la liste que tu conjugueras au présent.**

*vouloir • nourrir • rôtir • repartir • dire*

a. Le poulet … lentement à la broche.
b. Vous … parfois des poèmes à vos enfants.
c. Je … toujours le samedi.
d. Nous ne … pas vous déranger.
e. L'éleveur … les veaux au biberon.

**7 *** Conjugue chaque verbe au présent à la personne indiquée.**

*Exemple :* choisir, 2e pers. du sing. → **tu** cho**isis**.

défaire, 2e pers. du pluriel • voir, 1re pers. du pluriel • prévenir, 3e pers. du sing. • réussir, 1re pers. du sing.

### Étape 3

**8 * Classe les verbes et leur sujet en trois colonnes : *être / avoir / aller*.**

a. J'ai de magnifiques fleurs dans mon jardin.
b. Abdel va souvent à la patinoire.
c. Les visiteurs ont souvent du mal à se garer.
d. Nous ne sommes pas satisfaits du résultat.
e. Êtes-vous d'accord avec cette idée ?
f. Parfois elles vont dans un restaurant chinois.

**9 ** Complète les phrases avec les verbes *être*, *avoir* ou *aller* conjugués au présent.**

a. Ils … une nouvelle console de jeu.
b. Les enfants … souvent malades l'hiver.
c. Elles … à la piscine en voiture.
d. Les renards … des animaux sauvages.
e. Ces oisillons … du mal à voler.

**10 *** Récris ce texte au présent.**

Un feu a pris dans une maison. Il est devenu de plus en plus violent. Alors, la sirène a retenti et les pompiers sont partis dans leur gros camion rouge. On voyait les flammes de très loin. Le nuage de fumée était de plus en plus épais. Les soldats du feu ont eu du mal à éteindre cet incendie. Heureusement, ils ont réussi.

**11 *** Écris une phrase pour chaque dessin.**

■ Utilise les verbes *surgir*, *refaire*, *avoir* et *aller* que tu conjugueras au présent.

→ D'autres exercices sur le fichier d'activités

# Le présent de l'impératif



## Étape 1 L'emploi du présent de l'impératif

*Pinocchio, mourant, refuse de prendre le médicament qu'une fée lui donne. Voyant quatre lapins noirs arriver avec un cercueil, il change d'avis.*

– **Partez**, **partez**, s'écria Pinocchio, je ne suis pas encore mort. Ô ma bonne fée, ma bonne fée, **donnez-moi** vite ce verre.

Et prenant le verre des deux mains, il le vida d'un trait.

– Maintenant, dit la fée, **viens** un peu auprès de moi et **raconte** comment il se fait que tu es tombé entre les mains des brigands.

– Mangefeu m'a donné des pièces d'or et m'a dit : **Va**, **porte**-les à ton papa ! Et j'ai rencontré un Renard et un Chat qui m'ont dit : « Veux-tu changer ces cinq écus en mille, deux mille écus ? **Viens** avec nous au Champ des miracles. » Et j'ai dit : « **Allons**-y » ; et ils ont dit : « **Passons** la nuit à l'auberge de l'Écrevisse rouge. »

D'après Carlo Collodi, *Pinocchio*.

### Je découvre

1. Lis les phrases contenant les verbes en gras. Qu'expriment-elles ? Comment appelle-t-on ce type de phrases ? À quel temps sont conjugués les verbes ?

2. À qui s'adresse chaque personnage quand il prononce ces verbes ? Trouve à quelle personne chaque verbe est conjugué. Combien y a-t-il de personnes à l'impératif ? Le verbe à l'impératif est-il accompagné d'un pronom sujet ?

## Étape 2 La conjugaison du présent de l'impératif

### Je découvre

3. Indique l'infinitif des verbes en gras. Conjugue chacun de ces verbes aux trois personnes de l'impératif. Quelles sont les terminaisons pour chaque personne et chaque groupe ?

4. Que constates-tu pour le verbe *aller* ? Dans le tableau de conjugaison, pages 278-279, observe la conjugaison des verbes *lancer*, *manger*, *distinguer*, *être* et *avoir*.

5. Compare les terminaisons de l'impératif avec celles de l'indicatif. Que constates-tu pour les verbes du 1er groupe ? et pour les autres groupes ?

6. Relis le dernier paragraphe du texte. Que remarques-tu quand le verbe à l'impératif est suivi d'un pronom complément ?

### Je conclus

1. À quoi sert l'impératif ? Cite les trois personnes de l'impératif.

2. Quelles sont les terminaisons du présent de l'impératif pour les verbes de chaque groupe ?

Conjugue les verbes *être*, *avoir*, *aller* à l'impératif. Que faut-il ajouter entre un verbe à l'impératif et un pronom complément ?

→ Mémo p. 275

## Je m'entraîne

### Étape 1

**1 * Recopie uniquement phrases dont les verbes sont conjugués à l'impératif.**

a. Quand je me suis réveillé à l'auberge, le Renard et le Chat étaient partis.
b. Sur le chemin, j'ai rencontré deux brigands.
c. Sors les pièces de ta poche.
d. Les brigands m'ont pendu à un arbre.
e. Va à la rencontre de Gepetto.
f. Prends le chemin de la forêt.
g. Fais attention à ne pas te perdre.

**2 * Classe les phrases en trois colonnes : ordre / conseil / interdiction.**

a. Mets un anorak pour aller skier.
b. Ne courez pas dans les escaliers.
c. Levez-vous en silence.
d. Rangez-vous par deux.
e. Ne marchez pas sur les pelouses.

### Étape 2

**3 * Récris ces phrases à l'impératif, à la même personne.**

a. Nous chantons tous ensemble.
b. Tu finis ton travail avant de lire.
c. Vous ne partez pas tout de suite.
d. Tu es gentille avec tes grands-parents.
e. Nous avons du courage pour résister au froid.

**4 * Recopie chaque verbe conjugué avec son infinitif.**

Verbes conjugués : descendez • reviens • ayez • bouge • partons • va • dors • sortez • soyons • obéissez • mange • réfléchis • peins • recevez • croyons

Infinitifs : partir • sortir • revenir • obéir • être • croire • bouger • recevoir • descendre • réfléchir • aller • peindre • dormir • avoir • manger

**5 ** Recopie chaque phrase en conjuguant le verbe à l'impératif, à la personne indiquée.**

a. (*Parler*) à voix basse. → 2e pers. du singulier
b. (*Mélanger*) la farine et le lait. → 1re pers. du pluriel
c. (*Réfléchir*) avant d'agir. → 2e pers. du pluriel
d. (*Lancer*) la balle plus loin. → 1re pers. du pluriel
e. (*Aller*) acheter du pain. → 2e pers. du singulier
f. (*Faire*) une promenade. → 1re pers. du pluriel

**6 ** Recopie chaque phrase en conjuguant le verbe à l'impératif. Attention à la personne.**

a. Le soir, (*ranger*) ta chambre avant de te coucher.
b. (*Venir*) chez nous quand vous voulez.
c. (*Rincer*) notre linge dans ce bac.
d. (*Finir*) votre repas avant de sortir.
e. (*Dire*) ce que tu as vu et entendu.

**7 ** Récris les phrases au présent de l'indicatif au présent de l'impératif ou inversement.**

a. Tu ne grimpes pas dans le vieux chêne.
b. Dessinez des fleurs.
c. Soyons nombreux à cette manifestation.
d. Nous avançons jusqu'au bord du gouffre.
e. Applaudissez les artistes !

**8 *** Écris une phrase affirmative et une phrase négative au présent de l'impératif à la personne indiquée.**

*Exemple :* rouler, 2e pers. du singulier
→ **Roule** doucement. **Ne** roule **pas** trop vite.

avoir, 2e pers. du sing. • nourrir, 1re pers. du pluriel • dire, 2e pers. du pluriel • être, 2e pers. du sing. • déplacer, 1re pers. du pluriel

**9 *** Récris les phrases au présent de l'impératif.**

a. Vous prenez un avocat et vous le coupez en deux.
b. Nous lavons la vaisselle et nous la rangeons.
c. Tu achètes des livres puis tu les donnes.
d. Tu vas chercher un vase et tu le remplis d'eau.
e. Pour faire une bonne omelette, vous cassez les œufs et vous les battez pendant plusieurs minutes.

**10 *** Récris ce texte au présent de l'impératif.**

Si tu veux te faire plaisir, tu pars de bonne heure et tu vas à la gare. Tu prends le premier train pour Lyon. Là, tu visites des monuments, tu déjeunes au restaurant et tu fais quelques courses. Le soir, tu reviens par le train, content de ta journée.

**11 *** Écris des conseils que tu donnerais à un sportif sur son alimentation, son sommeil, son entraînement… pour qu'il réussisse ses compétitions.**

■ Tu conjugueras les verbes au présent de l'impératif et tu utiliseras des phrases affirmatives (conseils) et des phrases négatives (interdictions).

→ D'autres exercices sur le fichier d'activités

# Le futur de l'indicatif



## Étape 1 L'emploi du futur de l'indicatif

*Lise n'est pas une petite fille comme les autres : plutôt que de suivre sa mère au rayon Beauté, elle préfère aller regarder les grands-mères au parc. Dans cet extrait, Lise est dans son lit et voudrait bien y rester alors que sa mère lui demande de se lever.*

Lise s'étire et pense seulement :

– Quand je **serai** vieille, je **dormirai** tard.

– Quand je **serai** vieille, je **serai** bien au chaud dans mon lit tandis que dès le matin, des colonies d'enfants **seront** obligées d'aller à l'école.

– Quand je **serai** vieille, je **vivrai** seule et je **ferai** ce que je **voudrai** !

Franck Bijou, *Née de la dernière pluie*, © Éditions du Rouergue.

**Je me souviens**

1. Quand se déroulera ce qui est exprimé par les verbes en gras ?
2. À quel temps sont conjugués ces verbes ? Indique leur infinitif.

## Étape 2 La conjugaison du futur de l'indicatif

**Je me souviens**

3. À partir des tableaux de conjugaison pages 278 à 281, relève les terminaisons des verbes des trois groupes et des verbes *être* et *avoir* au futur, pour chaque personne. Que constates-tu pour une même personne pour les verbes des trois groupes ?
4. Certaines terminaisons de différentes personnes se prononcent de la même façon. S'écrivent-elles pareil ?

## Étape 3 Des lettres à ne pas oublier

**A.** Vous saluerez le public. Tu crieras. Il jouera. Je remuerai la salade. Nous remercierons nos amis. Elles vérifieront notre travail.

**B.** Tu pourras partir plus tôt. Il courra le marathon de New York. Nous verrons ce film prochainement. Ces chevaux mourront de vieillesse.

**Je me souviens**

5. À quels groupes appartiennent les verbes conjugués au futur ?
6. Par quelle lettre muette se termine le radical des verbes de la série A ?
7. Quelle particularité remarques-tu dans les verbes de la série B ?

### Je conclus

1. Quand utilise-t-on le futur ?
2. Indique pour chaque personne la terminaison du futur pour les verbes de tous les groupes et pour les verbes *être* et *avoir*.
3. Pour les verbes du 1er groupe, quelle lettre muette ne faut-il pas oublier à la fin du radical ? Cite les verbes qui doublent le *r* au futur.

→ Mémo p. 276

## Je m'entraîne

### Étape 1

**1 * Recopie uniquement les phrases dont les verbes sont conjugués au futur.**

Quand Laura sera grande, elle sera médecin. Elle soignera les malades en Afrique. Pour l'instant, elle n'est encore qu'une enfant. Lino et Alec sont au collège. Plus tard, ils seront chimistes. Ils feront des expériences pour découvrir de nouveaux produits. Mélanie dit toujours : « Moi, je serai exploratrice ! »

**2 ** Récris les phrases en ajoutant des indicateurs de temps différents.**

a. Ils joueront au tennis.
b. On étudiera le grec.
c. J'aurai plein de copines !
d. Elle réunira toute sa famille.
e. Tu achèteras une voiture.

### Étape 2

**3 * Recopie uniquement les verbes conjugués au futur puis entoure leur terminaison.**

il parlait • j'irai • nous serons • il aura • elle travaillait • je finirai • vous partiez • tu dormiras • on a vu • nous effacerons • ils attendront • tu as • elle achètera • j'ai eu • elles mangeront • on va • nous voudrons

**4 * Complète chaque phrase avec le sujet de la liste qui convient.**

*la fusée • nos voisins • vous • je • tu*

a. … vendront bientôt leur maison.
b. J'espère que … viendras aussi.
c. … décollera à 11 heures 15 précises.
d. Participerez-… à notre fête ?
e. … sortirai la poubelle ce soir.

**5 * Recopie chaque phrase en mettant la bonne terminaison au verbe.**

a. Vous sorti(*rai* / *rez*) vers 17 heures.
b. Ils retrouve(*ront* / *rons*) la maison où ils sont nés.
c. Nous rend(*ront* / *rons*) l'argent à Émeric.
d. Tu mett(*ras* / *ra*) les fleurs dans l'eau.
e. Fred grossi(*ra* / *ras*) s'il mange trop.

**6 * Complète chaque phrase avec le verbe de la liste qui convient.**

*attendrons • arrivera • arriveras • arriveront • attendront*

a. Les voyageurs … le car à l'abri.
b. Est-ce que les astronautes … un jour sur Mars ?
c. Tu … sûrement avant nous.
d. L'avion … avec une heure de retard.
e. … -nous encore longtemps ?

**7 ** Conjugue les verbes entre parenthèses au futur.**

a. À ce spectacle, ils (*être*) au premier rang.
b. Tu (*aller*) d'abord au musée.
c. Elle ne (*trahir*) jamais sa famille.
d. Vous (*réserver*) des places.
e. Où (*trouver*)-je la clé du garage ?

**8 ** Conjugue les verbes entre parenthèses au futur.**

a. Ils (*servir*) le dîner dans la salle à manger.
b. Tu ne (*mentir*) pas.
c. Les hirondelles (*bâtir*) leur nid dans la grange.
d. Je suis certaine que vous (*rire*) beaucoup.
e. Le linge (*sentir*) bon la lavande.

**9 *** Récris ces phrases au futur.**

a. Le soir, je fais des mots-croisés ou je lis.
b. Ils disent bonsoir et montent se coucher.
c. Vous attendez longtemps et enfin vous entrez.
d. Tu effectues puis tu vérifies tes opérations.
e. Elle conduit pour rentrer car elle ne boit pas.

• **Récris les phrases à la 1re personne du pluriel.**

### Étape 3

**10 *** Conjugue les verbes entre parenthèses au futur.**

a. Nous (*plier*) les draps tous les deux.
b. On (*expédier*) le cadeau de Léa demain.
c. Le maître (*distribuer*) les fournitures à la rentrée.
d. Tu (*secouer*) la couverture avant de la laver.
e. Vous (*remuer*) la sauce de temps en temps.

**11 *** Récris ce texte au futur.**

Pendant les vacances, nous aidons maman. Paul trie et range le courrier. Moi, je prépare le repas. Papa débarrasse la table. Nous nous partageons le travail. Ainsi, maman peut se reposer. Puis la rentrée arrive. Chacun repart au travail. On retrouve les copains ! Les habitudes reprennent.

**12 *** Écris plusieurs phrases pour raconter ce que tu feras plus tard : dans quelques jours, l'année prochaine ou quand tu seras grand(e).**

■ Conjugue les verbes au futur.

→ D'autres exercices sur le fichier d'activités

6

# Le passé composé (1)

## Étape 1 L'emploi du passé composé

*La bande à Gaby, composée de dix enfants de moins de 12 ans,* ***est*** *autour d'un feu. Ils* ***discutent****. Ils* ***veulent*** *savoir pourquoi deux individus* ***s'intéressent*** *bizarrement à leur cheval sans tête, ce cheval à roulettes en bois avec lequel ils* ***dévalent*** *les pentes.*

« Pour moi, dit Gaby, toute l'histoire **a débuté** le soir où le cheval **a perdu** sa roue avant et plus précisément quand Roublot **est venu** tourner autour de toi et de Marion. Que s'**est**-il **passé** avant et après ?

– Je te l'**ai** déjà **raconté**, répond Fernand. En revenant du marché, nous **avons trouvé** le cheval couché dans le ruisseau. Je l'**ai relevé** et je l'**ai placé** debout contre la grille. C'est alors que nous **avons vu** s'amener ce sale bonhomme… »

D'après Paul Berna, *Le Cheval sans tête*, © Hachette Jeunesse.

**Je me souviens**

1. À quel temps sont les verbes en gras dans l'introduction en italique ?
2. Quand se passe ce qui est raconté dans les deux paragraphes du texte ? À quel temps sont les verbes en gras ?
3. Donne l'infinitif des verbes conjugués au passé composé. Comment est formé le passé composé ?

## Étape 2 La conjugaison des verbes du 1er groupe et des verbes *être* et *aller*

« Roublot **a été** désagréable, dit Gaby, je ne comprends pas ce qu'il voulait à notre cheval. Et après ?

– Après, reprend Fernand, Papa **est rentré** et notre monture **est allée** en réparation. Nous **avons livré** le cheval à monsieur Rossi. Il l'**a réparé** et il l'**a remonté**. Je l'**ai aidé**, rien de mystérieux à cela ! Les types de la camionnette **ont** peut-être **volé** le cheval pour rien. »

D'après Paul Berna, *Le Cheval sans tête*, © Hachette Jeunesse.

**Je me souviens**

4. Parmi les verbes en gras, relève le verbe *être* conjugué au passé composé.
5. Indique l'infinitif et le groupe des autres verbes en gras. Comment se termine le participe passé des verbes conjugués avec l'auxiliaire *avoir* ?
6. Comment se termine le participe passé des deux verbes conjugués avec l'auxiliaire *être* ? Que constates-tu ? Explique le *e* à la fin de *allée*.

**Je conclus**

1. Quand emploie-t-on le passé composé ? Donne une phrase au passé composé et indique l'auxiliaire et le participe passé du verbe conjugué.
2. Explique comment est formé le passé composé. Comment se termine le participe passé des verbes du 1er groupe ? Quand y a-t-il accord du participe passé avec le sujet ?

→ Mémo p. 276

CONJUGAISON

## Je m'entraîne

### Étape 1

**1 * Recopie les phrases au passé composé.**

*Les enfants continuent à discuter. Tout à coup, Fernand se souvient :*

« Papa a pris le cheval et il l'a vidé par terre. Des bricoles sont tombées du cheval.

– Qu'est-ce que vous lui avez sorti ?

– Par terre, j'ai ramassé de la ferraille, des chiffons, du crin et une clé. »

Les enfants se regardent. Ils ont bien enfilé de la ferraille, des chiffons et du crin dans la panse du cheval mais ils n'y ont pas mis de clé !

D'après Paul Berna, *Le Cheval sans tête*, © Hachette Jeunesse.

**2 * Recopie uniquement les verbes conjugués au passé composé et écris leur infinitif.**

elle a été • je suis • vous êtes arrivés • il est tombé • chantez ! • tu iras • on part • j'ai lu • nous avons versé • ils vieillissent • viens • vous avez vidé • on voit • elles disent • tu as tenu • je mangerai

### Étape 2

**3 * Classe ces verbes au passé composé en trois colonnes : verbes du 1er groupe / verbe *être* / verbe *aller*.**

elles ont discuté • il a été • nous avons rencontré • on a dessiné • je suis allée • vous avez sauvé • tu es allé • nous avons été • on a décoré • je suis resté • elles sont montées • tu as été • ils sont allés

**4 * Récris cette phrase à toutes les personnes.**

On a joué dans la cour et on a goûté.

**5 * Recopie chaque phrase avec la terminaison du participe passé qui convient : *é*, *és*, *ée* ou *ées*.**

a. Cinq coureurs sont tomb… ce jour-là.
b. Nous avons gagn… le gros lot du loto.
c. Sabrina et Zoé sont all… à Paris.
d. Elle est entr… la première dans la salle.
e. Toutes les rivières de la région ont débord….

**6 ** Complète chaque phrase avec l'auxiliaire *être* ou l'auxiliaire *avoir*.**

a. Vous … campé en Bretagne.
b. Notre chienne … restée à la maison.
c. À quelle heure …-ils arrivés ?
d. Plusieurs chirurgiens … opéré le blessé.
e. Les deux fillettes … allées chez leur voisine.

**7 ** Récris chaque phrase avec le sujet indiqué.**

a. Il a prêté son vélo à Max. → *Ma sœur* …
b. Les garçons sont montés au 12e étage. → *Elles* …
c. Le cheval a tiré la calèche. → *Les juments* …
d. Julien est allé au concert. → *Ses copines* …
e. Elle est passée devant les vitrines de Noël. → *Paul* …

**8 ** Conjugue les verbes au passé composé.**

a. Nous (*renverser*) la bouteille de sirop.
b. Les étudiants (*aller*) en Russie.
c. La voiture tombée à l'eau (*remonter*) à la surface.
d. Les pompiers (*arroser*) le feu durant trois heures.
e. Tu (*être*) au régime pendant combien de temps ?

**9 *** Conjugue les verbes au passé composé.**

a. Ces personnes (*bien parler*) en anglais.
b. Je (*ne pas être*) malade.
c. Pourquoi (*arriver*)-il si tard ?
d. Elles (*ne pas rentrer*) toutes seules.
e. Les voleurs (*tout emporter*) dans la nuit.

**10 *** Récris les phrases au passé composé.**

a. Nous inventerons de nouvelles recettes.
b. Ma fille avait une peur terrible de l'orage.
c. Les nageuses plongent et dansent dans l'eau.
d. Es-tu malade en avion ?
e. Je ne comprends rien !

**11 *** Écris une phrase avec chaque verbe conjugué au passé composé, à la personne indiquée.**

visiter, 1re pers. du pluriel • retourner, 3e pers. du pluriel • présenter, 3e pers. du pluriel • laver, 1re pers. du sing. • aller, 3e pers. du sing. • oublier, 3e pers. du sing.

**12 *** Récris ce texte au passé composé.**

Anaïs va à la piscine. En chemin, elle passe devant un magasin de jouets. Elle tombe en admiration devant une magnifique poupée ! Elle arrive à la piscine en même temps qu'Aline. Anaïs est contente de retrouver sa copine ! Dans l'eau, les deux amies nagent, sautent et jouent pendant deux heures. Puis elles rentrent chez elles, contentes de leur après-midi.

**13 *** Écris plusieurs phrases pour raconter ce que tu as fait après l'école hier soir ou un autre soir.**

■ Tu utiliseras les verbes *rentrer*, *goûter*, *jouer*, *réviser* et *ranger* conjugués au passé composé.

→ D'autres exercices sur le fichier d'activités

# Le passé composé (2)

## Étape 1 La conjugaison des verbes du 2e groupe

C'est en 1953 que les premiers alpinistes **ont gravi** avec succès le mont Everest.

En 1950, la Chine **a envahi** le Tibet, il était alors impossible d'accéder à l'Everest par le nord. En 1953, une expédition anglaise **a choisi** de passer par le sud. Elle s'est mise en route le 10 mars. Les Anglais **ont établi** des camps tout au long du parcours, le dernier à 8 500 mètres. Le 29 mai 1953, au petit jour, Edmund Hillary et Tenzing Norgay ont quitté le camp. Ils **ont franchi** le dernier obstacle et ont atteint le sommet à 11 heures 30.

E. Hillary et T. Norgay atteignent le sommet du mont Everest. Première page d'un journal, 14 juin 1953.

### Je me souviens

1. Relève les verbes en gras avec leur sujet. À quel temps sont-ils conjugués ? Indique leur infinitif et leur groupe.
2. Quel auxiliaire est utilisé pour former le passé composé de ces verbes ? Comment se termine leur participe passé ?

## Étape 2 La conjugaison des verbes du 3e groupe et du verbe *avoir*

Ils **ont dit** que j'avais la peau bleue. Ils **ont ri** et ils **sont partis**.
Ils n'**ont** pas **voulu** que je joue avec eux. Alors j'ai pleuré. […]
Elle s'est approchée. Elle a dit : « Ne fais pas attention, ce sont des petits, ils sont bêtes. »
Elle **a pris** ma main. […] On a lancé des pierres dans l'eau, à celui qui les jetterait le plus loin. Au début, j'**ai fait** bien attention. […]
Nous **avons cueilli** des fleurs. Je me sentais bien.
Puis elle a demandé : « Est-ce que tous les gors* sont aussi bleus que toi ? »
Et j'**ai eu** de nouveau envie de pleurer.

* **gor :** habitant d'une étoile.

D'après Christian Léourier, *L'Habitant des étoiles*, © Milan.

### Je découvre

3. Relève le verbe *avoir* conjugué au passé composé.
4. Indique l'infinitif des autres verbes conjugués au passé composé (en gras dans le texte).
5. Recopie les participes passés des verbes conjugués avec *avoir*. Comment se terminent-ils ? Explique le *s* à la fin du participe passé du verbe *partir*.

### Je conclus

1. Comment se termine le participe passé des verbes du 2e groupe au passé composé ?
2. Indique les terminaisons des participes passés des verbes du 3e groupe. Cite des exemples de verbes conjugués ayant des participes passés différents.

→ Mémo p. 276

# Je m'entraîne

## Étape 1

**1 * Recopie uniquement les phrases contenant un verbe du 2e groupe.**

a. Il a brandi un bâton.
b. Vous avez appris votre leçon.
c. L'immeuble a vieilli.
d. Nous avons subi une terrible catastrophe.
e. J'ai écrit une lettre.
f. Tu as senti une odeur bizarre.

**2 ** Récris ces phrases au passé composé.**

a. Les Romains envahissent la Gaule.
b. Les lilas fleurissent en avance cette année.
c. Nous franchirons le col enneigé.
d. Je réfléchis avant de répondre.
e. Le chien bondit de joie.

## Étape 2

**3 * Recopie uniquement les phrases contenant un verbe du 3e groupe.**

a. Le chat est revenu au bout de six mois.
b. Les chevaux sont restés au parc tout l'été.
c. Je n'ai pas pu faire autrement.
d. Vous avez aimé ce livre.
e. Maman a fait de la confiture de mirabelles.
f. Ses cheveux ont blondi avec le soleil.

**4 * Recopie uniquement les verbes conjugués au passé composé et écris leur infinitif.**

on a eu • elle est partie • j'écris • il a surgi • ils sortiront • on lisait • nous avons vu • mange ! • tu es intervenu • elles dessinent • vous avez subi • j'ai voulu • vous appelez • on est • tu as fait

**5 * Complète chaque phrase avec le pronom de la liste qui convient.**

*ils • j' • nous • tu • elle*

a. … a pris le dernier train.
b. … avons défait les bagages en arrivant.
c. Hier, … ont vu une éclipse de Soleil.
d. La semaine dernière, … ai eu mal dans le dos.
e. … as choisi le meilleur dessert !

**6 * Recopie chaque phrase avec la terminaison du participe passé qui convient : *i*, *is*, *it*, *t* ou *u*.**

a. Ils ont bien v… ce qui s'est passé.
b. Je n'ai pas compr… vos explications.
c. Qu'avez-vous fai… de votre carte d'identité ?
d. Les spectateurs ont applaud… les joueurs.
e. Elle n'a rien d… de votre conversation.

**7 ** Conjugue les verbes entre parenthèses au passé composé.**

a. Les maçons (*finir*) la construction du pont.
b. Les hirondelles (*revenir*) en mars.
c. Nous (*vouloir*) leur faire une surprise.
d. Est-ce que tu (*avoir*) la grippe l'hiver dernier ?
e. Par chance, vous (*pouvoir*) garer votre voiture.

**8 ** Récris les phrases avec le sujet indiqué.**

a. Elle est venue chez ses amis. → *Ils* …
b. Le fauve a obéi à son dresseur. → *La lionne* …
c. Je n'ai pas eu très peur. → *Vous* …
d. Nous avons pris deux menus. → *Tu* …
e. Tu as profité du soleil. → *Les touristes* …

**9 ** Complète chaque phrase avec l'auxiliaire *être* ou l'auxiliaire *avoir*.**

a. Ludivine … venue avec son frère.
b. On … eu du beau temps.
c. Jason … réussi tous ses examens.
d. Des clients … partis sans dire au revoir.
e. Elles … dit du bien de leur professeur.

**10 *** Écris une phrase avec chaque verbe conjugué au passé composé, à la personne indiquée.**

repartir, 3e pers. du sing. • avoir, 2e pers. du pluriel • apprendre, 2e pers. du sing. • grandir, 1re pers. du pluriel • entrevoir, 2e pers. du pluriel • rougir, 1re pers. du sing.

**11 *** Récris ce texte au passé composé.**

Ali voit des étoiles filantes. Il a la chance d'en voir beaucoup. Il réunit des amis et il prend du matériel adapté. Ils font des photos. Certains peuvent filmer. Ils veulent rester le plus longtemps possible : ils repartent vers 3 heures du matin.

**12 *** Écris plusieurs phrases pour raconter ce que tu vois sur les dessins.**

■ Utilise les verbes *bondir* (de joie), *prendre*, *vouloir*, *avoir* et *faire* conjugués au passé composé.

→ D'autres exercices sur le fichier d'activités

CONJUGAISON

# Le passé simple (1)

## Étape 1 L'emploi du passé simple

*À Pleuveterre, une légende raconte que la Malelouve, femme ou bête, apparaît dans la brume et entraîne ses victimes dans les marais.*

Julien enfonça ses souliers dans la terre. Derrière lui, Malelouve était encore là. Il entendit sa respiration. Il devina une odeur de mare, d'eau croupie. Plusieurs fois, il se retourna mais ne vit rien. Cette fois, Julien avait vraiment peur. Il s'était bel et bien perdu.
Brusquement, Julien sentit ses jambes prisonnières. De l'eau glacée entra dans son pantalon. Tout son corps bascula en avant et ses mains plongèrent dans la boue.

D'après Michel Cosem, *Malelouve des terres à brume*, © Sedrap.

### Je découvre

1. L'histoire est-elle racontée au présent ou au passé ? Justifie ta réponse.
2. Relève les verbes qui expriment ce que fait Julien et ce qui lui arrive. Ces verbes sont conjugués au passé simple. Est-ce un temps que l'on emploie à l'oral ?

## Étape 2 La conjugaison des verbes du 1er groupe et du verbe *aller*

Robert mit en route le tracteur. Le moteur **gronda** et la fumée de fuel **alla** se mêler à la brume du matin. Robert avait envie de rire, de se moquer de Julien qu'il avait aidé hier au soir à sortir de la mare.
La brume **bougea** lentement. Robert **plaça** le soc de la charrue et **enclencha** la première. L'acier **entra** dans la terre avec une étrange facilité et **commença** son labeur. Au loin, il **distingua** trois corbeaux. Ils **hésitèrent** sur la direction à prendre et finalement **se dirigèrent** vers Pleuveterre.

D'après Michel Cosem, *Malelouve des terres à brume*, © Sedrap.

### Je découvre

3. À quels groupes les verbes en gras appartiennent-ils ? Recopie chaque verbe et son sujet puis entoure la terminaison. Que constates-tu pour le radical des verbes *bouger*, *placer* et *distinguer* ?
4. En t'aidant du tableau de conjugaison pages 278-279, récris la partie de la phrase surlignée en jaune en commençant par *je*, par *tu*, par *nous* et par *vous*. Entoure les terminaisons.

### Je conclus

1. Dans un texte, qu'indiquent les verbes conjugués au passé simple ?
2. Pour chaque personne, indique les terminaisons des verbes du 1er groupe et du verbe *aller* conjugués au passé simple.

→ Mémo p. 277

## Je m'entraîne

### Étape 1

**1 ** Recopie uniquement les phrases au passé simple.**

Robert allait et venait sur l'immense parcelle. Brusquement, il freina. Le tracteur renâcla et s'arrêta. Il y avait là, dans un sillon, la forme d'une femme. Mais était-ce une femme ? Robert jura entre ses dents. Il se mit à trembler. Était-ce Malelouve? La peur le troublait. Il hésita à descendre de sa machine. Il lança le tracteur, sans doute un peu trop vite.

**2 ** Récris chaque phrase avec le verbe conjugué au passé simple.**

a. Le garagiste (*réparera / répara*) notre voiture.
b. Ils n'(*osèrent / osent*) pas avouer la vérité.
c. Nous (*allâmes / allons*) à Lille par le train.
d. Je (*tombais / tombai*) sur une pierre coupante.
e. On (*resta / restera*) longtemps debout.

### Étape 2

**3 * Recopie uniquement les verbes conjugués au passé simple puis écris leur infinitif.**

on alla • elle savait • nous avons lu • vous gagnâtes • il répara • je fermerai • ils jouèrent • bois ! • tu sautas • elles chantèrent • on a cherché • elle arriva

**4 * Récris chaque phrase avec le verbe de la liste qui convient.**

*osa • levas • délivrèrent • marchâmes • visitai*

a. Des enfants … un oiseau pris au piège.
b. Ce jour-là, je … une cave à champagne.
c. Elle n'… pas en parler à ses parents.
d. Tu … le bras avant de répondre.
e. Nous … pendant trois heures.

**5 ** Complète chaque phrase avec un pronom personnel sujet qui convienne.**

a. Fin août, … arrachèrent les pommes de terre.
b. … traçâmes un cercle à la craie sur le sol.
c. … fermas les volets avant de partir.
d. … décora sa maison pour Noël.
e. En passant, … déposai un colis à la poste.

**6 * Récris chaque phrase à la personne du pluriel correspondante.**

a. Tu tournas plusieurs fois autour du rond-point.
b. Elle rinça le linge au lavoir.
c. J'allai au parc pour ramasser des marrons.
d. Il conjugua les verbes au passé simple.
e. Je voyageai avec un groupe d'amis.

**7 ** Conjugue les verbes entre parenthèses au passé simple.**

a. Tu (*frapper*) à la porte plusieurs fois.
b. Nous (*nager*) le long de la côte.
c. Je (*préparer*) le repas avant de partir.
d. Elle (*commencer*) à trier ses affaires.
e. Les marins (*naviguer*) dans le brouillard.

**8 ** Récris cette phrase à toutes les personnes du passé simple.**

J'allai dans les bois et trouvai des champignons.

**9 *** Récris les phrases au passé simple.**

a. L'orage a grondé toute la nuit.
b. Nous déménagerons d'abord les gros meubles.
c. Les bateaux tanguent dans la tempête.
d. Nous avons effacé les traces sur le mur.
e. Je mélange les ingrédients dans le saladier.

**10 *** Complète chaque phrase avec un groupe nominal sujet de ton choix qui convienne.**

a. L'an passé, … allèrent en classe de mer.
b. En voyage, … rencontra des gens formidables.
c. … alla en vacances en Bretagne.
d. … jouèrent aux cartes une partie de la nuit.
e. … sautèrent par-dessus la barrière du pré.

**11 *** Complète chaque phrase avec un verbe du 1er groupe de ton choix que tu conjugueras au passé simple.**

a. Pour son anniversaire, Mehdi ….
b. Elles avaient perdu leur chien et elles ….
c. En remplissant une bouteille, je ….
d. Nous écrivîmes une lettre mais nous ….
e. Au loto du village, tu ….

**12 *** Récris ce texte au passé simple.**

Un jour, ils gagnent un voyage en Grèce. Ils profitent de cette belle occasion avec plaisir. Ils visitent les plus belles villes, admirent de magnifiques paysages. Ils gardèrent un merveilleux souvenir de ce voyage !

**13 *** Écris plusieurs phrases pour raconter le parcours d'un ou de plusieurs alpiniste(s) pendant l'ascension du mont Blanc.**

■ Utilise le verbe *aller* et quelques verbes du 1er groupe comme *attacher*, *grimper*, *respirer*, *escalader*, *admirer*, *observer*, *arriver*... que tu conjugueras au passé simple.

→ D'autres exercices sur le fichier d'activités

# Le passé simple (2)



## Étape 1 La conjugaison des verbes du 2e groupe

*Depuis l'aventure de Julien puis celle de Robert, retrouvé à demi écrasé sous son tracteur mais sauvé à temps, tout le monde a besoin de se changer les idées.*

L'atmosphère du cirque était pleine de chaleur et de gentillesse. À la fin du numéro de Cynthia, la magicienne jongleuse, les gens l'**applaudirent** longtemps.

**Vint** le tour des animaux. Le chameau entra, **fit** dédaigneusement le tour de la piste. Les lamas **bondirent** à leur tour et montèrent sur le dos du chameau. Puis **apparut** la chèvre enturbannée qui **fit** rire tout le monde. Elle sauta sur le chameau puis sur les lamas.

Pour achever cette pyramide animale, un vol lourd se fit entendre et le paon **atterrit** au milieu du cirque en criaillant. Il **fit** aussitôt la roue, et l'on **rit** à nouveau. Puis, rentrant ses plumes, il **reprit** son envol et alla se percher sur la chèvre tout en haut.

À cet instant, on **entendit** un terrible hurlement. Ce **fut** comme un déchirement du ciel et de la terre. Les lumières s'éteignirent. Brice **eut** peur et **voulut** sortir.

D'après Michel Cosem, *Malelouve des terres à brume*, © Sedrap.

### Je découvre

1. Recopie les verbes en vert avec leur sujet. Indique leur groupe. Entoure les terminaisons.
2. Conjugue le verbe *bondir* aux autres personnes. Entoure les terminaisons.
3. Compare les trois personnes du singulier du passé simple avec celles du présent. Que constates-tu ?

## Étape 2 La conjugaison des verbes du 3e groupe et des verbes *être* et *avoir*

### Je découvre

4. Classe les verbes en rouge en trois colonnes. Indique leur infinitif.

| terminaison avec *i* | terminaison avec *u* | terminaison avec *in* |
|---|---|---|
| ... | ... | ... |

5. Observe, dans les tableaux de conjugaison pages 278 à 281, comment chacun de ces verbes se conjugue aux autres personnes. Relève les terminaisons pour chaque personne.
6. Compare les trois personnes du singulier du passé simple des verbes *rire* et *dire* avec celles du présent. Que constates-tu ?

### Je conclus

1. Quelles sont les terminaisons des verbes du 2e groupe au passé simple ?

2. Indique les différentes terminaisons des verbes du 3e groupe et des verbes *être* et *avoir* pour une même personne au passé simple.

→ Mémo p. 277

## Je m'entraîne

### Étape 1

**1 * Classe les verbes en deux colonnes : 2e groupe / 3e groupe. Écris ensuite leur infinitif.**

tu pris • je guéris • nous vîmes • elles cueillirent • vous saisîtes • il fit • on ralentit • ils franchirent • elle dormit • vous rougîtes • je partis • tu dis

**2 ** Conjugue les verbes entre parenthèses au passé simple.**

a. Soudain, un vent léger (*rafraîchir*) l'atmosphère.
b. À Noël, les cuisiniers (*farcir*) de nombreuses dindes.
c. Ils (*agrandir*) la maison.
d. Les fruits (*pourrir*) à cause de la pluie.
e. Le chevalier (*brandir*) son épée.

### Étape 2

**3 * Recopie uniquement les verbes conjugués au passé simple.**

elle vint • je disais • ils sont partis • vous vîtes • on voulut • vous aviez • il eut • écris ! • j'ai mis • nous gravîmes • elle devint • elles font • ils furent

**4 * Recopie chaque verbe avec un pronom sujet qui convienne.**

... fûmes • ... voulus • ... eut • ... sentîtes • ... éblouirent • ... connûmes • ... fis • ... virent • ... aperçûtes • ... dit • ... vins • ... prirent

**5 ** Recopie les phrases contenant des verbes du 3e groupe conjugués au passé simple.**

Le paon affolé se jeta dans le vide. Son vol lourd vint frôler la tête des spectateurs. Brice sentit passer sur son visage un souffle glacial. La chèvre aussi bondit. Elle chercha une issue pour s'enfuir. Les lamas voulurent sortir. Ils se cognèrent au mât du chapiteau qui vacilla. Le directeur du cirque se mit à hurler pour ramener l'ordre. Cela ne fit qu'ajouter à la panique.

**6 ** Complète chaque phrase avec le verbe de la liste qui convient.**

*prit • firent • eûmes • put • fus*

a. Nous ... du mal à trouver votre maison.
b. Il ... le vol de 13 heures 25.
c. Elle ne ... retenir ses larmes.
d. Ils ... une belle peinture sur leur porte.
e. Je ... triste de vous voir partir.

**7 ** Récris cette phrase au passé simple à toutes les autres personnes.**

Tu pris l'avion et tu partis en Chine.

**8 ** Récris chaque phrase à la personne indiquée.**

a. Ils dirent du bien de lui. → 1re pers. du singulier
b. On put trouver facilement. → 3e pers. du pluriel
c. Nous eûmes du beau temps. → 3e pers. du singulier
d. Ils virent que l'homme était en colère. → 1re pers. du pluriel
e. Je fus malade toute la nuit. → 2e pers. du singulier

**9 ** Récris les phrases au passé simple.**

a. Mes sœurs ont de bons résultats.
b. Nous faisons des salades composées.
c. Tu veux essuyer la vaisselle.
d. Nous pouvons nous reposer un moment.
e. Il dit beaucoup de blagues.
f. Les clients sont satisfaits de leur commande.

**10 *** Écris une phrase avec chaque verbe conjugué au passé simple, à la personne indiquée.**

comprendre, 3e pers. du pluriel • dire, 1re pers. du pluriel • avoir, 2e pers. du singulier • ralentir, 3e pers. du pluriel • revoir, 3e pers. du singulier • être, 1re pers. du singulier

**11 *** Récris les phrases en complétant chaque verbe avec la terminaison qui convient : *is* / *us* / *ins* / *it* / *ut* / *int* ou *irent* / *urent* / *inrent*.**

a. Ils part... à 7 heures et rev... à 22 heures.
b. Elle f... contente de son voyage et le ref... l'année suivante.
c. Quand la police interv... le voleur ne p... pas s'enfuir.
d. Je voul... revoir la maison mais je ne la v... pas .
e. Tu v... aussitôt que tu p....

**12 *** Récris ce texte au passé simple.**

Un jour, notre amie a pris des places pour assister à un concert. Nous avons eu la joie d'être au premier rang. Les jeunes musiciens ont joué une vingtaine de morceaux magnifiques. Nous avons été très émus en les voyant de si près. Mais nous n'avons pas réussi à leur parler après le concert.

**13 *** Écris un court texte pour raconter ce qui arriva au Petit Poucet ou à un autre personnage d'un conte de ton choix.**

■ Emploie les auxiliaires *être* et *avoir* et des verbes du 2e groupe et du 3e groupe comme *partir*, *prendre*, *faire*, *voir*, *surgir*...
Ces verbes seront conjugués au passé simple.

→ D'autres exercices sur le fichier d'activités

# L'imparfait de l'indicatif

## Étape 1 L'emploi de l'imparfait de l'indicatif et du passé simple

Il y a longtemps, très longtemps, la Terre **était** peuplée de gens heureux. Tous les humains **pouvaient** aisément se procurer ce dont ils **avaient** besoin. Les animaux des champs et des forêts **étaient** apprivoisés. Chaque arbre et chaque buisson **portaient** des fruits. Pendant la nuit, les hommes **aimaient** observer les étoiles. Un jour, ils **virent** une étoile qui brillait plus que les autres.

Ré & Philippe Soupault, *L'Étoile et le Nénuphar et autres contes*, © Seghers Jeunesse.

**Je me souviens**

1. Quand se passe ce qui est raconté ?
2. Quel temps est utilisé pour décrire la Terre et dire ce que les hommes avaient l'habitude de faire ? À quel temps est conjugué le verbe en bleu ? Ce verbe indique-t-il une description, une explication ou un événement ?

## Étape 2 L'emploi de l'imparfait de l'indicatif et du passé composé

L'architecture du château **était** époustouflante. Huit tours hautes et pointues lui **dessinaient** la silhouette d'une araignée monumentale. La construction **attirait** et **repoussait** en même temps, à l'image de son propriétaire.

À notre arrivée, un serviteur **s'est occupé** de notre charrette. Un garde en tenue d'apparat **a contrôlé** nos cartons d'invitation.

Éric Sanvoisin, *Alchimia* (tome 1), © Nathan.

**Je découvre**

3. Que décrivent les verbes en vert ? À quel temps sont-ils conjugués ? Pourquoi les verbes en rouge sont-ils conjugués au passé composé ?

## Étape 3 La conjugaison de l'imparfait de l'indicatif

**Je me souviens**

4. Recopie les verbes en vert de l'étape 1 et 2 avec leur sujet. Entoure le radical et la terminaison de chaque verbe. Que retrouves-tu toujours dans la terminaison ?
5. Dans les tableaux de conjugaison pages 278 à 281, lis la conjugaison des différents verbes à l'imparfait. Que constates-tu pour tous les verbes à une même personne ?
6. Observe le radical des verbes *manger*, *lancer* et *distinguer* à l'imparfait. Que remarques-tu ?

**Je conclus**

1. À quoi sert l'imparfait dans un texte ? Avec quels autres temps est-il souvent employé ?
2. Indique la terminaison des verbes à l'imparfait pour chaque personne.
3. Quelle est la particularité des verbes terminés par *-cer*, *-ger* ou *-guer* ?

→ Mémo p. 277

# Je m'entraîne

## Étape 1

**1 * Recopie uniquement les phrases à l'imparfait.**

L'étoile était dans le Sud. Elle se trouvait au pied de hautes montagnes. Un groupe de jeunes gens alla voir l'étoile. Elle ressemblait à un oiseau. Elle voulait vivre avec les humains. Elle s'installa à la surface de l'eau. Elle brillait et l'eau reflétait son image. Émerveillés, les hommes lui donnèrent le nom de Nénuphar.

**2 ** Recopie les phrases en complétant les verbes avec *a* (passé simple) ou *ait* (imparfait).**

a. Elle march… tranquillement lorsqu'elle but… contre une racine d'arbre.
b. Chaque soir, il regard… un jeu télévisé. Un jour, il songe… à se présenter lui aussi à ce jeu.
c. Avant elle utilis… beaucoup sa voiture ; un jour, elle décid… de refaire du vélo.
d. Ce soir-là, Lucas effaç… le tableau, Soudain, le maître entr… dans la classe.

## Étape 2

**3 * Mets les verbes conjugués au passé simple au passé composé.**

Le jour de Pâques, le soleil brillait et l'air était doux. Max et Émilie allèrent dans le jardin à la recherche de quelques chocolats. Ils cherchèrent un peu partout et trouvèrent des œufs. Max était en train de fouiller une haie quand un chat bondit et surprit le garçon.

## Étape 3

**4 * Complète chaque verbe avec un pronom personnel sujet qui convienne.**

… dansions • … dessinais • … lanciez • … courait • … grossissait • … défendaient • … était • … rêvaient • … vivais

**5 * Récris chaque phrase avec le verbe qui convient.**

a. Les enfants (*jouais* / *jouaient*) aux billes.
b. Tu (*revenais* / *revenait*) souvent chez nous.
c. Nous (*prenions* / *prenaient*) des cours de maths.
d. Je (*pétrissait* / *pétrissais*) la pâte à la main.
e. Vous (*étiez* / *étais*) toujours en avance.

**6 * Récris chaque phrase avec le pronom sujet indiqué entre parenthèses.**

a. Nous voyions des paysages magnifiques. (*Vous*)
b. J'avais souvent mal à la gorge. (*Nous*)
c. Vous avanciez très lentement. (*Tu*)
d. Elles subissaient des intempéries. (*Je*)
e. Nous ne dérangions personne. (*On*)

**7 ** Conjugue les verbes à l'imparfait.**

a. Tous les matins, nous (*promener*) le chien.
b. À l'école, je (*lancer*) la balle le plus loin.
c. Déjà, étant petit, tu (*songer*) à être acteur.
d. Mon grand-père (*blaguer*) toujours !
e. Chaque jeudi, le maire (*réunir*) ses conseillers.

**8 ** Récris chaque phrase à la 2e personne du singulier puis à la 1re personne du pluriel.**

a. Autrefois, je pouvais courir longtemps.
b. Ils appréciaient les bons petits-déjeuners.
c. On distinguait à peine les phares des voitures.
d. Vous alliez régulièrement au cinéma.
e. Elle déplaçait ses meubles de temps en temps.

**9 ** Récris cette phrase à toutes les autres personnes de l'imparfait.**

Quand j'étais au CE2, je travaillais bien.

**10 ** Récris chaque phrase avec le verbe conjugué à l'imparfait.**

a. Le vent (*balance* / *balançait*) les grands sapins.
b. Je (*faisais* / *ferai*) les courses tous les samedis.
c. Vous (*recopiez* / *recopiiez*) la leçon soigneusement.
d. La sirène (*retentirait* / *retentissait*) à midi.
e. Lili (*rangera* / *rangeait*) sa chambre chaque soir.

**11 *** Récris les phrases avec le verbe qui convient en le conjuguant à l'imparfait.**

*grimacer* • *envahir* • *revoir* • *fatiguer* • *plier*

a. Étant enfant, tu … beaucoup tes parents.
b. Nous … toujours notre serviette à la fin du repas.
c. Le blessé … de douleur sur le brancard.
d. …-vous parfois vos anciens amis ?
e. La boue … déjà les maisons.

**12 *** Récris ce texte à l'imparfait.**

Quand il va à la pêche, Abel part très tôt le matin et revient à la tombée de la nuit. Il ne prend pas grand chose : les poissons peuvent être tranquilles ! Mais il apprécie ces journées dans la nature. Il dit qu'il n'y a rien de mieux. Il veut en profiter le plus possible.

**13 *** Écris plusieurs phrases pour raconter ta vie quand tu étais plus petit(e) : ce que tu aimais ou tu n'aimais pas à l'école, les jeux que tu préférais, les sorties, les amis que tu as peut-être quittés…**

■ Tu conjugueras tous les verbes à l'imparfait.

→ D'autres exercices sur le fichier d'activités

# Quelles lettres pour écrire les sons [ɑ̃], [ɛ̃] et [ɔ̃] ?

## Étape 1 Le son [ɑ̃]

Dans ce roman, à chaque instant, le lecteur est entraîné avec le héros dans des aventures inattendues au milieu de l'océan en compagnie de cent pirates hurlants et menaçants.

### Je me souviens

1. Relève les mots contenant le son [ɑ̃].
   Quelles sont les deux graphies du son [ɑ̃] ?
2. Devant quelles lettres le son [ɑ̃] s'écrit-il avec un *m* au lieu d'un *n* ?
   Donne des exemples.
3. Dans trois noms d'animaux, le son [ɑ̃] s'écrit *aon*. Lesquels ?

## Étape 2 Le son [ɛ̃]

Le peintre installe son chevalet dans le fond du jardin entre le bassin et le sapin nain. Ici, c'est certain, aucun individu ne vient jamais. Rien ne risque de le déranger, à part peut-être quelques insectes.

### Je me souviens

4. Relève les mots contenant le son [ɛ̃].
   Quelles sont les différentes graphies du son [ɛ̃] ? Quelle est la plus fréquente ?
5. Devant quelles lettres le son [ɛ̃] s'écrit-il avec un *m* au lieu d'un *n* ?
   Donne des exemples.
6. Recopie les mots : *faim*, *parfum*, *synthèse*, *thym*. Entoure les graphies du son [ɛ̃].

## Étape 3 Le son [ɔ̃]

Le ciel est d'un bleu profond, pas un nuage à l'horizon. Le sable blond luit sous les rayons du soleil. Nous décidons de rester un long moment sur la plage, à l'ombre du parasol.

### Je me souviens

7. Relève les mots contenant le son [ɔ̃]. Comment s'écrit le son [ɔ̃] ?

## Je conclus

1. Quelles sont les différentes graphies du son [ɑ̃] ? du son [ɛ̃] ? du son [ɔ̃] ?
2. Devant quelles lettres écrit-on *m* au lieu de *n* pour transcrire les sons [ɑ̃], [ɛ̃] et [ɔ̃] ?

→ Mémo p. 282

ORTHOGRAPHE

## Je m'entraîne

### Étape 1

**1 * Complète les mots avec *an*, *am*, *en* ou *em*. Tu peux t'aider du dictionnaire.**

a. N'oublie pas d'…porter ton t…bour à la fête !
b. Le print…ps donne …vie d'…bellir la maison.
c. Elle est s…sible aux ch…gem…ts de t…pérature.
d. La viol…te t…pête a cassé plusieurs br…ches.
e. J'ai dép…sé aut…t d'arg…t que toi.

**2 ** Recopie chaque phrase avec l'homonyme qui convient. Tu peux t'aider du dictionnaire.**

*danse / dense • cent / sent • plans / plants • penser / panser*

a. L'infirmier a dû … ma blessure.
b. La pelouse est difficile à tondre, l'herbe est ….
c. Que cette rose … bon !
d. Le voisin nous a donné des … de tomates.

### Étape 2

**3 * Classe les mots en deux colonnes : ceux qui contiennent *ein* / ceux qui contiennent *ien*.**

un rein • un frein • bientôt • atteindre • combien • la teinture • le sien • un collégien • dépeindre • un Martien • éteint • plein

**4 * Complète les mots avec *in* ou *im*.**

a. Le médec… et cet …firmier travaillent ensemble.
b. Les p…tades et les d…dons ont gr…pé sur le tas de bois pour manger le rais… .
c. Tu peux …primer ce dess… pour le colorier.
d. Au jeu de dames, elle est …battable !
e. Il est …quiet car il a peur de l'…prévu.

**5 ** Complète les mots avec *ein* ou *ien*.**

a. Plus tard, Dam… sera coméd… ou chirurg….
b. Le gard… va ét…dre les lampes de la salle.
c. Je vais t…dre cette robe et je mettrai une c…ture.
d. On l'entend g…dre sans arrêt : il n'est pas b….
e. Papa vient de rep…dre cet anc… bureau.

**6 ** À partir des mots féminins, écris les mots masculins terminés par *in*, *ain* ou *en*.**

a. vilaine → Cet enfant est vraiment trop ….
b. une lycéenne → Mon frère est encore un ….
c. une bassine → Les poissons nagent dans le ….
d. américaine → Nous avons un ami ….
e. une cousine → Linda a un seul ….

### Étape 3

**7 * Complète les mots avec *on* ou *om*.**

a. Il a s… blous… marr… depuis l…gtemps.
b. C…servez vos carottes dans une pièce s…bre.
c. Ce mign… petit garç… joue de la tr…pette.
d. Il se repose à l'…bre d'un p…t.
e. Les visiteurs s…t n…breux : le parking est c…plet.

**8 ** Recopie chaque mot puis entoure en vert la graphie du son [ɑ̃], en bleu la graphie du son [ɛ̃] et en noir celle du son [ɔ̃].**

demander • enfoncer • chacun • entendre • grimper • sentir • atteindre • mélanger • trembler • la conjugaison • rendre • brun • un vigneron • trembler • souvent • distinguer • le silence • ancien • manger • l'argent • vingt • un ruban • une ombre

**9 *** Écris les mots avec le son [ɑ̃], [ɛ̃] ou [ɔ̃] qui correspondent aux définitions.**

a. C'est un petit lac peu profond.
b. Certains élèves en passent un en fin d'année.
c. Cet oiseau part en automne et revient au printemps.
d. Il mérite d'en recevoir une car il a bien travaillé.
e. C'était la monnaie de la France avant l'euro.

**10 *** Écris une histoire de quatre phrases à partir de ce dessin.**

■ Emploie au moins deux mots contenant le son [ɑ̃], deux mots contenant le son [ɛ̃] et deux mots contenant le son [ɔ̃].

### Pour aller plus loin

**11** Certains mots qui finissent par le son [ɑ̃], le son [ɛ̃] ou le son [ɔ̃] se terminent par une lettre muette : *un rang • le teint • le mont.*

**Trouve le mot qui manque dans chaque phrase en t'aidant du mot en gras.**

a. **blondeur** : Teddy est brun, son frère est ….
b. **plombier** : Les tuyaux en … sont interdits.
c. **cimenterie** : Il faut du … pour faire du béton.
d. **lenteur** : L'aï est un animal très ….
e. **emprunter** : Mes parents ont fait un nouvel ….

→ D'autres exercices sur le fichier d'activités

# Quels sons pour les lettres *c* et *g* ?

## Étape 1 La lettre c

Le jeune **garçon** avait de bonnes raisons d'être aussi **soupçonneux** : il avait **clairement** en mémoire une photo de l'**oncle** Jim qui ne ressemblait guère au visiteur. Pour **commencer**, l'oncle Jim avait une barbe et il était **beaucoup** plus **mince**. Ensuite, **cet** homme était apparu au mauvais moment, par la mauvaise porte, **avec** de piètres **explications**, et sans bagages. Et finalement, il avait plus l'air d'un **clochard** que d'un milliardaire. En fait, il y avait même un énorme trou dans l'une de ses chaussettes ! Tout **ceci** était hautement suspect.

Hazel Townson, *Le Mystère du bonhomme de neige*, © Épigones, coll. « Myriades ».

### Je me souviens

1. Recopie les mots en gras en deux colonnes : *c* se prononce [s] / *c* se prononce [k].
2. Entoure la lettre qui suit chaque lettre *c*. Explique le rôle de la cédille.
3. Cherche, dans le dictionnaire, des mots de la famille de *cueillir*. Recopie-les et entoure les lettres qui transcrivent le son [k].

## Étape 2 La lettre g

La première partie de l'**ouvrage** était accomplie. Alors, tous les castors occupèrent la **berge** pour y pétrir la terre molle avec leurs pattes et la battre ensuite avec leur queue. Puis, transportant cette sorte de mortier dans leur bouche et entre leurs pattes de devant, ils allèrent en **garnir** et en maçonner ce qui devenait une **digue**, en obstruer les moindres trous.

Quand l'œuvre **grandiose** fut achevée, **Grogh** la considéra, satisfait ; la digue allait d'une rive à l'autre, large à sa base de trois ou quatre mètres.

De son faîte, Grogh **plongea** d'un bond dans le fleuve.

Alberto Manzi, *Le Castor Grogh et sa tribu*, © Hachette, coll. « Livre de poche Jeunesse ».

### Je découvre

4. Recopie les mots en gras en deux colonnes : *g* se prononce [g] / *g* se prononce [ʒ].
5. Explique la présence de la lettre *u* dans *digue* et de la lettre *e* dans *plongea*.

### Je conclus

1. Devant quelles lettres *c* se prononce-t-il [s] ? Devant quelles lettres *c* se prononce-t-il [k] ? À quoi sert la cédille ? Dans quels mots [k] est-il transcrit par *cu* ?

2. Devant quelles lettres *g* se prononce-t-il [g] ? Devant quelles lettres *g* se prononce-t-il [ʒ] ? Quand doit-on écrire *gu* ou *ge* ?

→ Mémo p. 282

## Je m'entraîne

### Étape 1

**1 * Recopie les mots en deux colonnes : c se prononce [s] / c se prononce [k].**

rencontrer • une rançon • un choc • occuper • recevoir • une cigale • une pièce • du ciment • un soupçon • un cycliste • courage • un escalier

**2 * Complète les mots avec c ou ç.**

a. Le ma…on a refait la fa…ade de notre maison.
b. Un …ygne se dépla…e tranquillement sur le la….
c. La …ire d'abeille donne de l'é…lat aux meubles.
d. Ce cheval re…ule devant les obsta…les.
e. Il a re…u une bonne le…on de politesse !

**3 ** Recopie chaque phrase avec un mot de la liste que tu complèteras avec c ou ç.**

*cho… • la…et • dé…ue • ré…olte • fa…on*

a. On ne parle pas à quelqu'un de cette ….
b. J'ai cassé le … de ma chaussure.
c. Cette nouvelle nous a fait un ….
d. La … de blé a été bonne l'année dernière.
e. Elle est … de ne pas faire ce voyage.

### Étape 2

**4 * Recopie les mots en deux colonnes : g se prononce [g] / g se prononce [ʒ].**

un anglais • mon gilet • une gomme • la grâce • une région • la neige • ce wagon • un pigeon • un gag • un gramme • l'argent • du chagrin • gratter • géant

**5 * Complète les mots avec g ou ge.**

a. L'o…re dévore vingt pi…ons en un repas !
b. Nous plon…ons et nous na…ons dans la piscine.
c. Le rou…e-gor…e est perché sur un bour…on.
d. Le …ivre recouvre les en…ins de chantier.
e. Ce poisson rou…e a des na…oires allon…ées.

**6 * Complète les mots avec g ou gu.**

a. On a cueilli du mu…et mal…ré la pluie.
b. Cette …enon est capable de distin…er les formes.
c. J'étais an…oissée à l'idée de rester dans la …rotte.
d. La visite a été très a…réable avec ce …ide.
e. Avec son dard, la …êpe pique comme une ai…uille.

**7 * Recopie chaque phrase avec le mot qui convient.**

a. Il (*guère* / *gère*) très bien ses affaires.
b. L'énorme bateau (*largue* / *large*) les amarres.
c. Tu as la (*langue* / *lange*) toute rouge !
d. Le (*gai* / *geai*) est un bel oiseau coloré.
e. Ce soir, nous prendrons un repas (*léguer* / *léger*).

**8 ** Recopie chaque phrase avec un mot de la liste que tu complèteras avec g, ge ou gu.**

…riffes • rou…ole • …itare • fati…e • san…lots

a. Maman est victime d'une grosse ….
b. Cet enfant a eu la ….
c. Léna a beaucoup pleuré : elle a encore de gros ….
d. Le chat emporte une souris dans ses ….
e. Aimerais-tu jouer de la … ?

**9 *** Écris le mot avec le son [g] ou [ʒ] qui correspond à chaque définition.**
**Vérifie l'orthographe dans le dictionnaire si besoin.**

a. Elle peut être de pain ou magique. → avec le son [g]
b. C'est un synonyme de remuer. → avec le son [ʒ]
c. C'est le contraire de gros. → avec le son [g]
d. On l'accroche sur le sapin de Noël. → avec le son [g]
e. Elle éclaire faiblement. → avec le son [ʒ]

**10 *** Complète chaque phrase avec un mot contenant le son indiqué.**
**Vérifie l'orthographe dans le dictionnaire si besoin.**

a. En dessert je mangerais bien une …. → avec le son [g]
b. Pour bricoler, papa a acheté des …. → avec le son [k]
c. Dans sa trousse, elle ne trouve plus son …. → avec le son [k]
d. Dans le parc zoologique, on a vu un …. → avec le son [g]
e. Plus tard, il veut devenir …. → avec son [k]

**11 *** Écris une phrase avec un mot contenant :**

- **la lettre c qui fait le son [k] ;**
- **la lettre c qui fait le son [s] ;**
- **la lettre g qui fait le son [g] ;**
- **la lettre g qui fait le son [ʒ].**

### Pour aller plus loin

**12** Certains mots se terminent par la lettre ***c*** muette ou la lettre ***g*** muette :
*blanc • un rang.*

**Recopie chaque phrase en t'aidant du mot en gras pour ajouter le mot qui manque.**

a. Le … coule dans les vaisseaux **sanguins**.
b. Une **bourgade** est un petit village, un petit ….
c. Ce … a été élevé en plein air et non en **porcherie**.
d. Il aime la **franchise** : il est toujours … avec nous.
e. « Qu'as-tu dans ton … fermé ? Une **poignée** de bonbons ? »

→ D'autres exercices sur le fichier d'activités

# Les rôles de la lettre *s*

## Étape 1 Les sons de la lettre s

*Le **vaisseau** Monde a pour **mission** de **coloniser** la planète W.P.32.*

Les onze navettes Jet **traversèrent** les nuages cotonneux. Elles **descendirent** en ligne droite vers le lieu de **l'atterrissage** de la première expédition **disparue**. La mémoire des machines était sans faille : le point de cet atterrissage avait été **enregistré** très **précisément**.

Un **paysage** montagneux et **ensoleillé**. Les collines rondes confortablement **bossuées** étaient coiffées d'une forêt aux tons vert **sombre**, mouchetés de rouge et de jaune. C'était l'automne sur W.P.32. Car ici, bien **sûr**, le cycle des **saisons** existait, ce qui n'était pas le cas à bord du vaisseau *Monde*, la planète artificielle des Migrateurs.

Pierre Pelot, *L'Expédition perdue*, © Nathan.

### Je me souviens

1. Recopie les mots en gras en deux colonnes : *s* se prononce [s] / *s* se prononce [z].
2. Entre quelles lettres est placée la lettre *s* quand elle se prononce [z] ? Quel est le rôle des deux *s* ?
3. Dans quel mot la lettre *s* est-elle suivie d'un *c* ? Quel son produit le groupe de lettres *sc* placé devant *e* ou *i* ? Trouve d'autres mots avec ce groupe de lettres.

## Étape 2 La lettre s muette

L'herbe grilla jusqu'aux racines, sous le souffle de chaleur dégagé par les rétro acteurs des navettes. Une des navettes, comme un **gros** beignet métallisé, se posa dans la vallée puis ce fut le tour des autres. Les rétro acteurs coupés, un silence **épais**, total retomba sur la vallée. Un long moment s'écoula et rien ne se produisit. Le **bois** environnant restait tranquille, vert et roux.

Pierre Pelot, *L'Expédition perdue*, © Nathan.

### Je découvre

4. Recopie les mots en gras et entoure la lettre finale muette dans chacun des mots.
5. Écris au féminin les adjectifs *gros* et *épais*. Trouve et écris un mot de la famille du nom *bois*. Que remarques-tu ?

### Je conclus

1. Comment peut se prononcer la lettre *s* ? Pourquoi cette lettre est-elle doublée dans certains mots ?
2. Explique le rôle de la lettre *s* muette à la fin de l'adjectif qualificatif *gris* et à la fin du nom *tapis*. Donne d'autres exemples.

→ Mémo p. 282

## Je m'entraîne

### Étape 1

**1 * Classe les mots en deux colonnes : *s* se prononce [s] / *s* se prononce [z].**

résonner • une prison • renverser • la récompense • une phrase • un stylo • des ciseaux • un message • la surface • déposer • une cloison • une cuisse

**2 * Complète les mots avec *s* ou *ss*.**

plu…ieurs • un fo…é • le dé…ert • le ha…ard • une boi…on • le dé…ordre • une ardoi…e • gro…ier • une ta…e • le be…oin • une prome…e • le pa…é

**3 * Recopie chaque phrase avec le mot qui convient.**

a. Le tireur (*visse* / *vise*) le centre de la cible.
b. Le pneu de la voiture (*crisse* / *crise*) sur la route.
c. Pose le vase sur la table (*basse* / *base*) du salon.
d. Ne sois pas (*rose* / *rosse*), prête-moi ton vélo.
e. Je suis adroit, je ne (*casse* / *case*) jamais rien !

**4 ** Recopie les mots en les groupant par familles.**

essayer • l'espoir • réserver • presser • inespéré • la science • un réservoir • un essai • la conscience • espérer • un essayage • la réserve • la pression • consciencieux • un pressoir • l'espérance

**5 ** Recopie chaque phrase avec un mot de la liste que tu complèteras avec *s* ou *ss*.**

*li…e • tré…or • cou…ins • cui…e • …en…*

a. Il faudrait que la viande … plus longtemps.
b. Comment fais-tu pour avoir la peau aussi … ?
c. Les naufragés ont trouvé un … sur cette île.
d. Les … du canapé sont confortables.
e. Les éclats de verre sont partis dans tous les ….

**6 *** Écris les réponses à ces devinettes. Chaque mot contient *s*, qui fait le son [s] ou le son [z], ou *ss*.**

a. Le printemps en est une.
b. Elle se met aux pieds.
c. C'est le troisième mois de l'année.
d. C'est le contraire du verbe *entrer*.
e. Elle fait travailler les enfants à l'école.

**7 *** Complète chaque phrase avec un mot contenant *s* ou *ss*.**

a. Mon père range ses outils dans une …. → avec le son [s]
b. Anna aime la glace à la …. → avec le son [z]
c. Comme sport, elle aime la …. → avec le son [s]
d. Les invités mangent le …. → avec le son [s]
e. Hier, j'ai rencontré ma …. → avec le son [z]

**8 *** Écris les noms représentés par ces dessins.**
**Vérifie l'orthographe dans le dictionnaire si besoin.**

### Étape 2

**9 * Recopie chaque série de mots sans l'intrus.**

a. une bosse • mon adresse • une possibilité • le visage • une masse
b. amuser • résoudre • penser • choisir • poser
c. le tas • la danse • la semaine • un dessin • un adversaire
d. un avis • le repos • un ours • gris • mauvais

**10 * Écris le masculin de chaque mot féminin.**

précise • grasse • une intruse • épaisse • assise • une Niçoise • française • une ourse • incluse

**11 ** Écris le verbe qui correspond à chaque nom.**

*Exemple :* une vis → visser ou un avis → aviser
l'embarras • un fracas • un propos • un engrais • le mépris • un refus • un rabais • un abus • un tapis

**12 ** Recopie les groupes de mots en écrivant les adjectifs qualificatifs en gras au féminin.**

a. un restaurant **chinois** → une peinture …
b. un **gros** lion → une … lionne
c. un garçon **niais** → une fille …
d. un papa **indécis** → une maman …
e. un steak **gras** → une viande …

**13 *** Recopie chaque phrase en t'aidant du mot en gras pour ajouter le mot qui manque.**

a. Elle **entasse** les vieilles boîtes : le … est de plus en plus haut !
b. Le **dossier** de mon fauteuil est mal réglé : j'ai mal au ….
c. Toutes ces **tracasseries** pour une simple carte d'identité : quel … !
d. La **chamoisine** est un tissu qui ressemble à de la vraie peau de ….
e. Il est arrivé **sournoisement** ; il est très ….

**14 *** Écris un menu qui comprenne une entrée, une viande, des légumes, du fromage et un dessert.**

■ Chacun de ces plats doit contenir au moins un mot avec la lettre *s* qui fait le son [s] ou le son [z] ou un mot avec *ss*.

→ D'autres exercices sur le fichier d'activités

4

ORTHOGRAPHE

# Les rôles de la lettre x

## Étape 1 Les sons de la lettre x

a. Attention ! Certaines **expériences** avec l'**oxygène** sont dangereuses à **exécuter** car elles dégagent des gaz **toxiques**.

b. Il n'**existe** pas de ligne de bus pour aller sur le lieu de votre **examen**, prenez un **taxi** car il faut y être **exactement** un quart d'heure avant le début de l'épreuve.

c. Les **soixante** élèves de **sixième** sont répartis en deux classes.

### Je me souviens

1. Relève les mots en gras et classe-les en quatre colonnes.

| *x* se prononce [ks] | *x* se prononce [gz] | *x* se prononce [s] | *x* se prononce [z] |
|---|---|---|---|
| ... | ... | ... | ... |

## Étape 2 La lettre x muette

d. la voix • la noix • le choix • le houx • le courroux • l'époux • la paix • le prix • la perdrix • le flux
e. roux • doux • jaloux
f. somptueux • délicieux • creux • capricieux • peureux • affreux • chaleureux • nuageux • épineux • heureux • respectueux • sinueux • joyeux

Une perdrix

### Je découvre

2. Dans tous ces mots, où se trouve la lettre *x* ? Se prononce-t-elle ?

3. Écris les adjectifs qualificatifs des listes e et f au féminin.

### Je conclus

1. À l'aide d'exemples, indique comment peut se prononcer la lettre *x*.

2. Cite des noms au singulier terminés par *x*. Cite des adjectifs qualificatifs se terminant par *-eux* puis écris-les au féminin. Comment se terminent ces adjectifs qualificatifs au féminin ?

→ Mémo p. 283

## Je m'entraîne

### Étape 1

**1 * Classe les mots en deux colonnes : x se prononce [k s] / x se prononce [g z].**

une exhibition • l'exode • une taxe • exploser • le thorax • l'existence • un expert • un xylophone • exaucer • une exclamation • luxueux • un texte

**2 * Complète chaque phrase avec le mot qui convient.**

*examine • deuxième • exact • exercice • exagérer*

a. Cet … est vraiment difficile.
b. Mon copain habite au … étage de mon immeuble.
c. Il ne faut pas … l'importance de cette erreur.
d. Le médecin … attentivement le malade.
e. Le résultat de ton problème est ….

**3 * Complète chaque phrase avec le mot qui convient.**

*taxi • lynx • galaxie • klaxon • oxygène.*

a. Le blessé a été placé sous ….
b. J'aimerais bien voir un … dans la nature.
c. Sa voiture était en panne, il a appelé un ….
d. Il y a des milliards d'étoiles dans une ….
e. En arrivant devant la maison, donne un coup de ….

**4 *** Dans le dictionnaire, cherche et recopie cinq verbes qui commencent par les lettres ex qui font le son [ɛ k s] et cinq noms qui commencent par les lettres ex qui font le son [ɛ g z].**

**5 *** Complète chaque phrase avec un mot contenant la lettre x qui fait le son [k s] ou le son [g z].**

a. Comme sport, Léo fait de la …. → son [k s]
b. Dans certains exercices, on donne un …. → son [g z]
c. En juin prochain, Lilian passera un …. → son [g z]
d. Sur certaines lettres, il y a un accent …. → son [k s]
e. Maman aime beaucoup les fruits …. → son [g z]

### Étape 2

**6 * Recopie les groupes nominaux en écrivant les adjectifs qualificatifs en gras au masculin.**

a. une saison **neigeuse** → un temps …
b. une fillette **curieuse** → un enfant …
c. une bête **peureuse** → un animal …
d. une fête **joyeuse** → un anniversaire …
e. une femme **heureuse** → un homme …

**7 * Classe les mots en deux colonnes : le x final se prononce / le x final ne se prononce pas.**

une perdrix • six • la toux • dix • eux • de l'inox • dangereux • du houx • un duplex • sérieux • deux • un fax • un télex • chanceux • un box • nuageux

**8 ** Écris l'adjectif qualificatif terminé par *-eux* dérivé des noms suivants.**

le courage • l'huile • un délice • la pâte • la neige • l'aventure • l'herbe • la graisse • le danger • le vent

**9 ** Écris un mot contraire contenant la lettre x pour chaque mot de la liste.**

vrai • mauvais • l'intérieur • la guerre • jeune

**10 *** Recopie uniquement les mots qui gardent le x au singulier.** Tu peux t'aider du dictionnaire.

des choix • des choux • des bureaux • des prix • des journaux • des bijoux • des croix • des feux • des voix • des cheveux • des noyaux • des noix • des jeux • des rideaux • des curieux

**11 *** Écris des phrases pour raconter ce que font les personnages représentés sur le dessin.**

■ Emploie des noms et des adjectifs qualificatifs contenant la lettre x qui fait [k s] ou [g z] ou qui ne se prononce pas.

### Pour aller plus loin

12 Certains mots **terminés par x** ont un dérivé contenant un **s** ou deux **ss** : *prix → prisé* • *roux → roussir.*

**Écris le dérivé contenant s ou ss des mots suivants en respectant la classe grammaticale demandée.**

a. une croix → un verbe
b. la toux → un verbe
c. un époux → un verbe
d. creux → un verbe
e. la paix → un adjectif
f. un choix → un verbe

→ D'autres exercices sur le fichier d'activités

# Les rôles de la lettre *t*

## Étape 1 Les sons de la lettre *t*

*Un jeune garçon, berger dans les Pyrénées, vit l'été en altitude avec son grand-père. Passionné par les animaux, il désire voir le dernier seigneur de ces montagnes, l'ours.*

Maupas ! Le « Mauvais Passage »… La **forêt** de **hêtres** et de sapins se fait ici plus sombre, le **sentier** s'engage peu à peu entre deux parois rocheuses.

« Allez, Mireille, avance ! »

Jean **tire** sur la longe de l'ânesse. Il y a encore une bonne heure de marche avant de rejoindre la **route** au Chêne de l'Ours et la **pente** est raide sur l'**étroit** chemin qui dévale à travers la forêt. Mireille, chargée d'une bonne douzaine de lourds fromages, reste insensible à l'**injonction** du jeune garçon. Elle pose avec **précaution** un **sabot** après l'autre sur les cailloux du chemin. Fine et Farou, les deux chiens des Pyrénées, **trottinent** **devant**. Quelques dizaines de **mètres** en arrière, Pépé suit, au **rythme** **lent** mais régulier de ses vieilles jambes de berger.

Louis Espinassous, *Jean de l'Ours*, © Milan, coll. « Poche junior ».

### Je me souviens

1. Classe les mots en bleu en deux colonnes : *t* se prononce [t] / *t* se prononce [s].
2. Dans quel mot la lettre *t* est-elle doublée ? Dans quel mot la lettre *t* est-elle suivie d'un *h* ?
3. Quel groupe de lettres suit la lettre *t* quand elle se prononce [s] ?

## Étape 2 La lettre *t* muette

### Je découvre

4. Recopie les mots en rouge et entoure la lettre finale muette.
5. Écris les adjectifs qualificatifs au féminin.
6. Trouve et écris un mot de la famille de chaque nom et un mot de la famille de l'adverbe *devant*.

### Je conclus

1. Comment peut se prononcer la lettre *t* ? De quelles lettres peut-elle être suivie ? Devant quelles lettres (ou quels groupes de lettres) se prononce-t-elle [s] ?
2. Explique le rôle de la lettre *t* muette à la fin de l'adjectif qualificatif *fort* et à la fin du nom *chant*. Donne d'autres exemples.

→ Mémo p. 283

# Je m'entraîne

## Étape 1

**1 * Classe les mots en deux colonnes : le son [t] s'écrit *t* / le son [t] s'écrit *th*.**

trouver • le tennis • une tortue • une panthère • un thermomètre • une note • un python • une halte • le thorax • sympathique • un prétexte • un mammouth

**2 * Classe les mots en deux colonnes : *t* se prononce [t] / *t* se prononce [s].**

une veste • autrefois • une solution • le temps • l'action • direct • l'ouest • une révolution • une vitrine • la patience • un témoin • une idiotie

**3 * Classe les mots en deux colonnes : le son [t] s'écrit *t* / le son [t] s'écrit *tt*.**

un insecte • une goutte • attraper • du métal • une lettre • sentir • sortir • quitter • un troupeau • une assiette • une suite • tiède • une marmotte

**4 ** Écris les mots qui correspondent à ces définitions. Ils contiennent tous la lettre *t* qui fait le son [s].**

a. À l'école, c'est le moment préféré des élèves.
b. Il en faut quand on doit attendre longtemps.
c. C'est l'opération qui utilise le signe « + ».
d. Adjectif qui qualifie un vaisseau circulant dans l'espace.
e. Tu l'utilises pour vérifier l'orthographe d'un mot.

**5 ** Complète chaque phrase avec un mot de la liste que tu écriras avec *t*, *tt* ou *th*.**
**Tu peux t'aider du dictionnaire.**

*cen…re • …on • pira…e • bague…e • biblio…èque*

a. Tu achèteras une … de pain.
b. Les voisins sont partis à la pêche au ….
c. Le tireur vise le … de la cible.
d. Demain, il faudra rapporter les livres à la ….
e. Cet enfant est turbulent, c'est un vrai … !

**6 *** Complète chaque phrase avec un mot contenant la lettre *t*, qui se prononce [t] ou [s] comme indiqué.**
**Vérifie l'orthographe dans le dictionnaire si besoin.**

a. La … de ce vieux bâtiment a commencé. avec le son [s]
b. Un ouvrier répare le … de la maison. avec le son [t]
c. Au lieu de …, le bateau a coulé ! avec le son [t]
d. Fais … à la marche ! avec les sons [s] et [t]
e. Au goûter, Éline a mangé une …. avec le son [t]

## Étape 2

**7 * Complète chaque phrase avec le mot qui convient.**

*complot • théâtre • atteindre • témoin • carotte*

a. La police recherche un … de l'accident.
b. Irez-vous au … dimanche ?
c. Mon lapin mange une … chaque jour.
d. Ils ont organisé un … contre le roi.
e. Nous ne pourrons jamais … ce sommet !

**8 * Recopie les groupes de mots en écrivant les adjectifs qualificatifs en gras au masculin.**

a. une maîtresse **absente** → un maître …
b. une bête **méfiante** → un animal …
c. une maman **satisfaite** → un papa …
d. une personne **adroite** → un ouvrier …
e. une lettre **muette** → un témoin …

**9 ** Écris les mots correspondant à ces dessins.**

**10 *** Pour chaque adjectif qualificatif, trouve un nom et un verbe de la même famille.**
**Tu peux t'aider du dictionnaire.**

*Exemple :* laiteux → **le lait** (nom) • **allaiter** (verbe)

souhaitable • éclatant • alimentaire • chahuteur • désertique

**11 *** Écris une recette de potion magique.**

■ Utilise des mots (des noms, des adjectifs qualificatifs et des verbes) contenant la lettre *t* qui se prononce [t] ou [s] ou qui est muette.

## Pour aller plus loin

**12** La lettre ***t*** peut être **doublée ou non** lorsqu'on écrit certains adjectifs qualificatifs masculins terminés par ***t*** au féminin : *violet → violette* • *discret → discrète*.

**Écris ces adjectifs qualificatifs au féminin.**
**Vérifie l'orthographe dans le dictionnaire si besoin.**

coquet • inquiet • secret • grassouillet • complet • simplet • indiscret • douillet • muet • concret

→ D'autres exercices sur le fichier d'activités

# Des mots invariables



## Étape 1 Adverbes, prépositions…

A. **Aujourd'hui**, l'enfant est **très** intéressé **par** une sauterelle posée **sur** l'herbe, **presque sous** son pied. Il approche **lentement**, **toujours plus près** de l'insecte. **Mais quand** il touche **presque** la patte **avec** sa main, **alors** la sauterelle bondit **puis** disparaît **aussitôt dans** le jardin **parmi** les légumes.

B. Aujourd'hui, les enfants sont très intéressés par des sauterelles posées sur les herbes presque sous leurs pieds. Ils approchent lentement toujours plus près des insectes. Mais quand ils touchent presque les pattes avec leurs mains, alors les sauterelles bondissent puis disparaissent aussitôt dans le jardin parmi les légumes.

Une sauterelle

### Je me souviens

1. Compare les textes A et B. Quels mots sont écrits de la même façon dans le texte au singulier et dans le texte au pluriel ?
2. Range ces mots invariables selon la classe grammaticale à laquelle ils appartiennent : adverbes / prépositions / autres classes.

## Étape 2 Les nombres

**quatre** **adj. inv.** ✦ Trois plus un (4). *Dans les pays tempérés, il y a quatre saisons.* — *Alex mange comme quatre,* il mange énormément. *Elle s'est mise en quatre pour préparer cette fête,* elle s'est donné beaucoup de mal. *Il monte l'escalier quatre à quatre,* très vite, en montant plusieurs marches à la fois. — **N. m. inv.** Le nombre quatre. *Quatre et deux font six.*

② **mille** [mil] **adj. inv.** 1. Dix fois cent (1 000). *Un kilomètre fait mille mètres. La ville compte trois mille deux cents habitants.* — **N. m. inv.** *Deux fois cinq cents font mille.* 2. Une grande quantité, un grand nombre. *Encore mille mercis. Je te l'ai déjà dit mille fois.*

*Le Robert Junior, 8-11 ans,* © Le Robert, 2010.

### Je découvre

3. Que désignent les mots *quatre* et *mille* ?
Quelle abréviation indique que ces mots sont invariables ?
Cite d'autres mots désignant des nombres.
Attention, *vingt* et *cent* ne sont pas invariables !

### Je conclus

1. Qu'est-ce qu'un mot invariable ?
Cite des mots invariables.

2. Par quelle abréviation le dictionnaire indique-t-il qu'un mot est invariable ?

→ Mémo p. 283

## Je m'entraîne

### Étape 1

**1 * Lis le texte puis recopie uniquement les mots invariables.**

Matthieu et Simon entendent un bruit derrière la maison. Avec un air décidé, Matthieu passe devant son ami. Il écarte vivement les rideaux, puis vite il ouvre la porte-fenêtre et regarde attentivement dans le jardin. Rien !

• **Dans les mots que tu as recopiés, entoure les adverbes.**

**2 * Recopie chaque série de mots puis barre l'intrus.**

a. toujours • jamais • dessous • livres • parfois
b. également • comment • content • calmement • vraiment
c. pourtant • tant • autant • cependant • amusant

**3 * Retrouve puis recopie les paires de mots invariables de sens contraires.**

souvent • avant • enfin • beaucoup • moins • près • d'abord • ailleurs • après • dessous • rarement • hier • peu • plus • ici • dessus • loin • demain

**4 * Complète chaque phrase avec le mot invariable qui convient.**

*sauf • donc • d'abord • par • parmi*

a. Tu passeras ~~~ à la poste puis à la boulangerie.
b. Impossible de la retrouver ~~~ tous ces gens !
c. Tout le monde est venu ~~~ Amélie.
d. Il n'était pas là, ~~~ je ne l'ai pas vu.
e. Vous serez obligés de passer ~~~ Paris.

**5 ** Recopie chaque phrase avec le mot invariable qui convient.**

a. Je mange les légumes (*pour* / *avec*) la viande.
b. Il a lu une histoire (*car* / *puis*) il s'est endormi.
c. Tom doit nous montrer le chemin, (*or* / *ou*) il n'est pas arrivé.
d. Tu t'es trompé, (*donc* / *mais*) ce n'est pas grave.
e. Casser les œufs, séparer (*ensuite* / *d'abord*) les blancs des jaunes et battre les blancs en neige.

**6 ** Remplace le mot ou le groupe de mots invariable en gras par un synonyme.**

a. Le ciel est noir ; **tout à coup**, l'orage éclate.
b. Il roule **doucement** dans les villages.
c. Ils viendront **sans doute** avec leurs enfants.
d. Nous irons **du côté de** la place du marché.
e. Je **n'**ai **pas beaucoup** de place chez moi.

**7 *** Complète le texte avec les mots invariables de la liste.**

*très • quand • chez • tellement • avec • pour • là*

La maman de Julien est partie ~~~ le coiffeur. Julien en profite ~~~ emprunter les jumelles de son père. ~~~ il est ~~~, le père de Julien n'aime pas ~~~ qu'on joue ~~~ ses jumelles. Elles sont ~~~ fragiles.

**8 *** Complète chaque phrase avec un mot invariable qui convienne.**

a. J'ai posé le seau ~~~ la table.
b. Sur la route, nous avons marché ~~~.
c. Ils vont ~~~ au théâtre.
d. Il faut faire ~~~ attention aux voitures.
e. « À ~~~ ! » a dit ma sœur en sortant.

### Étape 2

**9 * Classe les mots invariables en trois colonnes : adverbes / prépositions / nombres.**

aussitôt • trente • avec • tellement • par • seize • quelquefois • onze • tout à coup • sur • huit • tard • cinq • entre • pourtant • finalement • dans • depuis

**10 ** Recopie les phrases en écrivant les nombres en lettres.**

a. Le jour de ses 30 ans, Julien fera une grande fête.
b. Les 11 joueurs sont en place sur le terrain.
c. La chatte a eu 5 chatons.
d. Il part tous les jours à 8 heures du matin.
e. 2 000 personnes ont assisté au spectacle.

**11 *** Écris quelques phrases pour raconter une séance de sport faite à l'école ou ailleurs.**

■ Emploie des adverbes pour préciser *comment*, *où*, *quand* s'est passée cette séance.
■ Utilise aussi des prépositions comme *dans*, *avec*, *sur*, *sous*, *à*... et des « petits mots » comme *mais*, *car*, *et*....

### Pour aller plus loin

**12** Les adverbes en ***-ment*** se forment le plus souvent à partir du féminin d'adjectifs qualificatifs : *fort/forte* → *fort**ment***.

**Écris les adverbes en *-ment* à partir de ces adjectifs qualificatifs.**

certain • égal • facile • soigneux • parfait • grand • courageux • timide • froid • long

→ D'autres exercices sur le fichier d'activités

7

# Les mots formés avec les préfixes *in-/im-*, *il-*, *ir-* et les suffixes *-tion*, *-sion*, *-ssion*



## Étape 1 Les préfixes *in-*, *im-*, *il-* et *ir-*

a. **Incontestablement**, Morgan est **imbattable** au jeu de Mémory.
b. **Impossible** de cuisiner ces légumes, ils sont **immangeables**.
c. Il est **inacceptable** de commettre des **imprudences** au volant.
d. Laurine a rendu un exercice **inachevé** et **illisible** au professeur.
e. Avec un brouillard aussi dense, le paysage paraît **irréel** et l'air est **irrespirable**.

### Je me souviens

1. Recopie les mots en gras et entoure les préfixes avec lesquels ils sont formés. Quel sens ont ces préfixes ?
2. Dans quels mots le préfixe *in-* ne se prononce pas [ɛ̃] ? Quand s'écrit-il avec un *m* au lieu d'un *n* ?
3. Dans les mots formés avec les préfixes *il-* et *ir-*, explique la présence des deux *r* et des deux *l*.

## Étape 2 Le suffixe [sjɔ̃]

f. la transformation • l'opération • la civilisation • la décoration • l'évaporation
g. la punition • la définition • l'expédition • l'exposition • l'inspection • la distribution
h. la démission • la permission • l'émission • la discussion • la compréhension

### Je découvre

4. Dans chaque ligne, trouve le suffixe avec lequel les mots sont formés.
5. Comment s'écrit le plus souvent le suffixe [sjɔ̃] ?
6. Explique la présence des *ss* dans plusieurs mots de la ligne h.

### Je conclus

1. Comment écrit-on le préfixe [ɛ̃] ? À quoi faut-il faire attention quand on écrit les mots avec le préfixe *il-* ou *ir-* ?
2. Comment peut-on écrire le suffixe [sjɔ̃] ?

→ Mémo p. 283

## Je m'entraîne

### Étape 1

**1 * Complète les mots avec le préfixe *in-* ou *im-*.**

a. Cet exercice est …**faisable** !
b. On est …**puissant** devant une telle violence.
c. Elle ne sort pas car le temps est …**certain**.
d. Ce vin trop vieux est …**buvable**.
e. Aucun être vivant n'est …**mortel**.

**2 * Écris le contraire de chaque adjectif en ajoutant le préfixe *in-*, *im-*, *il-* ou *ir-*.**

mobile • réalisable • pensable • limité • discret • légitime • régulier • actif • juste • pur • réparable

**3 ** Recopie uniquement les mots dans lesquels *in-* ou *im-* sont des préfixes.**

un inconnu • un incapable • une infirme • inutile • incroyable • inventer • un incendie • incomplet • un insecte • invisible • un intrus • inespéré • incorrect

**4 ** Recopie chaque série de mots sans l'intrus.**

a. invalide • ingrat • infatigable • inhumain • invivable
b. impitoyable • impatient • impuni • impôt • impoli
c. irriter • irrésistible • irréprochable • irrégularité
d. illisible • illogique • illuminer • illégal

**5 ** Écris le contraire de chaque mot en gras à l'aide du préfixe qui convient.**

a. Cette personne **sensible** est **juste** avec ses amis.
b. Ce résultat **exact** est **logique**.
c. Ce vieux pull est **récupérable** et **mettable**.
d. Il est **prudent** et fait preuve d'**attention** dans tout ce qu'il fait.

**6 *** Écris le mot qui correspond à chaque définition. Il contient le préfixe *in-*, *im-*, *ir-* ou *il-*.**

a. Qui n'a pas de couleur.
b. Quelqu'un qui ne réfléchit pas.
c. Se dit d'un bâtiment qui n'est pas habité.
d. Ce qui n'a pas lieu d'être, qui n'est pas légitime.
e. Se dit de quelque chose qui n'est pas possible.

### Étape 2

**7 * Recopie chaque phrase avec le mot de la liste qui convient.**

*célébration • domination • inauguration • limitation*

a. Sur les routes, il faut respecter la … de la vitesse.
b. Hier, c'était l'… de la nouvelle bibliothèque.
c. Au Moyen Âge, les paysans étaient sous la … du seigneur.
d. La … de l'armistice de 1918 est le 11 novembre.

• **Entoure le suffixe *-tion* dans ces mots.**

**8 * À partir des mots soulignés, forme des mots avec le suffixe *-tion* puis complète les phrases.**

a. Alex a désobéi, il est puni, sa … est méritée.
b. Lina a présenté un livre, sa … était réussie.
c. L'immeuble va être démoli, la … est prévue demain.
d. Pour une bonne …, un produit doit être conservé entre 0 et - 4 degrés.
e. Nous avons observé un animal puis nous avons noté nos ….

**9 *** Recopie chaque phrase avec un mot de la liste que tu complèteras avec *ss* ou *t*.**

*permi…ion • cicatrisa…ion • admi…ion • dévia…ion • infec…ion • dispari…ion*

a. Les enfants pleurent la … de leur chien.
b. Son … dans cette équipe a été une surprise.
c. La … de la plaie a été rapide car il n'y a pas eu d'….
d. Lisa a eu la … de ses parents pour aller au cinéma.
e. Une … est prévue à l'entrée du village.

**10 *** Observe l'exemple et fais le même travail pour chaque verbe.**

*Exemple :* fabriquer → vous fabriquez • la fabrication

indiquer • expliquer • appliquer • embarquer • convoquer • suffoquer • provoquer

**11 *** Écris une phrase avec chacun des mots représentés par ces dessins.**

■ Chaque mot contient un préfixe *in-*, *im-*, *il-* ou *ir-* ou le suffixe [sjɔ̃].

### Pour aller plus loin

**12** L'orthographe du suffixe [sjɔ̃] est la même pour les noms formés sur un même radical.

**Écris un nom avec le suffixe [sjɔ̃] à partir des verbes suivants.**

a. permettre • soumettre • démettre
b. dire • prédire • contredire
c. exprimer • réprimer • déprimer
d. fléchir • réfléchir • infléchir
e. accéder • succéder • céder

→ D'autres exercices sur le fichier d'activités

# Des homonymes

## Étape 1 Qu'est-ce qu'un homonyme ?

Il y a le **vert** du cerfeuil
Et il y a le **ver** de terre.
Il y a l'endroit et l'envers,
L'amoureux qui écrit en **vers**,
Le **verre** d'eau plein de lumière,
La fine pantoufle de **vair**
Et il y a moi, tête en l'air,
Qui dit toujours tout de travers.

Maurice Carême, *Le Mât de cocagne*,
© Fondation M. Carême.

**Je me souviens**

1. Lis les mots en gras. Que constates-tu ?
2. Recopie ces mots. S'écrivent-ils de la même façon ?
3. Cherche la signification de chacun de ces homonymes. Aide-toi des images.
4. Connais-tu la préposition homonyme de ces mots ? Emploie-la dans une phrase.

## Étape 2 Chercher les homonymes dans le dictionnaire

**amende** **n. f.** ✦ Somme d'argent que l'on paye lorsque l'on n'a pas observé la loi. *Il a eu une amende parce qu'il roulait trop vite.* → **contravention.** ○ homonyme : amande.

**amande** **n. f.** ✦ Fruit ovale à coquille dont on mange la graine qui est à l'intérieur. — *Des yeux en amande,* de forme allongée. ○ homonyme : amende.

*Le Robert Junior, 8-11 ans,* © Le Robert, 2010.

**Je me souviens**

5. Retrouve, dans ces articles de dictionnaire, l'endroit où l'homonyme de chaque mot défini est indiqué.
6. Cherche, dans le dictionnaire, l'homonyme du mot *roue*. Indique la classe grammaticale de chacun de ces deux mots.

## Je conclus

1. Explique ce que sont des homonymes. Donne des exemples.
2. De quel outil peux-tu t'aider pour trouver l'orthographe des homonymes ?

→ Mémo p. 284

## Je m'entraîne

### Étape 1

**1 * Relève, dans le texte, les cinq paires d'homonymes puis recopie-les.**

C'est la fin des vacances d'Ali au bord de la mer. Ce soir, il est rentré de la plage par le chemin qui passe près de la salle des fêtes. Il a faim, il se jette sur une part de tarte. Sa mère lui dit : va changer ton short, il est sale, l'autre est prêt sur ton lit.

**2 * Recopie les phrases et entoure les homonymes.**

a. Les randonneurs marchent dans la plaine en pleine nuit.
b. Un geai est venu se poser à côté du jet d'eau.
c. Au moment où il tire, le joueur de football bute dans une butte de terre et rate le but.
d. En préparant le poisson, maman a fait tomber une sole sur le sol de la cuisine.
e. C'est un renne qui tire le carrosse de la reine.

### Étape 2

**3 * Recopie chaque phrase avec l'homonyme qui convient.** **Aide-toi du dictionnaire.**

a. Elle dit que les œufs de *(canne / cane)* sont meilleurs que les œufs de poule.
b. L'enfant est encore trop maladroit pour tracer des *(très / traits)* bien droits.
c. Il faudra soigner cette vilaine *(tout / toux)* !
d. Les voitures se suivent en une longue *(file / fil)*.
e. Ces danseuses ont beaucoup de *(grâce / grasse)*.

**4 * Complète chaque phrase avec l'homonyme de la liste qui convient.** **Aide-toi du dictionnaire.**

*boue / bout • court / cours • foie / fois*

a. Ton pantalon est trop ….
b. Les contes commencent par « Il était une … ».
c. Ne joue pas avec ce … de bois !
d. Ce … d'eau prend sa source près de notre village.
e. Nous mangeons parfois du … de veau.
f. Les enfants aiment marcher dans la … .

**5 ** Cherche le mot en gras dans le dictionnaire puis complète la 2e phrase avec un homonyme de ce mot.**

a. L'avion survole la **chaîne** des Alpes. • Je connais un … vieux de 300 ans.
b. On aime camper au bord du **lac**. • Ma sœur met beaucoup de … sur ses cheveux.
c. Cette **pie** se pose chaque jour dans la cour. • Le … est la mamelle d'une vache, d'une chèvre ou d'une brebis.

**6 ** Complète chaque phrase avec l'homonyme de la liste qui convient.**
**Aide-toi du dictionnaire.**

*font / fond • mur / mûre • or / hors • pain / pin • chair / cher*

a. Ce vêtement coûte trop … !
b. Il nage toujours avec la tête … de l'eau.
c. Ne mange pas cette pomme, elle n'est pas assez ….
d. Que caches-tu dans le … de ta poche ?
e. Les enfants ramassent des pommes de …

**7 *** Complète chaque phrase avec l'homonyme de la liste qui convient.** **Aide-toi du dictionnaire.**

*cerf / serre • brin / brun • teint / thym • cygne / signe*

a. Le cuisinier met beaucoup de … dans ses plats.
b. Je lui ai fait un …, mais elle ne m'a pas vu.
c. Dans une …, les plantes sont à l'abri du froid.
d. Ses cheveux sont d'un beau ….
e. Quel plaisir d'apercevoir un … dans la forêt !
f. Un … est passé juste au-dessus de ma maison.
g. Il a le … très pâle ce matin.
h. Il conserve un … de muguet séché.

**8 *** Écris une phrase avec chaque homonyme.**

haut / eau • col / colle • ancre / encre

**9 *** Écris une histoire avec les homonymes de la liste ci-dessous.**

*mètre / maître • auteur / hauteur • moi / mois*

### Pour aller plus loin

**10** La forme de certains verbes conjugués est homonyme de certains mots.

**Complète chaque phrase avec l'homonyme qui convient. Les mots en gras sont les verbes conjugués.**

■ *vingt* • ***vint*** • *vin*

a. Il y a … jours qu'il est parti en mer.
b. Le … de cette année sera très bon.
c. Max se retourna et … à ma rencontre.

■ ***met*** • *mets* • *mais* • *mai*

d. La pizza est son … préféré.
e. Elle veut un chat, … sa mère ne veut pas.
f. Au mois de …, on offre du muguet.
g. Il ne … pas de sucre dans son café.

■ *prix* • ***pris***

h. Le … de cet article n'est pas affiché.
i. Sacha a … son parapluie.

→ D'autres exercices sur le fichier d'activités

# L'accord sujet/verbe



## Étape 1 Le sujet devant le verbe

**A.** En Afrique, le baobab **dresse** son étrange silhouette vers le ciel. Il **peut** atteindre 10 ou 15 mètres de hauteur et 8 mètres de diamètre. Il **possède** un tronc ventru.

**B.** En Afrique, les baobabs **dressent** leur étrange silhouette vers le ciel. Ils **peuvent** atteindre 10 ou 15 mètres de hauteur et 8 mètres de diamètre. Ils **possèdent** un tronc ventru.

Un baobab

### Je me souviens

1. Recopie chaque verbe en gras avec son sujet. Entoure la terminaison des verbes.
2. À quelles classes grammaticales appartiennent les sujets ? À quelle personne du présent sont conjugués les verbes du texte A ? et ceux du texte B ? Pourquoi la terminaison d'un même verbe n'est-elle pas la même dans le texte A et dans le texte B ?

## Étape 2 Le sujet inversé

**C.** À quoi **servent** les baobabs ?
Les hommes exploitent largement les baobabs. À leurs branches **pendent** des fruits riches en vitamine C. Les graines apaisent les maux de dents.

### Je découvre

3. Recopie les verbes en gras avec leur sujet. Où est placé le sujet de chaque verbe en gras ? Explique la terminaison des deux verbes.
4. Récris le texte en mettant les sujets de tous les verbes au singulier. Respecte bien l'accord du verbe avec son sujet.

## Étape 3 Le sujet éloigné du verbe

**D.** Les femmes, dans la brousse, **cuisinent** les feuilles de baobab en soupe.
**E.** L'écorce des baobabs **sert** à faire des cordes et des paniers.

### Je découvre

5. Trouve le sujet du verbe de la phrase D. Justifie la terminaison du verbe. Par quel complément le sujet est-il séparé du verbe ?
6. Trouve le sujet du verbe de la phrase E. Avec quel nom de ce groupe nominal sujet le verbe s'accorde-t-il ? Est-il situé près du verbe ?

## Je conclus

1. Avec quoi le verbe s'accorde-t-il dans une phrase ? Donne des exemples.
2. Où le sujet peut-il être placé par rapport au verbe ?
3. Par quoi le sujet peut-il être séparé du verbe ?

→ Mémo p. 284

## Je m'entraîne

### Étape 1

**1 * Classe les verbes et leur sujet en deux colonnes : singulier / pluriel.**

Les élèves travaillent. • Le merle chante. • Les autobus roulent. • Les abeilles bourdonnent. • Le cheval galope. • Un touriste flâne. • Les hirondelles repartent. • La fillette dessine. • Des enfants jouent.

• **Entoure les terminaisons des verbes.**

**2 * Recopie chaque phrase avec le verbe qui convient.**

a. Les poules (*boivent* / *boive*) l'eau du chien.
b. Kévin (*chante* / *chantent*) toujours avec la chorale ?
c. Papi (*emmène* / *emmènent*) Manu à la pêche.
d. Les coureurs (*franchisse* / *franchissent*) le col.
e. Le vent (*souffle* / *soufflent*) très fort.

**3 * Complète chaque phrase avec le sujet de la liste qui convient.**

*la fermière* • *la petite Margot* • *mamie* • *ces enfants*

a. … a beaucoup de goût pour la décoration.
b. Parfois … semblent tristes.
c. … joue tranquillement dans sa chambre.
d. … nourrit le veau au biberon.

**4 ** Récris les phrases en mettant le sujet au singulier.**

a. Les hommes fabriquent aussi des abris avec l'écorce du baobab.
b. Les mères mélangent la pulpe du fruit avec le lait pour les nourrissons.
c. Les baobabs veillent sur les villages africains.
d. Ils protègent les hommes.
e. En retour, les hommes respectent le baobab.

### Étape 2

**5 * Souligne le verbe, encadre le sujet et entoure la terminaison du verbe.**

a. En automne apparaissent les premières brumes.
b. Soudain, devant la voiture, surgit un chevreuil !
c. Dans notre rue passent d'énormes camions.
d. Chaque matin, à l'est, apparaît le soleil.
e. Dans certaines villes vivent des millions de gens.

**6 * Complète le verbe avec la terminaison du présent qui convient : *e* ou *ent*.**

a. Quelle chanson fredonn… ces garçons ?
b. Promèn…-t-il toujours le même chien ?
c. Quand rentr…-ils d'Allemagne ?
d. Que mang… ce jeune enfant ?
e. Quelles revues achèt… tes parents ?

**7 ** Récris chaque phrase en mettant le sujet au pluriel.**

a. Après les jongleurs, sur la scène arrive un clown.
b. Devant la voiture passe un jeune marcassin.
c. Que mange le hamster ?
d. Au-dessus de la ville tourne un hélicoptère.
e. Où habite ton ami ?

### Étape 3

**8 * Complète le verbe avec la terminaison du présent qui convient : *e* ou *ent*.**

a. Les campeurs, le matin, rang… leur matériel.
b. Karima, à la cantine, mang… trop vite.
c. Les skieurs, à la montagne, rest… sur les pentes toute la journée.
d. Les joueurs, sur la pelouse mouillée, gliss… fréquemment
e. L'artiste, patiemment, travaill… à sa sculpture.

**9 * Recopie le verbe avec le groupe nominal sujet. Souligne le nom principal avec lequel le verbe s'accorde.**

a. Les feuilles du chêne restent sur l'arbre en automne.
b. La mère de tes amies prépare de bons desserts.
c. Le sac des collégiens pèse très lourd.
d. Les jardiniers du château taillent les haies.
e. Les vaches de la ferme restent dans l'étable.

**10 ** Complète les verbes avec la terminaison du présent qui convient : *e* ou *ent*.**

a. Les élèves, à l'école, prépar… une fête.
b. La fille de nos voisins habit… à Paris.
c. Les roses du jardin embaum… les allées.
d. Le cheval, aisément, saut… les obstacles.
e. Les petits de la lionne mang… leur viande.

**11 *** Récris le texte en commençant par *Louise et Cécile*.**

Louise, chaque jour, fait du ménage. Elle prépare les repas. Elle lave ou repasse du linge. Mais quand le travail est fini, elle prend une revue et remplit une grille de mots croisés. Et aussitôt une grille terminée, elle en recommence une autre ! Louise aime beaucoup les jeux.

**12 *** Écris une histoire en employant les noms et les groupes nominaux suivants comme sujets.**

*les élèves de l'école* • *un photographe* • *la directrice de l'école* • *Alex*

→ D'autres exercices sur le fichier d'activités

# 10 L'accord du participe passé

ORTHOGRAPHE

## Étape 1 Du masculin au féminin

**A.** L'année dernière, dans les Alpes, un surfeur **est parti** en montagne malgré les mauvaises prévisions météorologiques. Il était à 2 100 mètres d'altitude quand la neige **a commencé** à tomber. Il **a creusé** un igloo pour s'abriter.
– Je **suis resté** trois jours et trois nuits sans manger, **a déclaré** le surfeur à ses sauveteurs.

**B.** L'année dernière, dans les Alpes, une surfeuse **est partie** en montagne malgré les mauvaises prévisions météorologiques. Elle était à 2 100 mètres d'altitude quand de gros flocons **ont commencé** à tomber. Elle **a creusé** un igloo pour s'abriter.
– Je **suis restée** trois jours et trois nuits sans manger, **a déclaré** la surfeuse à ses sauveteurs.

**Je me souviens**

1. **Recopie les verbes en couleur avec leur sujet. À quel temps sont conjugués ces verbes ?**
2. **Indique pour chaque verbe avec quel auxiliaire il est conjugué et souligne la terminaison du participe passé.**
3. **Compare la terminaison des participes passés des textes A et B. Pourquoi certains participes passés ont-ils changé et pas les autres ?**

## Étape 2 Du singulier au pluriel

**Je me souviens**

**C.** L'année dernière, dans les Alpes, plusieurs surfeurs **sont partis** en montagne malgré les mauvaises prévisions météorologiques. Ils étaient à 2 100 mètres d'altitude quand de gros flocons **ont commencé** à tomber. Ils **ont creusé** un igloo pour s'abriter.
– Nous **sommes restés** trois jours et trois nuits sans manger, **ont déclaré** les surfeurs à leurs sauveteurs.

4. **Pourquoi certains participes passés ont-ils changé ? Explique ces changements.**
5. **Récris le texte C en parlant de plusieurs surfeuses.**

**Je conclus**

- **Quand le participe passé d'un verbe conjugué au passé composé s'accorde-t-il avec le sujet ? Donne des exemples.**

→ Mémo p. 284

## Je m'entraîne

### Étape 1

**1 * Complète les participes passés avec *é* ou *ée*.**

a. Elle a enfil… son manteau d'hiver.
b. La fillette est tomb… de sa chaise.
c. La fusée a décoll… avec six heures de retard.
d. Sa copine est arriv… dernière à la course.
e. La plongeuse est remont… aussitôt.

**2 * Recopie chaque phrase avec la forme du participe passé qui convient.**

a. Le voisin est (*parti* / *partie*) hier.
b. L'ambulance est (*arrivée* / *arrivé*) rapidement.
c. Elle est (*devenu* / *devenue*) prudente.
d. Cette jument est (*sorti* / *sortie*) de son parc.
e. Mon cousin est (*allée* / *allé*) au musée.

### Étape 2

**3 * Récris chaque phrase au pluriel.**

a. La forte pluie a inondé le village.
b. Ma sœur est rentrée hier soir.
c. Ce spectateur a applaudi chaleureusement les danseurs.
d. Une oie sauvage est passée au-dessus de chez nous.
e. Il est arrivé en retard.

**4 ** Complète les participes passés avec *é*, *ée*, *és* ou *ées*.**

a. – Je suis arriv… avant toi, dit Marion à Alicia.
b. – Vous êtes rest… dans l'eau trop longtemps, dit la maman à ses garçons.
c. – Tu es rentr… de vacances depuis quand ? demande Léa à Max.
d. – Nous sommes entr… dans le stade sous les applaudissements, racontent les joueurs.

**5 ** Recopie chaque phrase en accordant le participe passé quand c'est nécessaire.**

a. Sara a (*rencontré*) des amis en sortant du travail.
b. Claire et Julie sont (*parti*) à Paris.
c. Maxime et Louis ont (*retardé*) leur départ.
d. Une colombe est (*sorti*) du chapeau du magicien.
e. Tom et Clara ont (*vu*) des étoiles filantes.

**6 ** Recopie chaque phrase en écrivant le participe passé du verbe entre parenthèses comme il convient.**

a. Les athlètes ont (*réussir*) leur premier saut.
b. Tous ces gens sont (*arriver*) le même jour.
c. La dame du dernier étage a (*vouloir*) déménager.
d. Elles ont (*passer*) leur temps à lire.
e. Aline est (*revenir*) dans le même camping.

**7 ** Recopie chaque phrase en accordant le participe passé quand c'est nécessaire.**

a. Les témoins ont (*appelé*) les pompiers.
b. Les secours sont (*intervenu*) immédiatement.
c. Les déchets sont (*remonté*) à la surface.
d. Vous avez (*joué*) aussi ?
e. Cette petite fille est (*né*) sur un bateau.

**8 *** Récris chaque phrase en changeant le nombre du sujet.** **Fais les accords nécessaires.**

a. Le touriste italien est entré dans la grotte.
b. Le couvreur a monté l'échafaudage.
c. Les jeunes bergères ont gardé les troupeaux.
d. La panthère affamée a dévoré un zèbre.
e. Les pêcheurs sont partis au lever du jour.

**9 *** Récris chaque phrase en conjuguant le verbe au passé composé.** **Choisis le bon auxiliaire !**

a. Maman (*descendre*) à la cave.
b. Marie (*descendre*) la poubelle au sous-sol.
c. Luc (*passer*) ses vacances à faire du vélo.
d. Cette émission (*passer*) trois fois à la télévision.
e. Hier, les gens du cirque (*monter*) le chapiteau.
f. L'eau (*monter*) d'un mètre en une heure !

**10 *** Écris un dialogue entre Julia et Lucas : le jour de la rentrée, ils racontent où ils sont allés, ce qu'ils ont vu ou fait pendant les vacances.**

■ Emploie des verbes qui se conjuguent avec l'auxiliaire *être* et des verbes qui se conjuguent avec l'auxiliaire *avoir* au passé composé.

### Pour aller plus loin

**11 Observe :**

*Ma petite sœur **s'est** baignée dans la mer.*
*Mes petites sœurs **se sont** baign**ées** dans la mer.*
→ Un verbe précédé du pronom **se** ou **s'** (**verbe pronominal**) se conjugue généralement au passé composé avec l'auxiliaire *être*. Le participe passé s'accorde donc le plus souvent avec le sujet.

**Recopie chaque phrase en accordant le participe passé avec le sujet.**

a. Les invités se sont régal… avec les desserts.
b. Pauline s'est tromp… dans son problème.
c. Il s'est évanou… de fatigue à l'arrivée.
d. Ces personnes se sont perd… dans la forêt.
e. La voiture s'est arrêt… brusquement !
f. Les enfants se sont regroup… autour du maître.

→ D'autres exercices sur le fichier d'activités

# Le pluriel des noms terminés par *au, eau, eu, al, ail*

## Étape 1 Les noms terminés par *au* et *eu*

A.

| Singulier | Pluriel |
|---|---|
| un bateau • un anneau • un cadeau | des bateaux • des anneaux • des cadeaux |
| un cerveau • un préau • l'eau | des cerveaux • des préaux • des eaux |
| un tuyau • un noyau • un esquimau | des tuyaux • des noyaux • des esquimaux |
| un cheveu • un feu • un lieu | des cheveux • des feux • des lieux |

B.

| Singulier | Pluriel |
|---|---|
| un landau • un pneu • un bleu | des landaus • des pneus • des bleus |

**Je me souviens**

1. Comment se terminent les noms des tableaux A et B au singulier ?
2. Quelle marque ces noms prennent-ils au pluriel dans le tableau A ? et dans le tableau B ?

## Étape 2 Les noms terminés par *al*, les noms terminés par *ail*

| Singulier | Pluriel |
|---|---|
| a. un animal • un canal • un journal<br>un local • un hôpital • un signal | a. des animaux • des canaux • des journaux<br>des locaux • des hôpitaux • des signaux |
| b. un travail • un vitrail • un corail | b. des travaux • des vitraux • des coraux |
| c. un bal • un récital • un festival | c. des bals • des récitals • des festivals |
| d. un épouvantail • un gouvernail •<br>un rail • un éventail • un portail •<br>un détail | d. des épouvantails • des gouvernails •<br>des rails des éventails • des portails •<br>des détails |

**Je me souviens**

3. Comment se terminent les noms des listes a, b, c et d au singulier ?
4. Que constates-tu au pluriel pour les mots des listes a et b ? et pour les mots des listes c et d ?

**Je conclus**

1. Comment la plupart des noms terminés par *au*, *eau* et *eu* au singulier font-ils leur pluriel ? Quels sont les trois noms qui prennent un *s* au pluriel ?

2. Comment la plupart des noms terminés par *al* au singulier font-ils leur pluriel ? Comment se forme le pluriel de la plupart des noms terminés par *ail* ?

→ Mémo p. 285

# Je m'entraîne

## Étape 1

**1 * Écris ces groupes nominaux au pluriel.**

un agneau • un museau • un manteau • un seau • un écriteau • un taureau • un corbeau • un veau • un vermisseau • un vaisseau • un panneau • un rideau • un tableau • un ciseau • un moineau

**2 * Écris les noms entre parenthèses au pluriel.**

a. L'artiste utilise des (*pinceau*) en poils de blaireau.
b. Tous les (*jeu*) m'amusent autant.
c. Le 14 juillet, on sort les (*drapeau*) français.
d. Les pompiers ont enfin éteint les (*feu*) de l'été.
e. Les (*pneus*) des roues des vélos de course s'appellent des (*boyau*).

## Étape 2

**3 * Complète chaque phrase avec le nom qui convient.**

*bocaux • carnavals • bals • cristal • signaux*

a. Quels jolis verres en … !
b. Le conducteur du train a vu les … lumineux.
c. Nous avons assisté à plusieurs … de Nice.
d. Lola va à tous les … de la région.
e. Maman a fait des … de cerises au sirop.

**4 ** Recopie le texte en accordant les noms entre parenthèses comme il convient.**

Cet homme est à la pêche avec ses (neveu). Pour pique-niquer, ils mangent des (morceau) de poulet, des (poireau) en vinaigrette et des (gâteau). Puis, ils font une sieste ou lisent les (journal). Ils profitent également du chant des (oiseau) et du murmure des (ruisseau). Même s'ils ne prennent pas beaucoup de poissons, ils auront passé une belle journée.

**5 * Recopie les phrases en écrivant les noms au pluriel.** Aide-toi du dictionnaire si besoin.

a. Les (*gouvernail*) de ces bateaux sont cassés.
b. Notre tante a rapporté des (*éventail*) d'Espagne.
c. Cet artiste présente de magnifiques (*émail*).
d. Les chats rentrent dans les caves par les (*soupirail*).
e. Les enfants remarquent souvent les (*détail*).

**6 * Classe ces noms en trois colonnes : prend un *s* au pluriel / prend un *x* au pluriel / fait son pluriel en *aux*.**

un niveau • un étau • un dieu • un travail • un tribunal • une peau • un bleu • un détail • le milieu • un local • un marteau • un landau

**7 ** Recopie les phrases en écrivant les groupes nominaux soulignés au pluriel.**

a. J'ai photographié <u>un éléphanteau</u> et <u>un lionceau</u>.
b. Quand il pleut, les élèves se réfugient sous <u>le préau</u>.
c. Le voleur a fait <u>un aveu</u> à la police.
d. Sur <u>ce vitrail</u>, on peut voir <u>un animal</u>.

**8 ** Recopie chaque série de mots puis barre l'intrus.** Aide-toi du dictionnaire si besoin.

a. des végétaux • des généraux • des métaux • des coraux • des totaux
b. un cheveu • un émeu • un essieu • un moyeu • un adieu
c. un vitrail • un travail • un épouvantail • un émail • un soupirail

**9 ** Recopie chaque phrase avec le nom qui convient en le mettant au pluriel.**

*pneu • tuyau • chandail • régal • festival*

a. Nous aimons les … de musique.
b. Les … de ce camion sont neufs.
c. Maman tricote de jolis ….
d. Ces gâteaux sont de vrais … !
e. Papa a racheté deux … d'arrosage.

**10 ** Recopie chaque phrase en mettant le nom souligné au singulier.**

a. Les blessés sont conduits dans <u>des hôpitaux</u>.
b. Dans le clafoutis, j'ai trouvé <u>des noyaux</u>.
c. La balayeuse nettoie <u>les caniveaux</u>.
d. On a rencontré <u>des principaux</u> de collège.
e. Le plongeur a admiré <u>les coraux</u>.

**11 *** Écris une histoire avec les noms *renardeau*, *cheval*, *feu*, *portail* et *ruisseau*.**

■ Tu écriras ces noms au pluriel.

## Pour aller plus loin

**12 Observe :** *Le coutelier fabrique des couteaux.*

**Aide-toi du mot en gras pour trouver le mot manquant et recopie chaque phrase.**

a. Le **chamelier** s'occupe des ….
b. Le **tonnelier** fabrique des ….
c. Les **châtelains** habitent dans des ….
d. Le **batelier** conduit et entretient des ….
e. Le **chapelier** fabrique des ….

→ D'autres exercices sur le fichier d'activités

12

# L'accord de l'adjectif qualificatif

ORTHOGRAPHE

## Étape 1 L'adjectif qualificatif épithète

Alexandre a recueilli un **jeune** chien.
Imaginez une tête **noire**, **frisée**, avec de **longs** poils **noirs** et **gris** devant les yeux, un corps **noir** et **gris**, des pattes **noires** et une queue noire, **ridicule**, **courte** comme celle d'un chien d'arrêt.
Il a la tête d'un briard et le corps d'un épagneul.
C'est un **petit** chien **ridicule** mais **adorable** !

### Je me souviens

1. Pour chaque adjectif en gras, retrouve le nom qu'il précise.
2. Pourquoi l'adjectif en rouge est-il écrit de différentes manières ?
3. Explique les marques du féminin ou du pluriel des adjectifs *frisée* et *longs*.
4. Que constates-tu pour les adjectifs *ridicule* (lignes 4 et 7) et *gris* (ligne 3) ?

## Étape 2 L'adjectif qualificatif attribut

a. Le chien semble **content**. Alexandre va le confier à Sandra. Il espère qu'elle sera **contente**.
b. Les chiens semblent **contents**. Alexandre va les confier à Sandra et Lina. Il espère qu'elles seront **contentes**.

### Je découvre

5. Quelle est la fonction des adjectifs en gras ?
6. Explique les accords de ces adjectifs.

### Je conclus

1. Avec quoi s'accorde l'adjectif qualificatif épithète ? Comment s'accorde-t-il ?
2. Avec quoi s'accorde l'adjectif qualificatif attribut ? Comment s'accorde-t-il ?

→ Mémo p. 285

## Je m'entraîne

### Étape 1

**1 * Complète chaque phrase avec l'adjectif qui convient.**

*étroit* • *étroite* • *étroits* • *étroites*

a. Ces deux sentiers … mènent au château.
b. Par cette fente …, la souris peut passer.
c. Suis ce passage …, tu arriveras sur la place de la ville.
d. Autrefois, des enfants passaient dans les cheminées … pour les ramoner.

**2 * Recopie chaque phrase avec l'adjectif qui convient.**

a. D'(*énorme* / *énormes*) rochers sont sur la plage.
b. Elles déteste les enfants (*insupportables* / *insupportable*) !
c. Cette femme (*courageuse* / *courageux*) recueille des animaux abandonnés.
d. Cette boisson (*frais* / *fraîche*) est très agréable !

**3 ** Recopie les phrases en accordant les adjectifs épithètes comme il convient.**

a. De (*gros*) nuages (*noir*) troublent le ciel (*clair*).
b. Les (*long*) nuits (*hivernal*) paraissent sans fin.
c. Une neige (*épais*) recouvre les sols (*gelé*).
d. Les matières (*gras*) sont à éviter pour garder une (*bon*) santé.
e. Je préfère les (*nouveau*) produits (*local*).

**4 ** Recopie les phrases en mettant les groupes nominaux en gras au pluriel.**

a. **Le jeune sportif** réalise **une belle performance**.
b. **Cette salle obscure** convient pour **le film**.
c. **La pelleteuse** creuse **un puits profond**.
d. Je sais faire **une division difficile** avec **un nombre décimal**.

**5 ** Complète chaque phrase avec un adjectif de ton choix.**

a. Nous nous promenons dans des rues ….
b. Ces bijoux … ont une grande valeur.
c. Le moteur de sa … voiture est tombé en panne.
d. J'ai visité un château ….
e. Ils ne prononcent jamais de paroles ….

**6 *** Récris le texte en ajoutant un adjectif qualificatif à chaque mot souligné.**

Le Petit Poucet emmène ses <u>frères</u> dans une <u>forêt</u>. Il sème des <u>miettes</u> de pain pour retrouver le chemin au retour. Mais des <u>oiseaux</u> les mangent. Le soir, les <u>enfants</u> sont perdus : ils frappent à la <u>porte</u> d'une <u>cabane</u>. C'est la maison d'un <u>ogre</u> !

### Étape 2

**7 * Recopie chaque phrase en accordant l'adjectif attribut.**

a. Les récoltes sont (*abondant*) cette année.
b. La rivière semble (*profond*) à cet endroit.
c. Les étés deviennent de plus en plus (*chaud*).
d. Les maîtresses seront (*absent*) demain.
e. La brume reste (*léger*) pour le moment.

**8 * Complète chaque phrase avec *il est*, *elle est*, *ils sont* ou *elles sont*.**

a. … beaux. • b. … belle. • c. … belles. • d. … beau.

**9 ** Recopie chaque phrase en remplaçant le nom en gras par le nom entre parenthèses.**
**Attention aux accords !**

a. Le **vendeur** souriant est satisfait. (*cliente*)
b. Ce **mont** enneigé mesure 3 852 m. (*montagnes*)
c. Les nouveaux **journalistes** sont sympathiques. (*animatrice*)
d. Des **sportifs** français participent aux Jeux olympiques. (*nageuse*)
e. Une **tempête** tropicale arrive en Floride. (*vents*)

**10 *** Écris plusieurs phrases pour décrire les personnages ci-contre.**
■ Utilise des adjectifs et pense à les accorder comme il convient.

### Pour aller plus loin

**11** Pour accorder l'**adjectif épithète** dans un **groupe nominal enrichi**, il faut trouver à quel nom de ce groupe il se rapporte.
→ *un grand sac de billes transparentes.*

**Recopie chaque groupe nominal et entoure le nom auquel se rapporte l'adjectif qualificatif souligné.**

des livres d'histoire <u>anciens</u> • un livre d'histoires <u>anciennes</u> • un repas de fêtes <u>délicieux</u> • une voile de bateau <u>légère</u> • un panier de cerises <u>mûres</u> • une sonnerie de téléphone <u>amusante</u> • un paquet de gâteaux <u>secs</u> • un décor de fête <u>lumineux</u>

→ D'autres exercices sur le fichier d'activités

# Le verbe à l'infinitif après une préposition

## Étape 1 L'infinitif après les prépositions *à, de, pour, sans…*

*Tikta'Liktak, un jeune Esquimau, s'est promis de **sauver** sa famille qui a faim et vit dans l'igloo sans **s'éclairer** car l'huile de phoque manque. Il part sur la banquise.*

Avant de **faire** un pas, Tikta'Liktak sondait la glace à l'aide de son harpon. Parfois la surface crevait sous la pointe de l'arme et l'eau jaillissait sous la neige à ses pieds. Il parvint après plusieurs tentatives à **trouver** un morceau de glace assez épais pour **supporter** son poids. Il avança prudemment et mit un long temps à **parcourir** une courte distance.

Le soir, au lieu de **rentrer** à l'igloo familial, Tikta'Liktak a continué à **marcher**. Il était sûr qu'il finirait par **trouver** des phoques.

James Houston, *Tikta'Liktak*, © Castor Poche Flammarion.

### Je découvre

1. Recopie les verbes en gras avec les prépositions soulignées qui les précèdent.
2. Sous quelle forme sont ces verbes ? À quel groupe appartiennent-ils ?
3. Liste les prépositions soulignées. Lesquelles sont composées de plusieurs mots ?

## Étape 2 Ne pas confondre l'infinitif en *-er* et le participe passé en *-é*

a. Le jeune Esquimau a **marché** longtemps.
b. Le jeune Esquimau continue à **marcher**.

### Je me souviens

4. Quelle est la forme du verbe en gras dans la phrase a ? et dans la phrase b ?
5. À quel groupe appartient ce verbe ? Pourquoi est-il facile de confondre les deux formes verbales ?
6. Observe comment s'écrit la préposition dans la phrase b. Avec quel mot de la phrase a ne faut-il pas la confondre ?

### Je conclus

1. Sous quelle forme trouve-t-on le verbe après une préposition ? Invente des phrases avec des prépositions suivies de verbes à l'infinitif.
2. Donne deux phrases avec un verbe du 1er groupe. Dans l'une, il sera au participe passé, dans l'autre à l'infinitif.

→ Mémo p. 285

## Je m'entraîne

### Étape 1

**1 * Recopie uniquement les phrases contenant une préposition suivie d'un verbe à l'infinitif.**

Le soir venu, Tikta'Liktak est perdu sur l'immensité de la banquise. Il s'arme de son couteau pour découper des blocs de glace afin de construire un abri. Il les appuie les uns contre les autres et il bouche les fissures avec la neige. Recroquevillé dans son refuge, il s'efforce de garder les yeux ouverts pour rester en vie.

- **Dans les phrases que tu as recopiées, souligne les prépositions et entoure les verbes à l'infinitif.**

**2 * Complète chaque phrase avec le verbe qui convient.**

*promener • tarder • accepter • charger • étudier*

a. Ils ont fini par … notre aide.
b. Il faudrait nettoyer la tache sans ….
c. Elle prendra des cours pour … l'anglais.
d. On nous a demandé de … le chien.
e. Tu pourras commencer à … la voiture.

**3 * Complète chaque phrase avec la préposition qui convient.**

*sans • avant de • à • de • pour*

a. Elle a eu du mal … trouver votre adresse.
b. Il faut de bons indices … mener une enquête.
c. … commencer, lisez bien la consigne.
d. Il rêve … jouer dans un film.
e. Certaines personnes passent des nuits … rêver.

**4 * Recopie chaque série de mots sans l'intrus.**

a. à • de • vous • avec • sans
b. à voir • à apprendre • à faire • a vendu • à dire
c. pour travailler • pour nous • pour dessiner • pour danser • pour aller
d. sans parler • sans crier • sans lui • sans porter

**5 ** Complète chaque phrase avec un verbe du 1^er^ groupe de ton choix.**

a. Il faudrait commencer à ….
b. Maman m'a dit de … mes chaussures.
c. Avant de …, termine ton travail.
d. Elle est restée trois jours sans ….
e. Pour … il faut du temps et de l'argent !

**6 ** Complète chaque nom avec la préposition *à* suivie d'un verbe à l'infinitif.**

*Exemple :* une poêle **à frire**

une table • une carte • un fer • une pince • un dé • une machine

### Étape 2

**7 * Récris chaque phrase avec la forme du verbe qui convient.** **Repère le mot placé avant.**

a. Papa a décidé de (*racheté* / *racheter*) un vélo.
b. Elle a (*changé* / *changer*) de congélateur.
c. Où est ma pince à (*lisser* / *lissé*) les cheveux ?
d. Il est parti sans (*laissé* / *laisser*) d'adresse.
e. On a (*porté* / *porter*) les sacs à la maison.

**8 * Complète les verbes avec *é* ou *er*.**

a. Pour prépar… mon sandwich, j'utilise du pain frais.
b. Le gendarme a arrêt… les coupables.
c. Il passe sa journée à écout… de la musique.
d. Elle a recopi… le résumé.
e. Elle a un résumé à recopi….
f. Hier, ma sœur a arros… les salades.

**9 ** Recopie les phrases en écrivant la forme verbale qui convient : participe passé ou infinitif.**

a. Il a (*ranger*) les bouteilles au sous-sol.
b. Pour (*fêter*) son anniversaire, on a (*chanter*).
c. Le jardinier a (*conseiller*) de (*tailler*) les arbres.
d. Le train a (*quitter*) la gare avec du retard.
e. La table à (*repasser*) est en mauvais état.

**10 ** Remplace le verbe en gras par un verbe du 1^er^ groupe qui convienne.**

a. Le renard a **bondi** sur sa proie.
b. Combien de temps faut-il pour **faire** un violon ?
c. J'ai **couru** avec de bonnes chaussures.
d. Il a **conduit** sa fille à l'école.
e. Tu mettras de l'eau à **bouillir**.

**11 *** Recopie le texte en complétant les verbes avec *é* ou *er*.**

Avant de couch… bébé pour la sieste, la maman a ferm… la fenêtre. Puis, elle a dépos… l'enfant dans son lit. Le mobile musical s'est mis à jou… une douce mélodie. La maman a quitt… la chambre sans berc… son enfant. Celui-ci a chantonn… quelques minutes avant de plong… dans un sommeil profond.

**12 *** Écris des conseils que tu donnerais à une personne qui part faire une randonnée en montagne.**

■ Utilise les prépositions *avant de*, *à*, *de*, *pour*, *sans* dans l'ordre que tu veux. Ces prépositions seront suivies de verbes à l'infinitif.

→ D'autres exercices sur le fichier d'activités

# Ne pas confondre *ses*/*ces*

Une grue

## Étape 1 *ses comme son ou sa*

**A.** Ce matin, Thomas part observer les grues cendrées. Il prend **ses** vêtements de pluie, **ses** lunettes d'approche et attrape au vol **ses** clés de voiture. Le voilà parti !

**B.** Ce matin, Thomas part observer les grues cendrées. Il prend **son** vêtement de pluie, **sa** lunette d'approche et attrape au vol **sa** clé de voiture. Le voilà parti !

### Je me souviens

1. Recopie les groupes nominaux surlignés en jaune dans le texte A. Indique leur nombre. Comment appelle-t-on les déterminants en gras ?
2. Dans le texte B, quels déterminants possessifs remplacent *ses* ?

## Étape 2 *ces comme ce, cet, cette*

**C.** Les grues cendrées, **ces** oiseaux migrateurs, font une halte sur un lac. **Ces** grues ont un plumage gris. Avec leur long cou et leurs grandes pattes, **ces** magnifiques oiseaux ont une allure élégante.

**D.** La grue cendrée, **cet** oiseau migrateur, fait une halte sur un lac. **Cette** grue a un plumage gris. Avec son long cou et ses grandes pattes, **ce** magnifique oiseau a une allure élégante.

### Je me souviens

3. Recopie les groupes nominaux surlignés en rose dans le texte C. Indique leur nombre. Comment appelle-t-on les déterminants en gras ?
4. Dans le texte D, quel déterminant démonstratif remplace *ces* ?

### Je conclus

- Explique l'orthographe de *ses* et de *ces* dans la phrase suivante :
*Avec ses jumelles, il va pouvoir observer ces oiseaux.*

→ Mémo p. 285

ORTHOGRAPHE

## Je m'entraîne

### Étape 1

**1 * Recopie les phrases en remplaçant le déterminant possessif en gras par *ses*.**
**Attention au pluriel des noms !**

a. Elle a bien lavé **sa** chaussure.
b. Il a perdu **son** crayon de couleur.
c. Le dentiste examine **sa** dent.
d. Elle aime **son** livre de contes.
e. Il promène **sa** chienne en laisse.

**2 *** Complète chaque phrase avec un groupe nominal contenant *ses*. Ce GN peut être enrichi.**

a. Martin a oublié ….
b. Avec …, Marie est plus jolie.
c. Il conserve soigneusement ….
d. Maman a fait du rangement dans ….
e. Elle ne s'occupe plus de ….

### Étape 2

**3 * Récris chaque phrase en remplaçant le déterminant démonstratif en gras par *ces*.**

a. Ils aiment beaucoup **ce** gâteau !
b. Nous vous remercions pour **cette** belle journée.
c. Je n'avais jamais vu **cet** acteur.
d. Avez-vous déjà visité **ce** magnifique château ?
e. Les pelleteuses démoliront **cette** vieille construction.

**4 * Écris ces GN au pluriel.**

ce vélo • cette ville • sa trousse • son cartable • cet arbre • cette rue • sa voiture • son cousin • cet avion • ce magasin • sa robe.

**5 * Écris ces GN au singulier.**

ces commerçants • ses colliers • ces films • ces hommes • ses amis • ces grenouilles • ses sœurs • ces photos • ces camions.

**6 * Classe les GN soulignés en deux colonnes : pluriel de *son*, *sa* / pluriel de *ce*, *cet*, *cette*.**

a. Il prend ses outils pour réparer ces fuites.
b. Nous ne voulons pas de ces produits.
c. Il a mis ses clés et ses cartes dans un sac.
d. Que ces fleurs sentent bon !

**7 * Complète chaque phrase avec *ces* ou *ses*.**

a. Jules a perdu … lunettes.
b. Marion joue à la poupée avec … copines.
c. Je n'aime pas beaucoup … gens !
d. … églises russes sont magnifiques.
e. Comment peux-tu dire … choses ?

**8 ** Écris les groupes nominaux soulignés au pluriel.** Fais tous les accords nécessaires.

a. Cette rose rouge et ce dahlia viennent de mon jardin.
b. Son jeune frère part avec papi et mamie.
c. Je n'avais jamais vu cette montagne.
d. Ma tante a confié son chat et sa chienne à son voisin.
e. Ce bûcheron abat cet arbre mort.

**9 ** Écris les groupes nominaux soulignés au singulier.** Fais tous les accords nécessaires.

a. Ces petits animaux ont peur de nous.
b. A-t-elle toujours ses belles armoires ?
c. Vois-tu ces étoiles scintillantes ?
d. Je ne monterai jamais dans ces avions !
e. Il aime se promener avec ses ânes.

**10 ** Complète chaque phrase avec *ces* ou *ses*.**

a. Paul est déçu par … cousins : … garçons sont parfois très méchants !
b. Je vous ferai visiter Paris avec … monuments et … musées.
c. Je trouve que … personnes sont charmantes, surtout cette mamie et … petits-enfants.
d. Lorsque tu auras fini de lire … journaux et … revues, tu me les prêteras ?

**11 *** Complète chaque phrase avec un groupe nominal contenant *ces*. Ce GN peut être enrichi.**

a. Nous visiterons … une autre fois.
b. Que veux-tu que je fasse de … ?
c. À qui sont … ?
d. Elle admire beaucoup ….
e. … sont vraiment très drôles !

**12 *** Complète le texte avec *ses* et *ces*.**

… derniers jours, une chatte a fait … petits dans notre garage. Il y avait des chiffons dans une caisse et elle a utilisé … morceaux de tissu pour faire son nid. La maman prend grand soin de … quatre chatons qui sont très mignons. Qu'allons-nous faire de … petits animaux ? On en gardera peut-être un et on donnera les autres.

**13 *** Écris quatre phrases interrogatives contenant *ces* et leur réponse contenant *ses*.**

*Exemple :* – À qui sont **ces** lunettes ?
– Elles appartiennent à Xavier ; ce sont **ses** lunettes.

■ Dans les questions et les réponses, emploie d'autres verbes que *être* ou *appartenir*, et d'autres noms que *Xavier* ou *lunettes*.

→ D'autres exercices sur le fichier d'activités

15

# Ne pas confondre *mes/mais*

## Étape 1 *mes comme tes, ses, nos...*

Un phasme

**A.** Que font **mes** animaux quand je ne suis pas là ?
**Mes** chats dorment sur le lit, **mes** poissons rouges nagent sans relâche dans l'aquarium et **mes** phasmes se cachent dans le feuillage de leur bocal.

**B.** Que font **tes** animaux quand tu n'es pas là ?
**Tes** chats dorment sur le lit, **tes** poissons rouges nagent sans relâche dans l'aquarium et **tes** phasmes se cachent dans le feuillage de leur bocal.

### Je me souviens

1. Recopie les groupes nominaux surlignés en jaune dans le texte A. Indique leur nombre. Comment appelle-t-on les déterminants en gras ?
2. Dans le texte B, quel déterminant possessif remplace *mes* ?
3. Relis le texte A en remplaçant *je* par *nous* puis par *vous*. Indique quels déterminants possessifs remplacent *mes*.

## Étape 2 *mais comme pourtant, or...*

**C.** Mon chien, lui, dort sur le balcon, **mais** il ne dort que d'un œil. Si quelqu'un passe, il se lève. Il se précipite vers le portail, **mais** il n'aboie pas.

**D.** Mon chien, lui, dort sur le balcon, or il ne dort que d'un œil. Si quelqu'un passe, il se lève. Il se précipite vers le portail, pourtant il n'aboie pas.

### Je découvre

4. Recopie les phrases contenant *mais*. Souligne les parties de phrases reliées par *mais*.
5. Dans le texte D, quels mots sont employés à la place de *mais* ?
6. Relis le texte C en employant d'autres mots qui, comme *mais*, expriment une opposition : *toutefois, cependant, néanmoins*...

### Je conclus

- Explique l'orthographe des mots *mes* et *mais* dans la phrase suivante :
*Mes chaussures sont neuves, mais je ne les aime pas.*

→ Mémo p. 285

ORTHOGRAPHE

## Je m'entraîne

### Étape 1

**1** * **Recopie chaque phrase en remplaçant le mot en gras par *mes*.**

a. Où as-tu rangé **tes** lunettes ?
b. **Vos** yeux sont bleus.
c. **Leurs** chaussures sont usées.
d. **Nos** amis sont déjà arrivés.
e. Connaissez-vous **ses** frères ?

**2** ** **Récris les phrases en mettant les groupes nominaux en gras au pluriel.** Fais les accords nécessaires.

a. J'ai prêté **mon feutre neuf** à Kévin.
b. Rends-moi **ma chaussure** !
c. Hier, j'ai nettoyé **mon placard**.
d. **Mon nouveau livre** est très intéressant.
e. **Ma petite sœur** joue bien avec Zoé.

**3** ** **Récris chaque phrase avec *je*.**

a. Vous pouvez prendre vos jumelles pour observer les oiseaux.
b. Elles portent leurs plus beaux bijoux.
c. Nous poserons nos affaires chez Léo.
d. Il a déposé ses vêtements au pressing.
e. Pendant les fortes chaleurs, tu arroses tes fleurs tous les soirs.

**4** *** **Complète chaque phrase avec un groupe nominal contenant *mes*.**

a. Qu'as-tu fait de … ?
b. Hier j'ai rencontré ….
c. Attendez-moi : je vais chercher ….
d. Je vais revendre ….
e. J'ai donné … à un musée.

### Étape 2

**5** * **Recopie chaque phrase en remplaçant les mots exprimant une opposition par *mais*.**

a. Je voudrais un bonbon or il n'y en a plus.
b. Il veut sortir, toutefois il hésite car il pleut.
c. Ce vélo est beau, néanmoins il est trop cher.
d. Le vent souffle, pourtant il ne fait pas froid.
e. L'orage a éclaté, en revanche il n'a pas duré longtemps.

**6** * **Complète les phrases avec *mes* ou *mais*.**

a. Il a passé le permis de conduire … il l'a raté.
b. J'ai trop serré … lacets de baskets.
c. Il a voulu s'arrêter … il a freiné trop tard.
d. Qui a vu … clés de voiture ?
e. J'ai fait du tri dans … recettes de cuisine.

**7** ** **Complète les phrases avec *mes* ou *mais*.**

a. J'ai soif, … toutes … bouteilles d'eau sont vides.
b. … vaches sont au pré, … l'herbe est grillée par le soleil.
c. J'ai étendu … draps dehors, … ils ne sèchent pas.
d. J'ai écrit à … cousins, … ils n'ont pas répondu à … lettres.

**8** ** **Écris des phrases en associant une proposition de la série A et une proposition de la série B.**

Série A
a. L'agriculteur a besoin d'un nouveau tracteur,
b. Nous sommes partis à l'heure,
c. Tu peux sortir avec tes copains,
d. Cette dame est âgée,
e. Elle voulait poster le courrier,

Série B
f. mais elle est encore active.
g. mais les bouchons sur la route nous ont retardés.
h. mais ne rentre pas trop tard.
i. mais cela coûte très cher.
j. mais elle n'a plus de timbres.

**9** *** **Complète chaque phrase avec une proposition commençant par *mais*.**

a. J'aimerais me reposer, ….
b. L'équipe de football a mal joué, ….
c. Les vacances sont terminées, ….
d. L'hiver approche, ….
e. Cette voiture est ancienne, ….

**10** *** **Complète chaque phrase avec un groupe de mots contenant *mes* ou *mais*.**

a. Mon nouveau vélo roule bien, ….
b. Je prends soin de ….
c. … sont venus à Noël.
d. Le vase est tombé, ….
e. J'ai téléphoné à ….

**11** *** **Écris quatre phrases dites par ces deux filles qui parlent de leurs affaires.**

■ Ces phrases doivent contenir les mots *mes* et *mais*.

→ D'autres exercices sur le fichier d'activités

16

# Ne pas confondre *on*/*on n'*

## Étape 1 ne ou n' dans la phrase négative

Nous sommes en classe de neige. Nous n'avons pas un soleil éclatant mais il ne pleut pas. On ne reste pas au chalet pendant la journée. Nous pouvons skier tous les jours. Je n'oublierai pas notre séjour !

### Je me souviens

1. Recopie les phrases négatives. Entoure les mots de la négation.
2. Pourquoi emploie-t-on parfois *n'* au lieu de *ne* ?

## Étape 2 La phrase négative avec *on* devant un verbe commençant par une voyelle

Sur les pistes, on écoute les conseils des moniteurs de ski. Au début, on a peur de se lancer. Ensuite, comme on n'est plus aussi maladroit, on va plus vite et on oublie les recommandations des moniteurs.
Les premiers soirs, on est très fatigué. On n'écoute même pas de musique. On a une seule envie : manger, puis aller dormir. Cependant, on n'oublie jamais de téléphoner aux parents pour leur raconter la journée.

### Je découvre

3. Lis les groupes de mots en rouge. Que constates-tu à l'oral ? à l'écrit ?
4. Explique la présence du *n'* dans certains groupes de mots.
   Pourquoi ne l'entend-on pas à l'oral ?
5. Récris les phrases affirmatives à la forme négative et les phrases négatives à la forme affirmative.

### Je conclus

1. Dans une phrase négative, quel mot de la négation trouve-t-on devant un verbe qui commence par une voyelle ?

2. Dans une phrase négative avec le pronom *on*, pourquoi faut-il faire attention à ne pas oublier le *n'* ?

→ Mémo p. 286

ORTHOGRAPHE

## Je m'entraîne

### Étape 1

**1 * Récris les phrases à la forme négative.**

a. Tu arroses les fleurs tous les jours.
b. On court dans le parc.
c. En voyage, j'emporte trop de vêtements.
d. Pendant la réunion, nous insisterons sur cette question.
e. On déballera le matériel demain.

**2 ** Récris chaque phrase en remplaçant le verbe souligné par le verbe proposé.**

a. Mon petit frère ne va pas à la piscine. (*ira*)
b. Timéo ne veut pas manger les moules ! (*aime*)
c. Cet homme ne pourra pas partir. (*a pu*)
d. Julien ne recevra pas de lettres. (*a reçu*)
e. Lola ne range pas sa chambre. (*a rangé*)

### Étape 2

**3 * Recopie les phrases en remplaçant *il* ou *elle* par *on*.**

a. Il oublie toujours quelque chose.
b. Elle est au collège.
c. Dans la voiture, il écoute de la musique.
d. Il éteint son téléphone pendant les cours.
e. Elle imagine des histoires qui font peur.

**4 * Complète chaque phrase avec *on* ou *on n'*.**

a. Hier, … a assisté à un spectacle.
b. Parfois, … écoute pas assez les conseils des autres.
c. … a averti tout le monde.
d. Pendant un concert, … applaudit pas n'importe quand.
e. … apporte pas toutes les solutions.

**5 * Recopie chaque phrase en remplaçant *il* par *on*.**

a. Chaque matin, il accompagne les enfants à l'école.
b. Il n'oublie jamais les anniversaires !
c. Il arrache toutes les fleurs fanées.
d. Il n'arrivera pas avant 13 heures.
e. À table, il n'abuse pas des aliments trop gras ou trop sucrés.

**6 ** Recopie chaque phrase en remplaçant *on* par un nom (commun ou propre) qui convienne.**

a. Chez nous, on n'est pas toujours à l'heure.
b. Hier, on n'a pas joué aux cartes comme d'habitude.
c. On n'a pas le droit de courir dans une piscine.
d. À Noël, on n'ira pas chez les cousins.
e. On n'entre pas en classe en courant.

**7 ** Récris chaque phrase à la forme négative.**

a. On a échangé nos casquettes.
b. On a perdu notre temps.
c. On avait imaginé cette situation.
d. On a donné notre numéro de carte bancaire.
e. On a eu raison de quitter la réunion.

**8 *** Recopie chaque phrase en remplaçant le groupe nominal sujet par *on*.**
**Fais les accords nécessaires.**

a. Les spectateurs encouragent les coureurs.
b. Les journalistes n'annoncent pas toujours de bonnes nouvelles.
c. Les jeunes visiteurs n'osent pas prendre de photos.
d. Les vétérinaires du zoo isolent les animaux malades.
e. Les élèves n'abîment pas les livres prêtés par le maître.

**9 *** Récris les phrases en les mettant à la forme négative et en remplaçant le sujet par *on*.**

a. Ils entendent le bruit des voitures.
b. Des enfants écrivent sur les murs de la maison !
c. Certaines personnes allument des feux en forêt pendant l'été.
d. Vous enfermerez le chat.
e. Nous enlèverons la grille de protection.

**10 *** Écris des phrases avec *on* à la forme affirmative puis à la forme négative, selon les consignes.** Tu peux t'aider du dictionnaire.

a. Le verbe de la phrase commence par ***a***.
b. Le verbe de la phrase commence par ***e***.
c. Le verbe de la phrase commence par ***i***.
d. Le verbe de la phrase commence par ***o***.
e. Le verbe de la phrase commence par ***u***.

**11 *** Complète le texte avec *on* ou *on n'*.**

Hier, … a visité un château. Le guide était intéressant et … a appris beaucoup de choses. Mais … a pas vu toutes les salles car l'édifice était en travaux. … a été déçus. … a donc décidé d'y retourner. Mais … ira pas tout de suite, … attendra qu'il soit remis en état !

**12 *** Écris une histoire qui raconte ce que tu as fait ou vu et ce que tu n'as pas fait ou pas vu, lors d'une sortie ou lors d'un voyage.**

■ Utilise le pronom *on* et conjugue les verbes au passé composé. Écris au moins une phrase négative.

→ D'autres exercices sur le fichier d'activités

17

# Ne pas confondre *se*/*ce*



## Étape 1 *se devant un verbe*

Au parc animalier, Assia regarde les singes **se** disputer. Puis, dans la plaine africaine reconstituée, elle admire les éléphants et les rhinocéros blancs. Ils **se** déplacent si majestueusement ! Elle aime aussi voir les manchots **se** jeter à l'eau à une vitesse vertigineuse. Et elle **se** réjouit toujours de retrouver Albert, le vieux lion, si impressionnant avec sa superbe crinière noire.

### Je me souviens

1. Indique à quelle classe grammaticale appartient le mot qui suit chaque mot surligné en jaune.
2. Recopie les verbes à l'infinitif sans oublier les pronoms.
3. Quand le pronom personnel *se* est suivi d'un verbe conjugué, à quelle personne est conjugué ce verbe ?

## Étape 2 *ce comme cette, cet, ces*

A. Au parc, il y a eu des naissances : **ce** rhinocéros, **ce** zèbre, **ce** suricate et bien d'autres.

B. Au parc, il y a eu des naissances : cette gazelle, cet éléphanteau, ces suricates et bien d'autres.

### Je me souviens

4. Dans la phrase A, précise la classe grammaticale du mot qui suit chaque mot surligné en rose. Indique leur genre et leur nombre. Comment appelle-t-on les mots surlignés en rose ?
5. Quels déterminants démonstratifs remplacent ce dans la phrase B ?

### Je conclus

- Explique l'orthographe des mots *se* et *ce* dans la phrase suivante :
  *Dans ce parc animalier, les animaux se reproduisent en captivité, c'est assez rare !*

→ Mémo p. 286

## Je m'entraîne

### Étape 1

**1 * Recopie chaque phrase en remplaçant le pronom *je* par *il*.**

a. Je me cache sous le lit.
b. Je me faufile parmi les invités.
c. Je me trompe de réponse.
d. Je me promène le long du canal.
e. Je me repose un peu avant de repartir.

**2 ** Complète chaque phrase par un groupe de mots contenant *se*.**

a. Par cette forte chaleur, Vincent ….
b. Elle n'aime pas du tout ….
c. De temps en temps, maman ….
d. Ces touristes étrangers ….
e. Sur la plage, certaines personnes ….

### Étape 2

**3 * Recopie chaque phrase, souligne le mot qui suit *ce* ou *se* et écris N si c'est un nom ou V si c'est un verbe.**

a. Les hirondelles se rassemblent avant de partir.
b. La chenille se transformera en papillon.
c. Connaissez-vous ce chanteur ?
d. Notre fils se mariera l'an prochain.
e. Pourrais-tu me prêter ce stylo ?

**4 * Complète chaque mot avec *ce* ou *se*.**

… dictionnaire • … chat • … déformer • … calmer • … panier • … tracteur • … retourner • … pommier • … taire • … jardin • … banc • … battre • … déplacer • … baigner

**5 * Complète chaque phrase avec *se* ou *ce*.**

a. Maintenant, Marie … coiffe toute seule.
b. … perroquet a appris à parler.
c. Ces élèves … trompent rarement dans leurs calculs.
d. Gabriel … réjouit de retrouver ses copains.
e. Pose … couteau avant de te blesser !

**6 * Complète chaque phrase avec le nom ou le verbe qui convient.**

*canapé • dégonfle • soigne • téléviseur • fatigue*

a. Le ballon se … lentement.
b. Nous achèterons ce … pour Noël.
c. Ce … me semble très confortable.
d. Ton grand-père se … trop !
e. Cette femme se … uniquement par les plantes.

**7 ** Complète les phrases avec *se* ou *ce*.**

a. … matin, Karim … réveille avec de la fièvre.
b. Je n'aime pas … gilet. Je préfère … pull.
c. Le ciel … colore de rose et le vent … lève.
d. Comment … prononce … mot compliqué ?

**8 ** Récris ces phrases au singulier.**
**Fais les accords nécessaires.**

a. Des enfants se baignent dans la mer.
b. Ces médecins travaillent la nuit.
c. Ces magasins sont ouverts le dimanche.
d. Les vautours se nourrissent d'animaux morts.
e. Ces chiens aboient toute la journée !

**9 ** Complète chaque phrase avec un verbe ou un nom.**

a. Tu porteras ce … au pressing.
b. Les personnes âgées se … toujours de leur enfance.
c. Jules se … tous les matins.
d. J'ai posté ce … hier.
e. Regardez comme ce … est beau !

**10 *** Complète chaque phrase avec un groupe nominal enrichi contenant *ce*.**

a. Je ne reconnais plus ….
b. Voudrais-tu que je t'offre … ?
c. Elle peut réciter par cœur ….
d. Il irait volontiers revoir ….
e. Parmi les objets exposés, je choisis ….

**11 *** Récris chaque phrase au singulier.**
**Fais les accords nécessaires.**

a. Ces visiteurs imprudents se penchent au-dessus du vide.
b. Ces fillettes se déguisent pour Mardi gras.
c. Ces coureurs se redressent car ils franchissent la ligne d'arrivée les premiers.
d. Ces événements se produisent une fois par an.
e. Ces meubles ne tiennent pas dans le salon.

**12 *** Écris une phrase pour chaque dessin.**

■ Chaque phrase contiendra le déterminant *ce* pour désigner le sujet. Elle contiendra aussi le pronom *se* avec le verbe qui indique ce que fait le sujet.

→ D'autres exercices sur le fichier d'activités

# 18 Ne pas confondre *c'est/s'est, c'était/s'était*

## Étape 1 *s'est, s'était devant un verbe*

Ce matin, Louis **s'est** réveillé à dix heures. La veille, il **s'était** couché tard et il **s'était** endormi bien après minuit. Il **s'est** levé, il **s'est** lavé, il **s'est** habillé puis il a déjeuné.
Il **s'est** brossé les dents, puis il **s'est** installé à son bureau pour travailler.

### Je découvre

1. Les verbes surlignés en jaune sont conjugués au passé composé ou au plus-que-parfait. Écris leur infinitif.
Quel pronom personnel retrouves-tu dans l'infinitif de ces verbes ?

2. Recopie les verbes surlignés en jaune. Entoure l'auxiliaire et souligne le participe passé. De quel auxiliaire s'agit-il ?
À quels temps est-il conjugué ?

## Étape 2 *c'est, c'était comme cela est, cela était*

**A.** **C'est** un spectacle inoubliable ! Autant de chevaux sur scène, **c'est** formidable !
**C'était** un moment extraordinaire ! Les acrobates et la musique, **c'était** merveilleux !

**B.** Cela est un spectacle inoubliable ! Autant de chevaux sur scène, cela est formidable !
Cela était un moment extraordinaire ! Les acrobates et la musique, cela était merveilleux !

### Je découvre

3. Dans le texte B, quels mots remplacent *c'est* et *c'était* ?

### Je conclus

Explique l'orthographe des mots *c'est*, *s'est*, *c'était* et *s'était* dans les phrases suivantes :

- *C'était l'histoire d'une jeune fille qui s'était piquée avec un fuseau.*
- *C'est une enfant qui s'est blessée avec des ciseaux.*

→ Mémo p. 286

ORTHOGRAPHE

## Je m'entraîne

### Étape 1

**1 * Récris chaque phrase au passé composé.**

*Exemple :* Le chat **se dépêche** de rentrer.
→ Le chat **s'est dépêché** de rentrer.

a. Mon frère se doute de quelque chose.
b. Adam se confie à son ami.
c. Un hérisson se glisse sous le grillage.
d. Un papillon se pose sur ma main.
e. Il se débarrasse de ses vieux vêtements.

**2 ** Complète chaque phrase avec le participe passé d'un verbe de ton choix.**

a. Le soleil s'est … derrière les nuages.
b. À la récréation, Léo s'est … avec un copain.
c. Ce petit pont s'est … sous le poids du camion.
d. Le cycliste s'est … à une fontaine.
e. Le jardinier s'est … en taillant une haie.

### Étape 2

**3 * Récris chaque phrase en remplaçant *cela est* par *c'est*.**

a. Courir dans les couloirs, cela est défendu.
b. Cette jolie médaille, cela est ta récompense.
c. Disparaître sans laisser de trace, cela est bizarre.
d. Cette somme d'argent, cela est votre part.
e. Faire des erreurs, cela est humain.

**4 * Récris chaque phrase en remplaçant *cela était* par *c'était*.**

a. Tu as gagné, cela était sûr !
b. Elle n'avait pas pu chanter, cela était dommage.
c. Aller jusqu'au sommet, cela était trop difficile pour lui.
d. Cela était évident que la vitre ne résisterait pas au choc.
e. Cela était une histoire vraie.

**5 ** Complète les phrases avec *c'était* ou *s'était*.**

a. Cette ressemblance entre eux, … frappant !
b. Arthur … battu à l'école plusieurs fois.
c. Le verre … brisé en tombant sur le carrelage.
d. … Lilou qui avait rangé les documents.
e. Il fallait téléphoner au médecin, … urgent.

**6 ** Complète les phrases avec *c'est* ou *s'est*.**

a. Elle … moquée de Suzie, … très méchant.
b. Le sportif … préparé pour les championnats du monde : … une belle aventure !
c. … toujours pareil : Lucie … présentée en retard à son travail.
d. Anaïs … fait mal, alors elle … blottie dans les bras de sa maman.

**7 ** Complète les phrases avec *c'était* ou *s'était*.**

a. Il … cassé une jambe, … une catastrophe.
b. … triste de voir qu'il … conduit si mal.
c. Elle … perdue en forêt ; … la veille de Noël.
d. Il … coupé profondément, il … donc rendu au service des urgences de l'hôpital.
e. … un jour d'hiver, elle … habillée chaudement.

**8 *** Complète chaque phrase avec les groupes de mots suivants.** Cherche le sujet des verbes au passé composé pour repérer les accords.

*c'est • c'était • s'est abritée • s'est aperçu • s'est décidée*

a. Faire des farces à des copains, … amusant !
b. Pendant la grosse averse, la fillette … sous le parapluie de sa maman.
c. Quand j'étais enfant, … toujours mon père qui m'emmenait à l'école.
d. … en relisant qu'il … de son erreur.
e. … sur les conseils de sa famille que Mathilde … à consulter son médecin.

**9 *** Complète chaque phrase avec *c'est* et avec un groupe de mots contenant *s'est* suivi d'un participe passé de ton choix.**

a. … ce jour-là que le tigre… .
b. Ali …, … la première fois.
c. Papa … : … douloureux !
d. … arrivé hier : le papillon … .
e. … fini pour Louis dans cette course car il … .

**10 *** Complète le texte avec *c'* ou *s'*.**

… était en décembre. Un matin, le vent … était levé, puis il … était mis à souffler de plus en plus fort. Derrière les fenêtres, nous regardions les arbres tomber, les tuiles voler. … était la panique ! Mon père … était alors aventuré sur le toit de la maison pour replacer des tuiles. Nous n'étions pas d'accord, mais … était sa décision. La tempête … était calmée vers midi.

**11 *** Écris quatre phrases : une au présent avec *c'est*, une à l'imparfait avec *c'était*, puis deux avec *s'est* et *s'était* suivis d'un participe passé.**

■ Pense à accorder le participe passé si le sujet du verbe est féminin et/ou pluriel.

→ D'autres exercices sur le fichier d'activités

# Ne pas confondre *ou/où*

## Étape 1 *ou comme et*

**A.** Ce matin, Alexia hésite sur tout : doit-elle emporter une veste **ou** un imperméable ? Prendre un sac rouge **ou** marron ? Et pour aller au travail, elle ne sait pas si elle va prendre sa voiture **ou** si elle ira à pied.

**B.** Enfin, c'est décidé : elle emportera une veste et un imperméable, elle prendra son sac rouge et marron et elle ira au travail à pied. Mais elle ne sait toujours pas ce qu'elle fera le soir pour se détendre : lire **ou** sortir avec des amis.

### Je découvre

1. Recopie les groupes de mots surlignés en jaune. Que relie le petit mot *ou* ?
2. Relève, dans le texte B, le mot qui relie deux noms ou deux adjectifs.

## Étape 2 *où dans une phrase interrogative, où dans une proposition relative*

Cynthia cherche toujours ses affaires partout : « **Où** sont les clés de la voiture ?
– Sur la commode **où** tu les as laissées en arrivant, répond Thomas.
– **Où** est mon téléphone ?
– Sur le bureau **où** tu l'as posé hier », répond Tina.

### Je découvre

3. Recopie les deux phrases interrogatives. Entoure le mot interrogatif qui les introduit. Sur quoi portent les questions ?
4. Recopie les groupes nominaux surlignés en rose et les propositions relatives qui les accompagnent. Indique la classe grammaticale à laquelle appartient *où*.

### Je conclus

- Explique l'orthographe des mots *ou* et *où* dans la phrase suivante :
  *Où se trouve cette pâtisserie où tu achètes toujours un croissant ou un pain au chocolat ?*

→ Mémo p. 286

ORTHOGRAPHE

## Je m'entraîne

### Étape 1

**1 * Recopie chaque phrase en remplaçant *et* par *ou*.**

a. Pour goûter, il mange un fruit et une tartine.
b. Demain, elle ira chez Léo et chez Cindy.
c. Vous prendrez un crayon et un stylo.
d. Demain, il regardera un film et il fera du sport.
e. Je commanderai des tulipes rouges et jaunes.

**2 ** Recopie les phrases et souligne les mots ou les groupes de mots reliés par *ou*.**

a. Buvez-vous du thé ou du café ?
b. Je me coucherai de bonne heure ou je sortirai.
c. Boire ou conduire, il faut choisir.
d. Préfères-tu un pantalon bleu ou un pantalon noir ?
e. Elle prendra un sac ou une valise ?

- **Sous les mots ou les groupes de mots que tu as soulignés, écris A pour les adjectifs, N pour les noms, V pour les verbes et PR pour les propositions.**

**3 ** Complète chaque phrase avec un groupe de mots contenant *ou*.**

a. On achètera de la viande ….
b. Il ne sait pas encore s'il ira à la pêche ….
c. En dessert, prendrez-vous un yaourt … ?
d. Ce n'est pas agréable de tousser ….
e. Préférez-vous des fleurs … ?

**4 *** Complète chaque phrase en reliant par *ou* deux mots ou deux groupes de mots de la classe grammaticale indiquée.**

a. Pour me reposer, j'aime beaucoup …. (deux verbes)
b. Au salon, elle mettra des rideaux …. (deux adjectifs)
c. Pendant les vacances, nous …. (deux propositions)
d. En entrée, tu manges plutôt … ? (deux noms)
e. Préférez-vous le chocolat … ? (deux adjectifs)

### Étape 2

**5 ** Recopie chaque phrase en remplaçant le mot ou le groupe de mots souligné par *où*.**

a. <u>Quand</u> vas-tu en vacances ?
b. Elle aime la maison <u>qu'</u>elle habite.
c. <u>Comment</u> est ta nouvelle voiture ?
d. <u>Dans quelle ville</u> s'arrête ce TGV ?
e. Voici la mairie <u>dans laquelle</u> mes parents se sont mariés.

**6 ** Recopie chaque phrase avec le mot qui convient.**

a. On achètera une veste (*ou* / *où*) un blouson.
b. (*Ou* / *Où*) se trouve la boulangerie ?
c. Elles sont prêtes à partir : (*ou* / *où*) vont-elles ?
d. Vous prenez la route nationale (*ou* / *où*) l'autoroute ?

**7 ** Complète chaque phrase avec *ou* ou bien *où*.**

a. … ai-je mis mon chéquier ?
b. Irez-vous à la mer … à la campagne ?
c. Que préfères-tu : la lecture … la télévision ?
d. … se trouve la poste, s'il vous plaît ?
e. Ils n'ont pas précisé le nom du village … ils habitent.

**8 ** Complète les phrases avec *ou* et *où* comme il convient.**

a. … vas-tu, au supermarché … à la pharmacie ?
b. … peut-on ranger ces vieux jouets, au grenier … au sous-sol ?
c. Si nous sommes absents, laissez un message … rappelez plus tard.
d. Je pensais trouver le chat à la maison … dans le jardin. Mais … peut-il être ?

**9 *** Complète chaque phrase avec une proposition relative introduite par *où*.**

a. Voici la maison ….
b. Je vous emmènerai dans le restaurant ….
c. Nous aimons les endroits ….
d. Parle-nous de la ville ….
e. Il se promène souvent dans ce parc ….

**10 *** Complète ce dialogue avec *ou* et *où*.**

« … préfères-tu aller, au cinéma … au théâtre ?
– Je préfère le cinéma. Mais la prochaine fois, c'est toi qui choisiras le lieu … nous irons.
– C'est d'accord. … nous retrouvons-nous ?
– Devant la gare … sur la place, comme tu voudras. »

**11 *** Écris deux phrases pour chacun de ces couples de dessins.**

■ Chaque phrase doit contenir soit *où* soit *ou*.

*Exemple :* « **Où** penses-tu poser la plante ? Sur le meuble du salon **ou** par terre. »

# Ne pas confondre *la/l'a/l'as/là*



## Étape 1 *la comme le devant un verbe*

**A.** Jeanne a une petite chatte. Quand elle **la** prend dans ses bras, sa chatte ne **la** griffe jamais.
**B.** Jean a un petit chat. Quand il le prend dans ses bras, son chat ne le griffe jamais.

### Je me souviens

1. À quelle classe grammaticale appartient le mot qui suit *la* ?
   Indique ce que remplace *la* dans le texte A.
   Indique la classe grammaticale et la fonction de *la*.
2. Par quel mot est remplacé le mot *la* dans le texte B ? Pourquoi ?

## Étape 2 *l'a, l'as comme les a, les as*

**A.** Jean a regardé son petit chat. Il **l'a** pris dans ses bras.
Jean a regardé ses petits chats. Il **les a** pris dans ses bras.
**D.** Tu as regardé ton petit chat. Tu **l'as** pris dans tes bras.
Tu as regardé tes petits chats. Tu **les as** pris dans tes bras.

### Je me souviens

3. Indique ce que remplacent *l'* et *les*, précise leur classe grammaticale et leur fonction.
4. À quel temps est conjugué chaque verbe surligné en jaune ?
   Quel auxiliaire est employé ? À quelles personnes est-il conjugué ?

## Étape 3 *là comme ici*

**E.** Regarde le petit chaton noir. Il est **là**, tout près de sa mère.
Et le chaton blanc, il est ici, contre le pied de la chaise.

### Je me souviens

5. À quelle classe grammaticale appartient le mot *là* ?
   Qu'indique-t-il ? Quel adverbe dans la troisième phrase indique aussi un lieu ?

## Je conclus

Explique l'orthographe des mots *la*, *l'a*, *l'as* et *là* dans les phrases suivantes :
- *Léo a rangé ses stylos dans sa trousse, puis il <u>l'a</u> mise dans son sac.*
- *C'est <u>là</u> que tu <u>l'as</u> acheté, ce vase ?*
- *Maman prépare une tarte et <u>la</u> met dans le four.*

→ Mémo p. 286

## Je m'entraîne

### Étape 1

**1 * Recopie chaque phrase en remplaçant le nom masculin en gras par le nom féminin proposé.**

a. Tu vois un **billet**, tu le ramasses. (*pièce*)
b. Tom est le voisin de **Paul** : il le rencontre souvent. (*Léa*)
c. J'ai un **chien** ; je le promène souvent. (*chienne*)
d. Le **magasin** se trouve au bout de la rue : vous le trouverez facilement. (*boulangerie*)
e. Ce **chanteur**, elle le connaît bien ! (*actrice*)

**2 ** Recopie chaque phrase en remplaçant le GN pluriel par le GN singulier proposé.**

a. Il aime **les fruits**, il les mange en compote. (*la pomme*)
b. Karim aime **les animaux**, il les caresse. (*la chienne de ses voisins*)
c. Lina a reçu **des lettres** ; elle les lit. (*une carte postale*)
d. Tu cueilles **des fleurs** et tu les mets dans l'eau. (*une rose*)
e. Je découpe **des cœurs** puis je les colle. (*une étoile*)

### Étape 2

**3 * Complète chaque phrase avec *l'a* ou *la*.**

a. Il achète une pêche et il ~ mange dans la rue.
b. Il pose sa petite sœur dans son lit et il ~ berce.
c. Papa a vidé le sac et il ~ rangé dans le coffre.
d. Il a attrapé un papillon puis il ~ relâché.
e. Manon pleure, alors Hugo ~ console.

**4 ** Recopie les phrases en écrivant les verbes soulignés au passé composé.**

a. Il a trouvé un oiseau blessé ; il l'<u>enveloppe</u> dans un chiffon.
b. Tu as acheté le cadeau ; tu l'<u>emballes</u>.
c. Elle a bâti un château de sable ; elle le <u>démolit</u>.
d. Tu as fait un dessert ; tu l'<u>apportes</u> chez tes amis.
e. On a sali le carrelage ; on le <u>lave</u> aussitôt.

**5 ** Récris chaque phrase avec *tu* comme sujet.**

a. Elle a entendu l'avion, mais elle ne l'a pas vu.
b. Le bébé a attrapé le cahier et il l'a déchiré.
c. Vous avez vu du muguet et vous l'avez cueilli.
d. Ils n'ont plus de voiture car ils l'ont cassée.
e. Vous avez gardé la clé ou vous l'avez rendue ?

**6 ** Récris chaque phrase avec *il* comme sujet.**

a. Elles ont recueilli un chien et elles l'ont nourri.
b. J'ai fait un beau dessin et je l'ai donné à papi.
c. Tu as balayé la salle puis tu l'as décorée.
d. Vous avez vu le film et vous l'avez aimé.
e. J'ai préparé le feu puis je l'ai allumé.

**7 ** Récris chaque phrase au passé composé.**

a. Elle avait rencontré un ancien camarade et elle l'avait reconnu immédiatement.
b. Tu prends un bonbon et tu le mets dans ta poche.
c. Il ira jusqu'au ruisseau et il le franchira.
d. Tu feras un gâteau et tu l'offriras à tes amis.
e. Il ramasse son chapeau et il le pose sur sa tête.

### Étape 3

**8 * Récris les phrases en remplaçant le mot ou le groupe de mots souligné par *là*.**

a. Ne reste pas <u>ici</u>.
b. Arrêtons-nous <u>dans ce pré</u> pour pique-niquer.
c. Passez par <u>ce couloir</u>, c'est plus court !
d. Il est allé à Londres et de <u>Londres</u> il est parti pour l'Écosse.
e. Je pense que <u>dans ce village</u> je serai tranquille.

**9 *** Termine chaque phrase avec un groupe de mots contenant le pronom *la* ou l'adverbe *là* comme indiqué entre parenthèses.**

a. Notre voiture est vieille, nous ~. (*la*)
b. Elle voulait voir ses amis, mais ~. (*là*)
c. Quand le livreur viendra, tu lui diras ~. (*là*)
d. Elle dit pourtant la vérité, mais ~. (*la*)
e. Laisse la vaisselle pour l'instant, tu ~. (*la*)

**10 *** Récris le texte avec *la*, *l'a*, *l'as* ou *là*.**

Ce jour-~, la moto de mon frère est tombée en panne. Il ~ réparée lui-même. Tu ~ déjà vue, cette moto ? Peut-être pas car mon frère n'est pas souvent ~. Ou bien tu ~ vue sans savoir à qui elle était. Si tu ~ voyais, tu ~ trouverais très belle !

**11 ** Écris des phrases pour raconter ce que tu vois sur les dessins.**

- Pour le dessin A, écris la phrase au présent et en utilisant le pronom *la*.
- Pour le dessin B, écris deux phrases au passé composé : une avec *l'as* et une autre avec *l'a*.
- Tu ajouteras l'adverbe *là* dans ces phrases.

a

b

→ D'autres exercices sur le fichier d'activités

# Lire un article de dictionnaire

## Étape 1 La page de dictionnaire

**Je me souviens**

1. Par quelle lettre commencent tous les mots de cette page de dictionnaire ?
2. Dans quel ordre les mots sont-ils rangés ? Justifie ta réponse.
3. Que signifient les abréviations : adj., n. m., n. f., v. ? Quel renseignement nous donnent-elles ?

## Étape 2 L'article de dictionnaire

**Je découvre**

- Lis l'article du dictionnaire consacré au mot *changer* puis réponds aux questions.

4. À quelle classe grammaticale appartient ce mot ? Comment le sais-tu ?
5. Combien ce mot a-t-il de sens différents ? Retrouve les phrases exemples.
6. À quoi correspondent les mots précédés d'une flèche noire (→) ?
7. Après *changer*, quatre autres mots, précédés d'une flèche violette (➤), sont expliqués. Quel lien ont-ils avec *changer* ?
8. À quoi servent les signes entre crochets après *changeant* et *changeante* ?

C **chandail** LE ROBERT JUNIOR

**chandail** n. m. (pl. chandails) ✦ Pull-over. → **tricot**. *Alex porte un chandail à col roulé.*

**chandelle** n. f. 1. Bâton de suif, contenant une mèche que l'on faisait brûler. → **bougie**. *Autrefois, on s'éclairait à la chandelle.* — *Devoir une fière chandelle à quelqu'un*, avoir une grande reconnaissance envers lui. *Voir trente-six chandelles*, être étourdi par un coup que l'on a reçu sur la tête. *Brûler la chandelle par les deux bouts*, dépenser son argent, user sa santé de façon peu raisonnable. *Le jeu n'en vaut pas la chandelle*, le résultat que l'on va obtenir ne vaut pas le mal que l'on se donne. 2. *L'avion est monté en chandelle*, tout droit, verticalement.
➤ **chandelier** n. m. ✦ Support sur lequel on met des chandelles, des bougies. → **bougeoir, candélabre**.

**changer** v. (conjug. 3) 1. Rendre différent. → **modifier, transformer**. *Cette rencontre a changé sa vie.* 2. Remplacer une chose par une autre. *Elle a changé sa roue.* 3. *Changer une chose de place*, c'est la mettre ailleurs. *Il a changé les meubles de place.* → **déplacer**. 4. Devenir différent, se modifier. *Tu as beaucoup grandi, comme tu as changé ! Le temps change, il va pleuvoir.* 5. *Il aimerait changer d'appartement*, en habiter un autre. 6. *Changer un bébé*, c'est lui mettre une couche propre. 7. *Changer de l'argent*, échanger de l'argent d'une monnaie dans une autre. *Il a changé ses euros contre des dollars.*
➤ **se changer** v. 1. Devenir différent, prendre une autre forme. *À minuit, le carrosse se changera en citrouille.* → se **transformer**. 2. Mettre d'autres vêtements. *Elle s'est changée pour le dîner.*
➤ **change** n. m. 1. *Un bureau de change*, c'est un endroit où l'on change de l'argent. 2. *Perdre au change*, c'est faire un échange désavantageux.
➤ **changeant** [ʃɑ̃ʒɑ̃], **changeante** [ʃɑ̃ʒɑ̃t] adj. ✦ Qui change, varie souvent. *Le temps est très changeant ces jours-ci.* → **instable, variable**. *Un tissu aux reflets changeants*, qui change de couleur avec la lumière. → **chatoyant**.
➤ **changement** n. m. ✦ Modification, transformation. *La météo annonce un changement de temps pour demain. Nous avons signalé à la poste notre changement d'adresse.*
▷ Autres mots de la famille : ÉCHANGE, ÉCHANGER, ÉCHANGEUR, INTERCHANGEABLE, DE RECHANGE.

**chanson** n. f. ✦ Texte qui se chante sur un air. → **chant**. *Une chanson d'amour. Les couplets et le refrain d'une chanson. Une chanson à succès.* → fam. **tube**.
➤ **chansonnette** n. f. ✦ Petite chanson.

**chant** n. m. 1. Air que l'on chante sur des paroles. *La Marseillaise est un chant patriotique.* 2. Art de chanter. *Un professeur de chant.* 3. Bruit agréable. *Il écoute le chant des oiseaux.* ❍ homonyme : champ.
▷ Mot de la famille de CHANTER.

**chanter** v. (conjug. 1) 1. Former avec la voix des sons musicaux. *Alex chante à tue-tête. Léa a chanté une très belle chanson.* 2. *Les oiseaux chantent*, ils poussent leur cri. → **gazouiller, siffler**. 3. *Faire chanter quelqu'un*, c'est essayer d'obtenir quelque chose de lui par des menaces. → aussi **chantage, maître chanteur**.
➤ **chantage** n. m. ✦ *Faire du chantage à une personne*, c'est menacer de révéler une chose que l'on sait sur elle pour obtenir de l'argent ou un autre avantage.
➤ **chanteur** n. m., **chanteuse** n. f. ✦ Personne dont le métier est de chanter. → aussi **cantatrice**. *Julie écoute un disque de son chanteur préféré.*
▷ Autres mots de la famille : CHANT, CHANTONNER, DÉCHANTER, MAÎTRE CHANTEUR.

**chantier** n. m. ✦ Endroit où des ouvriers travaillent ensemble pour construire un immeuble, un bâtiment, un pont, etc. *Le port du casque est obligatoire sur les chantiers.*

**chantonner** v. (conjug. 1) ✦ Chanter à mi-voix, très doucement. *Elle chantonne une berceuse.*
▷ Mot de la famille de CHANTER.

chanvre

**chanvre** n. m. ✦ Plante que l'on cultive pour la fibre textile que fournit sa tige. *Le chanvre sert à fabriquer de la corde.*

156

*Le Robert Junior, 8-11 ans*, © Le Robert, 2010.

**Je conclus**

1. Comment les mots sont-ils rangés dans un dictionnaire ?
2. Fais la liste des différents éléments que l'on trouve dans un article de dictionnaire.

→ Mémo p. 287

# Je m'entraîne

## Étape 1

**1 * Recopie les mots de chaque série dans l'ordre alphabétique.**

a. creuser • crevette • crudité • crier • creux
b. pliure • pluie • plomb • plongeur • pluriel
c. nom • nombre • nomade • nombril • nombreux

**2 ** Dans un dictionnaire, on trouve :**
**– page 380, les mots de *éteindre* à *euro* ;**
**– page 381, les mots de *eux* à *événement* ;**
**– page 382, les mots de *éventail* à *éviter*.**
**Indique dans quelle page se trouve chacun des mots suivants.**

évident • évacuer • étroit • eucalyptus • éveiller • évier

## Étape 2

**3 * Indique la classe grammaticale des mots suivants. Pour chaque nom, précise s'il est masculin ou féminin. Aide-toi du dictionnaire.**

fève • honneur • laboratoire • régulier • vaillant • beaucoup • entreprendre

**4 ** Trouve les noms qui correspondent aux définitions suivantes. Vérifie ensuite dans un dictionnaire.**

a. Au masculin, cela peut être un roman, un dictionnaire ou un manuel scolaire.
Au féminin, cela représente cinq cents grammes.
b. Au masculin, il sert à chauffer la pièce.
Au féminin, elle sert à cuire des aliments.
c. Au masculin, c'est un instrument pour donner une forme à un gâteau par exemple.
Au féminin, on la cueille sur les rochers et on la mange.
d. Au masculin, on y place un outil.
Au féminin, on y passe le bras.

**5 ** Recopie chaque mot en gras et écris l'abréviation qui convient : *n. m.*, *n. f.*, *v.* ou *adj.*.**

a. Margot a un drôle de petit **rire**.
b. Quand elle commence à **rire**, elle ne peut plus s'arrêter.
c. Aujourd'hui, il est difficile de voir un coin de ciel **bleu**.
d. Tout le monde admire le **bleu** des toiles de ce peintre.
e. Pourquoi ne veux-tu pas **goûter** ce plat ?
f. Qu'as-tu prévu pour ton **goûter** ?

**6 *** Dans ces phrases, la prononciation d'un mot est indiquée. Cherche dans ton dictionnaire comment ce mot s'écrit et recopie-le.**

a. On va construire un nouveau rond-point à la sortie du village. Les [byldɔzɛʀ] sont déjà arrivés.
b. L'Algérie, la Tunisie et le Maroc sont trois pays [magʀebɛ̃].
c. Jordan m'énerve. Il critique tout le monde. Il est [ɔʀipilɑ̃].
d. Je dois être [aʒœ̃] pour faire mes analyses de sang.
e. Le [kʀɔasmɑ̃] est le cri du corbeau.

**7 *** Associe chaque définition du mot *crochet* à la phrase exemple qui convient.**

> **crochet n. m.** 1. Pièce de métal recourbée pour pendre ou retenir quelque chose. 2. Aiguille dont l'extrémité recourbée retient le fil qui doit passer dans la maille. 3. Détour qui allonge la route suivie. 4. Sorte de parenthèse dont les extrémités sont en angle droit. 5. Dent recourbée.

*Le Robert Junior, 8-11 ans,* © Le Robert, 2010.

**Phrases exemples :**
A. *Emma apprend à faire des napperons au crochet.*
B. *Le tableau est suspendu à un crochet.*
C. *La vipère a des crochets venimeux.*
D. *Ils ont fait un crochet par la plage.*
E. *Les mots entre crochets sont écrits en phonétique.*

**8 *** Invente une phrase exemple pour illustrer chaque sens du mot *tableau*.**

> **tableau n. m.** 1. Peinture faite sur un support rigide. 2. Panneau sur lequel on met des informations. 3. Série de renseignements disposés en listes, selon un ordre strict et très clair.

*Le Robert Junior, 8-11 ans,* © Le Robert, 2010.

**9 *** Écris, à l'aide du texte ci-dessous, l'article du mot *costume* comme dans un dictionnaire.**

Le mot ***costume*** est un nom masculin qui désigne un vêtement d'homme composé d'un pantalon, d'une veste et parfois d'un gilet. En ce sens, on peut employer aussi le nom ***complet***. C'est la signification qu'il a par exemple dans la phrase : *Son père a mis son costume et sa cravate.*
***Costume*** peut s'employer aussi pour désigner un vêtement que l'on met pour se déguiser ou pour jouer la comédie, comme dans la phrase : *Paul a un costume de cow-boy.* On peut utiliser aussi le mot ***déguisement***.

→ D'autres exercices sur le fichier d'activités

# La formation des mots

**Avant-hier**, nous roulions dans la voiture de mon **grand-père** lorsque nous avons entendu un bruit étrange : flop, flop… Un pneu était crevé.
– Tu vas appeler un **garagiste** ? ai-je demandé.
– Non, c'est **inutile**. Je me gare sur le **bas-côté**… Voilà. Descends.
Papi a mis ses **feux de détresse**. Il a pris une clé pour **desserrer** les boulons de la roue **aplatie** puis, à l'aide du cric, il a **surélevé** la voiture et a remplacé la roue abîmée par la **roue de secours**. Il a **redescendu** la voiture et **replacé** les boulons qu'il a **resserrés**. Tout était arrangé. Nous avons pu **redémarrer**.

## Étape 1 Les mots composés

**Je me souviens**

1. Comment sont formés les mots en vert ? Comment appelle-t-on ces mots ?

**Je découvre**

2. À quelle classe grammaticale appartient chaque mot composé ?
3. À quelle classe grammaticale appartient chacun des mots qui forment le mot composé ?

## Étape 2 Les mots dérivés

**Je me souviens**

4. Comment sont formés les mots en rouge ? Comment appelle-t-on ces mots ?
5. Quels mots dérivés sont construits avec un préfixe ? avec un suffixe ?

## Étape 3 Les familles de mots

a. desserrer • resserrer • serrement
b. inutile • utilité • utilement
c. replacer • déplacer • remplacement
d. monter • montage • remontée

**Je me souviens**

6. Dans chaque série de mots, relève le mot de base, appelé aussi le « radical ».
7. Quels préfixes ou quels suffixes ont été ajoutés à chaque radical pour former les autres mots ?
8. Comment appelle-t-on l'ensemble des mots formés à partir d'un même radical ?
9. Dans quelle famille placerais-tu les mots composés *un serre-tête* et *un remonte-pente* ?

## Je conclus

1. Comment appelle-t-on un mot formé à partir de deux mots existants ? Donne des exemples.
2. Comment est formé un mot dérivé ? Donne des exemples.
3. Qu'est-ce qu'une famille de mots ? Donne un exemple.

→ Mémo p. 287

## Je m'entraîne

### Étape 1

**1 * Reconstitue les mots composés en prenant un mot dans chaque série.**

a. Série 1 : amuse • bande • lèche • ouvre
Série 2 : boîte • vitrine • dessinée • bouche

b. Série 1 : vis • eau • tête • tout • croc
Série 2 : en • à • de
Série 3 : queue • coup • jambe • vis • javel

**2 ** Trouve les mots composés correspondant aux définitions. Indique la classe grammaticale des mots qui les composent.**

a. La grand-mère de ton père.
b. Le jour d'après celui qui suit aujourd'hui.
c. Une épreuve d'athlétisme dans laquelle il faut bondir le plus loin possible.
d. On le relevait pour empêcher l'entrée du château.
e. Fauteuil pliable dans lequel on peut s'allonger.

**3 ** Trouve les noms composés correspondant aux définitions.**
La classe grammaticale des mots qui forment le mot composé est indiquée en orange.

a. Grosses bottes chaudes que l'on met aux sports d'hiver. (adverbe + nom)
b. Un problème ou une énigme très difficile à comprendre ou à résoudre. (verbe + nom)
c. Le mari de ma sœur. (adjectif + nom)
d. Un appareil pour enlever les mauvais plis du linge. (nom + préposition + verbe)
e. Jouet qui fonctionne grâce au vent. (nom + adjectif)
f. On l'appelle aussi « colibri ». (nom + nom)

### Étape 2

**4 * Classe ces mots en deux colonnes : mots composés / mots dérivés.**

un pare-brise • un accélérateur • un appuie-tête • un enjoliveur • une portière • un réservoir • une tablette • une crevaison • une boîte à gants • un démarrage • un coffre-fort • un chou-fleur

**5 * Recopie uniquement les mots dérivés.**

débattre • battement • riposte • postal • imprévu • circulation • imprimeur • bleuâtre • embarras

**6 ** Recopie chaque mot dérivé. Souligne le radical puis entoure le préfixe ou le suffixe ajouté.**

écriture • conjugaison • découpage • surnaturel • plongeur • plongeoir • disparaître • étonnement

**7 ** Trouve les mots dérivés correspondant aux définitions. Aide-toi du radical en gras.**

a. Table de jeu sur laquelle on fait rouler de grosses **billes**.
b. Endroit où l'on achète des **billets** de spectacle ou de transport.
c. Que l'on ne peut pas **séparer**.
d. Travail de construction fait par un **maçon**.
e. **Charger** quelque chose d'un poids trop lourd.

### Étape 3

**8 ** Recopie ces mots en les regroupant par famille puis indique le radical de chacune.**

batteur • blanc • brasse • bizarrerie • combattre • bizarre • brassard • battre • blanchisserie • fer-blanc • battement • bras • bizarrement • blancheur

**9 *** Complète chaque famille avec un mot de la classe grammaticale demandée.**

a. goutte • goutter • gouttelette • nom
b. obscur • obscurément • obscurité • verbe
c. long • allonger • longueur • adverbe
d. plate-forme • aplatir • plateau • adjectif
e. juste • injuste • justifier • nom

**10 *** Écris plusieurs phrases pour raconter les difficultés que ce personnage rencontre pour tapisser sa salle à manger.**

■ Emploie des mots de la famille de *colle*.

VOCABULAIRE

D'autres exercices sur le fichier d'activités

# Les préfixes

Statuette grecque,
VIe siècle av. J.-C.

## Étape 1 Qu'est-ce qu'un préfixe ?

a. Léa et moi, nous devions **calculer** le prix du voyage. Nous n'avons pas trouvé le même résultat ; alors nous avons dû le **recalculer**.
b. Tu trouves que cette action est **honnête** ? Alors, c'est que tu es **malhonnête** !
c. Le **démontage** de ce meuble a été plus difficile que son **montage**.
d. Veux-tu m'**apporter** la statuette qui est sur la cheminée ? Elle te plaît ? Tu voudrais l'**emporter** chez toi ? Il faudra la protéger pour la **transporter**.

### Je me souviens

1. Quels mots dérivés en vert sont formés avec des préfixes ? De quels préfixes s'agit-il ? Où sont-ils placés ?
2. À quelle classe grammaticale appartiennent les mots *calculer*, *honnête* et *montage* ? À quelle classe grammaticale appartiennent les mots construits avec un préfixe qui leur correspondent ?

## Étape 2 Le sens des préfixes

### Je découvre

3. Dans les phrases de l'étape 1, quels sont les trois verbes formés à partir du radical *porter* ? Quelle précision de sens les préfixes introduisent-ils ?
4. Quel rapport de sens y a-t-il entre *honnête* et *malhonnête* ? Quel sens a le préfixe *mal-* ?
5. Quel rapport de sens y a-t-il entre *calculer* et *recalculer* ? Quel sens a le préfixe *re-* ?

## Étape 3 Les préfixes de quantité

e. Mon voisin se déplace avec des béquilles car il est **uni**jambiste. • Le stationnement dans cette rue est **bi**latéral. • Cet avion est un **quadri**moteur. • Ce gros tonneau contient deux **hecto**litres. • Ta petite sœur apprend à faire du **tri**cycle.
f. Dans cette région, les paysans pratiquent la **poly**culture.

### Je découvre

6. Dans les phrases de la série e, à quel chiffre correspond chaque préfixe en rouge ? Quel sens a le mot dans lequel il se trouve ?
7. Dans la phrase f, que signifie *polyculture* ? Quel est le préfixe dans ce mot ? Cite d'autres mots formés avec ce préfixe.

## Je conclus

1. Où sont placés les préfixes ? Un mot dérivé construit avec un préfixe est-il de la même classe grammaticale que le radical ?
2. Cite des préfixes et indique leur sens.
3. Quels préfixes indiquent une quantité ou un nombre ?

→ Mémo p. 288

## Je m'entraîne

### Étape 1

**1 * Trouve les mots formés avec le préfixe *en-* (ou *em-*) qui correspondent aux définitions.**

a. Monter dans une barque.
b. Mettre en pile.
c. Attacher avec une chaîne.
d. Passer par-dessus quelque chose ou quelqu'un, en étendant une jambe puis l'autre.
e. Amener au sommeil, faire dormir.

**2 * Recopie uniquement les mots formés avec le préfixe *in-* (ou *im-*).**

instrument • insatisfaction • interdiction • impoli • inspecteur • incroyable • inexact • immensité • important • indivisible • incendie • indice

**3 ** Recopie uniquement les verbes formés avec le préfixe *en-* (ou *em-*).**

embouteiller • enfoncer • enfourner • enfermer • encercler • emprunter • entendre • embrasser • ennuyer • emprisonner • enregistrer • employer

• **Dans les mots que tu as recopiés, entoure le radical.**

### Étape 2

**4 * Écris le contraire des mots suivants. Utilise le préfixe *in-* ou une de ses variantes : *il-*, *im-*, *ir-*.**

patient • perméable • poli • légal • logique • régulier • responsable • réparable • parfait • rationnel

**5 ** Trouve l'intrus dans chaque série.**

a. repasser • rebondir • repérer • repeindre • reprendre
b. prévision • précision • préméditation • préavis
c. réanimation • répétition • répartition • réparation
d. surexcité • surestimé • surdoué • surveillé

**6 *** Trouve le mot qui correspond à la définition. Écris-le et entoure le préfixe.**
Le mot à trouver appartient à la classe grammaticale indiquée en orange.

a. Qui paraît au-dessus des possibilités d'un être humain ordinaire. (adjectif)
b. Action par laquelle on fait passer d'une forme à une autre. (nom)
c. Il peut être un bandit, un voleur, un gangster ou un truand. (nom)
d. Fixer à un manche. (verbe)
e. Qui croit en plusieurs dieux. (adjectif)

**7 *** À partir de des éléments ci-dessous, retrouve cinq mots. Écris ensuite une phrase avec chacun des mots.**

sur- • dé- • in- • trans- • pré-
achevé • atlantique • charge • tacher • fabriqué

**8 *** À partir des adjectifs suivants, forme des verbes avec le préfixe *en-* (ou *em-*) comme dans l'exemple.**

*Exemple :* laid → **en**laidir
beau • dur • joli • riche • gras • ivre • collant

**9 *** Forme le plus possible de verbes en utilisant les préfixes et les verbes proposés.**

**Préfixes :** dé- • sur- • re- • trans- • in- (ou im-)
**Verbes :** faire • chauffer • poser • mettre • paraître • former • porter • classer

### Étape 3

**10 ** Écris le mot qui correspond à chaque définition. Entoure le préfixe.**

a. Véhicule à deux roues qu'on appelle souvent vélo.
b. Sorte de vélo à trois roues.
c. Avion à quatre réacteurs.
d. La dixième partie du mètre.
e. Longueur de dix mètres.
f. Mille grammes ou dix hectogrammes.
g. Fourche à trois dents.

**11 *** Certaines de ces définitions sont fausses. Lesquelles ? Pourquoi ?**

a. **Une bicoque :** un bateau à deux coques.
b. **Bilingue :** qui parle deux langues.
c. **Dépenser :** arrêter de penser.
d. **Déployer :** enlever les poux.
e. **Déplier :** étendre quelquechose qui était plié.
f. **Un prétexte :** une introduction à un texte.

**12 *** Écris la définition des mots suivants en mettant en valeur le sens du préfixe.**

monoski • monosyllabe • multicolore • multiprise • hexagone • décathlon • kilomètre • polychrome • bilingue • quadrupède

**13 *** Écris un petit texte dans lequel tu utiliseras le plus possible de mots de l'exercice 12.**

→ D'autres exercices sur le fichier d'activités

# Les suffixes

## Étape 1 Qu'est-ce qu'un suffixe ?

a. Nous voici en automne. La vigne vierge devient **rouge**.
b. Nous voici en automne. La vigne vierge commence à **rougir**.
c. Nous voici en automne. J'admire la **rougeur** de la vigne vierge.

### Je me souviens

1. **Lequel des mots en bleu sert de radical aux deux autres ?**
2. **Quels suffixes sont utilisés dans les deux mots dérivés ? Où sont-ils placés ?**
3. **À quelle classe grammaticale appartient chacun des mots en bleu ?**

## Étape 2 Le sens des suffixes

d. Mon père va changer de travail et nous devons déménager. Le **déménagement** aura lieu dans trois semaines. Les **déménageurs** sont venus voir ce qu'ils devront emporter.
e. Il n'est pas facile d'imiter la voix des personnages célèbres. Certains **imitateurs** réussissent vraiment bien et on a parfois du mal à distinguer l'**imitation** de l'original.
f. En géométrie, nous devons découper des figures symétriques. Mais je vais trop vite et je rate souvent mon **découpage**.
g. À l'école, nous avons reçu un **comédien**. Moi je suis encore une **fillette** et je ne sais pas encore le métier que je ferai.
h. Au musée, nous avons vu un petit vase ancien en or. La **douceur** de l'éclairage le mettait en valeur. Sa **beauté** et sa **finesse** ont été admirées de tous.

### Je découvre

4. **Quels mots en couleur désignent des actions ? Repère les suffixes dans ces mots.**
5. **Quels mots en couleur désignent des métiers ? Repère les suffixes dans ces mots.**
6. **Quelle indication donne le suffixe dans le mot *fillette* ?**
7. **À partir de quels adjectifs les trois noms en bleu sont-ils formés ? Repère les suffixes. Quelle définition peux-tu donner pour ces mots ?**

### Je conclus

1. Où sont placés les suffixes ? Un mot dérivé construit avec un suffixe est-il de la même classe grammaticale que le radical ?
2. Cite des suffixes et indique leur sens. Donne des noms de métiers construits avec un suffixe.

→ Mémo p. 288

# Je m'entraîne

## Étape 1

**1 * Recopie chaque mot, précise sa classe grammaticale et entoure le suffixe.**

demander • applaudir • applaudissement • plongeur • plongeoir • remarquable • réparation • réparer • prolonger • prolongement • promener • promenade

**2 * Écris les verbes que tu peux former à partir de ces noms. Entoure les suffixes que tu as utilisés.**

question • fleur • dessin • brosse • vernis • cri • fin • remarque • soutien • bain • chant • saut

**3 * Écris les verbes que tu peux former à partir de ces adjectifs.**

jaune • grand • bleu • noir • dur • maigre • épais • blanc • sale • vert • pâle • blond • vieux • tiède

• **Quel suffixe as-tu utilisé ?**

**4 * Quels noms peux-tu former à partir de ces adjectifs ? Classe-les en trois colonnes selon leur suffixe.**

grand • dur • gentil • honnête • obscur • facile • maigre • gros • faible • tendre • rapide • pâle

**5 ** À partir de chaque mot, forme un autre mot en ajoutant un suffixe.**

classe • drap • chat • scie • savon • journal • herbe • marchand • colle • sûr

• **À quelle classe grammaticale appartient le mot de départ ? et le mot formé ?**

**6 *** À partir de chaque mot, forme un autre mot en changeant le suffixe en gras.**

port**ail** • cour**eur** • devin**er** • caus**eur** • moqu**erie** • légère**ment** • misér**eux** • terr**estre** • vol**ière** • feuillet**er**

• **Quelle est la classe grammaticale du mot de départ ? et du mot obtenu ?**

## Étape 2

**7 ** Voici des noms qui indiquent ce que tu fais à l'école. Complète les phrases comme dans l'exemple.**

*Exemple :* La rédaction est l'action de **rédiger**.

a. La multiplication est l'action de ….
b. … est l'action de réciter.
c. La lecture est l'action de ….
d. … est l'action d'interroger.
e. La division est l'action de ….
f. … est l'action d'écrire.

**8 ** Complète ces phrases avec un mot dérivé du mot en gras.**

a. Le … étend le **plâtre** sur les murs pour les rendre plus lisses.
b. Le … ouvre sa **charcuterie** à 9 heures.
c. Trois … s'occupent des arbres dans ce **jardin**.
d. Ce matin, nous avons reçu le … dont nous avons lu un **roman**.
e. Chaque jour, certains … prennent le bus pour se rendre à l'**école**.

**9 ** Écris le nom qui désigne le petit de chaque animal.**

lion • aigle • pigeon • chèvre • âne • dindon • ours • baleine • carpe • oie • renard • souris

• **Entoure les suffixes que tu as utilisés.**

**10 *** À partir de l'adjectif *sale*, forme un nom, un verbe et un adverbe. Entoure les suffixes. Fais la même chose à partir de l'adjectif *utile* puis de l'adjectif *précis*.**

**11 *** Recopie et complète le tableau.**

| nom du pays | nom des habitants | nom de la ville | nom des habitants |
|---|---|---|---|
| Italie | … | Lyon | … |
| … | Espagnols | Marseille | … |
| … | Marocains | Toulouse | … |
| Chine | … | Strasbourg | … |
| Brésil | … | Dijon | … |
| Norvège | … | Troyes | … |

• **Comment nomme-t-on les habitants de ta ville ou de ton village ? Y a-t-il un suffixe dans ce nom ?**

**12 *** Écris quelques phrases pour décrire ce que tu vois sur cette image.**

■ **Utilise des mots qui contiennent des suffixes. Entoure les suffixes utilisés.**

5

VOCABULAIRE

# Les synonymes et les antonymes

## Étape 1 Les synonymes

**A.** Ce matin, Célestine est malade. Elle souffre de la gorge. Elle ne peut rien avaler. Son front est chaud, ses yeux luisent. « Toi, tu as de la fièvre, dit sa mère. Il faut appeler le docteur pour qu'il nous prescrive les bons médicaments. Allez, ma grande, repose-toi et attends tranquillement l'arrivée du docteur. »

**B.** Ce matin, Célestine est souffrante. Elle a mal à la gorge. Elle ne peut rien absorber. Son front est brûlant, ses yeux brillent. « Toi, tu as de la température, dit sa mère. Il faut téléphoner au médecin pour qu'il nous indique les bons remèdes. Allez, ma grande, repose-toi et attends calmement la venue du médecin. »

**Je me souviens**

1. **Relève les mots qui ont changé entre le texte A et le texte B. Ces mots ont-ils le même sens ?**
2. **Comment appelle-t-on des mots qui ont le même sens ou un sens proche ?**
3. **Relève deux mots synonymes. À quelle classe grammaticale appartiennent ces deux mots synonymes ?**

## Étape 2 Les antonymes

*Pendant les vacances, deux amis s'échangent des lettres.*

**C.** Cher Lucas. Les journées semblent courtes ici et le temps passe vite. Chaque jour, le soleil brille dans un beau ciel dégagé. Nous sommes toujours à l'extérieur, près de la piscine. C'est presque le paradis ! Mais je serai quand même content de rentrer pour te revoir. Gabriel

**D.** Mon cher Gabriel. Eh bien ici, les journées semblent longues et le temps passe lentement. Tous les jours, la pluie tombe et le ciel reste couvert. Nous devons rester à l'intérieur : jeux, télévision, console. Cela devient l'enfer ! Je ne serais pas mécontent de partir un peu. Vivement que tu reviennes. Lucas

**Je me souviens**

4. **Relève dans les deux textes des mots de sens contraire. Ce sont des antonymes.**
5. **Comment l'adjectif *mécontent* est-il construit ?**
6. **Relève deux mots antonymes. À quelle classe grammaticale appartiennent ces deux mots antonymes ?**

**Je conclus**

1. **Qu'est-ce que des synonymes ? Donne un exemple. Un nom peut-il être synonyme d'un verbe ou d'un adjectif ?**

2. **Qu'est-ce que des antonymes ? Donne un exemple. Un nom peut-il être antonyme d'un verbe ou d'un adjectif ?**

→ Mémo p. 289

## Je m'entraîne

### Étape 1

**1 * Recopie chaque mot de la série a avec un synonyme de la série b.**

a. abandonner • acéré • caverne • excusable • à peu près
b. pointu • grotte • quitter • environ • pardonnable

**2 * Trouve un synonyme pour chaque mot.**

affreux • arôme • briser • redouter • comédien • raisonnable • régal • sale • reine

**3 * Trouve l'intrus dans chaque série et justifie ta réponse.**

a. crier • hurler • brailler • tumulte
b. immense • gigantesque • plaine • démesuré
c. lentement • tortue • doucement • calmement
d. calamité • catastrophe • dramatique • cataclysme
e. mélanger • mixer • alliage • mêler

**4 ** Trouve l'intrus dans chaque série et justifie ta réponse.**

a. seul • unique • isolé • premier
b. court • bref • léger • éphémère
c. relier • recoudre • joindre • raccorder
d. vrai • exact • correct • authentique
e. beaucoup • énormément • copieusement • facilement

**5 *** Récris les phrases en remplaçant les mots soulignés par des synonymes.**

a. J'<u>aime</u> <u>jouer</u> avec mes amis.
b. Nous <u>tenterons</u> de <u>doubler</u> cet autocar.
c. Mon frère va te <u>ramener</u> chez toi.
d. Dans cette <u>salle</u>, on entendait des <u>craquements</u> <u>sinistres</u>.
e. On prévoit de <u>fortes</u> pluies.

**6 *** Recopie chaque phrase en remplaçant le verbe *faire* par un synonyme plus précis.**

a. Nous avons fait une randonnée de 10 kilomètres.
b. Une merlette a fait un nid dans le jardin.
c. La cour fait bien 50 mètres de longueur.
d. Je ne m'ennuie jamais : j'ai toujours de quoi faire.

### Étape 2

**7 * Recopie chaque mot de la série a avec un antonyme de la série b.**

a. absent • concret • accepter • apprivoisé • célèbre
b. refuser • sauvage • présent • inconnu • abstrait

**8 ** Pour chaque mot, trouve un mot de sens contraire qui ne soit pas construit avec un préfixe.**

avantage • cesser • innocent • précédent • rapidement • arrivée • content

**9 ** Pour chaque mot, trouve un antonyme construit avec un préfixe.**

avantage • sain • plaisant • complet • normal • apparaître • réel • gonfler • connu • content

**10 ** Récris les phrases en remplaçant les mots soulignés par des antonymes.**

a. Lola est bien <u>gaie</u> ce matin.
b. Le maître <u>décroche</u> les tableaux.
c. J'<u>approuve</u> ce que tu as fait.
d. Les savants trouveront une solution dans un avenir <u>proche</u>.
e. Ce film était vraiment <u>captivant</u>.
f. Les prunes ont été <u>rares</u> cette année.
g. En ce moment, il fait plus <u>chaud</u> à l'<u>extérieur</u>.

**11 *** Recopie chaque mot puis trouve-lui un synonyme et un antonyme.**

brave • acheter • avenir • absurde • ancien • finir • gentil • gravir • détester • clair • énorme

**12 *** Recopie chaque phrase en remplaçant l'adjectif *faible* par un antonyme.**

a. Le vétérinaire a trouvé ce cheval bien **faible**.
b. Camille n'a pas toujours été **faible** en dictée.
c. Ma voisine est trop **faible** avec ses enfants.
d. Une **faible** lumière éclairait le passage.

**13 *** Regroupe les mots qui peuvent aller ensemble parce qu'ils sont synonymes ou antonymes.**

bruyant • authentique • léger • lourd • assourdissant • vrai • pesant • affligeant • désolant • exécrable • banal • courant • aimable • inhabituel • extraordinaire • désespérant • faux • écrasant • silencieux • erroné

**14 *** Écris le portrait d'un personnage de ton choix.**
■ **Échange ce portrait avec celui qu'a écrit un(e) camarade. Récris le texte de ton (ou ta) camarade en utilisant des antonymes.**

→ D'autres exercices sur le fichier d'activités

# Le mot et son contexte



## Étape 1 Un mot, plusieurs sens

***Un siège mémorable***

En 1415, au **cours** de la guerre de Cent Ans, le roi d'Angleterre Henri V décide d'envahir la France. La ville d'Harfleur, qui commande l'**embouchure** de la Seine et l'accès vers Paris, est la première **place** forte à conquérir. Le 13 août, le souverain se présente à l'entrée du fleuve avec plusieurs centaines de navires transportant une armée de douze mille hommes.

Débarquement des Anglais à Harfleur en 1346.

### Je me souviens

1. Que signifie le mot *siège* dans ce texte ? Emploie ce mot dans une phrase avec un sens différent.
2. Pose-toi la même question pour les mots *cours*, *embouchure* et *place*.
3. Trouve, dans ce texte, des mots qui n'ont qu'un sens. Vérifie dans un dictionnaire.

## Étape 2 Tenir compte du contexte

Dans un dictionnaire, on trouve trois sens pour le verbe ***commander*** :

**1.** être le chef. *Le colonel Marchand commande la brigade de gendarmerie.*
**2.** demander un produit, une marchandise. *J'ai commandé un dictionnaire.*
**3.** faire fonctionner. *Ce mécanisme commande l'ouverture des portes.*

*Le Robert Junior, 8-11 ans,* © Le Robert, 2010.

La ville d'Harfleur, qui **commande** l'embouchure de la Seine et l'accès vers Paris, est la première place forte à conquérir.

### Je découvre

4. L'un de ces trois sens convient-il pour la phrase ci-dessus ? Justifie ta réponse.
5. Qu'est-ce qui peut t'aider à trouver le sens du verbe *commander* dans cette phrase ? Propose un mot synonyme de *commander*.

### Je conclus

1. Tous les mots ont-ils toujours un seul sens ?
2. À quoi dois-tu faire attention pour comprendre le sens d'un mot ?

→ Mémo p. 289

## Je m'entraîne

### Étape 1

**1 * Associe chaque phrase avec le sens du mot *carreau* qui convient.**

Sens :

a. une carte à jouer • b. un quadrillage • c. une vitre.

Phrases :

1. Ma chemise a des carreaux bleus et blancs.
2. Ma sœur a joué le huit de carreau.
3. Claude a lavé les carreaux.
4. Sur mon cahier, il y a des carreaux.
5. Le ballon a cassé un carreau.

**2 ** Quel mot identique peut être employé dans toutes les phrases de chaque série ?**

a. L'ours blanc évolue normalement en ~ polaire.
Je me suis endormi au ~ du film.
Cette famille appartient à un ~ très favorisé.

b. Le soir, toute l'équipe se réunit pour faire le ~.
Relie tous les ~ pour voir apparaître le dessin.
Romain a dû arrêter de courir à cause d'un ~ de côté.

**3 ** Écris le mot qui correspond à chaque couple de définitions.**

a. Bande ornée de motifs décoratifs qui se répètent. / Bande de papier sur laquelle sont indiquées les périodes historiques et les dates.

b. Manifestation d'un volcan. / Apparition soudaine de boutons sur la peau.

c. Petit cube avec lequel on joue. / Petit étui pour protéger le doigt quand on coud.

d. Un des cinq sens. / Panorama.

e. Fonctionner. / Avancer en mettant un pied devant l'autre.

### Étape 2

**4 ** Précise qui aurait pu prononcer ces phrases. Quel sens ont les mots en gras ?**

a. « Je fixe l'**opération** de votre genou à la semaine prochaine. » / « Reprenons l'**opération** que vous deviez faire et voyons si nous trouvons le même résultat. »

b. « Tracez une **droite** entre le point A et le point B. » / « Restez bien sur la **droite** en marchant dans cette rue. »

c. « Célia a fait une drôle de **farce** à Margot. » / « Je prépare la **farce** qu'il mettra dans les tomates. »

**5 ** Écris deux phrases avec chaque mot. Ce mot aura un sens différent dans chaque phrase.**

pioche • portée • gorge • démarche • dresser

**6 ** Quel sens ont les mots en gras dans ces phrases ? Aide-toi du contexte pour trouver et justifie ta réponse.**

a. Nous regardions le **bâtiment** avancer doucement sur l'eau.

b. Les **grues** se sont envolées ce matin.

c. Tu trouveras tes documents dans la **chemise** verte.

d. J'ai acheté un **diable** pour transporter tous ces sacs de sable.

e. L'autocar s'engagea dans le **défilé**.

• **Emploie-les dans des phrases dans lesquelles ils auront un sens différent.**

**7 ** Récris chaque phrase en remplaçant l'adjectif souligné par un synonyme. Puis trouve un antonyme pour chaque adjectif.**

a. Elle mange peu pour rester fine.
Ces blagues ne sont pas fines.

b. Ce bouquet dégage un parfum délicat.
La santé de Mona reste délicate.

c. Tu es trop petit pour voyager seul.
On entend de petits bruits dans la cour.

d. Il faut reconnaître que son raisonnement est juste.
Ce pantalon est un peu juste, mets-en un autre.

**8 *** Écris des phrases en utilisant les paires de mots pour mettre en évidence les deux sens différents du mot en gras.**

a. **bras** / accident • **bras** / rivière

b. **air** / chanson • **air** / apparence

c. **vents** / orchestre • **vents** / météo

**9 *** Chaque phrase peut être utilisée dans deux contextes différents. Lesquels ?**

a. Ses **iris** sont d'un superbe bleu foncé.

b. Attention à ne pas faire tomber la **glace** !

c. Il faudrait mieux soigner votre **figure**.

d. Cette **galerie** est très intéressante.

**10 *** Écris une phrase exemple pour chaque sens des mots suivants.**

a. **Dégager** :
**1.** Débarrasser de ce qui encombre.
**2.** Laisser échapper.
**3.** Envoyer le ballon le plus loin possible.

b. **Marque** :
**1.** Signe que l'on fait sur une chose pour la distinguer ou s'en servir de repère.
**2.** Signe ou preuve.
**3.** Nom qui est propre à un fabricant.



→ D'autres exercices sur le fichier d'activités

7



# Les termes génériques et les mots particuliers

## Étape 1 Termes génériques et mots particuliers

1. **Bonnet :** coiffure souple sans bord.
2. **Casquette** : coiffure plate en tissu, garnie d'une visière.
3. **Chapeau :** coiffure d'homme ou de femme, assez rigide.
4. **Hennin :** coiffure faite d'un cône très haut et rigide que les femmes portaient au Moyen Âge.
5. **Toque :** coiffure assez haute et sans bord.

*Le Robert Junior, 8-11 ans,* © Le Robert, 2010.

a

b

c

d

e

### Je me souviens

1. Associe les mots aux illustrations. Justifie tes choix.
2. Quel est le point commun entre tous ces objets ? Quel mot l'indique ? Où est placé ce mot dans chaque définition ?
3. Comment appelle-t-on le mot qui se retrouve dans chaque définition ?
4. Quelles précisions les définitions apportent-elles pour chaque coiffure ?

## Étape 2 Utiliser le terme générique ou le mot particulier

Le premier jour où Pierre arriva dans notre école, il portait une curieuse casquette. Trop large, elle lui descendait aux oreilles. Elle était faite de plusieurs morceaux de laine tricotée de différentes couleurs. Un gros pompon rouge en couronnait le sommet. Une fois en classe, comme si sa coiffure était pour lui un trésor, Pierre la plaça sur ses genoux et ne bougea plus.

### Je découvre

5. Retrouve, dans le texte, le mot particulier et le terme générique.
6. Pourquoi le terme générique est-il employé ici ?

### Je conclus

1. Quelle est la différence entre un terme générique et un mot particulier ? Lequel apporte le plus de précisions ?
2. Un mot générique peut-il remplacer un mot particulier dans un texte ?

→ Mémo p. 289

## Je m'entraîne

### Étape 1

**1 * Écris, pour chaque liste de mots particuliers, le terme générique qui convient.**

a. bleu • vert • rouge • noir • violet
b. polo • karaté • patinage • aviron • escrime
c. tango • valse • menuet • biguine • rock
d. dahlia • chrysanthème • jacinthe • orchidée • pensée

**2 * Trouve l'intrus dans chaque liste. Justifie ton choix.**

a. girolle • bolet • cèpe • morille • noisette
b. boa • vipère • anguille • couleuvre • cobra
c. chat • loup • lion • tigre • panthère
d. plombier • professeur • baigneur • agriculteur
e. émeute • rougeole • grippe • oreillons • hépatite

**3 ** Trouve le terme générique qui correspond à chaque série de mots particuliers.**

a. caravelle • thonier • paquebot • péniche
b. hanneton • fourmi • puce • coccinelle
c. vulcain • sphinx • machaon • monarque
d. mangue • kiwi • papaye • litchi
e. triangle • timbale • mandoline • tuba

**4 ** Écris trois mots particuliers pour chaque terme générique.**

laitage • siège • outil • repas • crustacé

**5 ** Écris le plus possible de mots particuliers à la suite des termes génériques suivants pour préciser ce que tu apprends à l'école.**

a. figure géométrique
b. classe grammaticale
c. fonction grammaticale
d. discipline

**6 ** Cherche la définition de ces mots dans un dictionnaire. Recopie-la et souligne le terme générique utilisé.**

mélopée • tomme • arôme • bazooka • émeu

**7 *** Vérifie, dans un dictionnaire, quel terme générique est utilisé pour définir chaque mot. Puis regroupe ces mots selon le terme générique.**

aluminium • beffroi • blaireau • cheval • clafoutis • cuivre • donjon • éclair • fer • hyène • madeleine • mercure • minaret • phare • tarte • tortue

### Étape 2

**8 ** Recopie les phrases en ajoutant plusieurs mots particuliers derrière le terme générique.**

a. Pour rejoindre ce petit village, il faut utiliser des moyens de transport.
b. Si tu veux faire une bonne soupe, tu devras y mettre des légumes.
c. Notre professeur nous parle des arts.
d. L'eau de la source est très bonne. Chacun y prend de l'eau avec différentes sortes de récipients.
e. Ma cousine a toutes les qualités.

**9 *** Complète la deuxième phrase de chaque série avec un terme générique qui convienne.**

a. Léa retira ses bagues, ses boucles d'oreille et son collier. Elle plaça ses ~ dans son coffre.
b. Max fait preuve d'égoïsme et de vanité. Ces ~ le rendent insupportable.
c. Dans cet ouvrage, les articles sont accompagnés de photos, de dessins et de tableaux. Ces ~ sont à la fois utiles et agréables.
d. Ce film éveille tour à tour la joie, la tristesse et l'admiration. Grâce à ces beaux ~, le spectateur passe un moment heureux.
e. Madame Paulette a consulté un pneumologue, un cardiologue et un neurologue. Tous ces ~ lui ont assuré qu'elle va très bien.

**10 *** Écris quelques phrases pour décrire ces tableaux du peintre Arcimboldo (1527-1593). Utilise des mots particuliers correspondant au terme générique *fleur* ou *fruit*.**

Les Quatre saisons : *le Printemps*.

Les Quatre saisons : *l'Automne*.

→ D'autres exercices sur le fichier d'activités

# 8 Le sens propre et le sens figuré

VOCABULAIRE

## Étape 1 Sens propre ou sens figuré ?

**a.** Le bouchon de cette bouteille est bien difficile à retirer.
**b.** La radio annonce un bouchon de huit kilomètres à l'entrée de l'autoroute.

**c.** Ce matin, il y a beaucoup de **nuages**. Il pourrait pleuvoir.
**d.** Ce matin, Louis est dans les **nuages**, il ne suit pas la leçon.
**e.** Lorsque le ciel est **bleu**, les gens paraissent plus heureux.
**f.** Ce bruit tellement fort et brutal m'a fait une peur **bleue**.
**g.** La lionne se jette sur la gazelle puis la **dévore**.
**h.** Manon **dévore** le roman que je lui ai offert.

**Je découvre** Lis les phrases a et b.

1. Dans quelle phrase le mot *bouchon* est-il employé dans un sens courant, c'est-à-dire au sens propre ?
   Dans laquelle est-il employé dans un sens imagé, c'est-à-dire au sens figuré ?
2. Quel rapport trouves-tu entre le bouchon d'une bouteille et le bouchon sur l'autoroute ?
3. Propose une phrase qui précise ce rapport en utilisant une comparaison.

**Je découvre** Lis les phrases c à h.

4. Dans quelle phrase parle-t-on de *vrais nuages* ?
   Dans laquelle est-il vraiment question d'une couleur ?
   Dans quelle phrase *dévorer* signifie-t-il réellement manger en déchirant la nourriture avec les dents ?
5. Dans quelles phrases les mots en couleur sont-ils employés au sens propre ?
   Dans lesquelles sont-ils employés au sens figuré ?

## Étape 2 Des expressions toutes faites

**i.** J'aime **faire la planche** quand je suis à la mer.
**j.** Vivement que l'on aille à la cantine : j'ai **l'estomac dans les talons**.
**k.** J'ai l'impression que mon cousin **travaille du chapeau**. Je ne comprends rien à ce qu'il me raconte.

**Je découvre**

6. Dans ces expressions toutes faites, les mots en gras sont-ils utilisés au sens propre ou au sens figuré ?
7. Connais-tu le sens de ces expressions ?

**Je conclus**

1. Quand un mot est-il utilisé avec son sens propre ? Quand dit-on qu'un mot est employé au sens figuré ?

2. Quel sens, propre ou figuré, est le plus souvent employé dans les expressions toutes faites ? Donne des exemples.

→ Mémo p. 290

## Je m'entraîne

### Étape 1

**1 * Classe les phrases en deux colonnes selon le sens du mot en gras : sens propre / sens figuré.**

a. Cette pièce est **sombre**, elle n'a qu'une petite fenêtre.
b. En sortant de la réunion, le directeur avait l'air **sombre**.
c. Ce qu'il a raconté n'est qu'un **tissu** de mensonges.
d. Ces rideaux ont été taillés dans un beau **tissu**.
e. Hier, je suis **tombé** sur Ali. Il rentrait de vacances.
f. En jouant, je suis **tombé** et je me suis fait mal.
g. **Pousse** un peu ta chaise, s'il te plaît, pour que je puisse passer.
h. De temps en temps, le bébé **pousse** de petits cris.
i. Dans le **feu** de l'action, j'ai oublié de parler à Léo.
j. S'il fait frais, je ferai du **feu** dans la cheminée.

**2 ** Les mots soulignés sont ici employés au sens figuré. Écris une phrase dans laquelle ils seront employés au sens propre.**

a. Les chasseurs battent la plaine pour faire partir les sangliers.
b. Le vieil homme était courbé sous le poids des années.
c. Nos correspondants nous ont reçus avec chaleur.
d. J'ai obtenu ces informations d'une source sûre.
e. J'ai toujours ressenti pour Emma une profonde amitié.

**3 ** Les mots soulignés sont ici employés au sens propre. Écris une phrase dans laquelle ils seront employés au sens figuré.**

a. Il n'a pas plu depuis longtemps ; les jardins sont très secs.
b. Le miel de lavande est vraiment doux.
c. Le peuplier est un bois tendre, facile à travailler.
d. Voici l'époque où le cultivateur sème les blés.
e. Nous allons décorer les murs de la classe.

**4 ** Complète chaque paire de phrases avec le mot de la liste qui convient. Puis indique si le mot est utilisé au sens propre ou au sens figuré.**

*souffle • fondu • frais • sauvage*

a. Il faut toujours se méfier d'un animal ….
Matthias est un enfant … ; il ne parle à personne.
b. Le vent … fort ce matin.
Gabriel ne connaît pas la réponse ; Chloé la lui ….
c. Il fait moins froid : la glace a ….
Le film était si émouvant que Djamila a … en larmes.
d. L'air est plus … en altitude que dans la vallée.
Le poisson semble bien … chez ce marchand.

**5 *** Complète ces phrases avec un mot qui convienne.**

a. La lecture … l'esprit comme le sang … le corps.
b. Le … d'un arbre porte le tronc et les branches comme les deux … d'un être humain supportent le corps.
c. On … les paroles de quelqu'un quand elles pénètrent en nous comme un liquide que l'on ….

### Étape 2

**6 ** Associe chaque expression de la série a avec une explication de la série b.**

Série a :
1. Appuyer sur le champignon.
2. Perdre la tête.
3. Avoir plusieurs cordes à son arc.
4. Tomber dans les pommes.
5. Couper la poire en deux.

Série b :
A. S'affoler, agir sans raison.
B. S'évanouir.
C. Trouver un accord équilibré.
D. Avoir de nombreuses capacités, dans plusieurs domaines.
E. Accélérer.

**7 *** Trouve les expressions toutes faites formées avec des noms d'animaux qui correspondent aux définitions suivantes.**

a. Revenir au sujet d'un exposé ou d'une discussion.
b. Être enroué.
c. Avoir la peau qui se hérisse à cause du froid.
d. Être très triste, déprimé.
e. Faire semblant de pleurer.

**8 *** Trouve les expressions toutes faites formées avec des noms du corps humain qui correspondent aux définitions suivantes.**

a. Être très généreux.
b. Avoir un léger défaut de prononciation ou zozoter.
c. Dire les choses de manière franche et brutale.
d. S'enfuir en courant.
e. Aider quelqu'un.

**9 *** Écris deux séries de phrases dans lesquelles tu emploieras les mots suivants :**
***noir • solide • plonger • couper • spectacle • soif.***
■ Dans la première série, ces mots seront employés au sens propre ; dans la seconde, ils seront au sens figuré.

→ D'autres exercices sur le fichier d'activités

9

# Les niveaux de langue

VOCABULAIRE

## Étape 1 Les trois niveaux de langue

### Je découvre

1. Dans les phrases, quels mots changent ? Ces mots ont-ils le même sens ?
2. Laquelle des trois phrases est formulée de la façon la plus habituelle, la plus courante ?
3. Laquelle te semble formulée de la manière la plus soignée ?

## Étape 2 Choisir le bon niveau de langue

a. Nous sommes heureux et fiers de vous faire découvrir nos nouveaux modèles de bicyclettes. Commençons par cette bécane exceptionnelle.
b. Ces séries télévisées nous ressassent sans cesse les mêmes fadaises. Cela devient véritablement casse-pieds.
c. J'ai rien pigé à ce qu'a expliqué le prof. Je ne suis pas en mesure de faire les exos.

### Je découvre

4. Dans chaque série de phrases, un mot appartient à un niveau de langue différent des autres. Relève ce mot.
5. Par quel mot peux-tu le remplacer pour que le niveau de langue de la phrase soit respecté ?

### Je conclus

1. Quels sont les trois niveaux de langue ?

2. Peut-on utiliser le même niveau de langue dans toutes les situations ? Donne un exemple.

→ Mémo p. 290

# Je m'entraîne

## Étape 1

**1 * Classe ces synonymes de *fort* en trois colonnes : langage courant / familier / soutenu.**

costaud • puissant • vigoureux • baraqué • balèze • robuste • herculéen • musclé

**2 * Associe les mots du langage familier aux mots du langage courant qui correspondent.**

agréable • la peur • mon frère • un bouquin • un type • un chien • du bazar • dormir • du désordre • paumer • chouette • un livre • la trouille • perdre • mon frangin • un cabot • roupiller • un homme

**3 * Retrouve les synonymes et classe-les en deux colonnes : langage courant / langage soutenu.**

un métier • habiter • une lettre • se hâter • se disputer • une missive • aimable • sibyllin • se dépêcher • prudent • se quereller • demeurer • circonspect • obscur • avenant • une profession

**4 ** Retrouve les synonymes et classe-les en trois colonnes : langage familier / courant / soutenu.**

une bagnole • faire attention • un soufflet • le bruit • amusant • bouffer • fatigué • prendre garde • une voiture • le boucan • une gifle • se sustenter • rigolo • faire gaffe • crevé • une automobile • le vacarme • une baffe • manger • comique • exténué

**5 ** Récris ces phrases en langage courant.**

a. Les étoiles scintillent au firmament.
b. Notre voisine, une dame âgée, porte en permanence de charmants vêtements surannés.
c. Votre jeune ami s'exprime fréquemment de façon triviale.
d. Cet individu est d'un tempérament particulièrement irascible.
e. Les sempiternelles jérémiades de ma cousine m'agacent prodigieusement.

**6 *** Pour chaque phrase, indique le niveau de langue utilisé puis récris-la dans un autre niveau de langue.**

a. Amène la loupiote ; on voit que dalle dans cette piaule.
b. Je souhaiterais que vous acheviez au plus vite la tâche que je vous ai confiée.
c. J'ai eu la peur de ma vie ce matin, à cause du chien des voisins.
d. Faut pas pousser, il n'était pas si moche son dessin.
e. C'est une vraie délectation que de humer l'arôme d'un savoureux chocolat.

## Étape 2

**7 * Dans les situations suivantes, quel niveau de langue doit être utilisé : familier, courant ou soutenu ?**

a. Tu écris un article pour le journal de l'école.
b. Le maire fait un discours pour inaugurer une exposition.
c. Tu racontes ton week-end à tes camarades dans la cour.
d. Tu demandes des renseignements à la personne qui est à l'accueil de la mairie.
e. Tes parents écrivent une lettre pour demander des renseignements à la mairie.
f. Le président de la République s'adresse aux Français à la télévision.

**8 *** Lis le texte suivant puis réponds aux questions.**

Papa, il est prof de français… Oh, pardon : *mon père enseigne la langue et la littérature françaises.* C'est pas marrant tous les jours ! Je veux dire : *parfois, la profession de mon père est pour moi cause de certains désagréments.* L'autre jour, par exemple. En sciant du bois, je me suis coupé le pouce. Profond ! J'ai couru trouver papa qui lisait dans le salon.

– Papa, papa ! Va vite chercher un pansement, je pisse le sang ! ai-je hurlé en tendant mon doigt blessé.

– Je te prie de bien vouloir t'exprimer correctement, a répondu mon père sans même lever le nez de son livre.

– *Très cher père*, ai-je corrigé, *je me suis entaillé le pouce et le sang s'écoule abondamment de la plaie !*

– Voilà un exposé des faits clair et précis, a déclaré papa.

– Mais grouille-toi, ça fait vachement mal ! ai-je lâché, n'y tenant plus.

– Luc, je ne comprends pas ce langage, a répliqué papa, insensible.

Bernard Friot, *Nouvelles Histoires pressées*, © Milan Jeunesse.

**a. Relève les phrases écrites en langage familier. Qui les prononce ?**
**b. Dans quel langage les phrases en italique sont-elles écrites ? Justifie ta réponse.**

**9 *** Continue le texte de Bernard Friot par une phrase du même niveau de langue que celles en italique.**

– …, ai-je traduit, ….

VOCABULAIRE

→ D'autres exercices sur le fichier d'activités

# 10 D'où viennent les mots du français ?

## Étape 1 Des mots venus d'autres langues

Ce soir, Léna va à son entraînement de judo et Mathis à celui de handball. Comme ils rentreront tard à la maison, leur père a commandé comme d'habitude des pizzas qu'il prendra au magasin en allant les rechercher. En arrivant, Mathis proteste : « Pour changer, j'aurais bien voulu des spaghettis bolognaises, moi. » Et de son côté, Léna ajoute : « Moi, j'aurais préféré un couscous. » « Eh bien, nous verrons la prochaine fois, intervient leur mère. Pour le moment, enlevez vos baskets, passez au lavabo pour vous laver les mains, puis venez à table. »

**Je découvre**

**1.** **Dans ce texte, à ton avis, quels mots viennent d'une autre langue ? Justifie ta réponse.**

**2.** **Les langues auxquelles ont été empruntés ces mots sont : le latin, l'italien, l'allemand, le japonais, l'anglais, l'arabe… Associe ces langues aux mots du texte qui conviennent.**

## Étape 2 Des mots venus du latin et du grec ancien

Ce week-end, Lison est allée au jardin zoologique. Ce qu'elle a préféré, ce sont les singes. Certains ont vraiment de drôles de noms : mandrills, orangs-outans, cynocéphales, ouistitis ! Elle a bien aimé aussi les rhinocéros et les girafes, mais ne s'est pas beaucoup arrêtée devant les lions.

**Je découvre**

**3.** **En latin, *aimer* se dit *amare*, *lion* *leonem* et *nom* *nomen*. Quelle ressemblance y a-t-il entre le mot latin et le mot français ?**

**4.** **En t'aidant des informations données ci-dessous, réponds aux questions.**

> En grec ancien, ***zoon*** signifie *animal* ; ***logos*** signifie *étude* ou *science* ; ***cyno*** veut dire *chien* ; ***céphalé*** signifie *tête* ; ***rhinos***, *nez* et ***céros*** *corne*.

a. Qu'est-ce qu'un jardin zoologique ?
b. Les cynocéphales s'appellent aussi les « babouins ». Quelle forme a leur tête ?
c. Explique pourquoi on a donné le nom de rhinocéros à l'animal que tu connais.

**5.** **À ton avis, y a-t-il, dans le texte de l'étape 2, des mots venus d'autres langues ?**

### Je conclus

**1.** De quelles langues viennent les mots français ?

**2.** Parmi ces langues, lesquelles remontent à l'Antiquité ? Lesquelles parle-t-on encore aujourd'hui ?

**3.** À ton avis, à quelle langue le français emprunte-t-il le plus de mots de nos jours ?

→ Mémo p. 290

## Je m'entraîne

### Étape 1

**1 * Trouve le plus possible de noms de sports empruntés à l'anglais.**

**2 * Dans un dictionnaire, reporte-toi aux pages des mots commençant par y. Recopie cinq mots empruntés à des langues étrangères puis indique à quelles langues ils appartiennent.**

**3 ** Trouve le nom de ces spécialités culinaires qui correspondent aux définitions suivantes.**

a. Semoule servie avec de la viande, des légumes, du bouillon. → Mot arabe (plat d'Afrique du nord)
b. Du riz, du poisson, du poulet, des crustacés et des légumes. → Mot espagnol
c. Viande coupée en morçeaux et rôtie à la broche. → Mot turc
d. Petit pain chaud contenant une saucisse. → Mot américain
e. Semoule, oignons, tomates, menthe, huile d'olive et citron. → Mot arabe (plat du Liban)
f. Sauce tomate épicée et légèrement sucrée. → Mot anglais
g. Petits carrés de pâte farcis de viande, de légumes ou de fromage. → Mot italien

**4 *** À quelles langues ont été empruntés ces noms de vêtements ?**

un sari • un kimono • un anorak • un paréo • un plaid • une parka • un short • un smoking • un poncho

**5 *** Récris chaque phrase en remplaçant le mot emprunté à l'anglais par un autre mot français.**

a. Brice a un nouveau look : il s'est coupé les cheveux.
b. Le dernier livre de cet auteur est un best-seller.
c. Le comédien a offert à son public un show remarquable.
d. Il faudrait ajouter quelques spots pour mieux éclairer la scène.
e. À la fin de la course, Anne avait encore assez de punch pour accélérer.

**6 *** Quels mots empruntés à l'anglais correspondent aux définitions suivantes ?**

a. Le coiffeur en fait un lorsqu'il sèche les cheveux mèche par mèche pour les lisser.
b. C'est une figure acrobatique en forme de boucle effectuée par un avion.
c. Se dit lorsqu'un chanteur fait semblant de chanter sur une chanson déjà enregistrée.
d. Verbe qui signifie « mettre des marchandises en réserve ».
e. Des grains de maïs soufflés que certains mangent au cinéma, par exemple.

### Étape 2

**7 ** Associe le mot latin au mot français qui correspond.**

a. Mots français : père • mère • frère • sœur • arbre • heure • douleur • main • honnête • humain • unique • fort • tenir • dire • chanter • régner
b. Mots latins : arbor • cantare • dicere • dolor • fortis • frater • honestus • hora • humanus • manus • mater • soror • pater • regnare • tenere • unicus

**8 ** Voici une liste de mots latins et leur sens. Emploie-les dans des phrases avec le sens qu'ils ont aujourd'hui en français.**

| mots latins | sens en latin |
|---|---|
| aquarium | → réservoir |
| agenda | → ce qu'il faut faire |
| index | → indicateur |
| minimum | → le plus petit |
| terminus | → limite |
| video | → je vois |

**9 *** À partir des mots venus du grec et de leur signification, trouve les mots qui correspondent aux définitions.**

***bio*** : vie • ***géo*** : terre • ***spéléo*** : caverne • ***thermo*** : chaleur • ***graphie*** : récit, histoire • ***logie*** : étude • ***mètre*** : qui mesure

a. Livre qui raconte la vie de quelqu'un.
b. Instrument qui mesure la température.
c. Exploration des grottes pour les étudier.
d. Personne qui prend des mesures sur le terrain.
e. Science qui décrit la surface de la Terre, son relief, son climat, sa population...
f. Science qui étudie les êtres vivants.

**10 *** Écris une brève définition de ces mots anglais que l'on utilise aussi en français. Aide-toi de la traduction des mots.**

- **Basket-ball** → *basket* = panier / *ball* = balle
- **Pull-over** → *pull* = tirer / *over* = par-dessus
- **Week-end** → *week* = semaine / *end* = fin
- **Pickpocket** → *to pick* = prendre / *pocket* = poche

→ D'autres exercices sur le fichier d'activités

## 1. La phrase

pp.148-149

- Dans une **phrase**, les mots sont organisés pour que la phrase ait un **sens**.
  Dans une lettre, Ben a fait une déclaration d'amour à Anna.
- À **l'écrit**, une phrase commence par une **majuscule** et se termine par un **point** (.), un **point d'interrogation** (?) ou un **point d'exclamation** (!).
  Mais que c'est difficile de déclarer son amour sous les regards moqueurs de ses camarades!
  Pourtant, l'amour ne serait-il pas plus fort que tout?
- Une phrase est à la **forme affirmative** ou à la **forme négative**.
- Pour former une phrase à la forme négative, on utilise les mots de négation: ***ne … pas, ne … jamais, ne … plus, ne … rien…***
  – forme affirmative: Il met la lettre dans sa poche.
  – forme négative: Il **ne** la lit **pas** tout de suite.

## 2. Les phrases interrogatives

pp.150-151

- Les **phrases interrogatives** servent à poser des questions. Elles se terminent à l'écrit par un point d'interrogation.
- La **phrase interrogative** qui a pour réponse « **oui** » ou « **non** » peut être formulée de trois façons différentes.
  Il part en croisade? ◆ Part-il en croisade? ◆ Est-ce qu'il part en croisade?
- La **phrase interrogative** qui demande une **réponse précise** sur le lieu, la manière, le moment, la cause… commence par un **mot interrogatif**:
  **Où** habite le seigneur? ◆ **Quand** a eu lieu la bataille d'Alésia? ◆
  **Comment** connaît-on les détails de cette bataille? ◆
  **Pourquoi** les peuples barbares entrent-ils en Gaule au Vᵉ siècle?
  Quand on pose une question sur une personne, on utilise le mot interrogatif ***qui***; pour un animal ou un objet, on utilise ***que***.
  **Qui** a remporté la victoire à Alésia? ◆ **Que** chasse-t-il?

## 3. Les phrases injonctives

pp.152-153

- La **phrase injonctive** sert à donner des **ordres**, des **conseils**, des **consignes** ou à formuler des **interdictions**.
  – ordre: Va voir comment se porte ta grand-mère.
  – conseil: Achetez mieux, jetez moins !
  – consigne: Mesure la longueur du segment [AB].
  – interdiction: Ne pas utiliser l'ascenseur en cas d'incendie.
  Elle se termine par un point ou un point d'exclamation.
- Le **verbe** de la phrase injonctive est généralement à l'**impératif** mais il peut aussi être à l'**infinitif**.
  – impératif: **Mets** les morceaux de pommes dans une casserole.
  – infinitif: **Mettre** les morceaux de pommes dans une casserole.

## 4. Le nom et l'adjectif qualificatif

pp.154-155

- Les **noms** désignent des **êtres vivants**, des **choses**, des **idées**, des **faits**.
  Il existe des **noms communs** et des **noms propres**.
  – noms communs : aventure ◆ voiture ◆ chien ◆ idée ◆ cadeau
  – noms propres : **M**arion ◆ **M**axence ◆ **M**arinette ◆ la **S**eine ◆ **P**aris → Le nom propre commence toujours par une majuscule. Il sert à désigner précisément une personne, un animal ou un lieu.
- Dans **un groupe nominal**, le **nom** est **accompagné d'un déterminant**.
  Le **déterminant** permet de connaître le **genre** et le **nombre** des noms :
  – masculin ou féminin : le ◆ la ◆ un ◆ une ◆ mon…
  – singulier ou pluriel : les ◆ des ◆ plusieurs…
- **L'adjectif qualificatif** appartient au groupe nominal. Il se rapporte à un nom.
  Il donne des **précisions** sur ce nom.
  une **vieille** dame ◆ un **gros** camion **rouge**

## 5. Les déterminants (1)

pp.156-157

- Les **articles** sont le, la, l', les, un, une et des. Ce sont des **déterminants** très utilisés. Ils indiquent **le genre** et le **nombre du nom qu'ils accompagnent**.

| | articles définis | | articles indéfinis | |
|---|---|---|---|---|
| | masculin | féminin | masculin | féminin |
| singulier | **le** lit<br>**l'**homme<br>**au** ballon (= à le)<br>**du** couloir (= de le) | **la** maison<br>**l'**histoire | **un** costume | **une** cravate |
| pluriel | **les** costumes<br>**aux** billes (= à les)<br>**des** toilettes (= de les) | **les** cravates | **des** gants | **des** chaussures<br>**de** belles chaussures |

au, aux, du et des sont des **articles contractés**.

- Les **déterminants possessifs** indiquent qu'une personne, un animal ou une chose est en relation avec quelqu'un :
  **mon** lit (à moi) ◆ **ton** lit (à toi) ◆ **ses** chaussons (à lui ou à elle) ◆ **notre** chambre (à nous) ◆ **vos** chaussons (à vous) ◆ **leur** lit (à eux)
  Ils indiquent le **genre** et le **nombre du nom qu'ils accompagnent**.
  **mon** lit → masculin singulier ◆ **mes** chaussons → masculin pluriel
  **ta** chambre → féminin singulier ◆ **tes** gants → masculin pluriel
  **votre** console → féminin singulier ◆ **vos** consoles → féminin pluriel

  ⚠ Devant un nom féminin commençant par une voyelle ou un « h » muet, on emploie mon, ton, son : **mon** auto ◆ **son** histoire.

## 6. Les déterminants (2)

pp.158-159

- Les **déterminants démonstratifs** ce, cet, cette, ces accompagnent un nom ; ils servent à désigner une personne, un animal, un objet que l'on peut montrer.
  **ce** vitrail ◆ **cette** épée
  Les **déterminants démonstratifs** sont du **même genre** et du **même nombre que le nom qu'ils accompagnent**.

| | masculin | féminin |
|---|---|---|
| singulier | **ce** vitrail ◆ **cet** élément | **cette** épée |
| pluriel | **ces** sifflets | **ces** bagues |

- Les **déterminants interrogatifs** quel, quelle, quels, quelles accompagnent un nom dans une **phrase interrogative**. Ils indiquent que, dans la réponse, on attend une précision sur ce nom.
  **Quel** vitrail avez-vous trouvé le plus beau ? (la question porte sur le nom *vitrail*)
  Ils sont du **même genre** et du **même nombre que le nom qu'ils accompagnent**.

| | masculin | féminin |
|---|---|---|
| singulier | **Quel** vitrail … ? | **Quelle** épée … ? |
| pluriel | **Quels** objets … ? | **Quelles** bagues … ? |

## 7. Le verbe

pp.160-161

- Le **verbe** indique une **action** (attacher) ou un **état** (paraître).
  Le verbe **se conjugue**. Il varie avec le **temps** et le **sujet**.
  Julie **attache** ses cheveux. ◆ Les passagers de l'avion **attacheront** leur ceinture. ◆ Le cavalier **a attaché** son cheval à la barrière.
  Pour nommer un verbe, on utilise son **infinitif**.
  Dans le dictionnaire, les verbes sont à l'infinitif.
- Les verbes sont classés en **trois groupes** :
  – les verbes du **1^er^ groupe** → infinitif en ***-er*** : attach**er** ◆ pleur**er** ◆ mélang**er**…
  – les verbes du **2^e^ groupe** → infinitif en ***-ir*** et 1^re^ personne du pluriel du présent en ***-issons*** : grand**ir** / nous grand**issons** ◆ ag**ir** / nous ag**issons**…
  – les verbes du **3^e^ groupe** → tous les autres verbes : prendre ◆ faire ◆ voir ◆ partir ◆ dire… et le verbe aller
  ⚠ Les verbes ***être*** et ***avoir*** sont des **auxiliaires**.
- Un **même mot** peut être employé comme **verbe** ou comme **nom**.
  Lucas entend le **rire** de sa petite sœur. → **nom *rire***
  → Devant le **nom**, il y a un **déterminant**. Le nom peut être au **singulier** ou au **pluriel**.
  Lucas entend **rire** sa petite sœur. → **verbe *rire***

## 8. Les pronoms personnels → pp. 162-163

- Les **pronoms personnels** désignent **une** ou **des** personnes :
  – **1re personne** → je et nous désignent celui ou ceux qui parlent :
  je / j' → singulier ; nous → pluriel
  – **2e personne** → tu et vous désignent celui ou ceux à qui on parle :
  tu → singulier ; vous → pluriel
  – **3e personne** → il, elle, ils, elles désignent celui ou ceux dont on parle :
  il/elle → singulier ; ils/elles → pluriel
- Les **pronoms personnels** de la 3e personne remplacent un **nom** utilisé auparavant :
  il, elle, ils, elles, le, la, les, lui, leur.
  **Claudine et son oncle** vont voir le docteur Granville. Il **les** reçoit dans son bureau.
- Le **pronom** on ne désigne pas de personne précise. C'est un **pronom indéfini**.
  Il fonctionne comme un **pronom personnel** de la **3e personne du singulier**.
  Il remplace aussi souvent nous.
  « Je suis au CM1, dit Luc, et **on** a lu le livre *Claudine de Lyon*. »
  Actuellement, dans les pays pauvres, **on** meurt encore de tuberculose.

## 9. Les pronoms relatifs → pp. 164-165

- Les **pronoms relatifs** qui, que, qu' introduisent une **proposition relative**.
  Ils renvoient à un nom qui les précède.
  Zazou ôta le drap **qui** lui couvrait toujours la tête.
  Ils songèrent aux recherches **que** l'on avait dû entreprendre pour les retrouver.
  Ils trébuchèrent sur le balai **qu'**avait abandonné Tsin.
- Le **pronom relatif** où introduit une proposition relative.
  Il renvoie à un groupe nominal qui indique un lieu.
  Ils arrivent dans une caverne **où** ils aperçoivent quatre fantômes à table.

## 10. Les adverbes de lieu, de temps et de manière → pp. 166-167

- Les **adverbes** sont des mots **invariables**. Ils peuvent être formés d'**un** ou de **plusieurs mots** : parfois ◆ alors ◆ en effet ◆ tout à coup ◆ résolument…
- Dans une phrase, ils donnent des indications :
  – de **lieu** : ici ◆ partout ◆ dehors ◆ là-bas…
  – de **temps** : aujourd'hui ◆ demain ◆ hier ◆ jadis ◆ aussitôt…
  – de **manière** : vite ◆ rapidement ◆ violemment ◆ bien…

## 11. Les mots de la négation

pp. 168-169

- Dans la **phrase négative**, le premier mot de la négation est ne ou n'.
  Le second est le plus souvent pas.
  Une singulière aventure **n'**est **pas** arrivée à monsieur Baldoni.
  – À un **temps simple**, les mots de la négation encadrent le **verbe**.
  – À un **temps composé**, les mots de la négation encadrent l'**auxiliaire**.
  Un journaliste impertinent **n'**écrit **pas** des articles ordinaires. → temps simple
  La foule des passants **ne** lui a donc **pas** témoigné sa sympathie. → temps composé
- D'autres mots de la négation peuvent être utilisés : ne ... plus, ne ... jamais, ne ... rien, ne ... personne...
  Il **ne** s'est **rien** passé. ◆ Il **n'**y a **personne**. ◆ Je **ne** veux **jamais** vous revoir. ◆ Vous **n'**aurez **plus** l'occasion d'écrire dans mon journal.

## 12. Le sujet

pp. 170-171

- Dans une phrase, le **sujet** d'un verbe répond à la question « **qui est-ce qui ?** » ou « **qu'est-ce qui ?** ». Il peut être encadré avec « **c'est ... qui** » ou « **ce sont ... qui** ».
  La renarde vient. → **Qui est-ce qui** vient ? → **C'est** la renarde **qui** vient.
- Le sujet fait **varier le verbe**.
  Le chat et le merle **disent**... ◆ Le chat **dit**...
- Le **sujet** est le plus souvent placé avant le verbe :
  Les trois animaux **vivaient** au milieu de la forêt.
  Il peut aussi être placé derrière le verbe. C'est souvent le cas dans les phrases interrogatives :
  Du fond de l'isba **monte** un cocorico retentissant. ◆ Où **es**-tu ?
  Il peut être séparé du verbe par un complément : La renarde, aussitôt, **accourt**.
- Le sujet d'un verbe peut être :
  – un **nom propre** → **Chanteclair** ouvre la fenêtre de l'isba.
  – un **nom** ou un **groupe nominal** → **Ces petits pois que tu aimes** sont là.
  – un **pronom personnel** → **Nous** partons très loin, **tu** restes à l'isba pour faire le ménage.
  – un **pronom relatif** → J'ai pour toi des petits pois **qui** sont bien tendres.

## 13. Le complément d'objet direct (COD)

pp. 172-173

- Dans une phrase, le **complément d'objet direct (COD)** complète le verbe.
  Les Lapons utilisaient **son lait**. → COD : il indique ce que les Lapons utilisaient.
  Le COD est un **complément essentiel** dans la phrase car on ne peut **ni le supprimer ni le déplacer** sans changer le sens de la phrase.
  Les Lapons utilisaient. → Ça n'a pas de sens, on ne sait pas ce que les Lapons utilisaient.
- Le **COD** peut être :
  – un **nom propre** → On ne rencontre plus **d'Inuits ou de Lapons** sur des traîneaux.
  – un **groupe nominal** → Ils utilisaient **sa viande**.
  – un **pronom** → On **les** voit.
  – un **verbe à l'infinitif** → Ils veulent **changer**.

## 14. Le complément d'objet indirect (COI) et le complément d'objet second (COS) pp.174-175

- Le **complément d'objet indirect (COI)** complète le verbe.
  Le COI est introduit par une **préposition** comme à, au, de…
  L'histoire parle de trois ours. → COI : il indique de quoi parle l'histoire.
  Le **COI** est un **complément essentiel** dans la phrase car on ne peut en général **ni le supprimer ni le déplacer** sans changer le sens de la phrase.
  L'histoire parle. → Ça n'a pas de sens, on ne sait pas de qui ou de quoi elle parle.
- **Le complément d'objet second** (**COS**) est un COI placé après un COD.
  Elle consacre son temps libre (COD) **à la danse** (COS). → COS : il indique à quoi elle consacre son temps libre.
- Le **COI** et le **COS** peuvent être :
  – un **nom propre** → Ils ressemblent **à Lina**.
  – un **groupe nominal** → Elle emprunte des livres **à sa cousine**.
  – un **pronom** → Elle **leur** lit un livre.
  – un **verbe à l'infinitif** → Elle les persuade **de dormir**.

## 15. Les compléments circonstanciels (CC) pp.176-177

- Dans une phrase, les **compléments circonstanciels** donnent des informations sur **où**, **quand**, **comment**, **pourquoi** les actions se passent.
  **En Afrique** (où), **une nuit** (quand), Martin part **précipitamment** (comment) avec Oulé **pour retrouver Fofana** (pourquoi).
  Dans une phrase, le **complément circonstanciel** peut être :
  – **placé entre** le **sujet** et le **verbe**. Il est alors encadré par des virgules.
  Martin, **précipitamment**, part avec Oulé pour retrouver Fofana.
  – **supprimé** ou **déplacé**.
  Martin part avec Oulé. → La phrase a toujours un sens mais elle est moins précise.
  **Une nuit**, **en Afrique**, **pour retrouver Fofana**, Martin part avec Oulé **précipitamment**.
- Le **complément circonstanciel** est généralement un groupe nominal introduit par une préposition : à, dans, sur, pour…
  – un **groupe nominal avec préposition** → Martin part en Afrique **pour** retrouver Fofana.
  – un **groupe nominal sans préposition** → Une nuit, Martin part en Afrique.
  Il peut aussi être un **adverbe**. → Martin part précipitamment.

## 16. L'attribut du sujet

pp.178-179

- **L'attribut du sujet** est situé juste **après le verbe *être***. Il apporte des précisions sur le sujet. Il ne peut **pas être supprimé**.

  La forêt est **précieuse**. ◆ La forêt est **un refuge**. → Les attributs du sujet *précieuse* et *un refuge* apportent des précisions sur la forêt.

- D'autres verbes que *être* peuvent aussi être suivis d'un attribut : paraître, sembler, demeurer, rester, devenir, avoir l'air... Ce sont des **verbes d'état**.

- L'**attribut du sujet** peut être un **adjectif qualificatif** ou un **groupe nominal**. L'attribut s'accorde avec le sujet.

  Le mélèze est un montagnard (groupe nominal). ◆ Le pin parasol est robuste (adjectif).

## 17. L'expansion du groupe nominal (1)

### L'adjectif qualificatif épithète et le complément du nom

pp.180-181

- Dans un groupe nominal, l'**adjectif qualificatif épithète** est placé **avant** ou **après le nom**.

  – Un nom peut être accompagné de **plusieurs adjectifs qualificatifs épithètes**.

  de longs **cheveux** blonds bouclés

  – L'adjectif qualificatif épithète peut être séparé du nom auquel il se rapporte par une virgule.

  un jeune garçon, grand, mince

  – L'adjectif qualificatif épithète prend le **genre** et le **nombre du nom** auquel il se rapporte.

  Jeune **garçon**, beau, intelligent, doué, sportif, aimable → masculin, singulier
  Jeune **fille**, belle, intelligente, douée, sportive, aimable → féminin, singulier

- Le **complément du nom** fait partie du groupe nominal. Il apporte des **précisions** sur le nom principal.
  Il est formé d'un nom introduit par une **préposition** : à, de ou d', du, des, au, aux, en :

  la pince **à** linge ◆ une pince **en** bois ◆ le fil **à** linge ◆ un câble **du** téléphone

MÉMO GRAMMAIRE

# 18. L'expansion du groupe nominal (2)

## La proposition relative → pp.182-183

- La **proposition relative** apporte des **précisions** sur un groupe nominal ou un nom. Elle est introduite par un **pronom relatif** : qui, que, qu', où.
  un peintre **qui est né en 1881 à Argentan en Normandie**
  les tableaux **que Fernand Léger peint**
  les toits **qu'il voyait de sa fenêtre**
  à Paris, **où il s'installe en 1900**
- **La proposition relative** contient **un verbe**. Quand elle est introduite par le pronom qui, ce pronom est sujet du verbe.
  le poète Blaise Cendrars et le peintre Robert Delaunay, **qui** deviendront ses amis
  → Le pronom relatif *qui* est sujet du verbe *deviendront*.
- Un **groupe nominal** peut être enrichi de plusieurs manières :
  – avec un adjectif épithète : des peintures **cubistes**
  – avec un complément du nom : les peintures **des peintres cubistes**
  – avec une proposition relative :
  les peintures **que réalisent les peintres cubistes**
  les peintures **qui sont réalisées par les peintres cubistes**
  des peintures **où les formes sont contrastées**

# 19. CC, COD et attribut du sujet → pp.184-185

- Le **complément circonstanciel** précise **où**, **quand**, **comment**, **pourquoi** un fait s'est produit ou une action s'est réalisée. Il peut être **supprimé** ou **déplacé**.
  La reine des fourmis a disparu **pendant la nuit**.
  **Pendant la nuit**, la reine des fourmis a disparu.
  La reine des fourmis a disparu.
- Le **complément d'objet** et l'**attribut du sujet** ne peuvent être **ni supprimés ni déplacés**.
  Mandibule de Savon est **détective** (attribut du sujet). → Mandibule de Savon est. Ça n'a pas de sens.
  On lui a confié **un jeune assistant** (COD). → On lui a confié. Ça n'a pas de sens.

⚠ Il ne faut pas les confondre :
– L'**attribut du sujet** apporte **des précisions sur le sujet**.
Il se trouve derrière les verbes être, paraître, sembler, rester, devenir, avoir l'air…
Le mystère reste **entier**. ◆ Cet indice est **un poil de l'agresseur**.

– Le **COD** ne donne pas de renseignement sur le sujet. Il **complète le sens du verbe**.
L'indice intrigue **Mandibule**.

MÉMO CONJUGAISON

## 1. Passé, présent, futur
### Temps simples, temps composés

pp. 186-187

- Dans un texte, les actions ou les faits peuvent être situés dans le **passé**, le **présent** ou le **futur**.
  Les **temps des verbes** permettent de situer les actions dans le temps.
  J'ai lu. → passé ◆ Je lis. → présent ◆ Je lirai. → futur
  Les **indicateurs de temps** apportent des précisions sur le moment où se déroulent les actions :
  – **passé** : hier ◆ il y a un mois ◆ la semaine dernière…
  – **présent** : aujourd'hui ◆ en ce moment…
  – **futur** : demain ◆ dans une semaine ◆ bientôt…
- À l'indicatif, le verbe peut être conjugué à un **temps simple** ou à un **temps composé** :
  – **temps simples** : le présent, l'imparfait, le passé simple, le futur ;
  Ziza **pénètre** dans la cabane de Vlad.
  – **temps composés** : passé composé, plus-que-parfait, futur antérieur.
  À un temps composé, le verbe est formé de deux mots : l'**auxiliaire** *être* ou *avoir* et le **participe passé** du verbe à conjuguer.
  Ziza **a pénétré** dans la cabane de Vlad.

## 2. Le présent de l'indicatif (1)
### Verbes du 1er groupe

pp. 188-189

- On utilise le **présent** de l'indicatif pour :
  – indiquer que l'action est en train de se faire ;
  – signaler qu'une action se répète régulièrement ;
  – donner des explications, des informations dans un texte documentaire.
- Au présent de l'indicatif, les terminaisons des verbes du 1er groupe sont :

| | |
|---|---|
| je → ***-e*** | nous → ***-ons*** |
| tu → ***-es*** | vous → ***-ez*** |
| il/elle/on → ***-e*** | ils/elles → ***-ent*** |

Dans les verbes terminés :
– par ***-cer***, le **c** du radical prend une cédille à la 1re personne du pluriel → nous lan**ç**ons.
– par ***-ger***, il y a un **e** entre le ***g*** du radical et la terminaison à la 1re personne du pluriel → nous mang**e**ons.
– par ***-guer***, le ***u*** du radical reste devant la terminaison de la 1re personne du pluriel → nous distin**gu**ons.

Tableaux de conjugaison, p. 278

## 3. Le présent de l'indicatif (2)
### Verbes du 2e groupe, du 3e groupe et *être*, *avoir* et *aller*

pp. 190-191

- Au **présent** de l'indicatif, les **terminaisons des verbes du 2e groupe** sont :

| | |
|---|---|
| je → ***-s*** | nous → ***-ons*** |
| tu → ***-s*** | vous → ***-ez*** |
| il/elle/on → ***-t*** | ils/elles → ***-ent*** |

– Le **radical** des verbes du 2e groupe se termine par ***-i*** aux **trois personnes du singulier** : je grand**is** ◆ tu grand**is** ◆ il/elle grand**it**.
– Le **radical** des verbes du 2e groupe se termine par ***-iss*** aux **trois personnes du pluriel** : nous grand**issons** ◆ vous grand**issez** ◆ ils/elles grand**issent**.

- Au **présent** de l'indicatif, les **terminaisons des verbes du 3e groupe** sont en général :

| | |
|---|---|
| je → ***-s*** | nous → ***-ons*** |
| tu → ***-s*** | vous → ***-ez*** |
| il/elle/on → ***-t*** | ils/elles → ***-ent*** |

Mais certains verbes (*pouvoir, vouloir, dire, faire*…) ont des terminaisons différentes :
je peux ◆ je veux ◆ il/elle/on prend ◆ vous dites ◆ vous faites ◆ ils/elles font…

- Au **présent** de l'indicatif, les verbes ***être***, ***avoir*** et ***aller*** ont une **conjugaison irrégulière** :
– être : je suis ◆ tu es ◆ il/elle/on est ◆ nous sommes ◆ vous êtes ◆ ils/elles sont
– avoir : j'ai ◆ tu as ◆ il/elle/on a ◆ nous avons ◆ vous avez ◆ ils/elles ont
– aller : je vais ◆ tu vas ◆ il/elle/on va ◆ nous allons ◆ vous allez ◆ ils/elles vont

→ Tableaux de conjugaison, pp. 278 et 280

## 4. Le présent de l'impératif

pp. 192-193

- L'**impératif** est utilisé pour donner des **ordres**, des **conseils**, formuler des **interdictions**.
L'impératif se conjugue à **trois personnes** :
– la 2e personne du singulier : Viens auprès de moi. ◆ Marche plus vite.
– la 1re personne du pluriel : Allons-y.
– la 2e personne du pluriel : Partez !
À l'impératif, il n'y a pas de pronom de conjugaison.

- Les **terminaisons** des verbes du **1er groupe** sont ***-e, -ons, -ez*** :
jou**e** ◆ jou**ons** ◆ jou**ez**
Les terminaisons des verbes du **2e groupe** et des verbes du **3e groupe** (sauf *aller*) sont, comme au présent de l'indicatif, ***-s, -ons, -ez*** :
fini**s** ◆ finiss**ons** ◆ finiss**ez** → verbe du 2e groupe
par**s** ◆ part**ons** ◆ part**ez** → verbe du 3e groupe
– La **conjugaison** des verbes ***être***, ***avoir*** et ***aller*** est la suivante :
sois/soyons/soyez → être ◆ aie/ayons/ayez → avoir ◆ va/allons/allez → aller
– À l'impératif, on met un **tiret** entre le **verbe et le pronom complément** :
Porte-les.

→ Tableaux de conjugaison, pp. 279 et 281

MÉMO CONJUGAISON

## 5. Le futur de l'indicatif pp.194-195

- Le **futur** de l'indicatif exprime des actions qui se dérouleront dans l'avenir.
  Quand je **serai** vieille, je **dormirai** tard.
- Au futur, tous les verbes ont les **mêmes terminaisons** :

| | |
|---|---|
| je → ***-rai*** | nous → ***-rons*** |
| tu → ***-ras*** | vous → ***-rez*** |
| il/elle/on → ***-ra*** | ils/elles → ***-ront*** |

- Le **radical** des verbes du 1er groupe se termine par un **-e** qui ne se prononce pas toujours mais qu'il ne faut pas oublier à l'écrit : je remu**e**rai ◆ j'oubli**e**rai…
  Les **verbes** *courir, mourir, pouvoir* et *voir* s'écrivent avec deux ***r*** au futur : tu pou**rr**as…

→ Tableaux de conjugaison, pp. 278 et 280

## 6. Le passé composé (1)
### Verbes du 1er groupe et *être* et *aller* pp. 196-197

- Le **passé composé** est un temps du **passé**.
  Toute l'histoire **a débuté** le soir où le cheval **a perdu** sa roue avant.
  Le passé composé est formé de **l'auxiliaire *avoir*** ou ***être*** au présent et du **participe passé du verbe conjugué**.
  L'histoire a débuté.
  a : auxiliaire *avoir* au présent — débuté : participe passé du verbe *débuter*
  Roublot est venu.
  est : auxiliaire *être* au présent — venu : participe passé du verbe *venir*
- Au **passé composé**, les **participes passés** des **verbes du 1er groupe**, du verbe ***être*** et du verbe ***aller*** se terminent par ***-é***.
  Nous avons démont**é** les roues. Il a remont**é** le cheval. Je l'ai aid**é**.
  Le cheval est all**é** en réparation. L'homme **a** ét**é** désagréable.
- Quand un verbe est conjugué au passé composé avec l'**auxiliaire *être***, le participe passé s'accorde en genre et en nombre avec le sujet.
  **Papa** est rentré. ◆ **Maman** est rentr**ée**. ◆ **Tom et Jo** sont rentr**és**. ◆ **Lina et Zoé** sont rentr**ées**.
  Avec l'**auxiliaire *avoir***, le participe passé ne s'accorde jamais avec le sujet.

→ Tableaux de conjugaison, pp. 279 et 281

## 7. Le passé composé (2)
### Verbes du 2e groupe, du 3e groupe et *avoir* pp. 198-199

- Au **passé composé**, les **participes passés** des **verbes du 2e groupe** se terminent par ***-i*** : j'ai réuss**i** ◆ tu as grand**i** ◆ nous avons frém**i**.
- Les **participes passés** des **verbes du 3e groupe** ne se terminent pas toujours de la même façon : j'ai écri**t** ◆ tu as pri**s** ◆ il a **ri** ◆ nous avons fai**t** ◆ vous avez v**u**.
- Le participe passé du **verbe *avoir*** se termine par ***-u*** : j'ai e**u**.
- Certains verbes du 3e groupe comme ***partir*** et ***venir*** se conjuguent au passé composé avec ***être***. Le **participe passé s'accorde** avec le sujet : elles **sont** parti**es**.

→ Tableaux de conjugaison, pp. 279 et 281

## 8. Le passé simple (1)
### Verbes du 1er groupe et *aller*

pp. 200-201

- Le **passé simple** est un temps du **passé**. Il s'emploie essentiellement **à l'écrit**. Il est utilisé dans un récit pour indiquer les événements de l'histoire.
  Julien **marcha**, **enfonça** ses souliers dans la terre ; il **sentit** la respiration de Malelouve.
- Les terminaisons des **verbes du 1er groupe** et du verbe ***aller*** sont :

| | |
|---|---|
| je → ***-ai*** | nous → ***-âmes*** |
| tu → ***-as*** | vous → ***-âtes*** |
| il/elle/on → ***-a*** | ils/elles → ***-èrent*** |

Dans les verbes terminés :
– par ***-cer***, le ***c*** du radical prend une cédille devant le ***a*** de la terminaison : je pla**ç**ai.
– par ***-ger***, il y a un ***e*** entre le ***g*** du radical et le ***a*** de la terminaison : il boug**e**a.
– par ***-guer***, le ***u*** du radical reste devant le ***a*** de la terminaison : je disting**u**ai.

Tableaux de conjugaison, pp. 279 et 281

## 9. Le passé simple (2)
### Verbes du 2e groupe, du 3e groupe et *avoir*

pp. 202-203

- Les terminaisons des **verbes du 2e groupe** sont :

| | |
|---|---|
| je → ***-is*** | nous → ***-îmes*** |
| tu → ***-is*** | vous → ***-îtes*** |
| il/elle/on → ***-it*** | ils/elles → ***-irent*** |

- Les **terminaisons** des **verbes du 3e groupe** et des **verbes *être* et *avoir*** sont :
  – ***-is***, ***-is***, ***-it***, ***-îmes***, ***-îtes***, ***-irent*** → pour les verbes *partir, dire, prendre, faire, voir...*
  – ***-us***, ***-us***, ***-ut***,***-ûmes***, ***-ûtes***, ***-urent*** → pour les verbes *avoir, être, vouloir, pouvoir, apparaître...*
  – ***-ins***, ***-ins***, ***-int***, ***-înmes***, ***-întes***, ***-inrent*** → pour les verbes *venir, revenir, tenir...*

Tableaux de conjugaison, pp. 279 et 281

## 10. L'imparfait de l'indicatif

pp. 204-205

- L'**imparfait** de l'indicatif est un **temps du passé**. Il est surtout utilisé dans les **descriptions** ou pour indiquer la **répétition d'un fait dans le passé**. Il s'emploie avec le passé composé ou le passé simple, qui indiquent les actions.
- À l'imparfait, les **terminaisons** des verbes sont les mêmes pour tous les verbes :

| | |
|---|---|
| je → ***-ais*** | nous → ***-ions*** |
| tu → ***-ais*** | vous → ***-iez*** |
| il/ elle /on → ***-ait*** | ils/ elles → ***-aient*** |

Dans les verbes terminés par :
– ***-cer***, le ***c*** du radical prend une cédille devant le ***a*** de la terminaison : je lan**ç**ais.
– ***-ger***, il y a un ***e*** entre le ***g*** du radical et le ***a*** de la terminaison : il mang**e**ait.
– ***-guer***, le ***u*** du radical reste devant le ***a*** de la terminaison : il disting**u**ait.

Tableaux de conjugaison, pp. 278 et 280

MÉMO CONJUGAISON

| | Présent de l'indicatif | Futur simple | Imparfait de l'indicatif |
|---|---|---|---|
| Auxiliaire AVOIR | j'ai<br>tu as<br>il/elle/on a<br>nous avons<br>vous avez<br>ils/elles ont | j'aurai<br>tu auras<br>il/elle/on aura<br>nous aurons<br>vous aurez<br>ils/elles auront | j'avais<br>tu avais<br>il/elle/on avait<br>nous avions<br>vous aviez<br>ils/elles avaient |
| Auxiliaire ÊTRE | je suis<br>tu es<br>il/elle/on est<br>nous sommes<br>vous êtes<br>ils/elles sont | je serai<br>tu seras<br>il/elle/on sera<br>nous serons<br>vous serez<br>ils/elles seront | j'étais<br>tu étais<br>il/elle/on était<br>nous étions<br>vous étiez<br>ils/elles étaient |
| Verbe du 1er groupe CHANTER | je chante<br>tu chantes<br>il/elle/on chante<br>nous chantons<br>vous chantez<br>ils/elles chantent | je chanterai<br>tu chanteras<br>il/elle/on chantera<br>nous chanterons<br>vous chanterez<br>ils/elles chanteront | je chantais<br>tu chantais<br>il/elle/on chantait<br>nous chantions<br>vous chantiez<br>ils/elles chantaient |
| Verbe du 1er groupe MANGER | je mange<br>tu manges<br>il/elle/on mange<br>nous mangeons<br>vous mangez<br>ils/elles mangent | je mangerai<br>tu mangeras<br>il/elle/on mangera<br>nous mangerons<br>vous mangerez<br>ils/elles mangeront | je mangeais<br>tu mangeais<br>il/elle/on mangeait<br>nous mangions<br>vous mangiez<br>ils/elles mangeaient |
| Verbe du 1er groupe LANCER | je lance<br>tu lances<br>il/elle/on lance<br>nous lançons<br>vous lancez<br>ils/elles lancent | je lancerai<br>tu lanceras<br>il/elle/on lancera<br>nous lancerons<br>vous lancerez<br>ils/elles lanceront | je lançais<br>tu lançais<br>il/elle/on lançait<br>nous lancions<br>vous lanciez<br>ils/elles lançaient |
| Verbe du 1er groupe DISTINGUER | je distingue<br>tu distingues<br>il/elle/on distingue<br>nous distinguons<br>vous distinguez<br>ils/elles distinguent | je distinguerai<br>tu distingueras<br>il/elle/on distinguera<br>nous distinguerons<br>vous distinguerez<br>ils/elles distingueront | je distinguais<br>tu distinguais<br>il/elle/on distinguait<br>nous distinguions<br>vous distinguiez<br>ils/elles distinguaient |
| Verbe du 1er groupe ENTRER | j'entre<br>tu entres<br>il/elle/on entre<br>nous entrons<br>vous entrez<br>ils/elles entrent | j'entrerai<br>tu entreras<br>il/elle/on entrera<br>nous entrerons<br>vous entrerez<br>ils/elles entreront | j'entrais<br>tu entrais<br>il/elle/on entrait<br>nous entrions<br>vous entriez<br>ils/elles entraient |
| Verbe du 2e groupe FINIR | je finis<br>tu finis<br>il/elle/on finit<br>nous finissons<br>vous finissez<br>ils/elles finissent | je finirai<br>tu finiras<br>il/elle/on finira<br>nous finirons<br>vous finirez<br>ils/elles finiront | je finissais<br>tu finissais<br>il/elle/on finissait<br>nous finissions<br>vous finissiez<br>ils/elles finissaient |

| Passé simple | Passé composé | Présent de l'impératif |
|---|---|---|
| j'eus<br>tu eus<br>il/elle/on eut<br>nous eûmes<br>vous eûtes<br>ils/elles eurent | j'ai eu<br>tu as eu<br>il/elle/on a eu<br>nous avons eu<br>vous avez eu<br>ils/elles ont eu | <br>aie<br><br>ayons<br>ayez<br> |
| je fus<br>tu fus<br>il fut<br>nous fûmes<br>vous fûtes<br>ils/elles furent | j'ai été<br>tu as été<br>il/elle/on a été<br>nous avons été<br>vous avez été<br>ils/elles ont été | <br>sois<br><br>soyons<br>soyez<br> |
| je chantai<br>tu chantas<br>il/elle/on chanta<br>nous chantâmes<br>vous chantâtes<br>ils/elles chantèrent | j'ai chanté<br>tu as chanté<br>il/elle/on a chanté<br>nous avons chanté<br>vous avez chanté<br>ils/elles ont chanté | <br>chante<br><br>chantons<br>chantez<br> |
| je mangeai<br>tu mangeas<br>il/elle/on mangea<br>nous mangeâmes<br>vous mangeâtes<br>ils/elles mangèrent | j'ai mangé<br>tu as mangé<br>il/elle/on a mangé<br>nous avons mangé<br>vous avez mangé<br>ils/elles ont mangé | <br>mange<br><br>mangeons<br>mangez<br> |
| je lançai<br>tu lanças<br>il/elle/on lança<br>nous lançâmes<br>vous lançâtes<br>ils/elles lancèrent | j'ai lancé<br>tu as lancé<br>il/elle/on a lancé<br>nous avons lancé<br>vous avez lancé<br>ils/elles ont lancé | <br>lance<br><br>lançons<br>lancez<br> |
| je distinguai<br>tu distinguas<br>il/elle/on distingua<br>nous distinguâmes<br>vous distinguâtes<br>ils/elles distinguèrent | j'ai distingué<br>tu as distingué<br>il/elle/on a distingué<br>nous avons distingué<br>vous avez distingué<br>ils/elles ont distingué | <br>distingue<br><br>distinguons<br>distinguez<br> |
| j'entrai<br>tu entras<br>il/elle/on entra<br>nous entrâmes<br>vous entrâtes<br>ils/elles entrèrent | je suis entré(e)<br>tu es entré(e)<br>il/elle/on est entré(e)<br>nous sommes entré(e)s<br>vous êtes entré(e)s<br>ils/elles sont entré(e)s | <br>entre<br><br>entrons<br>entrez<br> |
| je finis<br>tu finis<br>il/elle/on finit<br>nous finîmes<br>vous finîtes<br>ils/elles finirent | j'ai fini<br>tu as fini<br>il/elle/on a fini<br>nous avons fini<br>vous avez fini<br>ils/elles ont fini | <br>finis<br><br>finissons<br>finissez<br> |

TABLEAUX DE CONJUGAISON

| | Présent de l'indicatif | Futur simple | Imparfait de l'indicatif |
|---|---|---|---|
| Verbe du 3e groupe ALLER | je vais<br>tu vas<br>il/elle/on va<br>nous allons<br>vous allez<br>ils/elles vont | j'irai<br>tu iras<br>il/elle/on ira<br>nous irons<br>vous irez<br>ils/elles iront | j'allais<br>tu allais<br>il/elle/on allait<br>nous allions<br>vous alliez<br>ils/elles allaient |
| Verbe du 3e groupe DIRE | je dis<br>tu dis<br>il/elle/on dit<br>nous disons<br>vous dites<br>ils/elles disent | je dirai<br>tu diras<br>il/elle/on dira<br>nous dirons<br>vous direz<br>ils/elles diront | je disais<br>tu disais<br>il/elle/on disait<br>nous disions<br>vous disiez<br>ils/elles disaient |
| Verbe du 3e groupe FAIRE | je fais<br>tu fais<br>il/elle/on fait<br>nous faisons<br>vous faites<br>ils/elles font | je ferai<br>tu feras<br>il/elle/on fera<br>nous ferons<br>vous ferez<br>ils/elles feront | je faisais<br>tu faisais<br>il/elle/on faisait<br>nous faisions<br>vous faisiez<br>ils/elles faisaient |
| Verbe du 3e groupe PRENDRE | je prends<br>tu prends<br>il/elle/on prend<br>nous prenons<br>vous prenez<br>ils/elles prennent | je prendrai<br>tu prendras<br>il/elle/on prendra<br>nous prendrons<br>vous prendrez<br>ils/elles prendront | je prenais<br>tu prenais<br>il/elle/on prenait<br>nous prenions<br>vous preniez<br>ils/elles prenaient |
| Verbe du 3e groupe POUVOIR | je peux<br>tu peux<br>il/elle/on peut<br>nous pouvons<br>vous pouvez<br>ils/elles peuvent | je pourrai<br>tu pourras<br>il/elle/on pourra<br>nous pourrons<br>vous pourrez<br>ils/elles pourront | je pouvais<br>tu pouvais<br>il/elle/on pouvait<br>nous pouvions<br>vous pouviez<br>ils/elles pouvaient |
| Verbe du 3e groupe VOULOIR | je veux<br>tu veux<br>il/elle/on veut<br>nous voulons<br>vous voulez<br>ils/elles veulent | je voudrai<br>tu voudras<br>il/elle/on voudra<br>nous voudrons<br>vous voudrez<br>ils/elles voudront | je voulais<br>tu voulais<br>il/elle/on voulait<br>nous voulions<br>vous vouliez<br>ils/elles voulaient |
| Verbe du 3e groupe PARTIR | je pars<br>tu pars<br>il/elle/on part<br>nous partons<br>vous partez<br>ils/elles partent | je partirai<br>tu partiras<br>il/elle/on partira<br>nous partirons<br>vous partirez<br>ils/elles partiront | je partais<br>tu partais<br>il/elle/on partait<br>nous partions<br>vous partiez<br>ils/elles partaient |
| Verbe du 3e groupe VENIR | je viens<br>tu viens<br>il/elle/on vient<br>nous venons<br>vous venez<br>ils/elles viennent | je viendrai<br>tu viendras<br>il/elle/on viendra<br>nous viendrons<br>vous viendrez<br>ils/elles viendront | je venais<br>tu venais<br>il/elle/on venait<br>nous venions<br>vous veniez<br>ils/elles venaient |
| Verbe du 3e groupe VOIR | je vois<br>tu vois<br>il/elle/on voit<br>nous voyons<br>vous voyez<br>ils/elles voient | je verrai<br>tu verras<br>il/elle/on verra<br>nous verrons<br>vous verrez<br>ils/elles verront | je voyais<br>tu voyais<br>il/elle/on voyait<br>nous voyions<br>vous voyiez<br>ils/elles voyaient |

| Passé simple | Passé composé | Présent de l'impératif |
|---|---|---|
| j'allai<br>tu allas<br>il/elle/on alla<br>nous allâmes<br>vous allâtes<br>ils/elles allèrent | je suis allé(e)<br>tu es allé(e)<br>il/elle/on est allé(e)<br>nous sommes allé(e)s<br>vous êtes allé(e)s<br>ils/elles sont allé(e)s | vas<br>allons<br>allez |
| je dis<br>tu dis<br>il/elle/on dit<br>nous dîmes<br>vous dîtes<br>ils/elles dirent | j'ai dit<br>tu as dit<br>il/elle/on a dit<br>nous avons dit<br>vous avez dit<br>ils/elles ont dit | dis<br>disons<br>dites |
| je fis<br>tu fis<br>il/elle/on fit<br>nous fîmes<br>vous fîtes<br>ils/elles firent | j'ai fait<br>tu as fait<br>il/elle/on a fait<br>nous avons fait<br>vous avez fait<br>ils/elles ont fait | fais<br>faisons<br>faites |
| je pris<br>tu pris<br>il/elle/on prit<br>nous prîmes<br>vous prîtes<br>ils/elles prirent | j'ai pris<br>tu as pris<br>il/elle/on a pris<br>nous avons pris<br>vous avez pris<br>ils/elles ont pris | prends<br>prenons<br>prenez |
| je pus<br>tu pus<br>il/elle/on put<br>nous pûmes<br>vous pûtes<br>ils/elles purent | j'ai pu<br>tu as pu<br>il/elle/on a pu<br>nous avons pu<br>vous avez pu<br>ils/elles ont pu | non utilisé |
| je voulus<br>tu voulus<br>il/elle/on voulut<br>nous voulûmes<br>vous voulûtes<br>ils/elles voulurent | j'ai voulu<br>tu as voulu<br>il/elle/on a voulu<br>nous avons voulu<br>vous avez voulu<br>ils/elles ont voulu | veux / veuille<br>voulons / veuillons<br>voulez / veuillez |
| je partis<br>tu partis<br>il/elle/on partit<br>nous partîmes<br>vous partîtes<br>ils/elles partirent | je suis parti(e)<br>tu es parti(e)<br>il/elle/on est parti(e)<br>nous sommes parti(e)s<br>vous êtes parti(e)s<br>ils/elles sont parti(e)s | pars<br>partons<br>partez |
| je vins<br>tu vins<br>il/elle/on vint<br>nous vînmes<br>vous vîntes<br>ils/elles vinrent | je suis venu(e)<br>tu es venu(e)<br>il/elle/on est venu(e)<br>nous sommes venu(e)s<br>vous êtes venu(e)s<br>ils/elles sont venu(e)s | viens<br>venons<br>venez |
| je vis<br>tu vis<br>il/elle/on vit<br>nous vîmes<br>vous vîtes<br>ils/elles virent | j'ai vu<br>tu as vu<br>il/elle/on a vu<br>nous avons vu<br>vous avez vu<br>ils/elles ont vu | vois<br>voyons<br>voyez |

## 1. Quelles lettres pour écrire les sons [ɑ̃], [ɛ̃] et [ɔ̃] ?

pp. 206-207

- Le son [ɑ̃] s'écrit ***an*** ou ***en*** : un accid**en**t ◆ pourt**an**t ◆ un enf**an**t…
  ⚠ Trois mots s'écrivent avec ***aon*** : un f**aon** ◆ un t**aon** ◆ un p**aon**
- Le son [ɛ̃] s'écrit ***in***, ***en***, ***ain***, ***ein*** ou ***un*** : le s**in**gulier ◆ l'ag**en**da ◆ le chi**en** ◆ le tr**ain** ◆ la p**ein**ture ◆ l**un**di…
  ⚠ Quelques mots s'écrivent différemment : la f**aim** ◆ le parf**um** ◆ la s**yn**thèse ◆ le l**yn**x ◆ le th**ym**
- Le son [ɔ̃] s'écrit ***on*** : d**on**c ◆ f**on**dre…
- Quand les sons [ɑ̃], [ɛ̃] ou [ɔ̃] sont **devant** un ***m***, un ***b*** ou un ***p***, ils s'écrivent avec un ***m*** à la place du ***n*** :
  – **em**mener ◆ une ch**am**bre ◆ **em**brasser ◆ un ch**am**pignon ◆ le t**em**ps…
  – **im**mangeable ◆ un t**im**bre ◆ **im**prévu…
  – c**om**prendre ◆ t**om**ber…

## 2. Quels sons pour les lettres *c* et *g* ?

pp. 208-209

- La lettre ***c*** se prononce
  - [k] devant ***a***, ***o***, ***u***, ***l*** et ***r*** : une expli**c**ation ◆ beau**c**oup ◆ un **c**ube ◆ un on**c**le ◆ un **c**rabe…
  - [s] devant ***e***, ***i*** et ***y*** : **c**e**c**i ◆ min**c**e ◆ un **c**ygne…

  – La lettre ***c*** **avec une cédille (ç)** devant ***a***, ***o*** et ***u*** se prononce [s] : il lan**ç**ait ◆ nous lan**ç**ons ◆ un gar**ç**on…
  – Le son [k] s'écrit ***cu-*** dans **cu**eillir et les mots de la même famille : un re**cu**eil ◆ un é**cu**eil ◆ un ac**cu**eil…

- La lettre ***g*** se prononce
  - [g] devant ***a***, ***o***, ***u***, ***l*** et ***r*** : **g**arnir ◆ **g**ourmand ◆ une vir**g**ule ◆ une **g**lace ◆ **g**randiose…
  - [ʒ] devant ***e***, ***i*** et ***y*** : lar**g**e ◆ ma**g**ique ◆ le **g**ymnase…

  – La lettre ***g*** **suivie d'un *u*** se prononce [g] devant ***e*** et ***i*** : une di**gu**e ◆ un dé**gu**isement…
  – La lettre ***g*** **suivie d'un *e*** se prononce [ʒ] devant ***a*** et ***o*** : un **ge**ai ◆ il plon**ge**a ◆ nous plon**ge**ons ◆ un plon**ge**oir…

## 3. Les rôles de la lettre *s*

pp. 210-211

- La lettre ***s*** peut se prononcer
  - [s] : di**s**paru ◆ en**s**oleillé…
  - [z] **entre deux voyelles** : le pay**s**age ◆ la sai**s**on…

  – La lettre ***s*** qui se prononce [s] doit être **doublée entre deux voyelles** : un vai**ss**eau ◆ une mi**ss**ion…
  – La lettre ***s*** peut être **suivie d'un *c*** : de**sc**endre…

- Souvent la lettre ***s* ne se prononce pas à la fin du mot**. Mais :
  – on l'entend dans le féminin de certains adjectifs : gros/gro**sse** ◆ épais/épai**sse**…
  – on l'entend dans des mots de la même famille : un bois ◆ boi**s**é ◆ une boi**s**erie.

## 4. Les rôles de la lettre *x*

pp. 212-213

- La lettre ***x*** peut se prononcer
  - [ks] : une expérience ◆ toxique…
  - [gz] : exister ◆ un examen…
  - [s] : soixante…
  - [z] : sixième…
- **À la fin des mots**, la lettre ***x*** ne se prononce pas : la paix ◆ le choix ◆ la voix…
  Les adjectifs qualificatifs terminés par ***-eux*** ont toujours leur féminin en ***-euse*** : joyeux / joyeuse…

## 5. Les rôles de la lettre *t*

pp. 214-215

- La lettre ***t*** peut se prononcer
  - [t] : un sentier ◆ une route ◆ une pente…
  - [s] devant un ***i*** : une précaution ◆ une acrobatie…

  – La lettre ***t*** est parfois **doublée** : trottiner ◆ quitter ◆ une raquette…
  – La lettre ***t*** est parfois **suivie d'un *h*** : le rythme ◆ un mammouth ◆ un théâtre…
- Quand la lettre ***t* ne se prononce pas à la fin du mot**,
  – on l'entend dans le féminin de noms et d'adjectifs : un chat/une chatte ◆ petit/petite…
  – on l'entend dans des mots de la même famille : un fruit ◆ fruité…

## 6. Des mots invariables

pp. 216-217

- Les **mots invariables** sont des mots dont l'orthographe ne change pas. Ce sont :
  – des **adverbes** : lentement ◆ vite…
  – des **prépositions** : avec ◆ dans ◆ sous ◆ parmi…
  – la plupart des mots désignant des **nombres** : quatre ◆ sept ◆ mille…
  ⚠ *vingt* et *cent* ne sont pas invariables.
  – mais aussi d'autres « petits mots » comme : et ◆ quand ◆ mais…
- Le **dictionnaire** indique qu'un mot est invariable par l'abréviation ***inv***.

## 7. Les mots formés avec les préfixes *in-/im-*, *il-*, *ir-* et les suffixes *-tion*, *-sion*, *-ssion*

pp. 218-219

- Les mots formés avec le préfixe [ɛ̃] commencent par :
  - ***in-*** : incapable ◆ incontestablement…
  - ***im-*** (devant les lettres ***m***, ***b*** et ***p***) : immangeable ◆ imbattable ◆ impossible…

  – Les mots formés avec le préfixe ***il-*** s'écrivent avec deux ***l*** : illisible…
  – Les mots formés avec le préfixe ***ir-*** s'écrivent avec deux ***r*** : irrespirable…
- Le suffixe [sjɔ̃] s'écrit généralement ***-tion*** : une décoration ◆ une transformation ◆ l'évaporation…
  Dans quelques mots, il s'écrit ***-ssion*** : une émission… ou ***-sion*** : une compréhension…

MÉMO ORTHOGRAPHE

MÉMO ORTHOGRAPHE

## 8. Des homonymes

pp. 220-221

- Certains mots **se prononcent de la même façon** mais ont des **sens différents** et s'écrivent souvent différemment. Ce sont des **homonymes**.
- Le dictionnaire donne leur **orthographe**.
  le **vert** du cerfeuil ◆ le **ver** de terre ◆ le **vers** du poème ◆ le **verre** pour boire ◆ le **vair** (petit écureuil)

## 9. L'accord sujet/verbe

pp. 222-223

- Le **verbe s'accorde** avec son **sujet**.
  Quand le sujet est un **groupe nominal**, l'accord se fait à la **3e personne** du singulier ou du pluriel.
  – singulier : Le baobab **possède** un tronc ventru.
  – pluriel : Les baobabs **possèdent** un tronc ventru.
- Le **sujet** du verbe peut être **placé après le verbe** : À quoi **servent** les baobabs ?
- Le **sujet** du verbe peut être **séparé du verbe** par un **complément circonstanciel**.
  Les femmes, dans la brousse, **cuisinent** les feuilles de baobab en soupe.
  sujet — c. circonstanciel — verbe
- Le **sujet** du verbe peut être **séparé du verbe** par un **complément du nom**.

Dans ce cas, le verbe s'accorde avec le nom principal du groupe nominal.
  L'écorce des baobabs **sert** à faire des cordes.

## 10. L'accord du participe passé

pp. 224-225

- Quand un **verbe** est conjugué au **passé composé** avec l'**auxiliaire *être***, le **participe passé** du verbe s'**accorde** en genre et en nombre **avec le sujet**.
  Le surfeur **est** parti en montagne. Les surfeurs **sont** partis en montagne.
  La surfeuse **est** partie en montagne. Les surfeuses **sont** parties en montagne.
- Quand un **verbe** est conjugué au **passé composé** avec l'**auxiliaire *avoir***, le **participe passé** du verbe **ne s'accorde jamais** avec le sujet.
  La neige **a** commencé à tomber.

## 11. Le pluriel des noms terminés par *au*, *eau*, *eu*, *al*, *ail* ...

pp. 226-227

- Les noms terminés par ***eau*** prennent un ***x*** au pluriel : un bateau → des bateau**x**
- Les noms terminés par ***au*** prennent un ***x*** au pluriel : un tuyau → des tuyau**x**
  ⚠ un landau → des landaus
- Les noms terminés par ***eu*** prennent un ***x*** au pluriel : un cheveu → des cheveux
  ⚠ un pneu → des pneus ◆ un bleu → des bleus
- Les mots terminés par ***al*** font leur pluriel en ***aux*** : un journal → des journa**ux**
  ⚠ un bal → des bals ◆ un carnaval → des carnavals ◆ un festival → des festivals
- Les mots terminés par ***ail*** prennent un ***s*** au pluriel : un rail → des rail**s**
  ⚠ un corail → des coraux ◆ un travail → des travaux ◆ un vitrail → des vitraux

## 12. L'accord de l'adjectif qualificatif ...

pp. 228-229

- Dans le groupe nominal, l'**adjectif qualificatif épithète** s'accorde en genre et en nombre **avec le nom** qu'il précise :
  une **longue** chevelure **brune** ◆ de **longs** cheveux **bruns**
- L'**adjectif qualificatif attribut** s'accorde en genre et en nombre **avec le sujet** qu'il précise : Le chat est noir. ◆ La chatte est noir**e**. ◆ Les chattes sont noir**es**.

## 13. Le verbe à l'infinitif après une préposition ...

pp. 230-231

- **Après les prépositions** *à*, *de*, *pour*, *sans*... le verbe est à l'**infinitif**.
  Ils vivent dans l'igloo sans s'éclair**er**. ◆ Il continue à march**er**.
- Il ne faut pas confondre le participe passé terminé par ***-é*** et l'infinitif terminé par ***-er*** : Il a marché longtemps. (participe passé) ◆ Il continue à march**er**. (infinitif)

## 14. Ne pas confondre *ses/ces* ...

pp. 232-233

- Le mot ***ses*** (pluriel) est un **déterminant possessif**, comme ***son***, ***sa*** (singulier).
  Il prend **ses** vêtements de pluie et **ses** clés de voiture.
  Il prend **son** vêtement de pluie et **sa** clé de voiture.
- Le mot ***ces*** (pluriel) est un **déterminant démonstratif**, comme ***ce***, ***cet***, ***cette*** (singulier).
  **Ces** grues sont des oiseaux migrateurs. **Cette** grue est un oiseau migrateur.
  **Ces** magnifiques oiseaux sont élégants. **Ce** magnifique oiseau est élégant.

## 15. Ne pas confondre *mes/mais* ...

pp. 234-235

- Le mot ***mes*** est un **déterminant possessif pluriel**, comme ***tes***, ***ses***...
  **mes** animaux ◆ **mes** chats ◆ **mes** poissons rouges ◆ **mes** phasmes...
- Le mot ***mais*** est une **conjonction** qui relie deux propositions. On peut le remplacer par d'autres mots comme ***or***, ***pourtant***, ***cependant***, ***toutefois***...
  Mon chien dort sur le balcon **mais** il ne dort que d'un œil.

## 16. Ne pas confondre *on/on n'*

pp. 236-237

- Dans une **phrase négative**, on emploie le mot négatif ***n'*** quand le verbe commence par une voyelle : Je **n'**oublierai pas notre séjour !
- Après le pronom ***on***, à l'écrit, il faut penser à mettre ***n'*** (car on ne l'entend pas à l'oral).
  on **n'**écoute pas ◆ on **n'**a pas ◆ on **n'**oublie jamais ◆ on **n'**est plus

## 17. Ne pas confondre *se/ce*

pp. 238-239

- Le mot ***se*** est toujours placé **devant un verbe** à l'infinitif ou un verbe conjugué à la 3ᵉ personne du singulier ou du pluriel. C'est un **pronom personnel**.
  **se** disputer ◆ **se** jeter ◆ elle **se** réjouit ◆ ils **se** déplacent
- Le mot ***ce*** est toujours placé **devant un nom**. C'est un **déterminant démonstratif**, comme ***ces***, ***cet*** et ***cette*** : **ce** lion ◆ **ce** zèbre ◆ **ce** suricate…

## 18. Ne pas confondre *c'est/s'est, c'était/s'était*

pp. 240-241

- Les mots ***s'est*** et ***s'était*** suivis d'un participe passé appartiennent à un verbe qui contient le pronom ***se*** à l'infinitif.
  Il **s'est réveillé** à dix heures. → **se** réveiller ◆ Il **s'était couché** tard. → **se** coucher
- Les mots ***c'est*** et ***c'était*** peuvent être remplacés par ***cela est*** ou ***cela était***.
  **C'est** beau ! → Cela est beau ! ◆ **C'était** merveilleux ! → Cela était merveilleux !

## 19. Ne pas confondre *ou/où*

pp. 242-243

- Le mot ***ou***, comme ***et***, relie deux adjectifs, deux noms, deux verbes ou deux propositions.
  rouge **ou** marron ◆ une veste **ou** un imperméable ◆ conduire **ou** marcher ◆
  Elle ira à la patinoire **ou** elle restera chez elle.
- Le mot ***où*** peut être employé de deux façons :
  – s'il introduit une **question** portant **sur un lieu**, c'est un pronom interrogatif :
  **Où** sont mes clés de voiture ?
  – s'il introduit une **proposition relative**, c'est un pronom relatif.
  Le téléphone est sur le bureau **où** je l'ai posé hier.

## 20. Ne pas confondre *la/l'a/l'as/là*

pp. 244-245

- ***la*** devant un verbe est un **pronom personnel complément d'objet direct**.
  Pierre achète une glace et il **la** mange. → Le pronom **la** remplace *une glace*.
- ***l'a*** est composé du **pronom personnel COD *l'*** et du verbe ***avoir***.
  Pierre a acheté un gâteau et il **l'**a mangé. → Le pronom **l'** remplace *un gâteau* (COD) et **a** est l'auxiliaire *avoir* du passé composé.
- ***l'as*** est composé du **pronom personnel COD *l'*** et du verbe ***avoir***.
  Tu as acheté un gâteau. Tu **l'**as mangé. → Le pronom **l'** remplace *un gâteau* (COD) et **as** est l'auxiliaire *avoir* du passé composé.
- ***là*** est un **adverbe** qui indique un **lieu**.
  Ne cherche plus ta console, elle est **là**. → On peut le remplacer par **ici**.

## 1. Lire un article de dictionnaire → pp. 246-247

- Dans un **dictionnaire**, les mots sont rangés par **ordre alphabétique**.

- Un **article de dictionnaire** donne des renseignements sur un mot, en particulier :
  – son **orthographe**. Parfois la **prononciation** du mot est écrite en **signes phonétiques** : changeant [ʃɑ̃ʒɑ̃] ◆ changeante [ʃɑ̃ʒɑ̃t]

  – sa **classe grammaticale** :
  **n.** = nom **m.** = masculin **f.** = féminin ◆ **v.** = verbe ◆ **adj.** = adjectif ◆ **adv.** = adverbe ◆ **prép.** = préposition

  – son **sens** ou ses **différents sens**, illustrés par **une phrase exemple** :
  **1.** Rendre différent. *Cette rencontre a changé sa vie.*
  → La phrase qui illustre le sens est souvent écrite en italique.

  – des **synonymes** et parfois des **contraires** : modifier ◆ transformer

  – des **mots de la même famille** : se changer ◆ change ◆ changement…

## 2. La formation des mots → pp. 248-249

- À partir d'un mot, on peut former des **mots composés** en associant des mots existants : une roue + le secours = une roue de secours ◆ avant + hier = avant-hier…
  On met en général un trait d'union dans les mots composés de deux éléments.
  Les **mots composés** sont souvent formés de mots de classes grammaticales différentes :
  le bas-côté → nom formé d'un adjectif et d'un nom
  une roue de secours → nom formé d'un nom et d'un groupe nominal (préposition et nom)
  avant-hier → adverbe formé de deux adverbes

- À partir d'un mot appelé **mot de base**, ou **radical**, il est possible de former des **mots dérivés** en ajoutant soit un **préfixe** devant ce mot, soit un **suffixe** derrière, soit les deux : serrer ◆ desserrer ◆ resserrer ◆ resserrement…

- Les mots formés à partir d'un même radical forment une **famille de mots**.
  Ils doivent avoir un rapport de **sens** : place ◆ placer ◆ placement ◆ emplacement ◆ replacer ◆ déplacer → tous ces mots se rapportent à l'idée de *place*.

## 3. Les préfixes

pp. 250-251

- Le **préfixe** se place devant le radical. Le mot dérivé obtenu est de la même classe grammaticale que le mot radical.

  voir (mot radical) = verbe ◆ **pré**voir (*pré-* + *voir*) = verbe
  vision (mot radical) = nom ◆ **ré**vision (*ré-* + *vision*) = nom

- Le **préfixe** a un **sens**. Ce sens modifie celui du radical.

  encadrer = **mettre dans un cadre** ◆ improbable = **qui n'est pas probable**

- Les principaux **préfixes** :

| | | |
|---|---|---|
| **lieu** | *en-* (em- devant *m, b, p*) ◆ a- ◆ *trans-* | **em**porter ◆ **a**pporter ◆ **trans**porter… |
| **temps** | *pré-* (avant) | **pré**lavage… |
| **répétition** | *re-* ◆ *ré-* | **re**commencer ◆ **ré**vision |
| **contraire** | *in-* ◆ *ir-* (quand le radical commence par *r*) ◆ il- (quand le radical commence par *l*) ◆ im- (quand le radical commence par *m, b* ou *p*) ◆ *mal-* ◆ *dé-* ◆ *dés-* | **in**direct ◆ **ir**réel ◆ **il**lisible ◆ **im**mangeable ◆ **im**buvable ◆ **im**possible ◆ **dés**habiller **mal**honnête ◆ **dé**montage… |
| **nombre ou quantité** | *uni-* ◆ *mono-* ◆ *bi-* ◆ *tri-* ◆ *penta-* ◆ *déca-* ◆ *déci-* ◆ *poly-* ◆ *multi-* | **uni**jambiste ◆ **mono**ski ◆ **tri**angle ◆ **déca**mètre ◆ **déci**mètre ◆ **poly**culture ◆ **multi**prise… |

## 4. Les suffixes

pp. 252-253

- Le **suffixe** se place derrière le **radical**. Le **suffixe** change souvent la classe grammaticale du mot radical de départ.

  rouge (mot radical) = adjectif ◆ roug**ir** (*roug-* + *-ir*) = verbe ◆ roug**eur** (*roug-* + *-eur*) = nom

- Les principaux **suffixes** :

| | | |
|---|---|---|
| **action** | *-tion* ◆ *-age* ◆ *-ment* | imita**tion** ◆ découp**age** ◆ déménage**ment**… |
| **métier** | *-eur* ◆ *-ien* | déménag**eur** ◆ coméd**ien**… |
| **diminutif ou le petit du…** | *-ette* ◆ *-eau* ◆ *-on* | fill**ette** ◆ éléphant**eau** ◆ chat**on**… |
| **qualité** | *-eur* ◆ *-esse* ◆ *-té* | douc**eur** ◆ fin**esse** ◆ beau**té**… |

## 5. Les synonymes et les antonymes

pp. 254-255

- Les **synonymes** sont des mots de **même sens** ou de **sens voisin** :
  fièvre / température ◆ arriver / venir ◆ grave / sérieux ◆ calmement / tranquillement
  Des mots synonymes appartiennent toujours à la **même classe grammaticale** :
  – verbes : arriver ◆ venir
  – adjectifs : aimable ◆ agréable
  – noms : la fièvre ◆ la température
  – adverbes : vite ◆ rapidement
- Les **antonymes** sont des mots de **sens contraire** :
  court / long ◆ paradis / enfer ◆ vite / lentement ◆ arriver / partir
  Certains préfixes permettent de former un antonyme du radical :
  content / **mé**content ◆ régulier / **ir**régulier ◆ agréable / **dés**agréable
  Des mots antonymes appartiennent toujours à la **même classe grammaticale** :
  – verbes : arriver ◆ partir
  – adjectifs : agréable ◆ désagréable
  – noms : le paradis ◆ l'enfer
  – adverbes : vite ◆ lentement

## 6. Le mot et son contexte

pp. 256-257

- Souvent, un **même mot** peut avoir **des sens différents** selon le contexte.
  Le roi d'Angleterre fit le **siège** devant Harfleur. ◆ Prenez un **siège** et asseyez-vous.
  C'est le même mot mais son sens varie selon le **contexte**.
- Le **contexte** est formé par tout ce qui entoure un mot :
  – un ou plusieurs autres mots ;
  – la phrase où il est employé ;
  – les phrases qui précèdent ou celles qui suivent ;
  – tout un paragraphe.
  C'est aussi le thème général dont il est question dans le texte.
  Le roi d'Angleterre fit le siège devant Harfleur. → Les mots *devant Harfleur* et le thème de la guerre dans le texte forment le contexte.
  La vieille dame mit son siège devant la fenêtre. → Le contexte est formé des mots *son* et *fenêtre* qui évoquent une pièce à l'intérieur de la maison de la vieille dame.

## 7. Les termes génériques et les mots particuliers

pp. 258-259

- Un **terme générique** est un mot qui désigne un ensemble d'objets, d'êtres vivants, d'actions ou d'idées.
  Les **mots particuliers** désignent les éléments de l'ensemble.
  coiffure est un terme générique qui recouvre les mots particuliers chapeau, casquette, toque…
  sport est un terme générique qui recouvre les mots particuliers athlétisme, équitation, judo…
  Les **mots particuliers** donnent **plus de précisions** que les termes génériques.
  Un livre (terme générique) peut être un roman, un dictionnaire, un atlas…
- Dans un texte, le terme générique peut permettre de reprendre un mot particulier sans le répéter : Je feuilletai un moment **le roman**, mais très vite je reposai **ce livre**.

## 8. Le sens propre et le sens figuré

pp. 260-261

- Le **sens propre** d'un mot, c'est son **sens habituel**, le plus utilisé :
  Le ciel est **bleu**. → couleur correspondant à celle d'un ciel sans nuages
- Le **sens figuré** est un **sens imagé**. Il correspond souvent à une métaphore :
  Dévorer un livre est une image. → Le lecteur agit avec son livre comme un mangeur avec sa nourriture.
- Les mots sont souvent utilisés au sens figuré dans des **expressions toutes faites**. Si l'on comprend le mot au sens propre dans ces expressions, elles deviennent absurdes.
  avoir le cœur sur la main = être généreux

## 9. Les niveaux de langue

pp. 262-263

- Selon les circonstances dans lesquelles on s'exprime, on utilise un **niveau de langue** différent : **familier**, **courant** ou **soutenu**.
- Le niveau de langue se remarque d'abord par le vocabulaire employé.
  – La plupart du temps, dans la vie quotidienne, on utilise le **langage courant** :
  Nous ne pouvons pas changer de voiture maintenant.
  – Avec ceux que l'on connaît bien (les amis, les proches...), on peut utiliser le **langage familier** :
  On peut pas changer de bagnole maintenant. → oublie de ***ne***, emploi du mot *bagnole*
  – À l'écrit ou avec des gens que l'on ne connaît pas bien, on utilise le **langage soutenu** :
  Il ne nous est pas possible de changer de véhicule pour le moment.

## 10. D'où viennent les mots du français ?

pp. 264-265

- Au cours des siècles, de nombreux mots ont été **empruntés** à des **langues étrangères** : l'italien, l'espagnol, l'arabe, les langues asiatiques, et surtout l'anglais, qui fournit le plus grand nombre de mots depuis le XIXe siècle.
  pizza ◆ spaghetti → italien
  émir ◆ oued → arabe
  parking ◆ football ◆ cake → anglais
- De très nombreux mots du français ont pour **origine** le **latin**.
  amare en latin signifie aimer ◆ nomen > nom ◆ leonem > lion
- Le **grec ancien** a permis de former de nombreux mots scientifiques ou techniques.
  zoologie → étude des animaux
  cynocéphale → qui a une tête de chien (ou dont la tête ressemble à celle d'un chien)